Norbert Schneider

Erkenntnistheorie im 20. Jahrhundert

Norbert Schneider

Erkenntnistheorie im 20. Jahrhundert

Klassische Positionen

Philipp Reclam jun. Stuttgart

Universal-Bibliothek Nr. 9702

Satz: Wilhelm Röck, Weinsberg
Druck und Bindung: Reclam, Ditzingen. Printed in Germany 1998
RECLAM und UNIVERSAL-BIBLIOTHEK sind eingetragene Marken
der Philipp Reclam jun. GmbH & Co., Stuttgart
ISBN 3-15-009702-9

Inhalt

Einleitung

Epistemologie als Theorie der »Neuen Wissenschaft«

Erkenntnistheorie als philosophische Disziplin begann sich zu etablieren, als ihr Gegenstand, die Sicherung von Wissen, zu einem gesellschaftlich relevanten Problem wurde. Über ἐπιστήμη ist schon in philosophischen Zirkeln der Antike (wie im platonischen Hain des Akademos) reflektiert worden,[1] aber diese Diskurse blieben weitgehend auf nur wenige Eingeweihte beschränkt, sie wurden in Konventikeln und kleineren Schulzusammenhängen tradiert, ohne daß sie den Anspruch hätten erheben oder gar verwirklichen wollen, eine strenge und unfehlbare methodologische Grundlage der Wissenschaften zu bieten.

Kategorische Universalgeltung reklamierten solche Überlegungen zur Gewinnung von Wissen erst, als Notwendigkeiten einer Bedarfsdeckung expandierender Bevölkerungen eine technologisch effizientere Ökonomie auf den Plan riefen[2] und mit ihr ein gänzlich neu strukturiertes Wissenschaftssystem, das geeignet war, diese produktionstechnische Leistungsfähigkeit zu gewährleisten.[3] Nicht zufällig fällt der Beginn radikaler epistemologischer Reflexion in die historische Phase, in der sich wirtschaftliche Transformationen großen Stils abzeichneten: in der zweiten Hälfte des 16. Jahrhunderts unternehmen es Johann Kepler, Galileo Galilei und Francis Bacon[4] (um nur einige Hauptexponenten der »Neuen Wissenschaft« zu nennen), die Naturerkenntnis auf ein neues Fundament zu stellen. Alle substantiellen Entitäten, mit denen noch die alte aristotelisch-scholastische Schulphilosophie die Realität hinreichend zu erklären vermeinte, werden zu chimärenhaften Hypostasen erklärt. An ihre Stelle treten nun Begriffe, die den Eindruck vermitteln, überprüfbarer zu sein, weil das mit ihnen Bezeichnete der Beobachtung zugänglich und über das Experiment beweisbar scheint. Teleologisches Denken, also die Vorstellung, in der Welt sei alles durch einen göttlichen Weltbaumeister auf ein Ziel, einen Zweck hin geordnet, wird verworfen, statt dessen die Natur als ein von göttlicher Regie losgelöstes selbstreferentielles System definiert, in dem alles nur kausal nach Gesetzen abläuft, die sich in Zahlen und Formeln dauerhaft fassen und damit auch anwendungsbezogen reproduzieren lassen. Das Buch des Universums scheint in mathematischen Lettern geschrieben zu sein, zum Leitbild aller Wissenschaften avanciert daher die Geometrie, die unumstößliche Ordnungen des Seins festhält, welche zu aller Zeit Bestand haben. Alles Geschehen in der Natur wird auf mechanische Bewegung zurückgeführt, die Natur selbst als aus Partikeln bestehende Materie begriffen, die sich unterschiedlich zusammensetzen oder Vorgängen der Trennung, Verschiebung und Schwingung unterworfen sind.[5]

Schon Leonardo hatte die Realitätserkenntnis auf Empirie gegründet: nur die Sinne böten eine verläßliche Grundlage für eine Einsicht in die geheimen Vorgänge in der Natur.[6] Mehr noch baut Galilei – so in seiner gegen den Pater Grassi gerichteten Streitschrift *Il Saggiatore* von 1623 – die Theorie der induktiven Spekulation aus, die von der Konstatierung beobachtbarer Tatsachen ausgeht und, unter Setzung der Hypothese einer kontinuierlichen Gleichförmigkeit in den Naturprozessen, sie durch Vernunftschlüsse in ein gesetzmäßiges System überführt, dessen verallgemeinernder Charakter die (wegen ihres infinitesimalen Maßes) nicht beobachteten Fälle überbrückt und so eine Harmonisierung schafft, die dann als apriorische Seinsform der Natur deklariert wird.[7]

Proklamation des autonomen Erkenntnissubjekts

Der berühmte Inquisitionsprozeß gegen Galilei verdeutlicht, daß es bei seiner Formulierung einer »scienza nuova« um mehr ging als bloß um einen neuen Versuch der Naturerklärung. Die epistemologischen Schlüsse, die Galilei aus seinen zunächst nur der Verbesserung von Produktionsvorgängen dienenden Versuchen (etwa zur Hebelwirkung oder zur Funktion des Flaschenzugs) zog, stellten eine Herausforderung an die Definitionsmacht der kirchlichen Autorität dar und somit die selbstbewußte Proklamation einer durch autonomes und individuelles Forschen jederzeit erwerbbaren Erkenntnis.

Zur Paradoxie bzw. Dialektik der mit der neuen (Natur-) Wissenschaft sich herausbildenden Erkenntnistheorie als dem Instrument ihrer Selbstverständigung und Selbstüberprüfung gehörte es, daß sie letztlich von ihrem Gegenstand, der Natur, die sie erklären wollte, wegführte und statt dessen sehr viel stärker die Konditionen des subjektiven Bewußtseins thematisierte. Moderne Epistemologie ist daher fast durchgängig Theorie und Analyse des Bewußtseins und seiner kategorialen Potentiale. Der Preis, der für die Herauslösung aus traditionalen Normsystemen mit ihrer Macht der Definition von politisch-sozialen und natürlichen Realitätsstrukturen, aber auch aus einer überkommenen kommunikativen Praxis der Alltagsweisheit, Weltklugheit und Lebenserfahrung, die das Bedenken ethischer Probleme stets einschloß,[8] unvermeidlich entrichtet werden mußte, war das Zurückgeworfensein auf das einsame individuelle Bewußtsein, das die Aufgaben der regierenden Weltvernunft, des göttlichen Logos, stellvertretend zu übernehmen hatte. In dem Maße, wie die auf die Denkleistungen des Subjekts gegründete Wissenschaft den Gesetzen der Natur auf die Schliche zu kommen trachtete, verlor sie immer mehr den Halt durch ein kollektiv vermitteltes Wissen, das zuvor auszureichen schien, auf das sie jetzt aber bewußt Verzicht leistete. Die neu gewonnene Souveränität des sich isolierenden Erkenntnissubjekts schlug freilich in Irritationen und Selbstzweifel um, denn das einzige, aus dem Verläßlichkeit und Sicherheit abgeleitet werden konnte, war die kategoriale Ausstattung des Bewußtseins selbst.

Kaum zufällig steht die radikale Dubitatio für Descartes, der erstmals das konsequent durchdachte Modell einer modernen Erkenntnistheorie formuliert, am Anfang der Philosophie.[9] Seine berühmte Herleitung des Gewißheit verleihenden Cogito aus dem verunsichernden Zweifel gibt zwar keineswegs, wie man es gern realistisch hat interpretieren wollen, das tatsächliche Erlebnis eines vermeintlichen Seinsentzugs wieder. Dazu ist die von Descartes geschilderte Geschichte viel zu topisch; überdies setzt sein Vorsatz, in »ungestörter Muße«, mit einem von allen Sorgen befreiten Gemüt, einen »gründlichen Umsturz aller ... bisher gehegten Überzeugungen« zu bewirken, bereits als Fragestellung und Intention die fundamentale Seinsgewißheit voraus, zu der er erst gelangen will. Dennoch beschreibt Descartes mit dieser symbolischen Narration der Erfahrung des methodischen Zweifels an den konszientialen Gegebenheiten der Außenwelt (daß es keinen Gott, keinen Himmel, keinen Körper gebe, daß wir selbst weder Hände noch Füße noch überhaupt einen Leib haben) eine mögliche Konsequenz der auf radikaler Subjektivität gegründeten Erkenntnistheorie: die Sorge, ja Angst vor dem Verlust des Zusammenhalts des autonomen Ego, das Entsetzen angesichts der Möglichkeit der Depersonalisation und einer in wahnhafte Zustände übergleitenden Imagination, bei der weder die über Empfindung und Wahrnehmung ins Bewußtsein eindringenden Sinnesdaten noch deren Synthesis durch die Kategorien des Verstandes eine Orientierung stiftende Gewähr bieten.

Das Problem der Transzendenz und die Frage nach der Wahrheit

Die mit Descartes einsetzende neuere Erkenntnistheorie, die sich auch als Wissenschaftstheorie begreift, hat mit ihrer konzentrativen Selbstbeobachtung und der Analyse der Bewußtseinsausstattung des forschenden Individuums die vormals in kollektiveren Lebensformen bzw. symbiotischeren Verhältnissen nur schwach ausgebildete Bipolarität von Subjekt und Objekt erheblich verschärft. In Antike und Mittelalter gab es real allenfalls bei den Anachoreten oder den Askese übenden monastischen Reklusen die extreme Distanzierung von der Gesellschaft und der natürlichen Umwelt. In allen anderen sozialen Verhältnissen waltete bei der unterentwickelten Ökonomie schon aus Gründen des Überlebens ein höheres Maß an Subsidiarität und Interaktion vor.

Indem in der neueren Erkenntnistheorie der Akzent deutlich auf die Subjektseite gelegt wird, entsteht das Problem der Transzendenz, also die Frage, wie ein Überstieg aus dem nahezu ganz verschlossenen Gehäuse des Ich (bzw. des Bewußtseins, das für dieses Ich steht, denn das bloß vegetative Sein sichert – der impliziten oder offenen Definition zufolge – noch nicht die Identität des äußere wie innere Gegebenheiten registrierenden Individuums) hin zum Gegenstand, der objiziert werden soll, möglich ist. Kant hat es als Skandal bezeichnet, daß der Beweis der Existenz der Außenweltdinge noch immer nicht überzeugend gelungen sei. Solche Probleme, die ausschließlich aus der Isolation des Ego erwachsen konnten, quälten Denker der Vormoderne nur selten. Parmenides etwa hat nach dem Zeugnis des Simplikios[10] mit großer Bestimmtheit dekretiert: »Man soll es aussagen und (an)erkennen, daß Seiendes ist; denn es ist nun einmal so, daß es ist, nicht aber, daß Nichts ist: ich fordere dich auf, dies gelten zu lassen.« Sieht man einmal davon ab, daß Parmenides unter dem Seienden etwas gegenüber allem Wechsel der wahrnehmbaren Dinge identisch Dauerhaftes versteht, so ist seine Grundeinstellung doch die des Realismus, zumindest in dem Sinne, daß er an der Existenz der (Außenwelt-)Dinge nicht im geringsten zweifelt.

Stets ist das Hauptproblem der Erkenntnistheorie die Frage und Suche nach der Wahrheit[11] gewesen. Ihre sich selbst gestellte Aufgabe war und ist es nicht nur, eine Beweissicherung des Daseins der Dinge zu liefern, sondern auch ihr Sosein zu bestimmen: ob das, was Sinne und Verstand an den Gegenständen wahrnehmen, denn auch tatsächlich zutrifft, ob die Urteile, die die Vernunft fällt (Kant setzte hier vier Arten an: Quantität, Qualität, Relation und Modalität[12]), adäquat sind und ob die Kategorien des Verstandes, die eine Synthesis oder Verknüpfung der Urteile ermöglichen, auch in der Weise beschaffen und angelegt sind, daß sie das objektive Sosein der Dinge und Sachverhalte nicht verfehlen.

Denn es kann nicht von vornherein als ausgemacht gelten – was der spontane Alltagsverstand freilich selbstverständlich vorauszusetzen pflegt –, daß gleichsam eine prästabilierte Harmonie zwischen der Struktur des Bewußtseins und der Struktur der Außenwelt besteht, daß also eine untrügliche Abbildrelation unterstellt werden darf, wovon sowohl die scholastische Philosophie mit ihrer Theorie von der »adaequatio rei et intellectus« ausgeht wie auch – von gänzlich anderen Prämissen aus – der logische Positivismus[13] oder die materialistische Widerspiegelungstheorie. Denn bereits der defiziente Modus des Menschen, dessen Sinnesorgane schwächer ausgebildet sind als die vieler Tiere, kann zunächst Zweifel an der Verläßlichkeit ihres Funktionierens und am Resultat der Registrierung der Sinnesdaten wecken. Das Bewußtsein der Unzuverlässigkeit sensorischer Rezeption hat schon früh dazu geführt, das Wahrheitsmoment nicht in dem von Empfindungen und Wahrnehmungen gelieferten Material zu bestimmen, sondern in der kombinatorischen Fähigkeit des Verstandes, seinen (logischen) Begriffen also, die eher auf Umwegen als in einem unmittelbaren

Perzeptionsakt ein Erfassen der objektiven Struktur der Gegenstände verheißen.

Dies ist auch der materielle Kern der platonischen Ideenlehre (die nicht von ungefähr in zahlreichen epistemologischen Konzeptionen der Neuzeit bis hin zu Husserl oder Russell[14] immer wieder aufgegriffen wurde): daß sie eine Identifizierung der Gegenstände und Sachverhalte nur durch logisch-begriffliche Synthese, den κόσμος νοητός, für möglich hält. Die Diskussion um das von Sokrates (und zuvor schon von den Vorsokratikern wie Heraklit und Parmendies) aufgeworfene Problem des Verhältnisses von Sinnen- und Ideenwelt ist letztlich bis heute nicht zur Ruhe gekommen, wenn man etwa an die in der modernen Wahrnehmungspsychologie sogar stets lehrbuchhaft erörterte Frage nach der Konstanz[15] der differierenden Gesichtseindrücke denkt. Ein in der Dämmerung gegebener entfernter Gegenstand kann zunächst nur auf Grund von Vermutungen identifiziert werden, die sich auf eine vorherige Kenntnis, also Erinnerung, stützen, ohne daß aber dieser Mutmaßung schon ein hoher Gewißheitsgrad zukäme. Die Sicherheit bzw. Zuverlässigkeit wächst erst in dem Maße, wie das Ding auch von anderen Seiten, besonders aus der Nähe, betrachtet worden ist. Bei Platon leistet die »Idee« die Überwindung der bloßen εἰκασία (Vermutung) oder δόξα (Meinung) durch begrifflich-wissenschaftliche Verknüpfung,[16] womit notwendigerweise ein Abstraktionsvorgang verbunden ist. Daß der Erinnerung, der ἀνάμνησις, in diesem Konzept eine besondere Bedeutung beigemessen wird, war naheliegend, denn nur auf Grund vorgängigen Wissens ist Identifikation überhaupt möglich (vgl. den Dialog *Menon*, in dem eine Theorie des Lernens entwickelt wird, 81a ff.).[17] Platon hat indessen die Ideen reifiziert, ja ihnen unter Berufung auf Priesterweisheit und eine Stelle bei Pindar, wonach die Seele unsterblich sei, göttliche Qualitäten beigelegt. Auch die ἀνάμνησις[18] wird bei ihm zu einer Vergegenwärtigung der einstmals »am überhimmlischen Orte« geschauten

Ideen. Ein Grund für diese Apotheotisierung der Ideen mag gerade das Gewahrwerden der Macht verleihenden szientifischen Leistung der mit ihnen verbundenen Abstraktion gewesen sein, der Fähigkeit also, im Wandel der Erscheinungen ihre Konstanz zu erkennen, die dann als ihr Wesen (οὐσία) ausgegeben wurde. Das Wesen wiederum als das in den Erscheinungen angeblich nicht Präsente wurde in verräumlichter Anschauung als das hinter (oder unter) ihnen Liegende aufgefaßt, ein Modell, das später auch für die semiotischen und sprachwissenschaftlichen Theorien konstitutiv werden sollte, die von dem Gegensatz einer Oberflächen- und Tiefenstruktur ausgehen.[19]

Erkenntnistheoretische Konzeptionen: Rationalismus versus Empirismus

Die platonische Ideenlehre bildet mit ihrem Vertrauen auf die erkenntnisbegründenden Leistungen der Vernunft (νοῦς) das Grundsystem für alle besonders in der Neuzeit entwikkelten erkenntnistheoretischen Konzeptionen, die man unter dem Begriff des Rationalismus zusammenzufassen gewohnt ist. Hauptvertreter dieser Position ist bekanntlich Descartes, der sie aus der Cogitatio als dem Resultat der Dubitatio ableitet. Nur das Denken vermag seiner Auffassung nach sicheres Wissen zu liefern. Es muß selbsterworben sein, auf eigener Prüfung beruhen und zu so evidenten Ergebnissen führen, daß sie von jedermann eingesehen und sogar auch nachempfunden werden können. Autonom kann sich die Vernunft nur entfalten, wenn sie sich auf letzte irreduzible Prinzipien bezieht (bzw. mit ihnen operiert), und diese sind nun für ihn die Grundsätze der Mathematik. Descartes postuliert daher die »geometrische Methode« als Verfahren philosophischer Argumentation. Die Prinzipien sind ihm zufolge dem menschlichen Bewußtsein eingepflanzt in Gestalt der Ideen, die er in drei Klassen unterteilt: als wich-

Platons Erkenntnislehre

	Organe der Erkenntnis		gerichtet auf	Gegenstände der Erkenntnis		
I	νόησις (Denken)	ἐπιστήμη (Wissen)	→	ἰδέαι (Ideen), εἴδη (Urbilder), παραδείγματα (Musterbilder), νοούμενα, ἀμετάπτωτοι λόγοι (unwandelbare Vernunftbegriffe)		μέθεξις (Teilhabe der dem Wandel unterworfenen sinnlich wahrnehmbaren Dinge und »Abbilder« an den unwandelbaren Ideen)
II	διάνοια (mathematische Erkenntnis, die, noch halb anschaulich, schon mit Hypothesen arbeitet)		→	μαθηματικά (mathematische Gegenstände)		
				- - - - - χωρισμός (Trennung) - -		
III	δόξα (Meinung)	πίστις (Glaube)	→	αἰσθητά (wahrnehmbare Dinge)	μιμήματα (bloße Abbilder der Ideen)	
		εἰκασία (Vermutung)	→	εἰκόνες (Schattenbilder), εἴδωλα (Abbilder)		

tigste bestimmt er die »ideae innatae«, die angeboren sind; dann folgen die von außen herzukommenden Ideen, die »ideae adventitiae«, und schließlich die »ideae a me ipso factae«, also die Einbildungen und willkürlich hervorgebrachten Fiktionen.[20] Das theistische Moment, das schon bei der (mit mythologischem Denken konkurrierenden) platonischen Ideenlehre unübersehbar war, zeigt sich in Descartes' rationalistischer Position darin, daß er die angeborenen Ideen, die das Vollkommenheitsideal der Claritas und Distinctio[21] erfüllen, auf göttliche Einpflanzung zurückführt, wie er umgekehrt in materialer Hinsicht als vornehmste Idee die nicht durch Vergleich oder Abstraktion gewonnene Vorstellung Gottes aus dem ursprünglichen Besitz der angeborenen Ideen hervorgehen läßt.

Noch weitaus radikaler als bei Descartes ist die »geometrische Methode« von Spinoza in seiner *Ethica* weiterentwickelt worden. Auch Spinoza huldigt der alten parmenideischen These, daß der Ordnung des Denkens die Ordnung des Seins entspreche. Unter dieser Prämisse kann er daher ausschließlich deduktiv, mittels einer Kette von logisch aufeinander aufbauenden Definitionen, vorgehen; er verbleibt somit innerhalb der Bewußtseinssphäre, ohne auf empirische Argumente angewiesen zu sein. Bei der Erkenntnis unterscheidet Spinoza zwei Grade:[22] die rationale Erkenntnis (die durch logisches Schließen gewonnen wird) und die intuitive, die durch sich selbst gewiß, also unmittelbar evident ist.

Eine zwangsläufige Folge des Rationalismus mit seiner zum Solipsismus tendierenden Vereinseitigung der Vernunft war und ist die Aufspaltung der menschlichen Existenz in Intellekt und Leib oder, um mit Descartes' bekannter Formel zu sprechen: in Res cogitans und Res extensa.[23] Diese Dichotomie mußte zu einer Geringschätzung der Körperfunktionen und zu einer reinen Sublimierung der Erkenntnis bzw. ihres Erwerbs führen. Daß an Erkenntnisprozessen auch somatische Erscheinungen mit beteiligt sind, sollte erst die späte Phänomenologie (Merleau-Ponty, Foucault[24]) wieder mit großem Nachdruck betonen, welche sich die nicht unerhebliche Mühe angelegen sein ließ, die für Jahrhunderte folgenreiche cartesianische Zweiteilung wieder aufzuheben.

In diametraler Frontstellung zum Rationalismus der cartesianischen Schule steht der vorwiegend auf den britischen Inseln entwickelte Empirismus, zu dessen Begründern Francis Bacon gehört, der als primäres Ziel philosophischer Forschung die Beobachtung der Naturkräfte zum Zweck ihrer Nutzbarmachung für den Menschen bestimmte. Der utilitäre Gesichtspunkt ist hier also von Anfang an vorherrschend. Bacon verlangt, sich von den »Idolen«, jenen die Wahrheit verdunkelnden Vorurteilen, freizumachen.[25] Dies gelinge ausschließlich durch die Methode der Induktion, die sich des Experiments bediene. Bruno Bauch hat überzeugend dargelegt,[26] daß Bacon dieses Verfahren zwar programmatisch verkündet, zu seiner Praktizierung jedoch wenig beigetragen habe. Dies sei Galilei weitaus erfolgreicher gelungen. Bacon sei vielmehr bei seiner Enthüllung gewisser »Formen« der Natur in die alte platonische Ideenlehre zurückgefallen, die er doch zu überwinden hoffte.

Erst bei John Locke (in seinem 1690 erschienenen *Essay concerning human understanding*) wird die rationalistische Doktrin von den angeborenen Ideen durch das Argument radikal in Frage gestellt, daß Vorstellungen oder Begriffe wie Identität, Verschiedenheit, Möglichkeit und Unmöglichkeit (die man für angeboren hielt) bei Kindern, Wilden oder Ungebildeten keineswegs a priori vorhanden seien; gleiches gelte auch für die Gottesvorstellung. Die »Ideen« stammten vielmehr erst aus der Erfahrung, die teils auf der Wahrnehmung äußerer Gegenstände beruhe (die er »sensation« nennt), teils auf der Wahrnehmung seelischer Vorgänge in unserem Innern (für die er den Begriff »reflection« verwendet). Die »Ideen« werden von ihm geschieden in »einfache«, die im wesentlichen mit den von einem oder mehreren Sinnen gelieferten Daten identisch sind (z. B. Farb-, Ton- und Geruchsempfindungen; aber auch Ausdehnung, Gestalt, Bewegung usw.), und »zusammengesetzte« (oder »komplexe«), bei denen der Verstand aktiv ordnend und kombinierend hinzutritt, indem er mittels des Gedächtnisses, das über die Sinne früher aufgenommene »Ideen« bewahrt, an den Dingen und Zuständen Modi, Substanzen und Relationen feststellt. Locke hat gegenüber dem Rationalismus den Radius der Erkenntnis sehr stark eingeschränkt: sie reiche nur so weit wie unsere äußere Erfahrung. Damit war das Problem des erkenntnistheoretischen Solipsismus gegeben und, verbunden damit, das des Status der Wesenserkenntnis des Seienden (der »Substanz«). Indem Erkenntnis auf subjektive, individuelle Erfahrung reduziert wird, kann zwar jegliche metaphysische Vorstellung (auch die von Gott) als unbegründet oder nicht beweisbar entkräftet werden; das damit einhergehende Risiko liegt jedoch in der Unausweichlichkeit eines Agnostizismus, der die Erkennbarkeit der Außenwelt bestreitet.[27]

In diese Richtung ging denn auch George Berkeleys Argumentation, der das Erkennen nicht als Abbildung unabhängig vom menschlichen Bewußtsein existierender objektiver Dinge begriff, sondern lediglich als Summe von Einzelvorstellungen, die allein meine Wirklichkeit sind. Ihnen korrespondiert nach Berkeley keine äußere »Materie«, denn diese sei als abstrakte Idee nicht nachvollziehbar. Letztlich streng nominalistisch, kann Berkeley nur das sensuelle Gegebensein von Eigenschaften der Dinge akzeptieren: ein Apfel ist demnach nichts anderes als der Komplex einer bestimmten Gestalt, Härte, Farbe, eines Geschmacks und Geruchs, der vom Subjekt wahrgenommen (oder wie Berkeley sagt: »vorgestellt«) wird. Ob er an sich, objektiv, existiert, kann nicht bewiesen werden. Berkeley gelangt so, obwohl er von radikalempiristischen Prämissen ausging, nur scheinbar paradox, zu einem subjektiven Idealismus.[28]

Bis zu einem gewissen Grade ist seiner Position verwandt

Lockes Empirismus

		Subjekt (»Seele«)	Objekt (»Materie«)
Erfahrung als Quelle der Erkenntnis (»Alle Ideen stammen aus der Erfahrung«)	a) *äußere Erfahrung* (»sensation«, Sinneswahrnehmung) →	*sekundäre Qualitäten* (Empfindungsqualitäten wie: Farben, Töne, Gerüche usw.; sie sind bedingt durch die Organisation und Funktion der menschlichen Sinne selbst)	*primäre Qualitäten* (physikalische Eigenschaften wie: Dichte, Ausdehnung, Größe usw.; diese Qualitäten gehören zur Natur der Dinge)
	b) *innere Erfahrung* (»reflection«, »internal sense«, gerichtet auf die inneren Vorgänge der Seele)		

Berkeleys erkenntnistheoretischer Immaterialismus

Erfahrung =	Vorstellung → (bzw. Einzelvorstellungen, denn es gibt nur anschauliche Ideen einzelner konkreter Gegenstände)	Es existieren lediglich Empfindungsqualitäten als passive Wahrnehmungsinhalte und »Vorstellungen« des Subjekts (»esse est percipi«). Konsequenz dieser Theorie ist ein subjektiver Idealismus bzw. Solipsismus.	(Eine an sich existierende Materie gibt es nicht: Leugnung der »primären Qualitäten«)

diejenige von David Hume, der ebenfalls zu dem Ergebnis kommt, daß die Außenwelt nicht erkennbar sei. Seine skeptizistische Auffassung gründet sich darauf, daß er die Gültigkeit und objektive Faktizität der im Bewußtsein zusätzlich zu den Empfindungen (»impressions«) kognitiv gebildeten Begriffe wie Substanz, Existenz, Kausalität für unbeweisbar erklärt. Namentlich bei der Kausalität sucht er darzulegen, daß Ursache-Wirkungs-Verhältnisse mit innerer Notwendigkeit nicht behauptet werden können: daß B notwendige Folge von A sei, beruhe lediglich auf Gewohnheit und Meinung (»belief«). Im Gegensatz zur pyrrhoneischen Skepsis des Altertums,[29] die angesichts der Unerkennbarkeit der Außenwelt zur ἐποχή, dem Vermeiden jeden Urteils, riet, sucht Hume, der auf Naturwissenschaft und Psychologie nicht verzichten will (wozu seine Theorie zwangsläufig führen muß), durch Berufung auf einen »in unserer Natur« angeblich liegenden »Instinkt« Zusammenhänge in der Außenwelt als wahrscheinlich hinzustellen: sein Skeptizismus hat also eine probabilistische Komponente. Was er freilich grundsätzlich akzeptiert, ist ein Tatsachenwissen, und insofern hat seine Theorie der positivistischen Doktrin des 19. und 20. Jahrhunderts vorgearbeitet.[30]

Der Kompromiß des Kritizismus

Den Gegensatz von Rationalismus und Empirismus (mit all ihren Spielarten) hat Kant mit seiner Theorie des Kritizismus auszugleichen versucht. Beiden Auffassungen wirft Kant vor, dogmatisch zu argumentieren, da sie ihre Erkenntnisquellen – im einen Fall die Vernunft, im anderen die Erfahrung durch Sinneseindrücke – ungeprüft setzen, statt erst einmal zu untersuchen, welche Bedingungen gegeben sein müssen, unter denen Erkenntnis und Erfahrung überhaupt möglich sind. Dabei definiert Kant Erkenntnis als ein Urteil, das sicher, gegen jeglichen Zweifel gefeit, somit notwendig ist, darüber hinaus Wissen von Wirklichem ermöglicht und schließlich eine Erweiterung des Wissens bringt,[31] also nicht bloß bei tautologischen Erläuterungen stehen bleibt. Solche Urteile sind für ihn die »synthetischen Urteile a priori«, die vorzugsweise in der Mathematik gebildet werden. Bei Additionen (z. B. 7 + 5 = 12) tritt im Resultat, als der Vereinigung zweier Zahlen, »synthetisch« ein neues Prädikat hinzu. Zugleich sind solche Urteile »a priori«, weil ihnen der Charakter der Allgemeingültigkeit und Notwendigkeit zukommt.

Kant versucht in seiner Erkenntnistheorie das Kunststück zu bewerkstelligen, alles, was mit Empirie, Anschauung, Sinnlichkeit usw. zusammenhängt, so zu entschlacken, daß zum Schluß nur noch allgemeine, »reine« – oder wie er es nennt: »transzendentale«, d. h. vom empirischen Subjekt losgelöste – Urteile und Begriffe herauskommen. So werden auch der Raum und die Zeit von ihm ihres empirischen Charakters entkleidet.[32] Obgleich sie Kant als Anschauungsformen bezeichnet, gelten sie ihm nicht als »empirische Begriffe« (vgl. *Kritik der reinen Vernunft*, § 2), sondern als notwendige Vorstellungen a priori. Damit verlegt er diese objektiven Existenzformen der Materie in die Immanenz des Bewußtseins – wie es denn auch bei ihm wörtlich heißt: »Raum und Zeit sind bloße Vorstellungen, Vorstellungen sind in uns, folglich sind Raum und Zeit nebst allen Erscheinungen darin, die Körper mit ihren Kräften und Bewegungen in uns«.[33] Kant geht also davon aus, daß Raum und Zeit Vorstellungen ermöglichende Anschauungsformen sind. Es gelingt Kant kaum, der Sackgasse des epistemologischen Solipsismus zu entgehen. Seine Kritik am Skeptizismus Humes führt nicht zu einer Konsolidierung der Außenwelterkenntnis, sondern nur zur Perpetuierung des Rückzugs in die Sphäre des menschlichen Bewußtseins selbst, das sich nahezu ausschließlich mit seiner eigenen kategorialen Konstitution beschäftigt.

Reste eines subjektiven Idealismus kann man bei Kants

Kants Methode der transzendentalen Erkenntnis
(= Rechtfertigung der objektiven Erkenntnis a priori)

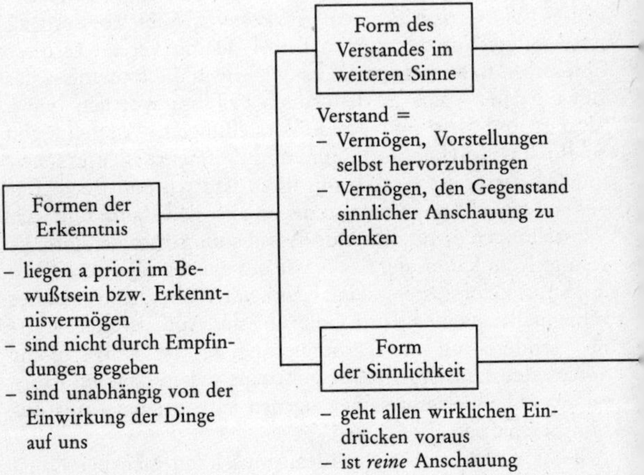

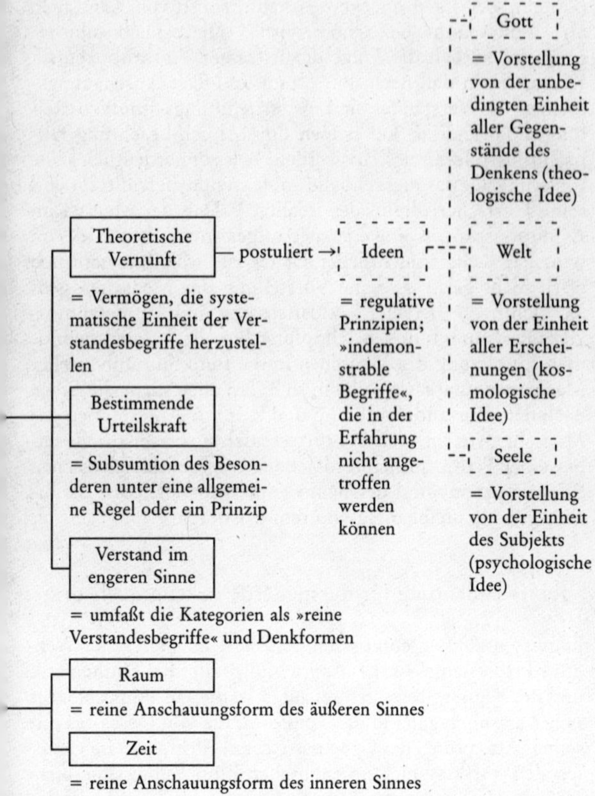
Theoretische Vernunft
postuliert →
Ideen
= regulative Prinzipien; »indemonstrable Begriffe«, die in der Erfahrung nicht angetroffen werden können
Gott
= Vorstellung von der unbedingten Einheit aller Gegenstände des Denkens (theologische Idee)
Welt
= Vorstellung von der Einheit aller Erscheinungen (kosmologische Idee)
Seele
= Vorstellung von der Einheit des Subjekts (psychologische Idee)
= Vermögen, die systematische Einheit der Verstandesbegriffe herzustellen
Bestimmende Urteilskraft
= Subsumtion des Besonderen unter eine allgemeine Regel oder ein Prinzip
Verstand im engeren Sinne
= umfaßt die Kategorien als »reine Verstandesbegriffe« und Denkformen
Raum
= reine Anschauungsform des äußeren Sinnes
Zeit
= reine Anschauungsform des inneren Sinnes

Aufteilung des Gegenstands der Erkenntnis in eine der Anschauung zugängliche Erscheinung und ein der Erkennbarkeit entzogenes Ding an sich feststellen, das, jenseits aller Erfahrbarkeit, der Erscheinung zugrundeliegt, aber nur (»intelligibel«) gedacht werden kann, somit von Kant auch als »Noumenon« bezeichnet wird.[34] Diese Dichotomisierung ist letztlich die Folge der extremen Anthropozentrik Kants; schon daß nach ihm Raum und Zeit Anschauungsformen des Verstandes sind, Wahrnehmungs- und Vorstellungsmodi anderer Lebewesen durch Nichtbeachtung faktisch für irrelevant erklärt werden, belegt überdeutlich seine Fixierung auf das menschliche Subjektivitätsbewußtsein und seine Herrscherrolle in der Realität.[35] Daß der Mensch im Evolutionsprozeß eine erst spät aufgekommene Spezies von winziger weltgeschichtlicher Dauer ist, war ihm natürlich noch nicht geläufig, seine Vorstellung des Menschen geht letztlich noch, bei aller Säkularisierung und Entmetaphysizierung, vom biblischen Schöpfungsbericht und der theonomen Einsetzung des Menschen in die Funktion universeller Machtausübung aus. So kann sich ihm auch nicht die Frage nach dem Zustand von Raum und Zeit vor Aufkommen des Menschen stellen, und er erörtert auch nicht außerhalb seines einer Petitio principii folgenden transzendentalistischen Begriffssystems und der damit einhergehenden Beweisführung, ob sie unabhängig von ihm existieren.

Kants Bedeutung für die moderne Erkenntnistheorie

In wissenschaftstheoretischer Hinsicht fällt an Kants Vernunftkritik seine starke Ausrichtung auf die Mathematik und die Naturwissenschaften auf.[36] In diesem Punkt bewegt sich Kant noch ganz in der Tradition, die von Descartes mit seiner Ausrufung des »geometrischen« Prinzips eingeleitet worden war, das auch im englischen Empirismus dominierte. Wie eingangs bemerkt, war die epistemologische Reflexion bereits im 16. Jahrhundert durch produktionstechnische Innovationen und sie szientifisch ermöglichende oder begleitende naturwissenschaftliche Studien initiiert worden. Diese Orientierung herrscht auch noch im 19. und 20. Jahrhundert vor, begünstigt durch den zweiten großen Schub der Industrialisierung.[37] Die Geisteswissenschaften spielen in dieser erkenntnistheoretischen Diskussion zunächst so gut wie gar keine Rolle.[38]

Mit dem wachsenden Primat solcher Disziplinen wie Medizin, Physik und Chemie geht seit der Mitte des 19. Jahrhunderts die Herausbildung eines naturwissenschaftlichen Materialismus einher, der kurz vor 1900 seine Kulmination in der philosophischen Strömung des Monismus[39] findet. Diese Positionen werden sehr bald von den Vertretern der Kathederphilosophie als primitiv und vulgär zurückgewiesen.[40] Durch deren gewaltige Breitenwirkung herausgefordert, entwickeln sie ein Gegensystem, das sowohl die traditionellen philosophischen Denkformen zu retten und erhalten als auch den neuen naturwissenschaftlichen Ergebnissen gerecht zu werden versucht.

Diese Vermittlungsfunktion übernimmt der Neukantianismus. Zunächst durch philosophiehistorische Rekurse auf Kant präludiert, etwa Otto Liebmanns *Kant und die Epigonen* (Stuttgart 1865) oder Friedrich Albert Langes *Geschichte des Materialismus* (Iserlohn 1866), wandelt sich der Neukantianismus bald zu einer systematischen Doktrin mit vielen Spielarten. Während die sinnesphysiologisch argumentierenden Positionen wie die von Helmholtz, der selbst Physiker und Physiologe war und sich durch seine Forschungen zu den Tonempfindungen (1863) oder zur physiologischen Optik (1856–66) einen Namen gemacht hatte,[41] den Kantschen Kritizismus weitgehend auf den Sensualismus und Impressionismus von Hume und Berkeley verkürzen und damit dem auf die Registrierung von Sinnesdaten fixierten neueren Positivismus den Boden bereiten,[42] betont die stärker logizistische Richtung, wie sie von der Marburger Schule mit Hermann Cohen als ihrem Hauptrepräsentanten vertreten wurde, in extremer Zuspitzung transzendentalphilosophisch die produktive Leistung der autonomen Vernunft. Cohens logischer Idealismus setzt auf die Schöpferkraft des Logos der reinen Erkenntnis, der angeblich die Welt ganz aus sich selbst hervorzubringen vermag. Deduktiv wird so von ihm auch die Logik der mathematischen Naturwissenschaft konstruiert. Erkenntnis erscheint bei Cohen auf das reine Denken verengt; an Kant moniert er, daß er dem Denken – zumindest theoretisch – noch die Sinnlichkeit vorausgehen ließ. In radikaler Frontstellung gegen jeglichen Realismus interessieren ihn nur noch Fragen der Logik, die für ihn eine des Ursprungs ist, da sie generierende Funktion hat, d. h. die Wirklichkeit aus sich heraus erzeugen soll.[43]

Die vom Neukantianismus propagierte Ausrichtung der Erkenntnistheorie auf das logische Denken hat auf Jahrzehnte eine mächtige Wirkung auch auf andere philosophische Strömungen ausgeübt. So sind die Anfänge der Phänomenologie, wie sie in Husserls *Logischen Untersuchungen* erkennbar werden, ganz von dem Paradigma einer Suche nach primordialen kategorialen Anschauungen und logischen Urteilsformen vor oder jenseits aller Empirie geprägt. Und auch die Analytische Philosophie, die in den Bestrebungen des Wiener Kreises ihren Ausgang nahm und danach, vor allem im angloamerikanischen Raum, beinahe unangefochten das akademische Feld beherrschte, setzt Erkenntnis mit logischem Denken gleich, wobei das Heil in einer angeblich besondere Verläßlichkeit und Wissenschaftlichkeit verbürgenden Formalisierung gesucht wird. Auch sie geht weitgehend abbildtheoretisch von der Isomorphie der Struktur des menschlichen Bewußtseins und der Struktur der Welt aus, setzt also mehr oder weniger stillschweigend voraus, daß beide Sphären analog organisiert sind.

All diese Modelle befinden sich heute im Zustand ihrer kritischen Revision. Zwar werden nach wie vor Versuche unternommen, more logico die Welt oder ihren Strukturzusammenhang zu konstruieren, doch geht eine Vielzahl von Theoretikern, die selbst einmal diesen rigiden, alle Sinnlichkeit und soziale Praxis im Erkenntnisprozeß ausblendenden Deduktionsschemata anhingen, zu ihnen mittlerweile auf Distanz. Ein neuer Skeptizismus macht sich breit, der metatheoretisch – also nicht in einer den anderen Ismen nebengeordneten Position – gerechtfertigt wird, und zwar auf Grund einer Historisierung der zuvor eher dogmatisch geglaubten Theorien. So begegnet man neuerlich dem cartesianischen Dualismus von Res cogitans und Res extensa mit kritischer Schärfe,[44] erkennt auch in dieser asketisierenden Aufspaltung von Seele (bzw. Geist) und Leib, sofern sie sozialisatorisch zur Grundlage für politisch-moralisches Handeln gemacht wird, verhängnisvolle Konsequenzen für die psychosomatische Konstitution der Betroffenen. Auch erscheint – nicht zuletzt im Zeichen des Dekonstruktivismus – das Modell eines selbstherrlichen Bewußtseins als Erkenntnisorgan nicht mehr tragfähig, da es von einer starren Identitätslogik ausgeht, lebensgeschichtliche Veränderungen kaum in Erwägung zieht und auch die soziale Modifikation durch kommunikativen Austausch unberücksichtigt sein läßt. Richard Rorty hat daher in seiner Abhandlung *Philosophy and The Mirror of Nature* (Princeton 1979) wieder mehr die Tugenden der Interaktion und des Dialogs angemahnt und noch jüngst, so in einer 1993 erschienenen Besprechung von Daniel Dennetts Buch *Consciousness Explained*,[45] das dessen Konzeption einer »Philosophie des Geistes« entfaltet, das Moment der Veränderlichkeit mentaler Strukturen hervorgehoben sowie das über das Bewußtsein im allgemeinen definierte Ich mehr als einen Prozeß mit sich selbst geführter innerer Gespräche beschrieben. So scheint es, daß heute die heroische Phase der Erkenntnistheorie in ihr Endstadium getreten ist und man sich angesichts des imponierenden Aufwands an begriffsanalytischer Sagazität und transzendentalphilosophischen Begründungen fragt, was mit all den vielen epistemologischen Anläufen, Entwürfen und Systemen – durchaus nicht in einem vordergründig utilitären Sinne, wohl aber im Hinblick auf die methodologische oder bloß vergewissernde Vorverständigung – für die reale Praxis des Erkenntnisprozesses in Alltag und Wissenschaft gewonnen wurde. Statt Hoffnungen in die wie auch immer geartete Applizierbarkeit von erkenntnistheoretischen Modellen zu setzen, dürfte als metatheoretischer Diskurs gegenwärtig mehr eine mentalitätshistorische Analyse dessen indiziert sein, welche eher unreflektierten Aussagen in der jeweiligen noetischen Programmatik über die Rolle des Bewußtseins im interaktiven Prozeß getroffen und welche den Status des Subjekts berührenden sozialen Probleme dabei mittelbar abgehandelt wurden.[46]

Empiriokritizismus und Philosophie des Als Ob

Richard Avenarius, Ernst Mach und Hans Vaihinger

Angesichts der Fortschritte auf dem Gebiet der Naturwissenschaften im Zuge der zweiten Phase der Industrialisierung im letzten Drittel des 19. Jahrhunderts war die in der Nachfolge des deutschen Idealismus stehende Erkenntnistheorie in eine tiefe Krise geraten. Eine erste radikale Herausforderung ging von einem simplifizierten mechanistischen Materialismus aus, der sich z. B. scharf gegen die spekulative Naturphilosophie Schellings wandte. Autoren wie Jacob Moleschott, Carl Vogt oder Eugen Dühring beherrschten mit ihren populärwissenschaftlichen Schriften die öffentliche Diskussion.[1] Provokativ war beispielsweise Vogts gegen den auf eine Wahrung der Legitimationsansprüche der Religion bedachten, zwischen Wissen und Glauben trennenden Göttinger Physiologen Rudolf Wagner gerichteter Satz, »daß die Gedanken etwa in demselben Verhältnis zum Gehirn stehen, wie die Galle zu der Leber oder der Urin zu den Nieren«.[2]

Derlei krude Reduktionen finden sich in der nachfolgenden philosophischen Debatte kaum noch. Selbst Ernst Haeckel und Wilhelm Ostwald, die Hauptrepräsentanten des naturalistisch-evolutionistischen, gegen alle Metaphysik und Religion gerichteten Monismus, welche in ihren schlagkräftigen Thesen durchaus zu starken Vereinfachungen neigen, bemühen sich begrifflich um einen Anschluß an das argumentative Niveau der zeitgenössischen Kathederphilosophie. Diese hatte, nachdem sie mit ihren der Tradition entnommenen metaphysischen Prämissen in die Defensive geraten war, durch ihre Beschäftigung mit den neueren Ergebnissen der Psychologie und Physiologie einerseits, der Physik andererseits, wieder an Kraft gewonnen. Entsprechend modifizierte sie ihre epistemologischen Grundannahmen, und auch die Metaphysik bzw. Ontologie bekam einen »realistischen« Einschlag. Dies geschah etwa bei Aloys Riehl, der seit den 70er Jahren den Brückenschlag der idealistischen Philosophie zu den positiven Wissenschaften versuchte, und zwar im Namen eines weitgehend an Kant angelehnten »Kritizismus«.[3] Überhaupt avanciert in dieser Zeit Kant mit seinem zwischen Empirismus und Rationalismus vermittelnden Ansatz zum großen Vorbild in der Universitätsphilosophie. Seine Insistenz auf dem Aspekt apriorischer Erkenntnis sowie seine Behauptung, daß es der menschliche Geist sei, der der Natur ihre Gesetze vorschreibt, werden zu vermeintlich beweiskräftigen und evidenten Argumenten einer ganzen Schule, der Marburger unter Hermann Cohen und Paul Natorp, die es sich angelegen sein läßt, Naturwissenschaft und idealistische Philosophie im Zeichen von Mathematik und Logik miteinander zu versöhnen.[4]

Diesen Tendenzen schließen sich die Hauptvertreter des ebenfalls Mitte der 70er Jahre einsetzenden Empiriokritizismus, Richard Avenarius und Ernst Mach, nicht an. Dies schon deswegen nicht, weil sie selbst primär naturwissenschaftlich geschult sind und die Methoden und Resultate physikalischer Forschung aus eigener Praxis kennen. Ihre Kampfansage gegen den idealistischen Ansatz liegt in der Proklamation einer Position, die sowohl eine subjektivistische als auch eine objektivistische Theorie der Erfahrung bzw. der Erkenntnis überhaupt bestreitet. Avenarius entwickelt in seiner 1876 als Habilitationsschrift eingereichten Abhandlung *Philosophie als Denken der Welt* die These, daß Empfindungen als auf Außenweltreize reagierende elementare Bewußtseinstatsachen nicht auf Bewegungen rückführbar sind. Es bleibe »nur übrig, sie als eine Eigenschaft *empfindender Substanzen* auszusagen«.[5] Ohne die rationalistischen Voraussetzungen zu teilen, kommt Avenarius' Empfindungsbegriff dem der Monaden nahe, die Leibniz als wahre Atome der Natur bestimmt hatte, als elementare Substanzen (»points de substance«), begabt mit der Fähigkeit zur Perzeption, und zugleich, da sie Kraftpotentiale seien, als etwas physikalisch Objektives.[6] Avenarius' Position läßt sich also als monistisch bezeichnen. Da er nicht bewußtseinstheoretisch vorgeht (wie später Meinong und Husserl), also ausgehend von der inneren Erfahrung des Subjekts, muß er auch die Existenz eines konsistenten Ich in Frage stellen; aber er läßt auch nicht – spiegelbildlich dazu – die Hypothese (bewußtseins)transzendenter Dinge gelten. Eigene und fremde Erfahrung koinzidieren ihm zufolge, und das heißt zugleich, daß von einer Subjekt-Objekt-Differenz eigentlich nicht mehr gesprochen werden kann. Obwohl Avenarius der idealistischen Philosophie den Fehdehandschuh hinwarf, näherte er sich ihr unfreiwillig doch insofern wieder an, als er analog zu den Neukantianern nur eine reine Erfahrung für legitim hielt. Alles andere sei zu eliminieren. Mit diesem Purifikationsakt, der noch durch sein wissenschaftstheoretisches Postulat eines »Prinzips des kleinsten Kraftmaßes« gesteigert wurde, arbeitet er eigentlich der Akzeptanz der Existenz unzähliger Empfindungsatome entgegen. Gleichwohl hat er die »sozusagen atomistische Individualisierung der Empfindungen« für ein »möglicherweise« »unentbehrliches Hilfsmittel« angesehen, »den Eindruck des Begreifens unserem Empfindungs- bez. Vorstellungsleben gegenüber zu erzeugen; allein es ist doch davor zu warnen, nun auch die Welt aufzufassen als eine Art Kaleidoskop, welches sich aus solchen Empfindungsmosaikstückchen zusammenstellt«.[7] Entscheidend ist aber für Avenarius die These, daß »alle differenten Empfindungen aus einer ursprünglich gleichinhaltlichen Empfindung durch Selbstdifferenzierung entstanden sein könnten«.[8] Ansätze in der Psychologie seiner Zeit, die solche Überlegungen zu stützen vermöchten, sah er bei Wundt[9] und bei dem englischen Physiologen George Henry Lewes, einem von August Comte und

Herbert Spencer beeinflußten evolutionistischen Positivisten.[10]

Von »Monismus« hatte Avenarius im Hinblick auf seine Theorie explizit selbst gesprochen.[11] Damit wollte er den Aporien der herkömmlichen Erkenntnislehre entgehen, die mit ihrer Konstruktion eines Gegensatzes von Subjekt und Objekt unweigerlich in die Zwangslage kam, die Welt zu verdoppeln und mit der Dichotomisierung von Innen- und Außenwelt die Erkenntnis zu verfälschen.

Auch Ernst Mach, der zunächst als Professor für Physik in Prag gelehrt hatte, 1895 jedoch auf die Lehrkanzel für induktive Philosophie in Wien berufen worden war, geht in seiner Konzeption des Empiriokritizismus, der sowohl Momente eines sensualistischen Empirismus als auch eines idealistischen Positivismus in sich vereinigt, von diesem neuen nicht-subjektivistisch definierten Empfindungsbegriff aus. Auch er polemisiert gegen die Annahme transzendenter Dinge, von einem kantianischen »Ding an sich« ganz zu schweigen (das in seiner Abspaltung von der »Erscheinung« noch einen zusätzlichen Duplikationseffekt hervorruft). Mit Wilhelm Schuppe, dem Begründer der »Immanzenzphilosophie«,[12] sagt Mach, daß ihm das Land des Transzendenten verschlossen sei.[13] Bei seinem monistisch interpretierten Empfindungsbegriff geht er davon aus, daß diese kleinsten Atome immer nur in einem Komplex auftreten. »[...] daß dieser aber immer ein volles, waches, menschliches Ich sei – es gibt ja auch ein Traumbewußtsein, ein hypnotisches, ein ekstatisches, ein tierisches Bewußtsein verschiedener Grade – möchte ich in Zweifel ziehen. Selbst ein Körper, ein Stück Blei, das Gröbste was wir kennen, gehört immer einem Komplex und schließlich der Welt an; es existiert nichts isoliert. So wie es dem Physiker freistehen muß, die materielle Welt zum Zwecke der wissenschaftlichen Untersuchung zu analysieren, in Teile zu zerlegen, ohne daß er deshalb den allgemeinen Weltzusammenhang vergessen müßte, so muß auch dem Psychologen dieselbe Freiheit gewährt werden, wenn er überhaupt etwas zustande bringen soll. [...] Die Empfindung, kann man in des Cynikers Demonax Redeweise sagen, existiert so wenig *allein*, als irgend etwas anderes.«[14]

Die Lehre vom Ich, zu dessen Verabsolutierung die bewußtseinstheoretisch argumentierende Philosophie seiner Zeit neigt, bleibt in Machs Sicht beschränkt, da sie ausschließlich introspektiv vorgeht und den so wahrgenommenen konkreten »Komplex« als Ich beschreibt. Diese Identifizierung von Ich und innewerdenden Bewußtseinsinhalten bzw. -gegebenheiten oder, einfacher gesagt, die Definierung des Ichs über das Bewußtsein vertrat z. B. Johannes Rehmke in seinem *Lehrbuch der allgemeinen Psychologie* von 1894 (es heißt dort, das Ich sei »das unmittelbar gegebene konkrete Bewußtsein«[15]). Und auch Wilhelm Schuppe, der mit seiner »Immanenzphilosophie« Mach sonst sehr nahe stand, erklärte: »Bewußtsein und Ich können promiscue gebraucht werden. In dem Sich-seiner-bewußt-sein besteht das Ich.«[16]

Für Mach ist jedoch mit dieser introspektiven Bewußtseinsevidenz der Komplex aller Bewußtseinsinhalte keineswegs erschöpft, erfaßt werde lediglich ein winziger Teil. »Das Ich ist ein psychischer Organismus, dem ein physischer Organismus entspricht. [...] Die Introspektion allein, ohne Hilfe der Physik, hätte nicht einmal zur Empfindungsanalyse geführt. Die Philosophen überschätzen einseitig die introspektive, die Psychiater oft ebenso einseitig die physiologische Analyse, während zu einem ausgiebigen Erfolg die Vereinigung *beider* unentbehrlich ist. Bei *beiden* Gruppen von Forschern scheint das von der primitiven Kultur herstammende, nicht vollständig erloschene Vorurteil mitzuwirken, wonach Psychisches und Physisches nun einmal durchaus inkommensurabel ist.«[17]

Mach stellt sich das Ich also nicht in Opposition zur Welt vor, sondern psychophysikalisch als einen Empfindungskomplex, der sich von anderen der Realität prinzipiell nicht unterscheidet. Wenn überhaupt von einem Ich gesprochen werden könne, dann nur in dem Sinne, daß damit denkökonomisch eine praktische Einheit benannt werde. In seiner Abhandlung *Reflex, Instinkt, Wille, Ich*[18] betont Mach, »daß die Abgrenzung des *Ich* gegen die *Welt* etwas schwierig und von Willkürlichkeit nicht frei ist. Betrachten wir die Gesamtheit der miteinander zusammenhängenden *Vorstellungen*, also dasjenige, was nur für uns allein unmittelbar vorhanden ist, als das Ich. Dann besteht das Ich aus den Erinnerungen unserer Erlebnisse, mit den durch diese selbst bedingten Associationen. Dieses ganze Vorstellungsleben ist aber an die historischen Schicksale des Großhirns gebunden, welches ein Teil der physischen Welt ist, den wir nicht ausscheiden können. Nun haben wir aber kein Recht, die *Empfindungen* aus der Reihe der psychischen Elemente auszuschalten. Beschränken wir uns zunächst auf die *Organempfindungen (Gemeingefühle)*, welche von dem Lebensprozeß aller Körperteile herrühren, der in das Großhirn ausstrahlt und als Hunger, Durst usw. die Grundlage der Triebe wird, die vermöge eines im embryonalen Leben erworbenen Mechanismus unsere Bewegungen, Reflexe und Instinkthandlungen auslösen, die durch das später entwickelte Vorstellungsleben nur modifiziert werden können. Dieses *weitere Ich* hängt schon mit unserem *ganzen* Leib, ja nicht minder mit dem Leib unserer Eltern untrennbar zusammen. Endlich können wir auch die von der *gesamten physischen Umgebung ausgelösten Sinnesempfindungen* zum *Ich* im *weitesten* Sinn rechnen, und dieses ist dann von der ganzen Welt nicht mehr trennbar.«[19]

Wenngleich Mach weitgehend empfindungsphysiologisch argumentiert, so geht seine Analyse doch in eine Richtung, bei der psychiatrische Aspekte eine merklich dominante Rolle spielen. Dies zeigt sich bei seiner Theorie vom primären und sekundären Ich, die letztlich auf den Sachverhalt der Depersonalisation bzw. der Schizophrenie hinausläuft. Nicht von ungefähr bezieht er sich dabei auf Théodule Ribots epochemachende Studie *Les maladies de la personnalité* (Paris 1888), in der Fälle solcher Ichspaltung beschrieben werden, etwa der Fall eines in der Schlacht bei Austerlitz schwer verwundeten Soldaten, der sich seitdem, oft von einem Stupor befallen, für tot hielt und auf Fragen nach seinem Befinden seine Existenz in Abrede stellte, sich statt dessen nur noch als eine ihm ähnliche schlechte Maschine betrachtete.[20] Auch an Fällen siamesischer Zwillinge thematisiert Mach das Problem der Ich-Identität. Grundsätzlich liegt ihm daran zu verdeutlichen, daß Ich-Stabilitäten nur sehr relativ sind und jederzeit infolge intensiver Erlebnisse oder starker äußerer Einwirkungen erschüttert und in Frage gestellt werden können. »In der Tat kann plötzlicher oder dauernder Wechsel der Umgebung das sekundäre Ich mächtig alterieren.«[21]

Bemerkenswert ist an solchen Überlegungen, daß in erkenntnistheoretischer Absicht unternommene Analysen des Bewußtseins, konsequent betrieben, fast immer das Problem seiner Grenzüberschreitung streifen, wenn nicht sogar von ihm gänzlich dominiert werden. Die Bemühung um die Sicherung des Ich, um seine apperzeptive Einheit, in einem transzendentalen Akt läuft unweigerlich auf ein Überschreiten festumzirkter Vernunftschranken in nur noch schwer kontrollierbare Wahnwelten hinaus, in denen diese Sicherungsmechanismen nicht mehr greifen und die Ratio als vermeintlicher Garant ihre konzentrative, zusammenhaltende Kraft verliert. Der cartesianische »Deus malignus«,[22] der, selbst eine Fiktion, mit seinen Täuschungsmanövern alle Verbürgtheiten als Existenzgrund zu entziehen trachtet, ließ sich trotz seiner sich auf das Cogito als letzter Daseinsgewißheit berufenden Exorzisierung nicht vertreiben. Qualitativ neu ist bei Mach seine Akzeptanz des Irrtums und der Unvermeidlichkeit des Selbst- und Fremdbetrugs, mithin seine Skepsis gegenüber allen probabilistischen Argumenten: Wahrscheinlichkeit bedeute keineswegs ausgemachte Wahrheit.[23] So bewegt sich seine Erkenntnistheorie in der

Nähe der pragmatistischen Wahrheitslehre:[24] »Erkenntnis und Irrtum fließen aus denselben psychischen Quellen; nur der Erfolg vermag beide zu scheiden. Der klar erkannte Irrtum ist als Korrektiv ebenso erkenntnisfördernd wie die positive Erkenntnis«.[25]

Obwohl die logischen Empiristen des Wiener Kreises sich gern auf Mach beriefen,[26] konnte Mach, genaugenommen, hinsichtlich der Erfüllung des Wunsches nach Ermittlung objektiver Wahrheit durch das kognitive Mittel der Logik als Ahnherr nicht in Anspruch genommen werden. Denn Wahrheit wird nach Mach nicht in der apriorischen Sphäre der Logik erschlossen, sondern, wenn überhaupt, nur in der kommunikativen Praxis, in der es darauf ankommt, ob bestimmte Vorhaben gelingen oder ein Daseinsproblem bewältigt wird. Logische Operationen sind nach Mach gewiß nicht nutzlos,[27] er begreift sie aber nicht wie hernach Husserl oder der frühe Wittgenstein als transzendentale Wahrheitsgarantien. Logik hat für ihn ausschließlich, nach dem Ökonomieprinzip von Avenarius, die Funktion der Kraftersparnis durch Vermeidung weitschweifiger Begründungen und Explikationen mittels reduktiver Abstrakta.[28]

Eine ähnlich provokative Rehabilitierung des (biologisch nützlichen) Irrtums nahm Hans Vaihinger vor, der, vom Materialismus-Historiker Friedrich Albert Lange[29] beeinflußt, als Kantforscher[30] begonnen hatte. In seinem Hauptwerk *Die Philosophie des Als Ob* von 1911 stellte er die These auf, wissenschaftliches Forschen, aber auch ästhetisches Genießen und praktisches Glauben seien unvermeidlich auf Fiktionen gegründet. Vaihinger verdeutlicht dies an zahlreichen Beispielen aus der Naturwissenschaft. Im Grunde genommen laufen alle Hypothesen, mit denen sie arbeitet, auf diesen Fiktionalitätscharakter, mithin eine Irrealität hinaus, obgleich der Eindruck eines verläßlichen Faktenpositivismus erzeugt wird. »In der Fiktion wird ein [...] unmöglicher und also auch ungültiger Fall für einen praktischen Zweck als nichtsdestoweniger möglich angesetzt; genauer genommen ist die Wendung noch feiner; nicht der unmögliche Fall selbst wird als wirklich gesetzt, sondern nur mit den aus ihm fließenden Folgen, die mit ihm notwendig verbunden sind, wird die Betrachtungsweise des vorliegenden Gegenstandes oder Falles gleichgesetzt, während die Bedingung selbst durch die Form zugleich als eine unerfüllbare mitbezeichnet wird.«[31] Vaihinger zeigt aber auch an anderen Beispielen – und damit kommt er in den Bereich der Rhetorik und der Semiotik –, daß Seinsaussagen fast durchgängig fiktionalen Charakter haben, da es sich bei ihnen um Signifikationen handle. So sei die Prädikatkopula »est« in dem berühmten Abendmahlsstreit von Zwingli allegorisch interpretiert worden: Christus spreche vom Brot, *als ob* es sein Leib sei.

Auch Vaihinger kann mit den Thesen einer (ausschließlich) auf Logik fundierten Erkenntnistheorie wenig anfangen: »Das Denken und die logische Funktion ist nicht der Mittelpunkt, in dem die Radien der Welt zusammenlaufen, ist nicht die Achse, um die sich die Welt dreht, im Gegenteil, die logische Funktion spielt im Haushalt der Natur eine bescheidene Rolle, und die Veränderungen der wirklichen Welt, welche durch die Produkte der logischen Funktion zustande kommen – so mächtig und ausgedehnt sie vom menschlichen Standpunkt aus sind –, im Verhältnis zu den kosmischen Veränderungen sind sie von einer lächerlichen Kleinheit [...]. Der Dogmatismus ist ein *logischer Optimismus*, der den logischen Funktionen und Produkten ein unbegrenztes Vertrauen entgegenbringt.«[32]

Vaihinger erkennt im Denken lediglich ein Mittel zur Daseinsbewältigung. Seine Herausbildung aus und Emanzipation von den rein biologischen Funktionen erklärt er (im Anschluß an Herder und Darwin) evolutionistisch: »Das Denken ist somit ursprünglich nur ein Mittel im Kampf ums Dasein und insofern nur eine biologische Funktion«.[33] Generell sei feststellbar, daß die Mittel dazu tendieren, den Zweck zu überwuchern, sich also zu verselbständigen (»Gesetz der Überwucherung des Mittels über den Zweck«).

Entsprechend sei dies im Laufe der Menschheitsgeschichte auch beim Denken eingetreten, das sich von seinem anfänglich praktischen Zweck gänzlich losgelöst und sich zu rein theoretischem Denken um seiner selbst willen entwickelt habe. Diese Autonomisierung führte zu einer Irrealisierung des Denkens, insofern es sich Fragen stellte, die mit der Praxis nur noch wenig zu tun haben und die zu lösen es nicht imstande ist, z. B. die Frage nach dem Ursprung oder dem Sinn der Welt, ebenso die Frage nach dem Verhältnis von Empfindung und Bewegung (»populär gesprochen von Seelischem und Materiellem«[34]). Auch Fragen nach der Wurzel aus –1 seien sinnlos.

> Viele Denkvorgänge und Denkgebilde zeigen sich nun unter dieser Beleuchtung als bewußtfalsche Annahmen, die entweder der Wirklichkeit widersprechen oder sogar in sich selbst widerspruchsvoll sind, die aber absichtlich so gemacht werden, um durch diese künstliche Abweichung Schwierigkeiten des Denkens zu überwinden und auf Umwegen und Schleichwegen das Denkziel zu erreichen. Solche künstlichen Denkgebilde heißen wissenschaftliche Fiktionen, die durch ihren Als-Ob-Charakter sich als bewußte Einbildungen kennzeichnen.[35]

Vaihinger sieht die Bedeutung dieser Fiktionen weniger in der Sphäre des Wirklichen, wo sie nur begrenzt etwas zur Erkenntnis beitragen, als in der Sphäre des Ethischen, überhaupt im Bereich der Werte. Sie haben also einen eminent axiologischen Charakter. Letztlich läuft die *Philosophie des Als Ob* darauf hinaus, die Kontingenzen des Wirklichen, das sich uns in den Empfindungsinhalten aufdrängt und nicht abweisbar ist, als nur partiell veränderbar hinzunehmen. Zu glauben, die Welt sei – vielleicht durch ein göttliches Prinzip – zweckmäßig eingerichtet, hieße selbst einer (weiteren) Fiktion anzuhängen. Vaihingers Philosophie ist also konsequent antiteleologisch ausgerichtet. Die wissenschafts- und erkenntnistheoretischen Fiktionen haben lediglich den Sinn, eine Ordnung in die Realität hineinzuprojizieren, etwa durch die Annahme eines Kausalitätsprinzips usw., die dort aber faktisch nicht vorhanden sei. Die Fiktionen dienen ausschließlich der besseren Klassifizierung der wirklichen Sachverhalte, ohne daß sie mit ihnen zur Deckung kämen. Eine wichtige These Vaihingers war es, daß er als einer der ersten darauf aufmerksam machte, wie sehr und wie schnell sich Annahmen und Hypothesen im Laufe des Wissenschaftsprozesses autonomisieren und dann in dieser theoretischen Verselbständigung zum vermeintlich bewiesenen Dogma verfestigen.

Vaihinger kritisiert zwar, wie das angeführte Beispiel des »logischen Optimismus« belegte, den Fiktionalitätscharakter wissenschaftlicher Propositionen und Operationen, sieht aber angesichts des erreichten Standes des theoretischen Denkens keine Möglichkeit, den Fiktionen zu entrinnen. Er macht daher aus der erkannten Not eine Tugend, indem er, an Nietzsche anknüpfend, in ihnen eine lebenssteigernde Vitalfunktion erkennt. So wird von ihm die Phantasie – im Gegensatz zum späteren faktografischen Positivismus – nicht abgewertet. Mit Nietzsche bejaht er den Schein, das »Illusionsnetz« und das »Reich der Wahnbilder«, obwohl er die Trugmechanismen durchschaut.[36] Obgleich die *Philosophie des Als Ob* fast resignativ die Theorie vom unentrinnbaren Ausgeliefertsein an die Fiktionen vertritt, ist ihre Grundlage jedoch immer die mitgedachte Realität, deren Struktur Vaihinger offensichtlich durchaus zu kennen glaubt, da er sonst die Abweichung von ihr durch die Fiktion gar nicht hätte präzis bestimmen können. Insofern liegt seinem Fiktionalismus ein voluntativer Impuls zugrunde (er spricht ja auch vom »bewußt gewollten Schein«). So berührt sich auf merkwürdige Weise sein realistisch fundierter »positivistischer Idealismus« mit der Realitätsausklammerung der rein bewußtseinstheoretischen Richtungen der Gegenstandstheorie und Phänomenologie.

Intuitionismus

Henri Bergson

Noch bis in die 20er und 30er Jahre hat Bergsons Intuitionismus weit über die Grenzen Frankreichs hinaus einen kaum abschätzbaren Einfluß auf die Intelligenz, nicht zuletzt auf Künstler und Schriftsteller, ausgeübt, für die Bergson geradezu zu einem Modephilosophen avancierte, dessen Thesen auch in der nichtakademischen Öffentlichkeit diskutiert wurden.[1] Von seinen lebensphilosophischen Ideen erwartete man eine Erneuerung des Bewußtseins, eine befreiende Perspektive für eine aller schöpferischen Qualitäten beraubte utilitaristische Praxis.

Bergsons Konzeption bildete einen Gegenentwurf zu logisch-stringent argumentierenden philosophischen Systemen, ja sie stellte bis zu einem gewissen Grade deren Existenzberechtigung in Frage, indem sie Zweifel an der Selbstgewißheit der Denkleistungen des Intellekts anmeldete. Vor ihm hatte schon Emile Boutroux, den man als »Neospiritualisten« zu etikettieren pflegt, Kritik an einer mechanistischen und deterministischen Denkweise geäußert; statt dessen hatte er sowohl die Realität überhaupt als auch den »Geist« im besonderen unter dem Aspekt von Aktivität und Freiheit neu zu bestimmen gesucht. Im Zentrum von Boutroux' Philosophie steht darum der Begriff der Kontingenz; das Sein sei von seiner Existenz wie auch von den ihm innewohnenden Gesetzen her kontingent strukturiert.[2] (»Kontingent« bedeutet hier nicht ganz genau dasselbe wie »zufällig«, womit üblicherweise ein Durchbrechen oder Außerkraftsetzen eines sonst kausaldeterministisch gedachten Ablaufs von Naturprozessen – bzw. eine situativ bedingte entsprechende subjektive Interpretation dieser Vorgänge – gemeint ist. Es bezeichnet vielmehr einen allgemeinen ontischen Zustand, in dem alles offen und die Vorhersehbarkeit der Ereignisse und Prozesse nur sehr begrenzt ist. Schon nach der Auffassung der Scholastiker, etwa des Thomas von Aquin, war mit »Kontingenz« etwas gemeint, was sein kann und nicht sein kann.[3])

Den Naturgesetzen kommt nach Boutroux somit keineswegs die Unbedingtheit und Strenge zu, welche die Naturwissenschaftler ihnen beilegen, denn in der Natur gebe es durchgängig Momente von Spontaneität, Individualität und Freiheit, ja eigentlich sei es nicht zulässig, in bezug auf die Dinge und ihre Verhältnisse von Notwendigkeit zu sprechen, diese sei allenfalls deren Richtschnur.[4] Indem Boutroux die absolute Macht der Naturgesetze bestreitet, formuliert er bewußt eine provozierende Gegenposition zur Axiomatik der positiven Wissenschaften, die im Zuge der zweiten großen Industrialisierung des letzten Jahrhundertdrittels im akademischen Raum eine dominante Stellung einzunehmen begannen. (Der Gedanke der Kontingenz wurde später freilich selbst zu einem integrierenden Bestandteil der neueren Physik, etwa der Quantenphysik von Niels Bohr und Werner Heisenberg, die nicht mehr von einer objektivistischen Konzeption der Physik ausgehen und das subjektive Moment in der Beschreibung und Darstellung hervorheben, die Relativität der Meßverfahren sich also dabei bewußt machen. Alfred Landé vertritt gleichfalls die These, daß die die Elementarteilchen betreffenden Prozesse vom Zufall beherrscht werden und sie nur im Makrobereich, d. h. in der statistischen Anhäufung, eine Struktur aufweisen, die sich als einigermaßen kausaldeterminiert interpretieren läßt.)

Auch Bergson akzeptiert weitgehend Boutroux' Kontingenztheorie. (So heißt es bei ihm, daß »unser psychologisches Leben voll von Unvorhergesehenem« sei: »Tausend Zwischenfälle brechen herein, die, was ihnen vorangeht, abzuschneiden scheinen, und sich dem nicht verknüpfen, was ihnen folgt.«[5]) Das Besondere ist bei ihm aber die gleichzeitige Akzeptanz des Physikalismus[6] bzw. der naturwissenschaftlichen Prinzipien, von denen er bei seinen Untersuchungen und Reflexionen selbst auch stets auszugehen pflegt. So akzeptiert er als Forschungsprämissen im großen und ganzen die Thesen des Evolutionismus (er war anfangs ein begeisterter Anhänger Herbert Spencers[7] und der Psychophysik Fechners sowie der sich an sie anschließenden verschiedenen psychologischen Schulen [Wundt, Janet, Ribot, James[8] usw.]). Bei seinen Studien zum Gedächtnis, die 1896 erschienen, stützt er sich auf neurologische und psychiatrische, vor allem gehirnphysiologische Forschungsergebnisse, etwa zur Aphasie.[9] Diese Kombination von naturwissenschaftlichem Unterbau und kontingenztheoretischen Schlußfolgerungen oder Erweiterungen dürfte es auch wohl gewesen sein, die seine Philosophie in weiten Kreisen beliebt machte. Denn sie ließ zunächst allen Erkenntnissen, die sich dem »Intellekt« verdanken, ihre Berechtigung, versuchte aber zu verdeutlichen, daß diese nur im Rahmen pragmatischen Handelns, in der Welt der Zwecke Geltung beanspruchen können; das Eigentliche, das Wesen der Dinge, werde mit ihnen indessen nicht erfaßt. Dies gelinge erst einem anderen psychologischen Vermögen: der Intuition.

In einem Vortrag auf dem Philosophenkongreß in Bologna am 10. April 1911 legte Bergson dar, daß dieses Vermögen sich kaum begrifflich bestimmen lasse; nur in Annäherungen könne man sich an seinen inkommensurablen Charakter herantasten. Wesentlich für die Intuition ist nach Bergson ihre »ausschließende Kraft«,[10] also ein eher fast schon privatives Moment, denn sie falle wie das Daimonion des Sokrates gleichsam allen Begriffszergliederungen und Gesetzeshypothesen in den Arm, indem sie darauf aufmerksam mache, daß bei aller methodischen Strenge des wissenschaftlichen Vorgehens auf diese Weise die Tatsachen unzulänglich beobachtet sein müssen und die aus diesen Beobachtungen gezogenen Schlußfolgerungen der Wahrheit entraten.[11] Einen tieferen Sinn, der hinter oder in all den beobachteten Tatsachen liege, vermöge der Verstand nicht zu sehen, da er nicht von Leben erfüllt sei. Bergson stellt sich den Akt der Intuition gelegentlich vitalistisch nach dem Modell des sich in Zellteilungen entfaltenden Organismus vor, als eine lebendige Bewegung, die sich einem Impuls verdankt. Die ganze Welt wird seiner Auffassung nach von einem Elan, einer Schwungkraft, durchwaltet, die auch im Innern des Menschen erfahrbar ist.

Bergson konstruiert also einen Gegensatz von Verstand (»entendement«) und Intuition. Während ersterer bei seinen Operationen eine Trennung von Subjekt und Objekt zugrunde legt, Ich und Welt willkürlich auseinanderreißt,[12] vermag jene diese Differenz wieder aufzuheben und zu einer Synthese zu gelangen. Der Ort, in dem dies geschieht, ist freilich wieder das Subjekt, das, wie Bergson in *Matière et mémoire* ausführt, sich zugleich auch als Leib bzw. Körper erfährt, insofern es über seine Selbstwahrnehmung »Bilder« der Materie als Repräsentationen des »Objekts« in sein Bewußtsein aufnimmt, das wesentlich Gedächtnis ist.[13] (»[...] unter ›Bild‹ verstehen wir eine Art der Existenz, die mehr ist als was der Idealist ›Vorstellung‹ nennt, aber weniger als was der Realist ›Vorstellung‹ nennt – eine Existenz, die halbwegs zwischen dem ›Ding‹ und der ›Vorstellung‹ liegt. Diese Auffassung der Materie ist ganz einfach die des gesunden Menschenverstandes [...]. Ganz in diesem Sinne fassen wir das Wort ›Bild‹ [...]. Wir stellen uns auf den Standpunkt eines Geistes, der vom Streit der Philosophen nichts weiß. Dieser Geist glaubt von Haus aus, daß die Materie so existiert, wie er sie wahrnimmt; und da er sie als Bild wahrnimmt, macht er sie zum Bild an sich. Mit einem Worte, wir betrachten die Materie vor der Scheidung, die Idealismus und Realismus zwischen ihrer Existenz und ihrer Erscheinung vollzogen haben.«[14])

Wie man sieht, vertritt Bergson eine Philosophie des Bewußtseins; sein konszientialistischer Ansatz ist jedoch weiter gefaßt als eine nur auf kognitive Prozesse ausgerichtete Erkenntnistheorie. Wie die Gegenstandstheoretiker (Meinong) und Phänomenologen (Husserl) ist Bergson an der Ausforschung der Funktionen und der Reichweite des Bewußtseins interessiert. Während Husserl aber – ähnlich wie die Neukantianer – Bewußtseinsakte im wesentlichen durch Logizität definiert, bestreitet Bergson, der im rein logischen Denken gerade einen Stillstand, ja fast ein Todesprinzip sieht, eine adäquate Erkenntnis durch den Intellekt. Dem Verstand (gemeint ist damit letztlich die Naturwissenschaft, deren universalistischer Legitimationsanspruch eingeschränkt werden soll; Bergson geht es natürlich nicht um die Herabsetzung oder Wertminderung psychischer Qualitäten, sondern ausschließlich um die Kritik eines einseitigen Gebrauchs des Intellekts) hielt er bereits in seiner Frühschrift *Sur les données immédiates de la conscience* vor, quantifizierend und verräumlichend zu denken. Selbst die Zeit werde vom Verstand materialisiert aufgefaßt, als ein in Teile zerlegtes sukzedierendes Kontinuum. Demgegenüber fordert Bergson, Zeit als inneres Phänomen statt als exteriorisiertes homogenes Medium[15] aufzufassen, und zwar nicht in einem resultativen Zustande, sondern als eine in Bewegung und fortwährender Bildung begriffene Erscheinung, die dem Bewußtsein unmittelbar gegeben ist. Dies ist für Bergson die Erfahrung der »reinen Dauer« (»durée réelle«), die durch »eine ganz und gar qualitative Mannigfaltigkeit« bzw. »absolute Heterogeneität von Elementen«, »die miteinander eine Verschmelzung eingehen«,[16] gekennzeichnet sei. In dieser Erfahrung erkennt Bergson eine Befreiung von äußeren Zwängen, ja sie ist für ihn die Vorbedingung für die Konstituierung einer freien Persönlichkeit.[17] Bergson hat den Zusammenhang von Intuition und »Dauer« in folgender Weise näher erläutert:

> Die Intuition, von der wir sprechen, bezieht sich […] vor allem auf die innere Dauer. Sie erfaßt eine Aufeinanderfolge, die keine Nebeneinanderstellung ist, ein Wachstum von innen her, die ununterbrochene Ver-

längerung der Vergangenheit in eine Gegenwart hinein, die ihrerseits in die Zukunft eingreift. Es ist die direkte Schau des Geistes durch den Geist. Nichts schiebt sich mehr dazwischen, keine Brechung der Strahlen durch das Prisma, dessen eine Fläche der Raum und dessen andere die Sprache ist. An Stelle von starren Zuständen, die sich nur äußerlich berühren und einer Reihe von nebeneinander gesetzten Worten entsprechen, tritt hier die unteilbare und daher substantielle Kontinuität des inneren Lebensstromes. Intuition bedeutet also zunächst Bewußtsein, aber ein unmittelbares Bewußtsein, eine direkte Schau, die sich kaum von dem gesehenen Gegenstand unterscheidet, eine Erkenntnis, die Berührung und sogar Koinzidenz ist. Es ist zudem ein erweitertes Bewußtsein, das gleichsam die Schranken des Unterbewußten vorübergehend durchbricht und in rascher Folge von Erhellung und wiederkehrendem Dunkel uns dieses Unterbewußte inne werden läßt.[18]

Deutlich wird an dieser Bestimmung von Intuition zum einen, daß Bergson eine Erfahrung und Beschreibung psychischer Phänomene durch das Mittel der Begriffe ablehnt; auffallend ist seine Kritik der Sprache als eines sich zwischen diese Erfahrung und den Gegenstand schiebenden Mediums. Diese Ablehnung hängt mit seinem Tadel der verräumlichenden Tendenz wissenschaftlicher Terminologie zusammen. Zum andern ist bemerkenswert seine Ausweitung des Bewußtseinsumfangs: Bewußtsein schließt auch »dunkle« Zonen ein, das Unbewußte. Die Intuition ist aber nicht ausschließlich nach innen gerichtet, verfährt also nicht bloß introspektiv, es gibt vielmehr auch eine Art »psychologischer Osmose«[19] zwischen den Bewußtseinssphären verschiedener Subjekte. Am Beispiel von unreflektierter Sympathie und Antipathie, »die oft so hellsichtig sind«,[20] demonstriert Bergson sein Konzept der Einfühlung, das an Theodor

Lipps' zeitgleich entwickelten psychologischen Ansatz gemahnt.[21]

Grundsätzlich gilt es sich klarzumachen, daß für Bergson »Leben« keineswegs nur das Leben des einzelnen Individuums ist, sondern ebenso, wie diffus auch immer bei ihm formuliert, das Leben der Gesellschaft. Leben wird von ihm freilich – trotz der Anerkennung seiner biologisch-evolutionären Grundlagen – als etwas Geistiges aufgefaßt, denn Bergson interessiert an den Dingen ihr Anteil an der Geistigkeit, um nicht zu sagen: an der »Göttlichkeit«.[22] Im Akt der Einfühlung werde den Dingen Menschliches beigemischt, das selbst gereinigtes und vergeistigtes Bewußtsein sei.

Das Entscheidende für Bergson ist, daß intuitiv denken heiße in der Dauer denken.[23] Man könnte nun vermuten, daß damit etwas Statisches gemeint sei. Dies wirft Bergson indessen dem mathematischen Zeitbegriff vor, der mit seiner räumlichen Vorstellung vom Differential nebeneinandergesetzter unbeweglicher Punkte gerade das Bewegungsmoment der Zeit aufhebe. Dauer ist demgegenüber (als Äquivalenzbegriff der Intuition), so sehr dies der üblichen Vorstellung widerstreitet, für Bergson durch Veränderung, Bewegung und Werden, durch einen beständigen Fluß charakterisiert, den man sich jedoch nicht linear, als geradlinige Bahn vorstellen dürfe. Für die Charakterisierung des Zeitlichen der Dauer gilt als gedankliches Substrat Bergsons evolutionistischer Lebensbegriff, dessen Metaphorik er häufig darauf überträgt. So gebraucht er für die Beschreibung der Lebensvorgänge folgendes (paradoxerweise wegen seiner Entlehnung aus dem militärischen Bereich destruktionsmetaphorisches) Bild:

> Etwas höchst Einfaches wäre die Entwicklungsbewegung und rasch hätten wir ihre Richtung bestimmt, wenn das Leben – der Vollkugel gleich, die eine Kanone entschleudert – nur eine einzige Bahn beschriebe. Hier aber haben wir es mit einer Bombe zu tun, die

> sofort in Stücke geborsten ist; Stücke, die, weil sie selbst eine Art Bomben sind, auch ihrerseits, und wieder zum Bersten bestimmte Stücke, zersprangen; und so fort durch lange, lange Zeit. Wir aber nehmen hiervon nur wahr, was uns zunächst liegt, nur die zerfaserten Bewegungen der pulverisierten Splitter.[24]

Für Bergsons Erkenntnistheorie, die, wie er sagt, von der Lebenstheorie nicht abtrennbar sei,[25] ist innerhalb der Bewußtseinsprozesse die Funktion des Gedächtnisses von besonderer Bedeutung. Letztlich sind für ihn Geist bzw. Bewußtsein und Gedächtnis identisch. Zumindest stellt das Gedächtnis seiner Meinung nach den Schnittpunkt zwischen Geist und Materie dar.[26] Mit der Fokussierung seiner Bewußtseinstheorie auf das Gedächtnis greift er ein Forschungsparadigma der Psychologie seit den 1870er Jahren auf; hinzuweisen ist hier nur auf Hermann Ebbinghaus' grundlegende Abhandlung von 1885[27] sowie auf Ewald Herings Theorie von der Gedächtnisqualität aller organisierten Materie und der Gattungserinnerung durch Vererbung (erstmals formuliert 1870)[28]. Bei Ebbinghaus dienten die Laboratoriumsversuche zum Gedächtnis einer Effizienzsteigerung der Memorierleistungen; sie hatten also eine pädagogische bzw. – im weitesten Sinne – bildungspolitische Funktion, denn es ging hier letztlich, im Sinne der Herbartschen Pädagogik, um eine Verbesserung des Bildungsniveaus bzw. um dessen Anpassung an neue ökonomische und arbeitstechnische Herausforderungen. Ebbinghaus' Gesetz des Gedächtnisses lautet: »Die Quotienten aus Behaltenem und Vergessenem verhalten sich etwa umgekehrt wie die Logarithmen der verstrichenen Zeit«.[29]

Bei Bergson wird ganz im Gegensatz dazu eine qualitative Neubewertung des Gedächtnisses vorgenommen. Für ihn spielt der mnemotechnische Aspekt so gut wie gar keine Rolle mehr. Auch der phylogenetische Gesichtspunkt tritt in den Hintergrund, so sehr das evolutionistische Modell bei ihm die gedankliche Grundlage bildet. Denn Bergson hebt auf die Theorie des »reinen Gedächtnisses« ab, das er von allen gehirnphysiologischen Prozessen loslösen will, um die Dominanz des Geistigen erweisen zu können. Zum Verhältnis von Gehirn und Gedächtnis (bzw. Bewußtsein, Geist) hat sich Bergson thesenartig im Vorwort von *Materie und Gedächtnis* geäußert: »Daß zwischen dem Bewußtseinszustand und dem Gehirn ein Zusammenhang besteht, ist unbestreitbar. Es besteht aber auch ein Zusammenhang zwischen dem Kleid und dem Nagel, an dem es aufgehängt ist, denn wenn der Nagel herausgezogen wird, fällt das Kleid herunter. Kann man deshalb sagen, daß die Form des Nagels die Form des Kleides andeute oder uns irgendeinen Schluß auf sie erlaube? Ebensowenig kann man daraus, daß die psychologische Tatsache an einen Gehirnzustand angehängt ist, auf den ›Parallelismus‹ der beiden Reihen, der psychologischen und der physiologischen, schließen.«[30]

Bergson lag daran, die epistemologischen Unzulänglichkeiten sowohl des Idealismus als auch des Realismus zu überwinden. Sein Intuitionismus stellt die Bemühung um einen dritten Weg dar. Unübersehbar ist freilich, vom Resultat seiner Untersuchungen her betrachtet, Bergsons deutliche Option für eine idealistische Interpretation des Lebens. Seine Schriften suchen zu erweisen, daß es letztlich der Geist ist, welcher der Materie, die er als Entwerdung und »Selbstunterbrechung« des Lebens begreift, determinationsfrei seinen Stempel aufdrückt.[31]

Gegenstandstheorie

Alexius Meinong

Alexius Meinong, das Haupt der um die Jahrhundertwende einflußreichen Grazer Schule, ist heute nur noch als theoretischer Vorläufer von Husserl bzw. als dessen Parallelfigur bekannt. Sein Wirkungsradius reichte aber sehr viel weiter als bis zur Rezeption durch die Phänomenologie: obwohl sein Ansatz eher der introspektiv verfahrenden geisteswissenschaftlichen Psychologie nahestand (die freilich experimentelle Methoden nicht ausschloß), sind Teile seines Konzepts erstaunlicherweise besonders nachhaltig von Vertretern des logischen Empirismus aufgegriffen worden. Den Anfang der Adaption seiner Ideen, besonders seiner Theorie der Relationen und Komplexionen,[1] machte in England Bertrand Russell, und über diesen vermittelt fanden Meinongs Reflexionen, die selbst nicht in der Form logistischer Kalküle angelegt waren, Eingang in die frühe Philosophie Ludwig Wittgensteins sowie in die Gedankenwelt des Wiener Kreises um Rudolf Carnap.[2] Dieser hatte selbst wiederum noch einen anderen Zugang zu Meinongs Gedankenwelt, nämlich über die Gestalttheorie, die ein Schüler des Grazer Philosophen, Christian Freiherr von Ehrenfels, der wie Carnap später an der Prager Universität lehrte, um 1890 entwickelt hatte.[3] Meinong selbst hat Parallelen zwischen seiner »Gegenstandstheorie« und der modernen Logistik gesehen; auch jene bewege sich ganz und gar auf gegenstandstheoretischem Gebiete, dies werde »nur durch ihre auf rechnungsartige Operationen gerichtete Intention verschleiert.«[4]

Daß Meinong zur Philosophie als »Lebensberuf«, wie er sagte, stieß, verdankte er einem Zufall. Sein Vater, aus dem adligen Geschlecht derer von Handschuchsheim stammend, hatte seit den Befreiungskriegen bis zum Ende des italienischen Feldzuges 1859 »in begeisterter Kaisertreue«[5] dem österreichischen Heere angehört. Er hatte für den 1853 geborenen Sohn, der sich lieber der Musik gewidmet hätte, die Berufslaufbahn eines praktischen Juristen vorgesehen. Meinong wählte dann aber doch ein anderes Studiengebiet, nämlich das der deutschen Philologie und der Geschichte, in welch letzterer Disziplin er im Sommer 1874 an der Universität Wien mit einer Dissertation über Arnold von Brescia, einen Anhänger Abaelards, promovierte. Dieser wurde als Gegner der Hierarchie in Oberitalien und Rom sowie als von Papst Innozenz II. mit Verbannung bestrafter und später (1155) unter bestialischen Foltern hingerichteter Reformator gerade in der Phase des Kirchenkampfes als leuchtendes Vorbild demokratischer und antiklerikaler Bestrebungen verehrt.[6]

Im philosophischen Nebenrigorosum kam Meinong in Kontakt mit Franz Brentano; als Thema der Prüfung hatte er, ohne den Schwierigkeitsgrad der Lektüre zu ahnen, Kants *Kritik der reinen Vernunft* angegeben. Bis zu diesem Zeitpunkt war er auf philosophischem Gebiet allenfalls Autodidakt. Die Bekanntschaft mit Brentano bewirkte aber, daß er sich fortan intensiv mit philosophischen Problemen beschäftigte: 1878 habilitierte er sich in Wien in diesem Fach, 1882 wurde er in Graz zunächst auf ein Extraordinariat, dann (1889) auf den Lehrstuhl für Philosophie berufen. Brentano mochte ihn schon aus dem Grunde beeindruckt haben, weil er – ein neuer Arnold von Brescia – als (1864) geweihter Priester in einer Gedenkschrift (1870) scharf gegen das Unfehlbarkeitsdogma, die Dreifaltigkeitslehre und die Lehre von der Menschwerdung des Logos, ferner gegen die Eucharistie und die Ewigkeit der Höllenstrafen zu Felde gezogen und deswegen exkommuniziert worden war. Meinong hat Brentanos noch im hohen Alter voller Dankbarkeit gedacht: er habe »von seinem Reichtum aus vollen Händen gespendet« und sei ihm als »gewissenhafter Lehrer und wohlwollender Berater beispielgebend für das Beste dessen [gewesen], was sich in der Folge an meiner eigenen akademischen Tätigkeit bewährt haben mag«.[7] Gleichwohl darf nicht verschwiegen werden, daß Brentano in einer späteren Auflage (1911) seiner *Psychologie vom empirischen Standpunkt* (Bd. 2: *Von der Klassifikation der psychischen Phänomene*)[8] durchaus kritisch mit der Gegenstandstheorie seines Schülers, ebenso mit der Phänomenologie Husserls, ins Gericht ging, indem er beiden Richtungen vorwarf, die Errungenschaften des Aristoteles, an denen Brentano als ehemaliger neuscholastischer Philosoph auch nach seiner Exkommunikation festhielt, preisgegeben zu haben. Aristoteles stand ihm für ein empirisches Denken ein; dies war aber nach Brentanos Auffassung durch den radikalen Apriorismus dieser beiden Schulen annulliert worden, die auf die Irrtümer Platons bzw. der mittelalterlichen Ultrarealisten, z. B. eines Wilhelm von Champeaux, zurückgefallen seien: »Die angeblichen Entdeckungen des nicht empirisch Entsprungenen laufen auf nichts hinaus als auf Enthüllungen von Mängeln der eigenen Psychologie, welche nicht ausreicht, die Begriffe gehörig zu analysieren und ihren wahren Ursprung aufzuweisen.«[9]

Dies war ein später Nachtrag (1911) Brentanos zu seiner 1874 erschienenen Schrift, aus der Meinong als Kerngedanken die Theorie des Gegenstandsbewußtseins herausgezogen und dann systematisch weiterentwickelt hatte. Brentanos epochemachende Leistung war es, daß er den Begriff des Bewußtseins erweitert und unter ihn auch »unbewußte« Akte subsumiert hatte. Von einem »unbewußten Bewußtsein« zu sprechen, war vielen Philosophen, so früher schon John Locke und – unter Brentanos Zeitgenossen – John Stuart Mill, als Contradictio in adiecto erschienen. Brentano konnte sich aber durchaus auf eine lange Tradition berufen, in der dieser Aspekt des Unbewußten akzeptiert war, so etwa bei Thomas von Aquin (*Summa theologiae*, p. I, q. 78, a. 4 ad 2) oder Leibniz (*Nouveaux Essais* II. 1; *Monadologie* § 14), der von »perceptiones sine apperceptione seu conscientia«, von »perceptions insensibles« gesprochen hatte.[10]

Bei Brentano wird das Problem der psychischen Akte, die die äußere Wahrnehmung begleiten oder die sich in Phantasievorgängen abspielen, im 2. Kapitel seiner *Psychologie* behandelt, das »Vom inneren Bewußtsein« überschrieben ist. Brentanos Hauptthese war es, daß kein psychisches Phänomen besteht, das nicht Bewußtsein von einem Objekt ist. Dabei ist über die Modalität des Objekts oder Gegenstandes noch nichts ausgesagt. Es kann etwas sehr Reales sein, aber auch etwas Eingebildetes, ein Konstrukt des Bewußtseins oder ein innerer Vorgang, der latent einen psychischen Akt begleitet. Vereinfacht gesprochen, kann es sich dabei zum Beispiel um Selbstbeobachtungen handeln, die sich im Gefolge bestimmter, auf anderes gerichteter Intentionalitäten einstellen. Brentano geht davon aus, daß in jedem Fall »bewußte Seelenerscheinungen« von Akten begleitet sind, die ihm zugrunde liegen, ja die Intensität der begleitenden Akte sei sogar genauso stark wie die der primären Akte. Verschwinden diese (und mit ihnen ihre Intensität), so ist damit zugleich auch das Begleitmoment und dessen Intensität aufgehoben. Die sekundären, verborgenen oder tiefer liegenden Akte sind oft sehr kompliziert ineinander verschachtelt, so daß leicht die These aufgestellt werden kann, dieses Geknäuel sei einer Analyse nahezu unzugänglich, verbunden seien mit ihm unendliche theoretische Verwicklungen. Diese Auffassung aber weist Brentano zurück: er stellt ihr als Ergebnis seiner Untersuchungen die Theorie von der »Einheit des Bewußtseins«[11] entgegen.

> Die Einheit des Bewußtseins, so wie sie mit Evidenz aus dem, was wir innerlich wahrnehmen, zu erkennen ist, besteht darin, daß alle psychischen Phänomene, welche sich gleichzeitig in uns finden, mögen sie noch so verschieden sein, wie Sehen und Hören, Vorstellen, Urteilen und Schließen, Lieben und Hassen, Begehren und Fliehen usf., wenn sie nur als zusammenbestehend innerlich wahrgenommen werden, sämtlich zu

> einer einheitlichen Realität gehören; daß sie als Teilphänomene ein psychisches Phänomen ausmachen, wovon die Bestandteile nicht verschiedene Dinge oder Teile verschiedener Dinge sind, sondern zu einer realen Einheit gehören. Dies ist, was zur Einheit des Bewußtseins notwendig ist; ein weiteres aber verlangt sie nicht.[12]

Unerachtet der späteren Kritik Brentanos am Apriorismus der sich an ihn anschließenden Schulen muß man doch feststellen, daß er diesem bis zu einem gewissen Grade Vorschub geleistet hat, indem er etwa der inneren Wahrnehmung unmittelbare Evidenz zusprach und, im Anschluß an den von ihm hochgeschätzten Leibniz, neben der Wahrnehmungsevidenz als weitere Erkenntnisquelle die aus den Begriffen einleuchtenden apriorischen Wahrheiten annahm.

Meinong hat von Brentano den Gedanken der Intentionalität des Bewußtseins übernommen, wobei auch er damit lediglich das Moment des Gerichtetseins meint und nicht – zusätzlich – auch dasjenige der Absicht (im Sinne von »Intention«). Das Bewußtsein ist Meinong zufolge auf alles und jedes gerichtet. Alles kann ihm Gegenstand sein, insofern es ihm »gegensteht«. Mit »Gegenstand« verbindet sich bei Meinong also nicht die Vorstellung von etwas Materiell-Konkretem, ihm fehle es vielmehr an Genus wie an Differentia. Gegenstände sind demnach nicht nur reale Objekte außerhalb des Bewußtseins, sondern auch alle inneren Vorgänge. Dabei spielt es keine Rolle, ob diese Gegenstände wirklich existieren, ob man ihnen im alten ontologischen Sprachgebrauch (Da-)Sein zusprechen darf. Meinong hat sie daher als »daseinsfrei« bezeichnet. In der älteren Metaphysik habe es bereits gegenstandstheoretische Ansätze gegeben, jedoch sei das Moment der Daseinsfreiheit nicht immer bekannt gewesen. (Freilich ließe sich hier anmerken, daß z. B. die ontologischen Gottesbeweise, etwa eines Anselm von Canterbury oder eines Descartes, indem sie ausschließlich in einer Petitio principii einem gedanklichen Konstrukt Leben einzuhauchen versuchten, »daseinsfrei« angelegt waren bzw. operierten, paradoxerweise mit der Zielsetzung, das Dasein Gottes zu sichern.)

Meinong formuliert in der Erkenntnistheorie ein Programm, das weit über die traditionellen Fragestellungen dieser Disziplin hinausgeht. Er versucht im Anschluß an Brentanos »deskriptive Psychologie« den Kontinent des Imaginären zu erschließen, die Welt der Phantasmen und Fiktionen, mit denen das Bewußtsein angefüllt ist und die es fortwährend erzeugt. Genau besehen, sind sie bei ihm die eigentlichen »Gegenstände«; er nennt sie denn auch die »reinen«, wobei ein (neu)kantianisches Moment in seine Theorie hineinkommt, denn die »reinen Gegenstände« als Bewußtseinstatsachen weisen eine Verwandtschaft zu den »Noumena« Kants auf, der in seinen *Prolegomena* (§ 32) dazu gesagt hatte: »Schon von den ältesten Zeiten der Philosophie her haben sich Forscher der reinen Vernunft außer den Sinnenwesen (Phänomena), die die Sinnenwelt ausmachen, noch bessere Verstandeswesen (Noumena), welche eine Verstandeswelt ausmachen sollten, gedacht, und da sie [...] Erscheinung und Schein für einerlei hielten, den Verstandeswesen allein Wirklichkeit zugestanden.« Kant versteht unter einem »Noumenon« einen Grenzbegriff, der die »Anmaßung der Sinnlichkeit« einschränken soll. »Der Begriff des Noumenon ist also nicht der Begriff von einem Objekt, sondern die unvermeidlich mit der Einschränkung unserer Sinnlichkeit zusammenhängende Aufgabe, ob es nicht von jener ihrer Anschauung ganz entbundene Gegenstände geben möge.«[13]

Während bei Kant jedoch die »Noumena« fast im Sinne der platonischen Ideen, als intelligible Wesen, aufgefaßt werden, die geradezu als Hypostasen gedacht sind, betrachtet Meinong seine »Gegenstände« doch mehr im aktpsychologischen Sinne, als innere psychische Vorgänge oder Inhalte. Meinong differenziert sie nach Art der alten Vermögenspsychologie nach den vier Aspekten des Vorstellens, Denkens, Fühlens und Begehrens. Es fällt dabei auf, daß er nicht entsprechend der alten gnoseologischen Tradition das Denken an die erste Stelle setzt, sondern die imaginativen Akte. Überhaupt haben ihn, wie wir sahen, die Potenzen und die Potentialität der Phantasie besonders beschäftigt. Es sind nun nach seiner Begriffsprägung gerichtet

– das Vorstellen auf *Objekte*
– das Denken auf *Objektive*
– das Fühlen auf *Dignitative*
– das Begehren auf *Desiderative*

als deren spezifische Gegenstände.

Für die Erkenntnistheorie sind nach Meinong die beiden ersten Gegenstandsbereiche, also die Objekte und die Objektive, von Bedeutung. Die beiden anderen gehören in das Gebiet der Werttheorie, speziell der Ethik.[14] Die *Objekte* werden von ihm weitgehend gestaltpsychologisch aufgefaßt. Das wird deutlich an dem von ihm gelegentlich gewählten Beispiel des Verhältnisses von Melodie und Tönen, bei dem das Prinzip der Übersummativität des Ganzen vor den Teilen zur Geltung kommt. Letztere, die Töne, sind Gegenstände niederer Ordnung, die, zusammengesetzt – also als »Komplex« oder »Komplexion« –, einen Gegenstand höherer Ordnung, die Melodie, fundieren. Die Töne sind, wenn sie erzeugt und wahrgenommen werden, »Real-Relate«, wie Meinong sagt. Ihnen kommt insofern Existenz zu. Dennoch werden sie, hintereinander und zusammen gespielt, als einzelne Gegenstände nicht wahrgenommen, statt dessen jedoch ihr »Superius«, die Melodie. Diese aber hat, da sie selbst kein festes Substrat bildet, nicht Existenz, sondern nur »Bestand«. Meinong unterscheidet weiterhin noch zwischen den »Real-Relaten« und den »Ideal-Relaten«, die unabhängig vom konkreten Wahrgenommenwerden vorgestellt werden können. Bei den Real-Relaten ist mithin die faktische Realität entscheidendes Kriterium, das Zusammentreffen ihrer Beschaffenheit mit einem bestimmten Ort, an dem sie festzustellen sind. Bei den Ideal-Relaten bedarf es nicht der Wahrnehmung: wir können uns den Unterschied zweier Farben, Rot und Grün z. B., aufgrund früherer in der Natur gemachter Wahrnehmungen gleichsam a priori vorstellen.

Unter *Objektiven*, auf die das Denken zielt oder sich bezieht, versteht Meinong die Gegenstände, die unseren Urteilen entsprechen. Sie sind – nach der bei den »Objekten« von Meinong getroffenen Unterscheidung – stets Gegenstände höherer Ordnung, denn bei ihnen gibt es immer mehr als nur ein Objekt. Dies liegt in der Struktur des Urteils begründet, das mehrgliedrig ist. Ein Urteil ist z. B.: »Der Tisch ist rund« oder »Die Blume ist gelb« usw. Bei dieser Feststellung wird immer ein Sein konstatiert (das »Rundsein« oder »Gelbsein«). »Sein« differenziert Meinong nun nach drei Aspekten:

a) *Sein im engeren Sinne:* Damit kann wiederum dreierlei gemeint sein, nämlich: *Existenz* (»Die Sonne existiert«), *Bestand* (nach der oben referierten Definition, die sich auf Gegenstände höherer Ordnung bezieht, etwa: »2 × 2 = 4«) und schließlich *Außersein*. Dieses bezieht sich auf Gegenstände, die weder existieren noch bestehen, aber noch einen »Rest von Positionscharakter«[15] besitzen. Es sind somit Gegenstände, die konstruierte Fiktionalität aufweisen wie die Behauptung »Es gibt ein rundes Viereck«. Es werden hier – wie beim künstlerischen Verfahren des Surrealismus mit seiner Synthesis des Heterogenen – Merkmale kontaminiert, die sich nach den durchgängig gemachten empirischen Beobachtungen und den üblicherweise anerkannten logischen Gesetzen ausschließen. Indem Meinong besonderen Wert gerade auf diese dem Common sense absurd erscheinenden Fiktionen legt, nähert er sich Ansätzen einer mehrwertigen Logik bzw. einer mathematischen Mannigfaltigkeitslehre und transfiniten Mengenlehre an, wie sie Georg Cantor entwickelt hatte.[16] Auch die Position des in der Philosophie der Jahrhundertwende kaum rezipierten Jenenser Mathematikers und Logikers Gottlob Frege, der nicht zufällig ebenfalls über Begriff und Gegenstand eine Abhandlung verfaßt hatte,[17] weist eine Affinität zu Meinongs Theorie auf.

b) *Sosein:* Damit wird ein in der Scholastik seit Averroes, Albertus Magnus, Thomas von Aquin und Occam gebräuchlicher Ausdruck verwendet, die »Quidditas« (»Washeit«),[18] die denn auch bei Meinong explizit als Variante des Soseins auftaucht. So spricht er vom *»Wassein«* (Beispiel: »Ein Pferd ist ein Säugetier«). Daneben führt er noch den Terminus des *»Wieseins«* ein (»Der Schnee ist weiß«). Es geht hier um prädikative Bestimmungen nach dem Muster »A ist B«. Nach dieser Abstraktion ließe sich also im Hinblick auf das Subjekt von »B-Sein« sprechen, das ihm zukommt bzw. das es »hat«.

c) *Mitsein:* Dieser auf Heidegger vorausweisende Terminus (in *Sein und Zeit* ist freilich mehr der kommunikative Aspekt des menschlichen Daseins gemeint), den Meinong einführte, bezieht sich auf Fälle, »wo die inferioren Objekte in ›wenn‹-Relation, und in solche, wo diese in ›weil‹-Relation stehen«.[19] Beispiele hierfür wären etwa: »Wenn man spart, hat man Geld« und: »Der Mann schreit, weil er gebissen wurde«. Es handelt sich mithin um Konditional- und Kausalsätze als Urteilsformen.

Meinong hat in seiner Erkenntnistheorie der Kategorie der *Möglichkeit* einen besonderen Platz eingeräumt. Da ihn, wie auch seinen Schüler und späteren Grazer Kollegen Stephan Witasek, die Produktivität der Phantasie interessiert – und zwar in all ihren Varianten als Phantasiegedanke, Phantasiegefühl, Phantasievorstellung oder Phantasieurteil[20] –, richtet sich der Erkenntnisakt nicht bloß auf Tatsächliches der Außenwelt, sondern auch auf alle inneren Bewußtseinsvorgänge, die nur im günstigsten Falle sich der Tatsächlichkeit nähern. Diese »macht das eine Ende einer Strecke aus quantitativ variablen Daten, den Möglichkeiten aus, an deren entgegengesetztem Ende die Möglichkeitsnull oder Untatsächlichkeit steht«.[21] Bei der Kategorie der Möglichkeit gibt es nicht die Evidenz der Gewißheit, somit Wahrheit als konstatierbare Norm, sondern nur eine auf Wahrscheinlichkeit verweisende Vermutungsevidenz.

Meinong unterstellt letztlich eine fast schon absolute Autonomie des Bewußtseins, das sich ein eigenes Reich erschafft, das Reich der unmöglichen Gegenstände, von denen paradoxerweise gesagt werden kann, von ihnen gelte, daß es dergleichen Gegenstände nicht gibt. Ein Beispiel hierfür wäre ein rundes Viereck, das nicht existiert, jedoch »Bestand« hat, nicht dem Sein im engeren Sinne zugehört, sondern »Außersein« besitzt.

Man könnte nun annehmen, daß Meinong geradezu antiempiristisch argumentiere. Der Vorwurf des Apriorismus wurde ihm ja auch, wie erwähnt, von Brentano gemacht. Aber er hat sich immer auch, seit den *Hume-Studien* (seiner Habilitationsschrift),[22] wenn zwar schon nicht als Empirist, so doch als Empiriker verstanden. Die Erforschung der psychischen Vorgänge bedeutete für ihn nicht ein Votum für den Idealismus, dessen Beweisführungen nach seiner Auffassung vielmehr stets Trugschlußcharakter trugen. Er begriff selbst die unmöglichen Gegenstände als etwas Quasi-Empirisches, nämlich als Gegebenes, als Dasein, das – als »Prius« – immer schon da ist und auf welches das Denken nur reagiert.

Erkenntnistheorie ist, da sie sich wesentlich auf die geistigen und psychischen Vorgänge bezieht, bei Meinong fast schon so etwas wie Hermeneutik, weil ihre Aufgabe die Deutung dessen ist, was die Wahrnehmung – die innere wie die äußere – dem Bewußtsein präsentiert. Drängen sich absurde Gedankenkonstellationen auf, so sind sie erst einmal da; sie können nicht verdrängt oder ausgeklammert werden, sondern verlangen nach Erklärung. Hier nähert sich Meinong der Psychoanalyse Freuds, dessen Methode ebenfalls

»daseinsfrei« vorgeht, da sie die Äußerungen der Patienten nicht auf ihren objektiven Wahrheitsgehalt hin prüft, sondern die subjektive Schilderung eines erlebten oder erinnerten Vorgangs trotz aller Projektionen und objektiven Fehldeutungen für eine Realität nimmt, die ihre eigene Wahrheit besitzt.

Meinongs Erkenntnistheorie (er nennt sie eine Theorie des »Erfassens«), die in fast scholastischer Begriffszergliederung die unendlichen Stockwerke des Bewußtseins zu erschließen versuchte (wobei sie selbst im Prozeß des Zergliederns erst die Gegenstände schuf, von denen Meinong glaubte, sie seien bereits vorher oder a priori dagewesen; allerdings: sie waren, kaum erzeugt, dann in der Tat da), mußte in ihrer depersonalisierenden Wirkung fast in infinitesimale Wahnwelten führen. Hier gab es prinzipiell keinen festen Halt mehr.

An dieser Stelle wird nachvollziehbar, warum das psychologische Denken von Autoren wie Meinong und Husserl, die es selbst lange praktiziert hatten, als Gefahr gesehen wurde.[23] Das Bedrohliche und Beängstigende kommt zum Ausdruck im Begriff des Psychologismus, der die unaufhaltsame Konsequenz eines einmal in Gang gesetzten introspektiv-deskriptiven Sondierens war. Ihm galt es Einhalt zu gebieten. Der Versuch, der schizothymen Entgrenzung zu entgehen, war der Rekurs zu idealen Wesenheiten, die in einer subjektunabhängigen Sphäre zur Hoffnung auf etwas Dauerhaftes Anlaß gaben. Der Wunsch, angesichts mentaler Verunsicherungen eine verläßliche kognitiv-emotionale Stütze zu finden, war um 1900 im Bildungsbürgertum weit verbreitet. (Man findet ihn z. B. auch bei Künstlern wie Cézanne, der etwas Dauerhaftes erstrebte und mit bzw. in seinen Bildern symbolische Äquivalente für die transzendentalen Noumena schaffen wollte.) Die Einschränkung realer Handlungsspielräume in einer autoritär verfaßten Gesellschaft begünstigte die Entfaltung eines nach innen gewendeten, imaginativen Anarchismus. Aus ihm herauszufinden, konnte scheinbar nur durch Zuflucht zur Logik gelingen, durch »Ausklammerung« (so Husserl[24]) und Verdrängung all dessen, was als Folge grenzenloser Expansion der Bewußtseinserkundung die mentale Existenz des Ego bedrohte.[25]

Phänomenologie

Edmund Husserl

Die Wirkungsgeschichte von Edmund Husserls phänomenologischem Ansatz ist so immens, daß sie sich heute kaum noch überblicken läßt. Die Rezeption seines Werks setzte in der Zeit kurz vor dem Ersten Weltkrieg, als seine ersten großen Werke erschienen, zunächst nur zögernd ein, erfuhr dann aber eine Ausweitung und Verstärkung gewaltigen Ausmaßes in den 20er Jahren. In diesem Zeitraum entstanden auch die sich an Husserl anschließenden, bestimmte Aspekte seiner Konzeption einseitig weiterentwickelnden Schulen, darunter besonders Heideggers Existentialontologie und Schelers materiale Wertethik.

Um die Jahrhundertwende wurde Husserl nur von wenigen Philosophiehistorikern beachtet. Seine *Logischen Untersuchungen* (1900/01), die er selbst später wegen ihrer neuen Fragestellungen und analytischen Lösungen als »bahnbrechend« bezeichnete, fielen angesichts der zahlreichen neukantianischen Forschungen zur Epistemologie kaum auf. Prima vista waren sie in der Tat nicht weit entfernt von Hermann Cohens These, daß die Logik die Grundlage eines Systems der Philosophie bilden müsse. Auch das Ideal der Reinheit und das Postulat einer Fundierung der Philosophie, speziell der Erkenntnistheorie, auf der Mathematik bzw. den Naturwissenschaften konnte man bei Cohen finden. Cohen war auf der Suche nach einem letzten Axiom, aus dem sich alles mit dem Denken identifizierte Sein ableiten und erklären läßt, das er besonders im Werden, somit im Prinzip der »generatio«[1] sah. Insofern spielt bei ihm die »Forderung des Ursprungs«,[2] die das Denken der Mathematik (als der philosophischen Grundlagenwissenschaft) zu erfüllen habe, eine zentrale Rolle. Bei Cohen ist die Bemühung unübersehbar, die angesichts der technisch-industriellen Entwicklung unter Legitimationsdruck geratene akademische Disziplin der Philosophie so zu restaurieren, daß sie sogar den Status einer universellen Wissenschaftstheorie erlangen kann.

Nicht von ungefähr hat Cohens Erkenntnistheorie einen doppelten Charakter: auf der einen Seite strebt sie ein irreduzibles Apriori an, indem sie Erkenntnis von Erfahrung nahezu gänzlich abkoppelt und im reinen Denken aufgehen läßt, auf der anderen Seite soll diese fast parmenideische Ideenwelt der reinen Logik mit dem heraklitischen Fluxionsdenken versöhnt werden. »Reinheit« wird darum von ihm letztlich nicht als Isoliertheit aufgefaßt, sondern im Gegenteil (und paradoxerweise) unter ihrem Aspekt der Anwendbarkeit. Cohen verlangt daher von der Philosophie, daß sie analog zur Infinitesimal-Analysis Verfahren ausbilden müsse, die sich dem Prozeßhaften anschmiegen.

Hatte Cohen dem Denken eine selbstzweckhafte (»autotelische«) Dimension zugesprochen, so suchte Husserl der Aporie dieses radikalen Neukantianismus, der das Sein konsequent rationalistisch im bloßen Gedachtsein aufgehen ließ (insofern also mit der primär empiristischen Position Berkeleys – »esse est percipi« – weitgehend koinzidierte), dadurch zu entgehen, daß er das Ideal einer reinen Logik auf empirischem Wege begründete. Von Brentano herkommend, bei dem er noch in Wien studiert hatte, sah er zunächst, so in seiner 1887 erschienenen Schrift *Über den Begriff der Zahl*,[3] in einer deskriptiven Psychologie die Grundlage für eine Erklärung mathematischer, hier: arithmetischer Fundamentalbegriffe (wie Vielheit, Einheit und Anzahl). Zahlen werden als aus dem Kolligieren durch »kollektive Einigung« erwachsene »Inbegriffe« verstanden. Im weiteren Fortgang gelangte Husserl jedoch zu dem Schluß, daß Zahlen als »ursprüngliche Vielheitsprädikationen« nicht (allein) aus dem ausgeführten Kolligieren sich begreifen lassen, es vielmehr »Gegenstände höherer Ordnung« gebe, die nicht in Akten aufgehen. An dieser Stelle wurde Husserl bewußt, daß eine

Differenz bestehe zwischen den subjektiven, psychologisch beschreibbaren Bewußtseinsakten und den objektiven Sachverhalten, die er in platonisierendem Sinn als »ideale Wesenheiten« auffaßt. Im ersten Band seiner *Logischen Untersuchungen*, der den Untertitel *Prolegomena zur reinen Logik* führt, bemüht er sich um den Nachweis der Apriorität der Logik und ihrer Berechtigung als Wissenschaftslehre.[4] Die Auffassung, daß die wesentlichen theoretischen Fundamente der normativen Logik in der Psychologie lägen, weist er entschieden zurück.[5] Auch billigt er nicht die empirische Konsequenz des Psychologismus, daß die Denkgesetze in Wahrheit Naturgesetze seien, die in isolierter Wirksamkeit das vernünftige Denken kausieren.[6] Seine Kritik richtet sich besonders gegen die Konzeptionen von Mill, Spencer, Sigwart und Erdmann, die die Logik induktiv bzw. anthropologisch zu begründen versuchten. Dem Psychologismus, der all diesen Positionen gemein ist, wird vorgeworfen, daß er auf einen skeptischen Relativismus hinauslaufe.[7] Demgegenüber ist es Husserls Anliegen, die »idealen Bedingungen der Möglichkeit von Wissenschaft bzw. Theorie überhaupt« nachzuweisen.[8]

Die reine Logik gliedert Husserl in zwei Bereiche: zum einen in die Logik der Bedeutungskategorien (wie Begriff, Satz, Schluß usw.), zum andern in die Logik der gegenständlichen Kategorien (wie: Gegenstand, Sachverhalt, Einheit, Vielheit, Anzahl, Beziehung, Verknüpfung usw.). Innerhalb dieser Sphäre der idealen Wesenheiten wird also noch einmal eine Doppelung vorgenommen, indem unterschieden wird zwischen einem semiotischen Kategoriensystem und einem gegenständlichen, auf das es verweist bzw. zwischen denen beiden eine Korrelation besteht. Später hat Husserl für diese beiden Bereiche die Begriffe »apophantische Logik« und »formale Logik« (bzw. »formale Ontologie« oder: »formale Theorie der Gegenstände«) geprägt.[9]

Im zweiten Band der *Logischen Untersuchungen* (mit dem

Untertitel *Untersuchungen zur Phänomenologie und Theorie der Erkenntnis*) wird die Methode der Phänomenologie erstmals programmatisch entfaltet. Freilich sind ihre Prinzipien noch nicht konsequent erschlossen: das geschieht erst in den 1913 erschienenen *Ideen zu einer reinen Phänomenologie und phänomenologischen Philosophie.*[10] So ist in der frühen Schrift beispielsweise der Aspekt des Noematischen nur andeutungsweise behandelt. Unter »Noema« hatte Husserl den thematischen Gehalt des Erlebnisses verstanden, im Gegensatz zur »Noesis« (oder auch »Noese« genannt), dem Erlebnisakt selbst, der das Noema zum Gegenstand hat.[11]

Deutlich wird an diesen Problemen die Verschiebung des Forschungsinteresses. Wollte Husserl zunächst nur eine Theorie der reinen Logik erarbeiten, in scharfer Abgrenzung vom Psychologismus, so geriet er immer mehr auf das Terrain einer allgemeinen Bewußtseinsanalyse. Das Spezifische an der phänomenologischen Methode ist dabei jedoch ein Verfahren, das sich zwar psychologischer Begriffe bedient (wie »Erlebnis«, »Wahrnehmung« usw.), deren empirische Komponente, die subjektiven Quellen, jedoch abstreift, um zur erfahrungsunabhängigen »Ideation« zu gelangen. Die »Forschung«, von der Husserl bei seinen zahlreichen, sein System durch begriffliche Proliferation ständig erweiternden Untersuchungen emphatisch spricht, gründet sich auf reiner Introspektion und Denkarbeit, bezieht mithin kaum bewußtseinsexterne Faktoren ein. Wie Meinong baut sich Husserl Zug um Zug, in unentwegter Differenzierung, eine bewußtseinsimmanente Welt idealer Gegenstände auf. Dabei kommt dem Prinzip der »Intentionalität« eine zentrale Bedeutung zu.[12] Husserl hatte diesen Terminus der deskriptiven Psychologie Brentanos entnommen. Auch er wird von jeglichem »Psychologismus« entschlackt und platonisierend gereinigt. Husserl verlangt, daß beim »Erlebnis« – dieser Begriff tritt weitgehend an die Stelle desjenigen der Erkenntnis – »reelle und ideelle Komponenten« auseinandergehalten werden:[13] »jedwede Einmengungen aus der aktuellen Intentionalität der Erfahrungseinstellung und aller aktuell vollzogenen Akte« seien zu vermeiden.[14]

Fragt man nach den Gründen für das unausgesetzte Bemühen Husserls, letzte »Wesensgesetze« ausfindig zu machen (die Energie, die er hierfür aufbringt, ist wahrlich bewundernswert), so muß – wie schon bei Cohen und den Neukantianern – ein treibendes Motiv in dem Bedürfnis einer Rechtfertigung der Philosophie als Wissenschaft gesehen werden. Dieses Problem beschäftigte nach 1900 viele Kathederphilosophen, die sich durch das Vordringen der empirischen Wissenschaften im akademischen Raum bedrängt und herausgefordert sahen. Es galt für sie, die Führungsrolle der Philosophie zurückzugewinnen, deren Schicksal man in geradezu topischer Häufigkeit mit Shakespeares König Lear verglich, den seine Töchter (also die sie beerbenden empirischen Wissenschaften) mittellos vor die Tür gesetzt hatten.[15] Husserl sah eine Möglichkeit der institutionellen Restabilisierung seiner Disziplin nur darin, der Philosophie den Status einer Fundamentalwissenschaft zu verschaffen. Das Fundament durfte dann aber nicht mehr wie bei den Einzelwissenschaften in der Empirie liegen, sondern mußte in einem unhintergehbaren Apriori aufgewiesen werden.

Husserl hat selbst von einer »Notlage der heutigen akademischen Philosophie«[16] gesprochen, um derentwillen er sich genötigt sah, scharfe Kritik an der Verquickung von naturwissenschaftlicher Psychologie und Philosophie zu üben. So sah er beispielsweise in Georg Ernst Anschütz, einem Schüler des Experimentalpsychologen Ernst Meumann, einen Vertreter dieser »seichten Philosophie«, welche sich ihre »Eignung für philosophische Katheder durch literarische Produktionen [erwürben], die sich an der Idee einer wissenschaftlichen Philosophie versündigen«.[17] (Dabei stand Anschütz mit seinem gestaltpsychologischen Ansatz Husserl gar nicht so fern.[18])

In der Zeitschrift *Logos* (1, 1911) hat Husserl in dem berühmt gewordenen Aufsatz *Philosophie als strenge Wissenschaft* sein »universal-philosophisches« Programm entwikkelt, das jenseits von sensualistischem Naturalismus und historistischer Anthropologie die ewigen Wesensgesetze beschwört. Mit den empirischen Wissenschaften lag er denn auch immer wieder im Kampf, so in der Abhandlung *Die Phänomenologie und die Fundamente der Wissenschaften*. Dort sagt er z. B. über die Psychologie:

> In der Psychologie aber gibt es keine ›Erscheinungen‹ der Seele, sondern Erfahrung von ihr selbst; Erfahrung, wie es von einem Realen überhaupt Erfahrung geben kann dadurch, daß die Zustände erfahren werden, die nun als Zustände des Realen selbst zum wissenschaftlichen Thema gehören und wissenschaftlicher Beschreibung bedürfen [...] So wird nun das unendliche Feld der Erlebnisse für die Psychologie zu einem unendlichen der Beschreibung, ohne deren strenge wissenschaftliche Gestaltung sie den Anspruch, strenge Wissenschaft zu sein, nicht stellen kann. Die strenge Gestaltung der Beschreibung fordert aber phänomenologische Analyse, die Begriffe sind nur wissenschaftlich, wenn ihre reinen Wesen erfaßt und in ihrem Wesenszusammenhang streng ausgeschieden und unterschieden sind.[19]

Da die Phänomenologie sich nicht auf »erfahrungsgegebene Erlebniswirklichkeiten« bezieht, insofern nicht einmal empirisch-deskriptive Wesenslehre ist, kann ihre Aufgabe nur die »Erforschung idealer Erlebnismöglichkeiten« sein.[20] Das Mittel zu deren Erschließung ist die Intuition. Es ist erstaunlich, daß Husserl, der doch eine ›strenge‹ Wissenschaft etablieren wollte, eine kognitive Instanz wählt, die eher ein unbestimmt-diffuses Erkenntnisorgan repräsentiert. Er konvergiert hier mit Auffassungen der Lebensphilosophie, besonders dem Intuitionismus Bergsons, die er sonst als »Weltanschauungsphilosophie« zurückgewiesen hätte. Ein stabiles Fundament konnte die Intuition für den Erkenntnisprozeß nicht sein. Für sie sprach als Letztbegründungsargument lediglich das irreduzible cartesianische Cogito. Jedoch schon die unermüdlich postulierte Praxis ihres Gebrauchs bei Husserl verdeutlicht, daß die aus ihr hervorgehende »ideierende Wesensschau« fortgesetzt Projektionen emittiert, deren Wissenschaftswert fraglich erscheint. Da Husserl durch »Einklammerung« oder »Epoché« alles Empirische ausscheidet und, in das Gehäuse seiner konstruierenden Begriffsphantasie zurückgezogen, nur noch die korrelativen »Noemata« im Blick hat, bei denen wegen ihrer ausschließlich formalen Bestimmung nie klar wird, wie sie sich substantiell fixieren ließen, kann es von dieser Abstraktion auch keinen Übergang mehr zu den Wissenschaften geben. Husserl kann daher nur immer wieder »apodiktisch« (so seine eigene Formulierung) behaupten, daß diese Noemata die letzten transzendentalen Momente sind, aber es scheint fraglich, daß sowohl im Hinblick auf die Fundamentaltheorie als auch auf die Methodologie mit dieser Bestimmung für die Wissenschaften etwas gewonnen ist.

Husserl hat das Dilemma durchaus gespürt, in das er durch seine konsequente Strategie der De-Empirisierung, der Ausklammerung der Erfahrungstatsachen bzw. der Sinnlichkeit, geraten war. Hatte er von Anfang an das Ziel, einen letzten Unterbau philosophischen Argumentierens in Evidenzerlebnissen, mithin in einem geradezu autistischen, transzendental gedachten Ich-Bewußtsein zu finden, so mußte diese Reduktion, je mehr das Verfahren der »Epoché«, der »Einklammerung«, alles Empirische ausschaltete, zwangsläufig zu einer Aufhebung des empirischen Ich führen. Gerade um dessen »Rettung« ging es aber Husserl nicht weniger als anderen Philosophen seiner Zeit. Denn die solipsistische Reflexion des Ich (oder, wie man es philosophisch auszudrücken beliebte, der »transzendentalen Apperzeption«) hatte ja nicht zuletzt die Funktion, den sich abzeichnenden Tendenzen eines bildungsbürgerliche Sekuritätsvorstellungen bedrohenden Kollektivismus (man denke an Le Bons Untersuchungen zum Phänomen der »Masse«) eine gefestigte Position entgegenzusetzen. Husserl ging es daher stets um die Bewahrung der »Individualität«,[21] aber einer Individualität im geistigen Sinn, was etwas ganz anderes sei als »Naturindividualität«.[22]

Husserl konnte daher nicht umhin, empirische Faktoren wieder stärker zuzulassen. Dies zeigt sich in der Wendung seiner anfänglich ausschließlich bewußtseinstheoretisch angelegten Phänomenologie zur »Somatologie« und »Ästhesiologie« einerseits, zu einer Intersubjektivitätstheorie andererseits. Im einen Fall wird der »Leib« als letzte Konstitutionsgrundlage aller Erlebnisprozesse anerkannt, im andern zugestanden, daß jedes Individuum sich nur auf der Basis von Fremdverstehen, also Einfühlung in andere Individuen durch semiotisches Lesen ihrer leiblichen Ausdrucksformen, konstituieren kann.

Der »Leib« wird aber entsprechend der idealistischen Konzeption Husserls weniger als materielles Substrat betrachtet denn als sinntragender Körper, somit als höhere Objektivationsstufe. Das »Universum der Empfindungen (der sinnlichen Impressionen) eines jeden Ich« erhält Husserl zufolge »eine Beziehung auf den Leib und seine eben dadurch als ›Sinnesorgane‹ charakterisierten Teile und wird selbst zu etwas Leiblichem, aber nicht Materiellem. Alle die Erweiterungen, welche mögliche Erfahrung hier in gleicher Hinsicht vornehmen *kann*, sind an den schon durch die Leibesapperzeption vorgegebenen Sinn gebunden, und dieser Sinn ist festgelegt durch *wahrgenommene* Leiblichkeit mit *wahrgenommener* Lokalisation. Und was lokalisierbar ist, das ist nicht alles und jedes, sondern das ist wesensmäßig vorgezeichnet.«[23] »Leib« wird von Husserl letztlich über das Bewußtsein der Identität definiert: da sich der Körper ja ständig verändern, also etwas ausscheiden oder hinzugewinnen kann, die Empfindungsfelder auch Veränderungen unterliegen, kann er nur als »Willensorgan«[24] aufgefaßt werden. »Im Willensfeld treten freie Bewegungen und Veränderungen auf, die sonst nicht auftreten. Im Prinzipiellen wird dadurch nichts geändert.«[25]

Husserls Intersubjektivitätstheorie, die seine radikale Egologie bis zu einem gewissen Grade modifiziert und abschwächt, stützt sich weitgehend auf die Einfühlungspsychologie von Theodor Lipps[26] und greift überdies semiotische Ansätze des amerikanischen Pragmatismus (Charles S. Peirce[27]) auf. Dies zeigt sich besonders in seiner Erörterung der Begriffe »Zeichen«, »Ausdruck« und »Sinn«. »*Einfühlung in Personen* ist nichts anderes als diejenige Auffassung, die eben den *Sinn versteht*, d.i. den Leib in seinem Sinn erfaßt und in der Einheit des Sinnes, die er tragen soll. Einfühlung vollziehen, das heißt einen *objektiven Geist* erfassen, einen Menschen sehen, eine Menschenmenge usw. Hier haben wir kein Auffassen des Leibes als Trägers eines Psychischen in dem Sinne, daß der Leib als physisches Objekt gesetzt (erfahren) und ihm nun etwas anderes hinzugefügt, als ob er aufgefaßt würde als etwas in Beziehung zu oder in Verbindung mit etwas anderem. Es handelt sich eben um eine Objektivierung höherer Stufe, welche die der anderen Auffassungsschicht so überlagert, daß Einheit eines Objektes sich konstituiert, das seinerseits (ohne jede Verbindung, welche Sonderung voraussetzen würde) eine Objektschicht niederer und höherer Stufe impliziert, die erst nachträglich unterschieden werden.«[28] Diesen Aspekt der Einheit betont Husserl immer wieder, zugleich zwingt ihn aber sein als Petitio principii gesetztes Postulat des Geistig-Idealen, in phänomenologischer Reduktion die »Wirklichkeit des Leibes« auszuklammern, um zum eigentlichen »Sinn« vorzudringen. Dieser liege darin, daß die Personen und persönlichen Zustände in komprehensiven Akten erfaßt werden. Personwahrnehmung ist dabei im wesentlichen Ausdruckswahrnehmung. Der »ausgedrückte« Gehalt gehört »zu dem erscheinenden Leib meiner Umgebung«.[29]

Husserl formuliert mit dieser abstraktiven Leibsemiotik Gedanken einer alltagspraktischen Hermeneutik, der es ja wesentlich um intersubjektives Sinnverstehen geht. Obwohl dieser Ansatz (wie auch seine Theorie der »Lebenswelt«) über Autoren wie Alfred Schütz[30] Eingang in die Soziologie gefunden hat, kann bei seiner Konzeption der in Leibern sich manifestierenden Zeichenhaftigkeit der Umgebung des Ich schwerlich von einer Theorie des Sozialen gesprochen werden (zumindest nicht einer Theorie größter Reichweite, denn ihr Radius ist ja sehr eng bemessen). Husserl gelingt es nicht (und es ist auch nicht seine Absicht), die egologische Dimension zu überschreiten. Er betrachtet die Umwelt nicht von außen, objektiv, sondern will sie ausschließlich aus der Sicht des (phänomenologisch durch Ideation geläuterten) Subjekts erfassen. Objektive Betrachtung erscheint Husserl verhängnisvoll, denn sie führe in letzter Konsequenz zum Positivismus, wie er in seinem Werk *Die Krisis der europäischen Wissenschaft und die transzendentale Phänomenologie*[31] ausgeführt hat. Die Lebenswelt ist dem Subjekt unaufhörlich als Erfahrungshorizont mitgegeben, sie bleibt um seine »Ichlichkeit« zentriert. Sie sei zwar physisch fundiert, und sie baue sich in mehrstufigen Schichten vom Animalischen bis zum Kulturellen auf, so daß zu diesen Schichten »regionale Ontologien« entwickelt werden können. Doch versteht Husserl unter »Lebenswelt« letztlich etwas Geistiges: wie der umfassendere Begriff der »Welt« ist sie für ihn ein »Phänomen«, insofern es sich bei ihr – wie beim »Noema«, dem »Thema« der Noese – um etwas »Vermeintes«, bewußtseinsmäßig Vorgestelltes handele. Sie ist dem Subjekt »vorgegeben«, und zwar als »universaler Glaubensboden für jede Erfahrung«: »Weltbewußtsein ist Bewußtsein im Modus der Glaubensgewißheit«, heißt es in Husserls Spätwerk *Erfahrung und Urteil*.[32] Husserl versucht mit seiner Theorie der Lebenswelt einen »Boden« zu finden, auf den alle »prädikativen Urteile«, mit denen die spezialisierten Wissenschaften operieren, vorprädikativ zurückgeführt werden müssen. »Der Rückgang auf die Welt der Erfahrung ist *Rückgang auf die ›Lebenswelt‹*, d. i. die Welt, in der wir immer schon leben, und die den Boden für alle Erkenntnisleistung abgibt und für alle wissenschaftliche Bestimmung.«[33]

Der Begriff der »Lebenswelt« dient Husserl unter anderem zu einer radikalen Kritik an den Naturwissenschaften, deren Idealisierung (wie z. B. der exakte Raum der Geometrie, die exakte Zeit der Physik oder das exakte Kausalgesetz) »eben schon eine Leistung von Erkenntnismethoden ist, die sich auf die Vorgegebenheiten unserer unmittelbaren Erfahrung gründet«.[34] Es wird hieran deutlich, daß Husserl die ihm naiv erscheinenden Selbstgewißheiten besonders der Naturwissenschaften erschüttern will. Obwohl er ausschließlich systematisch argumentiert, bereitet seine Theorie der Lebenswelt doch auch einer wissenschaftshistorischen Sicht den Boden, da die Frage der Genesis bestimmter wissenschaftlicher Paradigmen anders als geschichtlich kaum beantwortet werden kann. Ähnlich wie später sein Schüler Martin Heidegger (*Die Kunst und der Raum*[35]), der den wissenschaftlichen Raumbegriff als ein Konstrukt frühneuzeitlicher Physik (seit Newton) hinsichtlich seines Universalitäts- und damit Ausschließlichkeitsanspruchs in Frage stellt, macht Husserl auf vorwissenschaftliche Erfahrungen aufmerksam, denen er nicht weniger Legitimität als wissenschaftlichen Grundannahmen und Erkenntnismodellen zuspricht. Als Letztbegründungsinstanz sind sie eigentlich sogar noch höher anzusetzen. Wenngleich Husserl dem Empirismus zu entrinnen suchte, so hat sich bei ihm das empirische Moment in letzter Konsequenz wider Willen doch beharrlich durchgesetzt. Die Konstruktion einer Phänomenologie, die im Grunde nichts anderes war als deskriptive Psychologie – nur mit dem Postulat und der Beteuerung des Nicht-Empirischen, Rein-Geistigen –, ließ sich auf Dauer nicht durchhalten, die konkrete Wirklichkeit holte Husserl immer wieder ein. So zeigt sich heute, daß Husserls ideierende Theorien trotz ihrer hochgradigen Differenziertheit als Fundamentalphilosophie wenig taugen, da aus ihrer Immanenz ein Überstieg in eine wissenschaftliche Analytik, die immer sich an empirischem Material zu bewähren hat, nur begrenzt möglich ist. Sie sind als selbstreferentielle Systeme angelegt. Hingegen ist es bei der Lehre von der Lebenswelt gerade der gelegentliche Absturz der Phänomenologie in den spontanen Empirismus gewesen, der trotz Husserls Bemühen, ihn wieder zu vergeistigen, sie für die Wissenschaften partiell adaptierfähig gemacht hat.

Eine Schwierigkeit ergibt sich freilich auch bei dieser Adaption des Lebenswelt-Begriffs, da er – wie Husserls Konzeption des Bewußtseins – unverändert von der Vorstellung der Evidenz ausgeht, die als letzte Basis des Erkenntnis- bzw. Erlebnisvorgangs apodiktisch gesetzt wird. Wie der Positivismus, gegen den er sich wendet und der seinerseits Husserls cartesianische Ich-Fundierung zurückweist,[36] kann Husserl die Paradoxie nicht lösen, daß seine Fundamentaltheorie ein kohärentes rationales Weltbild anstrebt, das auf eine Eliminierung der Metaphysik hinauslaufen soll, jedoch als Unterbau allen Erkennens eine in Evidenz und Schauen gegründete Glaubensgewißheit voraussetzen muß.

Kritischer Realismus

Nicolai Hartmann

Husserls Versuch einer Rehabilitierung der Philosophie als apriorischer Fundamentaltheorie konnte letztlich nicht befriedigen: Der Rückzug in die Welt eines idealen Seins, das angeblich in eidetischer Wesensschau sich evident erfassen läßt, war, sosehr ihm Husserl einen objektiven Status zusprach, doch eindeutig ans Subjekt gebunden, ja, genau besehen, handelte es sich bei der phänomenologischen Methode – als einer Weiterentwicklung der deskriptiven Psychologie Brentanos, nur ohne deren empirische Fundierung – um eine extrem subjektive Konstruktion einer Innenwelt des Bewußtseins. Denn Husserl lehnte apodiktisch die Einbeziehung aller Außenweltfaktoren ab. Daß er damit in ein Dilemma geriet und auch kaum gegen den Vorwurf eines rigiden Solipsismus gefeit war, muß ihm selbst deutlich geworden sein. Mit seiner späten Theorie der Lebenswelt versuchte er aus der Sackgasse radikaler Subjektzentrierung herauszukommen. Zwangsläufig mußte er so jedoch das perhorreszierte Empirische wieder zulassen, womit seine phänomenologischen Prämissen tendenziell in sich zusammenstürzten.

Thomas Manns vielstrapaziertes Wort von der »machtgeschützten Innerlichkeit« mag auch für den Bewußtseinsimmanentismus der Phänomenologie in der Zeit von der Jahrhundertwende bis zum Ersten Weltkrieg gelten. Solche Sekuritäten eines seinen Innenwelten nachsinnenden bildungsbürgerlichen Ich schwanden spätestens seit den Materialschlachten des Krieges und, mehr noch, nach dem Zusammenbruch des Kaiserreichs unwiederbringlich dahin. Nicht von ungefähr meldet sich bei Husserls Adepten in den 20er Jahren, in der Zeit der Reparationszahlungen und der Währungskrise, ganz realistisch wieder die Außenwelt, so bei Heidegger in Gestalt der »Sorge« oder in der Kategorie des »In-der-Welt-Seins«.[1]

Bereits früher war die subjektivistische Einseitigkeit des Husserlschen Konzepts Nicolai Hartmann deutlich geworden. Was Husserl als geradezu unumstößliche Stärke seiner Phänomenologie feierte, empfand Hartmann in scharfem Gegensatz dazu als deren Mangel, mit dem sie, anders als Husserl es sich von ihr erhoffte, vor dem Geltungsanspruch der Realität und der sie erforschenden Wissenschaften kaum würde bestehen können. Hartmann vollzieht daher in der Epistemologie einen Wandel hin zu einer ontologischen Grundlagentheorie. Wie sehr er gegen die Fiktionen der phänomenologischen Bewußtseinstheorie implizit polemisiert, wird ersichtlich an seiner nachdrücklich vertretenen Auffassung, daß die Außenwelt – das objizierbare Seiende – auch unabhängig vom Subjekt, indifferent gegen es, existiert.

1921 erscheinen Hartmanns *Grundzüge einer Metaphysik der Erkenntnis*, ein in 74 Kapitel gegliedertes Werk, das mit der Prätention nicht nur einer neuen Klärung des Erkenntnisproblems, sondern sogar, noch weiter reichend, auch einer universalen Grundlegung der Ontologie auftritt.[2] Solche Universaltheorien schienen nach 1918 einem allgemeinen Orientierungsbedürfnis zu entsprechen, wie Wittgensteins *Tractatus* oder, einige Jahre später, Carnaps *Logischer Aufbau der Welt* belegen. Konstitutiv ist für Hartmanns Theorie die These, daß sich Erkenntnis nicht von einem archimedischen Punkt aus vollzieht bzw. vollziehen kann, sondern eingebunden ist in das reale Sein, sie also nichts anderes als eine Modifikation des Seins darstellt. Ohne zu der spekulativen Methode des objektiven Idealismus zurückzukehren, übernimmt Hartmann doch wesentliche Aspekte der Philosophie des Geistes von Hegel,[3] die er mit neueren naturwissenschaftlichen Ergebnissen in Einklang zu bringen versucht. Erkenntnis ist so eine höhere Form der Materie, wenngleich festzuhalten ist, daß Hartmann gegen den Materiebegriff Vorbehalte hat und lieber von »Realität« oder »Sein« spricht. Eine Gnoseologie muß nach Hartmann also auf einer Ontologie des geistigen Seins fußen, das eine höhere Seinsschicht repräsentiert. »Einst glaubte man, die Welt sei nichts als das Gegenglied des erkennenden Subjekts, ihr ›Objekt‹. Jetzt sieht es umgekehrt aus: was sie sich zum Objekt zu machen weiß, ist nur ein Ausschnitt aus der Welt, die Erkenntnis selbst aber ist ein Stück der Welt, ein Glied, und zwar ein von vielen anderen Stücken getragenes, die alle ihr gegenüber primär sind und ein selbständiges Bestehen haben.«[4]

Im Gegensatz zur Phänomenologie und zum Marburger Neukantianismus,[5] von dem er selbst her kam, restituiert Hartmann die alte Bipolarität von Subjekt und Objekt, er hebt also die Schieflage auf, in die die Erkenntnisrelation geraten war. Der Akzent liegt bei ihm – wegen der ontologischen Fundierung – jetzt mehr auf dem Objekt. Daß dieses, in einer bewußten Abkehr von aller (auch transzendental verbrämten) Anthropozentrik, in seinem Ansichsein begriffen wird, gleichgültig gegen sein Objiziertwerden durch das Subjekt, zeigt die Nähe des Hartmannschen Ansatzes zur (neo)scholastischen Ontologie (bei der die »Aseitas« schon immer eine große Rolle gespielt hatte[6]); der Unterschied zwischen beidem liegt freilich darin, daß Hartmann konsequent atheistisch denkt, hinter dem Sein also keinen »actus purus« Gottes mehr ansetzt.

Erkenntnis wird von Hartmann also als ontologische Beziehung zwischen zwei Seienden aufgefaßt: dem erkennenden Subjekt (das selbst seinsmäßig verfaßt ist) und dem erkannten bzw. zu erkennenden Objekt. Der Übergang vom einen zum anderen wird als »Transzendenz« bestimmt. Die Metapher für den Vorgang des Erkennens ist das »Erfassen«. Hartmann verwendet hier also einen Terminus aus der taktilen Sphäre, der ihm offensichtlich sehr viel mehr Konkretion, eben: Greifbarkeit und Gegenständlichkeit, verbürgt, als die visuelle Metapher der Husserlschen »Evidenz« oder

der »Wesensschau«. Gleichwohl gerät auch Hartmann auf die Bahn der »eidolon«-Theorie,[7] wenn er das Erkenntnisgebilde als »Bild des Objekts« bestimmt.[8] (»Das Erkenntnisgebilde muß, sofern es wahr ist, die Züge des Objekts tragen. Diese müssen irgendwie an ihm wiederkehren, sich in ihm abbilden [...]. Dieser Sachverhalt läßt sich aus dem Phänomen nicht eliminieren. Dem trägt in unserer Analyse der Ausdruck ›Bild des Objekts‹ Rechnung.«[9])

Hartmann vertritt also in der Erkenntnislehre eine Abbildtheorie. Aber er weist angesichts vieler der Abbildtheorie gemachter Vorhaltungen darauf hin, daß ein Bewußtseinsgebilde als solches »überhaupt niemals einem außerbewußten Urbilde ähnlich sein« kann: »es ist und bleibt von ihm *wesensverschieden*. Die Ähnlichkeit kann sich immer nur auf bestimmte Züge erstrecken, die das Urbild irgendwie in einer ihm heterogenen Materie *mit heterogenen Mitteln nachformen* [...]. Der bessere, wenn auch schwerfälligere Ausdruck für das ›Bild‹ ist daher der von Leibniz geprägte Begriff der *Repräsentation*. Die Bestimmungen des Erkenntnisgebildes müssen die des Objekts irgendwie wiedergeben, ›ausdrücken‹ oder im Bewußtsein ›vertreten‹«.[10]

Erkenntnis ist Hartmann zufolge primär nicht durch Spontaneität gekennzeichnet. Dies war ja das gnoseologische Grundmuster des Neukantianismus und der Phänomenologie, die den aktiven Part des Subjekts extrem betonen –, sondern mehr durch Rezeptivität: Erkenntnis verhält sich zu ihrem Gegenstand »empfangend«.[11] Das Seiende, das, wie gesagt, indifferent gegen sein Erkanntwerden ist, wehrt sich weder gegen das sich ihm zuwendende Erkennen noch kommt es ihm entgegen, »aber es entzieht sich ihm auch nicht«.[12]

Die wiederhergestellte Bipolarität von Subjekt und Objekt eröffnet Hartmann die Möglichkeit, im Sinne einer Analyse des Erkenntnisproblems eine »Aporetik der Erkenntnis« herauszuarbeiten. »Aporie« heißt ja wörtlich »Ausweglosigkeit«. Eine solche kommt Hartmann zufolge als erstes in den Blick, wenn man die Frage stellt, wie erkennendes Bewußtsein möglich sei.[13] Denn »Bewußtsein« bedeutet Verbleiben in der Immanenz des Subjekts, Erkennen jedoch ist ein Akt des Hinausgreifens, eben: der Transzendenz. Dies ist ein Widerspruch, freilich einer, der sich bis zu einem gewissen Grade auflösen läßt. Insofern gibt es also doch einen Ausweg.

Hartmann hat diese allgemeine Aporie nach mehreren Aspekten differenziert. So erörtert er u. a. die »Aporie der Wahrnehmung und der Gegebenheit«.[14] Hier geht es um das Problem der empirischen Erkenntnis, kantianisch gesprochen: der aposteriorischen Erkenntnis. Zugleich wird Husserls Theorie der »Gegebenheit« aufgegriffen. Für Husserl war das »Gegebene« ausschließlich das dem Bewußtsein in irgendeiner Weise Präsente. Es gehörte also zum Bewußtsein selbst. Wenn aber das Seiende bewußtseinstranszendent ist, es objektiv außerhalb des erkennenden Subjekts existiert, dann kann von Gegebenheit im Husserlschen Sinne nicht mehr die Rede sein. Umgekehrt: Liegt (bewußtseinsimmanente) Gegebenheit vor, dann kann per definitionem nicht mehr von Transzendenz gesprochen werden.

Eine weitere Aporie ist die der Erkenntnis a priori.[15] Es handelt sich hier um ein abgewandeltes Problem der vorangegangenen Fragestellung. Wenn Erkenntnis a priori sein soll, dann kann sie nur bei sich selbst bleiben, in der Immanenz des Bewußtseins; ein Vordringen zum zu erkennenden Seienden ist dann nicht möglich. Entsprechend kann der Erkenntnis a priori Wahrheit nicht zugesprochen werden: wir geraten mithin in die »Aporie des Wahrheitskriteriums«.[16] Wo soll man Wahrheit suchen – im Bewußtsein, mithin a priori, oder außerhalb des Bewußtseins? Im ersten Fall fehlt das Moment der Übereinstimmung mit dem bewußtseinstranszendenten Gegenstand (wie man sieht, geht Hartmann bei seiner Definition der Wahrheit von der klassischen Vorstellung der Homoiosis bzw. Adaequatio aus, was zu seiner Abbildtheorie paßt). Im zweiten Fall, also wenn man die

Wahrheitsfrage vom Objekt her stellt, braucht man wiederum ein zusätzliches Kriterium usw. – Hartmann hat noch zwei weitere Aporien formuliert: die der Problemstellung (wie ist ein Wissen des Nichtwissens möglich?[17]) und schließlich die des Erkenntnisprogresses (wie entsteht aus Nichtwissen positives Wissen?[18]).

Hartmann hat für diese Aporien eine Reihe von Lösungsversuchen unternommen. Er verdeutlicht, daß sowohl Husserls Phänomenologie als auch Kants Kritizismus von falschen Voraussetzungen ausgehen. Denn weder das Verbleiben in der Bewußtseinsimmanenz mit der Wesensschau des Gegebenen noch das Erschaffen des Objekts durch das Subjekt bzw. das Übertragen von Gesetzen des Subjekts auf das Objekt wird dem Erkenntnisproblem gerecht. (Kant hatte bekanntlich in seiner *Kritik der reinen Vernunft* den Verstand als »Gesetzgeber der Natur« bezeichnet, da er ihr »die Gesetze vorschreibt«.[19])

Der Fehler liegt also in der Vereinseitigung des subjektiven Standpunkts. Betrachtet man aber die Erkenntnisrelation (das Verhältnis von Subjekt und Objekt) unter ontologischem Gesichtspunkt – und nur dieser muß nach Hartmann zugrunde gelegt werden –, dann sind die Aporien weitgehend behoben. Man wird dann unweigerlich zu dem Resultat gelangen, daß Denk- und Seinsprinzipien sich großenteils parallel zueinander verhalten.

In seiner Schrift *Zur Grundlegung der Ontologie* hat Hartmann das ontologische Denken als »natürliche« Einstellung beschrieben, das vor aller Reflexion Orientierungssicherheit gewährt.

> Die natürliche Richtung der Erkenntnis ist die auf ihren Gegenstand. Im Erkennen weiß das Subjekt um das, was es erkennt, nicht aber darum, worin das Erkennen als solches besteht. Die Erkenntnistheorie aber, die eben danach fragt, worin das Erkennen besteht und was seine Bedingungen sind, muß die natürliche Rich-

> tung der Erkenntnis umbiegen, und zwar gegen sie selbst, muß sie zu ihrem eigenen Gegenstande machen. Dieses Umbiegen der natürlichen Richtung ist die erkenntnistheoretische Reflexion.[20]

Im Alltag gibt es also eine Gewißheit und ein Zutrauen zur Realität der Dinge, die sich als »intentio recta« (im Gegensatz zur leicht verfälschenden »intentio obliqua«) bezeichnen läßt. Auf dieser Linie argumentiert auch die Wissenschaft, die über die »naive Anschauung« freilich hinausgeht, »manches als Schein fallen läßt, anderes hinzufügt, was nicht gegeben war und erst durch besondere Methoden ermittelt wird«.[21] Die Wissenschaften, und zwar sowohl die Natur- als auch die Geisteswissenschaften, biegen die Richtung der »intentio recta« nicht um, sondern setzen das Eindringen in den Gegenstand nur mit anderen Mitteln fort. In all diesen Einstellungen macht sich ein »natürlicher Realismus«[22] geltend, der keine philosophische Theorie ist, sondern zum Phänomen der Erkenntnis diesseits aller erkenntnistheoretischer Modelle (Idealismus, Realismus usw.) unmittelbar gehört. Er ist »in ihm jederzeit« aufzeigbar.

> Er ist identisch mit der uns lebenslänglich gefangen haltenden Überzeugung, daß der Inbegriff der Dinge, Personen, Geschehnisse und Verhältnisse, kurz die Welt, in der wir leben und die wir erkennend zu unserem Gegenstande machen, nicht erst durch unser Erkennen geschaffen wird, sondern unabhängig von uns besteht. Verließe uns diese Überzeugung auch nur einen Augenblick im Leben, wir würden das Leben nicht mehr ernst nehmen. Es gibt philosophische Theorien, die sie preisgeben; damit aber entwerten sie das Leben in der Welt und nehmen es in der Tat nicht mehr ernst. Die natürliche Einstellung kennt ein solches Preisgeben nicht.[23]

Gegenüber agnostizistischen Zweifeln an der Erkennbarkeit der Außenwelt betont Hartmann, daß Erkenntnis als transzendenter Akt möglich ist, wenngleich sie als Zeugnis des Ansichseins der objektiven Gegenstände zunächst nur wenig taugt. Denn sie ist aus einem komplexeren Aktgefüge, dem »Lebenszusammenhang«, herausgelöst. Bei der Erkenntnis als einem kognitiven Vorgang sind wesentliche Momente der transzendenten Akte weggekappt: besonders das emotionale. Die »emotional-transzendenten Akte« haben alle »einen Einschlag von Aktivität, Energie, Ringen, Einsatz, Wagnis, Leiden, Betroffensein«.

> Aller Umgang mit Personen, alles Schalten mit Dingen, alles Erleben, Erstreben, Begehren, Tun, Handeln, Wollen, Gesinntsein gehört hierher; desgleichen alles Gelingen und Mißlingen, Erleiden, Ertragen, aber auch Erwarten, Erhoffen, Befürchten. Ja, schon die innere Stellungnahme, die Wertantwort gehört in diesen Aktzusammenhang. Diese Akte stehen im Leben nicht geschieden da, sie fließen ineinander über; andererseits geht ihre Differenzierung bis ins Unwägbare fort. Die Analyse darf die verschwimmenden Grenzen nicht künstlich scharf machen, die Mannigfaltigkeit nicht durch herangetragene Typisierung verkürzen.[24]

Die Überzeugtheit vom Ansichsein der Welt gründet sich nicht so sehr auf der Wahrnehmung als auf dem erlebten Widerstand, »den das Reale der Aktivität des Subjekts leistet«.[25] Für Hartmann ist der Aspekt des Widerfahrnisses, der »Aufdringlichkeit des Zustoßens«[26] konstitutiv. All diese »Erfahrungen«, die das Subjekt erleidet – auffallend ist Hartmanns Vorliebe für besonders schwere Formen des »Betroffenseins«: er spricht von der »Härte des Realen« und vom »Ausgeliefertsein«, von »Schicksalhaftigkeit« und »Hineingerissensein« –, stoßen als »Erfaßtsein«[27] das Subjekt auf die Tatsache des Ansichseins des Realen. Dieses hat aber, indem es auf das Subjekt einwirkt, nicht, wie Max Scheler meinte, von dem sich Hartmann bewußt absetzt, einen voluntativen Charakter. Dies hieße eine Bewußtseinsform, den Willen, auf das Reale übertragen.

Hartmann hat daneben noch auf die »emotional-prospektiven Akte«, bei denen es um Antizipationen, Erwartung und Bereitschaft, geht[28] sowie auf die »emotional-spontanen Akte«,[29] die durch aktiven Vorgriff in die Zukunft gekennzeichnet sind, hingewiesen. (Er entwirft in diesem Zusammenhang eine rudimentäre Handlungstheorie, betont also den Aspekt der sozialen Interaktion als inzitatives Moment der Erkenntnis.) Auch diese Formen der Akttranszendenz sind als Formen des praktischen Lebens wichtig für die Gewinnung eines ontologischen Kriteriums der Realität.

Hartmann zweifelt nicht einen Augenblick an der ontischen Gegebenheit des empirisch Bewußten. Dies unterscheidet seinen Ansatz erheblich von dem Husserls, der die »Gegebenheit« – nach Hartmann ein äquivoker Begriff[30] – ausschließlich im immanenten Evidenzakt eines von seinen empirischen Grundlagen ideierend postulierten Bewußtseins zu erkennen meinte. Der subjektzentrierte Rückzug ins Bewußtsein allein konnte nach Hartmann schwerlich Wahrheit verbürgen: hier fehlte ihm ein objektives Wahrheitskriterium, das Täuschungen, Illusionen, abergläubischen Vorstellungen usw. vorbeugte bzw. sie vermeiden half.

Mit der dogmatischen Apodiktik Husserls, qua Evidenzerlebnis Wahrheit erschließen zu können, konnte Hartmann ohnehin nicht viel beginnen. Zwar ging auch er davon aus, daß es eine objektive Wahrheit gebe, bestritt aber die Fähigkeit menschlicher Vernunft, sie über eine bestimmte vorrückbare Grenze hinaus endgültig erfassen zu können. Er entwickelt demgegenüber eine Theorie der gestaffelten Approximation, welche die Möglichkeit eines Erkenntnisprogresses aufgrund verfeinerter und neu zu bestätigender Hypothesen offenhält. Insofern rechnet seine Erkenntnistheorie mit wissenschaftshistorischen Innovationen, anders als Husserl, dem diese historische Dimension, schon aus seinem Absolutheitsanspruch heraus, fremd ist.

Wahrheit ist somit nach Hartmann lediglich unter dem Gesichtspunkt menschlicher Erkenntnis relativ, nicht jedoch sei es statthaft, von einer »Relativität des Seins« zu sprechen: »Das Sein kommt ausschließlich dem Gegenstande zu, nicht dem Erkenntnisgebilde; und vom Gegenstande hat sich gezeigt, daß er gleichgültig gegen sein Erfaßtwerden dasteht, also auch gleichgültig gegen sein Verfehltwerden. Er ist eben in seinem Sein ›übergegenständlich‹.«[31] Wahrheit hat also nichts mit den schwankenden Dispositionen und Einstellungen des Menschen zu tun, mit seinen historisch oder situativ bedingten schiefen Urteilen oder unzutreffenden Vorstellungen und Meinungen, die sich – wie etwa die Ansicht, daß sich die Sonne um die Erde bewege – durchaus ändern können.

Deutlich wird hieraus, daß nach Hartmann das Seiende in seiner Übergegenständlichkeit umfassender als das vom Subjekt Erkannte ist. Der Erkenntnisprozeß läßt sich daher so beschreiben, daß das Subjekt das Seiende nur bis zu einem bestimmten Grade erfaßt, es in diesem bewußtseinstranszendenten Akt also objiziert, d. h. zum Objekt macht. Die Erkenntnis reicht zunächst bis an eine Schranke, die Objektionsgrenze, hinter der der Bereich des Transobjektiven beginnt. Die Objektionsgrenze ist entsprechend dem Zugewinn an neuen Entdeckungen verschiebbar. Das Transobjektive ist identisch mit dem Ansichseienden, das gleichgültig gegen das Erkenntnisverhältnis ist. Es existiert, kann aber nicht vollends objiziert, d. h. erkannt werden (vgl. Abb. S. 85).

Damit könnte nun der Rahmen der Erkenntnisrelation und der Validität der Erkenntnis abgesteckt sein. Hartmann hat aber noch einen weiteren Begriff und damit einen weiteren Bereich eingeführt, nämlich den des Transintelligiblen.[32] Dies ist die Sphäre des Irrationalen, des der Vernunft nicht

Schema des Erkenntnisprogresses nach Nicolai Hartmann

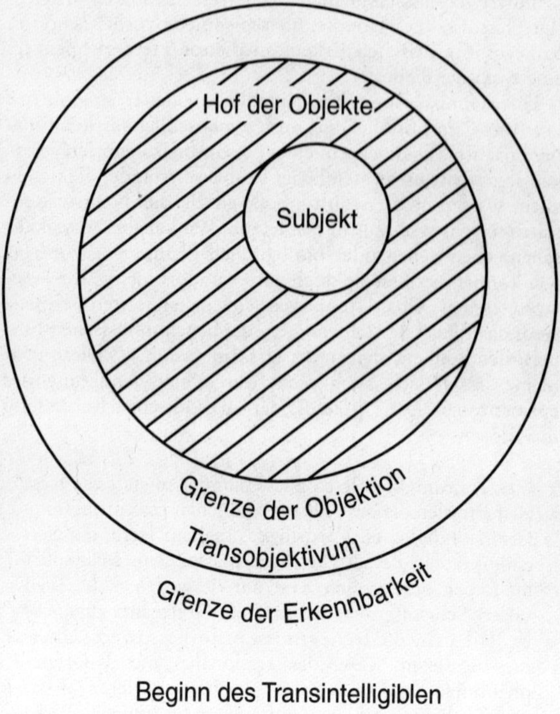

Zugänglichen. Hartmann bezeichnet damit nicht etwa Alogisches oder Undenkbares, er will nicht religiösen Konstruktionen das Wort reden; gemeint ist vielmehr das Unerkennbare jenseits einer nicht mehr verschiebbaren Grenze. (Die Theorie des »Unerkennbaren« spielte vorher schon in der evolutionistischen Erkenntnistheorie Herbert Spencers eine wichtige Rolle.[33])

Unerkennbar ist das Transintelligible oder Irrationale nur »für uns«, im Hinblick auf unsere menschliche Erkenntnisorganisation. Die menschlichen Erkenntniskategorien versagen angesichts unvermeidlicher Problembestände, die sich in allen Wissenschaften auftun. Obgleich die Naturwissenschaften sehr wohl bis in den letzten Winkel aller physikalischen, chemischen oder biologischen Phänomene vordringen können, stoßen sie doch auf Grundprobleme, die »metaphysischen« Charakter tragen: »die bekanntesten Beispiele sind: das Rätsel des Lebendigen, der psychophysischen Einheit, der Freiheit, der ersten Ursache u. a.m.«[34] Diese Probleme lassen sich auch nicht durch eine Änderung des epistemologischen Ansatzes, der methodischen Einstellung usw. lösen.

> Das Transintelligible ist gleichsam der unendliche Rest aller Problemgehalte, die der endlichen Erkenntnis eine Grenze möglichen Vordringens ziehen. Denn das Seiende braucht keineswegs begrenzt zu sein. Man spürt im Leben den großen Rest nur deswegen nicht, weil unsere Seinsoffenheit auf das Lebensrelevante zugepaßt ist und sich mit Irrelevantem nicht beschwert. Überdies liegt es im Wesen des Irrationalen, nur als Grenzphänomen der Erkenntnis – gleichsam in deren Negation noch eben faßbar – auftauchen zu können. Es ist eben die Aufhebung der Gegenstellung des Seienden; direkt erfassen läßt sich aber nur, was in Gegenstellung auftritt.[35]

Philosophie der symbolischen Formen

Ernst Cassirer

Ernst Cassirer, den die Nationalsozialisten ins Exil zu gehen zwangen,[1] wurde in der Bundesrepublik erst spät zur Kenntnis genommen. Seine Schriften gehörten kaum zum Kanon der an den Universitäten gelehrten Philosophie.[2] Ein essentialistisch denkender Konservatismus perpetuierte latent die (antisemitischen) Vorurteile gegen die intellektuelle Weite eines kosmopolitischen Denkers, der den Glauben an eine überzeitlich substantiierbare Erkenntnis durch kulturtheoretische und philosophiehistorische Reflexion erschüttert bzw. relativiert hatte. Diese von ihm geleistete Transformation des – vermeintlich ein metaphysisches Wesen erschließenden – absoluten Erkenntnisbegriffs in die funktionalistische Kategorie der »symbolischen Form« war in der Zeit der Hochblüte des Existentialismus einer Destabilisierung des Bewußtseins verdächtig, das sich der Gefahr ausgesetzt sehen mochte, bei dieser Theorie auf schwankendem Boden, ohne feste Seinsgewißheit, sich bewegen zu müssen.

In den Kulturwissenschaften wußte man Cassirers Leistung entschieden mehr zu würdigen:[3] der Begriff der »symbolischen Form« erwies sich als ein flexibles Instrument der hermeneutischen und wissenssoziologischen Analyse. Dazu trug nicht zuletzt bei, daß Cassirer selbst, immer auf dem neuesten Stand der Forschung, die wichtigsten Publikationen aus den Einzeldisziplinen – so etwa der Ethnologie, der Sprachwissenschaft und der Kunstgeschichte, aber auch der Mathematik (Mengenlehre, Relationslogik) und der Physik (Relativitätstheorie, Quantenphysik) – zur Kenntnis genommen und die zum Teil heterogenen Begriffe dieser Wissenschaften unter einheitsbildendem Gesichtspunkt zu synthetisieren versucht hatte.

Daß Cassirer Vorbehalte gegenüber dem Absolutheitsanspruch rationaler Erkenntnis anmeldete, bedeutet nicht, daß ihn das Problem ihrer Validität nicht interessiert hätte. Er ging es freilich auf eine andere Weise an als die logischen Positivisten oder die Vertreter der Phänomenologie (Husserl, Heidegger u. a.) und der »neuen Ontologie« (Nicolai Hartmann), die ein Verfahren wählten, das auf die konstruktiven Potentiale ihres einsamen Denkens vertraute, welches bestimmte logische Regeln oder eine besondere Heuristik befolgte.

Die Methode, die Cassirer zugrunde legte, war die der »phänomenologischen« Rekonstruktion im Sinne Hegels.[4] Wie dieser richtete er an sich die Forderung, die Totalität aller in der Menschheitsgeschichte aufgetretenen Formen der Erkenntnis zu untersuchen und die epochalen Momente ihres Wandels zu bestimmen. In seiner Frühschrift *Substanzbegriff und Funktionsbegriff* von 1910[5] war Cassirer noch davon überzeugt, daß es die Mathematik sei, die eine Notwendigkeit und Allgemeinheit verbürgende Gesetzlichkeit repräsentiere. Im weiteren Fortgang seiner Untersuchungen wurde er sich indessen des Sachverhalts bewußt, »daß es echte theoretische Formmomente und Formmotive sind, die nicht nur in der Gestaltung des wissenschaftlichen, sondern schon in der Gestaltung des ›natürlichen Weltbildes‹, des Weltbildes der Wahrnehmung und Anschauung, obwalten«.[6]

Cassirer verließ damit den Horizont einer ausschließlich mathematischen und naturwissenschaftlichen Wirklichkeitsanalyse, um zu einer umfassenden kulturwissenschaftlichen Verstehenslehre (auf ideen- bzw. geistesgeschichtlicher Grundlage) überzugehen. Auf diese Weise vollzog er – um Windelbands antithetisches Begriffspaar aufzugreifen[7] – eine Synthese von »nomothetischer« und »idiographischer« Herangehensweise.

Wie andere Denker in den 20er Jahren – es sei an den späten Husserl und seine Theorie der »Lebenswelt« erinnert – wandte sich auch Cassirer vorwissenschaftlichen Sphären zu, in denen es immer schon Modi spontaner Erkenntnis gibt, welche sich im Medium der Sprache[8] und der Mentalitätsstruktur des Mythos artikulieren. Sprache und Mythos sind daher für ihn die grundlegenden Formen des »Verstehens« der Welt. Cassirer läßt somit gegenüber dem Objektivismus der exakten Wissenschaften, ohne ihn zurückweisen zu wollen, auch die Subjektivität des Erkennens, das freilich in kulturelle Muster und Traditionen eingebettet ist, zu ihrem Recht kommen. Eng verbunden damit ist seine These, daß Erkenntnis nicht in Rationalität aufgeht, wie noch Kant und der Neukantianismus, aber auch der logische Positivismus dekretierten, sondern daß die Erschließung von Sinn auch in prälogischen Formen sinnlicher Wirklichkeitsaneignung erfolgen kann. Der Begriff des Symbols (bzw. der symbolischen Form) deckt bei Cassirer daher beides, die rationale wie die subrationale Weise der Erkenntnis, ab.

Cassirer bemüht sich zu zeigen, daß der Symbolbegriff als die Universalkategorie aller geistigen Prozesse und kulturellen Strukturen schlechthin aufgefaßt werden muß, die ständiger historischer Metamorphose – er spricht gern von einer μετάβασις εἰς ἄλλο γένος, der Umwandlung von einer Denkart in eine andere – unterworfen ist. Auf den frühesten Stufen der Menschheitsgeschichte tritt das Symbol, wie er meint, noch rein gegenständlich auf, als eine objektive Größe – so in der mythisch-religiösen Sphäre: »Dem Symbol haftet nichts von einer bloß-unmittelbaren Vergleichung, von einer Metapher oder einem ›Sinnbild‹ an: es steht als ein unmittelbar-Wirkliches, weil als ein unmittelbar-Wirksames vor uns.«[9]

In der Welt des mythischen Denkens und Vorstellens wird das Wesen der Dinge noch nicht in der Weise dissoziiert, daß man ihnen einen Darstellungscharakter für anderes zuspräche. Sie werden im Gegenteil noch als etwas unteilbar Präsentes erfahren, gleichsam als reine Inkarnation. Noch frei von allen bedeutungsgebenden Akten, erscheint die Erlebniswelt des Mythos (den Cassirer – anders als die heutige

Forschung – mit dem magischen Denken weitgehend ineinssetzt) »in reinen Ausdruckserlebnissen fundiert«.[10] »Der Ausdrucks-Sinn haftet [...] an der Wahrnehmung selbst; er wird in ihr erfaßt und unmittelbar ›erfahren‹.«[11] Mythisches Bewußtsein ist – im Gegensatz zum theoretischen – noch völlig gleichgültig gegenüber Bewertungsunterschieden oder ontologischen Unterscheidungen; es gibt hier also z. B. keine Differenzierung zwischen Trauminhalten und Realprozessen.

Über das rein mythische Denken greift das in eine Institution übergehende religiöse Bewußtsein insofern hinaus, als in ihm, bei aller Übernahme der sinnlichen Zeichen und Vorstellungen des Mythos, ein Reflexionsmoment hinzutritt, das im Charakter seiner Verweisung auf eben diese Symbole zum Ausdruck kommt.[12]

Mit dem sich daran anschließenden Übergang von der religiösen in die ästhetische Sphäre sei, so Cassirer, eine Entzweiung (διαίρεσις[13]) eingetreten. Eine wichtige Funktion habe hier das Bild übernommen, das eine Distanzierung und Objektivierung ermögliche. Zwar werde das Ausdrucksmoment beim Bild nicht vernichtet – es erscheine mitunter sogar noch gesteigert –, aber es erhalte durch dessen Darstellung eine brennpunktartige Konzentration, die es von allem Zufälligen befreie.[14]

Das Bild wird auf diese Weise zur Erscheinung der Idee. Cassirer greift damit implizit Hegels Definition des Schönen »als das sinnliche Scheinen der Idee«[15] auf. Im Bewußtwerden dieser Differenz zwischen Bild und Gegenstand tritt jedoch jene Spannung erst zutage, die immer schon, »ursprünglich« und »grundlegend«, die »Polarität des Seins« bestimmt habe: als eine »Dialektik, die zwischen dem Endlichen und dem Unendlichen, zwischen der absoluten Idee und ihrer Darstellung und Verkörperung innerhalb der Welt des Einzelnen, des empirisch Daseienden, besteht«.[16]

Dem Symbolbegriff kommt aber nach Cassirer nicht allein Geltung zu für die religiöse und ästhetisch-künstlerische

Sphäre; unverzichtbar ist er auch in der logischen Formenwelt, die ohne konkret-sinnliche Zeichen nicht auskommen kann. Cassirer verweist in diesem Zusammenhang auf David Hilberts (freilich nicht unumstrittene) Idee einer reinen Mathematik, der zufolge die Gegenstände der Zahlentheorie die Zeichen selbst seien. Besondere Relevanz erlangte der Zeichen- bzw. Symbolbegriff weiterhin in der Sinnesphysiologie Hermann von Helmholtz', der bekanntlich Empfindungen als Zeichen, ja sogar als Abbilder innerer Organvorgänge interpretiert hatte.[17]

Trotz der Subsumierbarkeit aller dieser mentalen Erscheinungen unter den Begriff der symbolischen Form, die das Veränderliche des Denkens und Vorstellens bzw. des Erkennens überhaupt anzeigen soll, sieht Cassirer doch einen Hiatus, einen radikalen Schnitt zwischen den archaischen Formen, die noch dem »Zwang der Sprache und des Mythos«[18] gehorchen, und der Form moderner wissenschaftlicher oder rationaler Naturerkenntnis. Damit es zu dieser Trennung kommen konnte, mußte sich erst eine »Krisis« vollzogen haben. Entscheidend war hier der Vorgang der Loslösung abstrakter Momente (wie der Zahl) von der Physis der Dinge. Ähnlich verhielt es sich mit der Einstellung zur Sprache, die auf primitiver Stufe – in der Magie – wesentlich in der Benennung, im beschwörenden Bezeichnen der Dinge aufging. Um zur Welt der naturwissenschaftlichen Gegenstände »durchzudringen, um die Natur in ihrem objektiven Sein und in ihrer objektiven Bestimmtheit zu erfassen, muß der Gedanke nicht nur das Gebiet der Namen, sondern auch das der sinnlichen Empfindung und der sinnlichen Anschauung hinter sich lassen«.[19] (Vgl. Abb. S. 92.)

Cassirer macht diesen Vorgang an der jonischen Naturphilosophie deutlich, aber auch am platonischen Denken, das sich noch thematisierend des Mythos bedient, sich jedoch schon im Modus des sich davon abhebenden Logos als vorrangiger Argumentationsform äußert. Ein gravierender weiterer Schritt habe sich bei Galilei vollzogen,[20] der zwi-

Stufen der Symbolisierung nach Ernst Cassirer

Arten der symbolischen Repräsentation	Modus des Weltverständnisses	Erkenntnismedium
I. Ausdrucksfunktion	Zeichen und Bezeichnetes erscheinen identisch	Mythos/Magie
II. Anschauungsfunktion (bzw. Darstellungsfunktion)	Differenzierung von Zeichen und Bezeichnetem; Bewußtsein von Kausalzusammenhängen bzw. der räumlichen und zeitlichen Ordnung der Dinge	Sprache
III. Bedeutungsfunktion	Die Welt erscheint als aus begrifflich-abstrakten Relationen bestehend	Wissenschaft (rationale Erkenntnis)

schen objektiven Bestimmungen der Körper und den Wirkungen ihrer Eigenschaften auf die Sinne unterscheidet. Diese Differenzierung in »primäre« und »sekundäre« Qualitäten ist nach Cassirer aber mit epistemologischen Unzulänglichkeiten bzw. Unbestimmtheiten behaftet: »Nicht [...] gehört es zu diesem Sein, daß es als rot oder weiß, als bitter oder süß, als wohl- oder übelriechend erfaßt wird; denn alle diese Benennungen sind nur Zeichen, die wir für wechselnde Zustände des Seins brauchen, die aber ihm selbst äußerlich und accidentiell sind.«[21] Wollte Galilei im Interesse der Gewinnung eines festen Fundaments zum Objektiven vordringen, so bewirkte seine Reflexion der subjektiven Empfindungsqualitäten unbeabsichtigterweise gerade ein Hinübergleiten in einen unrettbaren Relativismus. Aus diesem Dilemma hat nun die moderne Physik den Schluß gezogen, daß jedes physikalische Urteil »keineswegs die bloße Konstatierung einer Mannigfaltigkeit beobachtbarer Einzeltatsachen [ist], sondern [...] eine Beziehung zwischen abstrakten und symbolischen Begriffen« ausspricht.

Cassirer schließt sich hier Pierre Duhem an,[22] der darauf aufmerksam gemacht hatte, daß die physikalischen Gesetze nichts absolut Objektives seien, sondern lediglich Zusammenfassungen wahrnehmbarer Sachverhalte, daß ihnen auf Grund der Beobachterperspektive zwangsläufig Momente subjektiver Interpretation anhaften.

Fragt man nach dem spezifischen Beitrag Cassirers zur Diskussion um die Fundierung einer Erkenntnistheorie, so wird man seine Leistung darin sehen müssen, daß er eine Annäherung an den Geltungsanspruch der Erkenntnis von zwei Seiten aus anstrebte: einmal in Auseinandersetzung mit den Ergebnissen der Naturwissenschaften, zum andern auf der Grundlage einer kulturphilosophischen Reflexion, der es darauf ankommt, den »bestimmten Brechungsindex« für die geistigen und kulturellen Energien im Laufe der Geschichte anzugeben.[23] Cassirer hat mit dem Begriff der symbolischen Form insofern eine wichtige neue Dimension in die epistemologische Debatte eingeführt, als er darauf aufmerksam machte, daß Erkenntnis im Grunde genommen als ein soziokulturell bedingter Modus der Sinngebung begriffen werden muß. Seine Theorie ließe sich, ohne daß er selbst derart weitreichende Schlußfolgerungen gezogen hätte, auf die These zuspitzen, daß jede Gesellschaft, jede soziale Gruppe auf ihrer jeweiligen historischen Stufe spezifische Orientierungsmuster in Form von Symbolen ausbildet, die eine kollektive Sinnstiftung ermöglichen und über diese

Verständigung langfristig den kulturellen Erhalt ihres Systems garantieren. Diese funktionale Qualität der Symbole hat, wie etwa die Geschichte des mythischen Denkens lehrt, real eine Priorität vor dem Geltungsanspruch objektiver Erkenntnis. Eine solche Einsicht mag zwar irritierend wirken, weil sie die Frage, was denn nun (die) Wahrheit sei, suspendiert oder gar für unbeantwortbar hält. Der historische Ansatz von Cassirer lehrt indessen, auch wenn er insgeheim doch noch gelegentlich den Wunsch gehegt haben mag, »das verschleierte Bild von Sais zu enthüllen«,[24] daß Skepsis gegenüber der Vorstellung geboten ist, es gebe unmittelbare Zugänge zur Wahrheit.[25] Seine *Philosophie der symbolischen Formen* hält vielmehr das Problem der Wahrheit in polyphoner Spannung, aus der nicht Ungewißheit erwächst, sondern ein kritisch seiner eigenen historischen Konstitution innewerdendes, erweitertes Bewußtsein.

Hermeneutik als Erkenntnistheorie der Geisteswissenschaften

HANS-GEORG GADAMER

Einer »naturalistisch« argumentierenden Epistemologie, die lediglich physikalische Objekte als Gegenstand der Erkenntnis anerkennt und auch psychische Eigenschaften oder mentale Zustände nur wie solche Dinge zu beschreiben pflegt,[1] mag es fraglich erscheinen, ob eine Theorie des Verstehens, als welche sich die Hermeneutik vorrangig begreift, überhaupt gnoseologischen Charakter habe, zumal deren Vertreter ihr darüber hinaus noch häufig die Qualität einer »Auslegungs*kunst*« beilegen.

Gegen hermeneutische Theorien ist denn auch viel polemisiert worden, so etwa von seiten des kritischen Rationalismus (Hans Albert[2]), der – objektiv nicht unrichtig – in ihnen ein mehr oder weniger latentes Nachwirken theologisch-metaphysischer Denkstrukturen sieht.[3] Auch viele marxistische oder von der Marxschen Weltanschauung beeinflußte Autoren lehn(t)en unter Hinweis auf objektive Gesetzmäßigkeiten und die materielle Determination ideologischer Prozesse dieses ihnen subjektivistisch bzw. idealistisch erscheinende Verfahren ab. Nur wenige strebten eine Synthese aus Hermeneutik und materialistischer Erkenntnistheorie an wie Hans Jörg Sandkühler[4] oder Jürgen Habermas, der als Schüler von Erich Rothacker noch selbst von der hermeneutischen Tradition geprägt worden war und um 1970, auf dem Höhepunkt der Studentenrevolte, in der Absicht einer Transformation und Weiterentwicklung den kritischen Dialog mit hermeneutischen Positionen suchte.[5]

Schaut man näher hin, so ist, ihres Anspruchs auf maximale Reichweite und der Neigung unerachtet, die Hermeneutik wegen des Mangels an Exaktheit und Reliabilität für überflüssig oder unwissenschaftlich zu erklären, freilich auch eine naturalisierte Epistemologie nicht in der Lage, kulturelle Objektivationen in befriedigender Weise methodisch zu erfassen. Auch sie kämpft – oft uneingestanden oder unbewußt – mit hermeneutischen Problemen, wie etwa an Rudolf Carnaps Bemühung um die Erkundung des »Fremdpsychischen« deutlich wird.[6] Einer Analytischen Philosophie des Geistes verpflichtete Denker wie Gilbert Ryle oder – von etwas anderen Voraussetzungen ausgehend – Donald Davidson stellen ebenfalls, zumindest implizit, die Frage nach dem Zugang zu einem als »black box« aufgefaßten Bewußtsein anderer Personen, das sie mit einem behavioristischen Erklärungsmodell meinen hinreichend erschließen zu können.[7]

Gegenüber der Bestreitung des noetischen Status der Hermeneutik muß festgehalten werden, daß auch sie methodologisch auf einer Grundrelation basiert, wie sie nahezu von allen erkenntnistheoretischen Ansätzen vorausgesetzt wird, nämlich der Polarität von erkennendem Subjekt und zu erkennendem Objekt. Nur wird diese Gegenüberstellung modal anders gefaßt: nach dem Modell eines Gesprächs, bei dem die Partner sinnkonstituierend interagieren. Der Gegenstandsbereich, von dem die Hermeneutik handelt, sind indessen weniger konkrete Gesprächssituationen des Alltags selbst, sondern in der Regel Texte, meist literarische, oder andere dauerhaft kodifizierte Dokumente als kulturelle Vergegenständlichungen reflexiver oder emotionaler Prozesse exponierter Autoren, die es zu *verstehen* gilt. »Verstehen« heißt dabei so viel wie: den *Sinn* dieser Zeugnisse erfassen, sei er nun von seinem Urheber bewußt intendiert oder nicht. Daß Verstehen die eigentliche Hauptaufgabe, das Geschäft des historisch denkenden, das Vergangene bewahrenden und es für die Gegenwart wiedererweckenden Kulturwissenschaftlers sei, hatte kurz vor der Jahrhundertwende Wilhelm Windelband in seiner berühmt gewordenen Straßburger Rektoratsrede über *Geschichte und Naturwissenschaft* (1894) betont. Er führte darin aus, daß dem Historiker die genuine Aufgabe zufalle, »irgend ein Gebilde der Vergangenheit in seiner ganzen individuellen Ausprägung zu ideeller Gegenwärtigkeit neu zu beleben. Er hat an demjenigen, was wirklich war, eine ähnliche Aufgabe zu erfüllen, wie der Künstler an demjenigen, was in seiner Phantasie ist. Darin wurzelt die Verwandtschaft des historischen Schaffens mit dem ästhetischen und die der historischen Disziplinen mit den *belles lettres.*«[8] Während naturwissenschaftliches Denken zur Abstraktion tendiere, überwiege im historischen die Neigung zur Anschaulichkeit. Bei der geschichtlichen Forschung sei das letzte Ziel doch stets, »aus der Masse des Stoffes die wahre Gestalt des Vergangenen zu lebensvoller Deutlichkeit herauszuarbeiten: und was sie liefert, das sind Bilder vom Menschen und Menschenleben mit dem ganzen Reichtum ihrer eigenartigen Ausgestaltungen, aufbewahrt in ihrer vollen individuellen Lebendigkeit. So reden zu uns durch den Mund der Geschichte, aus der Vergessenheit zu neuem Leben erstanden, vergangene Sprachen und vergangene Völker, ihr Glauben und Gestalten, ihr Ringen nach Macht und Freiheit, ihr Dichten und Denken«.[9]

Mit naturwissenschaftlichen Methoden könne man sich diesen Phänomenen nicht nähern. Einer »mathematisch-naturgesetzlich« angelegten Psychologie – Windelband denkt dabei gewiß an die Forschungen Wilhelm Wundts und seiner Schule – werde es nie gelingen, das »Seelenleben« von Menschen vergangener Epochen zu begreifen. Trotz ihrer unvollkommenen Psychologie hätten dagegen die Historiker »durch natürliche Menschenkenntnis, durch Takt und geniale Intuition gerade genug gewußt, um ihre Helden und deren Handlungen zu verstehen«.[10]

Windelband gewahrte die Differenz von Natur- und Geisteswissenschaften darin, daß die einen Gesetzeswissenschaften seien, die anderen dagegen Ereigniswissenschaften. »[...] jene lehren, was immer ist, diese, was einmal war. Das wissenschaftliche Denken ist – wenn man neue Kunstausdrücke bilden darf – in dem einen Falle *nomothetisch*, in dem anderen *idiographisch*.«[11]

In ähnlicher Weise argumentierte auch Wilhelm Dilthey, der, von Schleiermachers Hermeneutik[12] ausgehend, für die Geisteswissenschaften als die sie besonders legitimierende Methode den Akt der Einfühlung herausstellte. In seiner Abhandlung *Die Entstehung der Hermeneutik* wirft Dilthey die »Frage nach der *wissenschaftlichen* Erkenntnis der Einzelpersonen« auf, welche »von der größten Bedeutung« sei.

> Unser Handeln setzt das Verstehen anderer Personen überall voraus; ein großer Teil menschlichen Glückes entspringt aus dem Nachfühlen fremder Seelenzustände; die ganze philologische und geschichtliche Wissenschaft ist auf die Voraussetzung gegründet, daß dies Nachverständnis des Singulären zur Objektivität erhoben werden könne. Das hierauf gebaute historische Bewußtsein ermöglicht dem modernen Menschen, die ganze Vergangenheit der Menschheit in sich gegenwärtig zu haben: über die Schranken der eignen Zeit blickt er hinaus in die vergangenen Kulturen; deren Kraft nimmt er in sich auf und genießt ihren Zauber nach: ein großer Zuwachs von Glück entspringt ihm hieraus.[13]

Zentral ist Diltheys Diktum: »Wir nennen den Vorgang, in welchem wir aus Zeichen, die von außen sinnlich gegeben sind, ein Inneres erkennen: *Verstehen*. [...] Dies Verstehen reicht von dem Auffassen kindlichen Lallens bis zu dem des Hamlet oder der Vernunftkritik. Aus Steinen, Marmor, musikalisch geformten Tönen, aus Gebärden, Worten und Schrift, aus Handlungen, wirtschaftlichen Ordnungen und Verfassungen spricht derselbe menschliche Geist zu uns und bedarf der Auslegung.«[14] Die Hermeneutik als »Kunstlehre der Auslegung« von in der Schrift enthaltenen »Reste[n] menschlichen Daseins«[15] verlange besondere Begabung, ja eine »Virtuosität« in der »Behandlung des schriftlich Erhaltenen«. Man ersieht hieraus, daß Diltheys Programm, welches wie dasjenige von Windelband in seiner Fixierung auf das Seelenleben großer Männer Vorstellungen des gründerzeitlichen Bildungsbürgertums[16] reproduziert, elitäre Züge trägt: in der ein- bzw. nachfühlenden Assimilation an das heroische Vorbild, welche als divinatorischer Akt begriffen wird, wertet sich der Interpret zugleich mit auf, gewinnt er den Nimbus der Auserwähltheit. Trotz ihrer Prätentiosität erscheint diese Theorie der Sinnerschließung doch vergleichsweise schlicht, mindestens methodisch nur schwach ausdifferenziert, da sie mehr beschwörend denn erläuternd als einzige Instanz der Interpretation die Intuition ansetzt, von der behauptet wird, daß sie in der Lage sei, über zeitliche Distanzen hinweg qua Einfühlung den Vorgang der Hervorbringung eines Textes durch einen historisch ferner gerückten Autor in all den in ihn eingegangenen Empfindungen und Assoziationen adäquat nachzugestalten. Unübersehbar ist bei Dilthey die Betonung der affektiv-emotionalen Komponente in dem zu verstehenden Text, deren Erschließung und Aneignung als kulturelle Bereicherung, ja als Kraftzufuhr erfahren wird.

Dieser Ansatz mußte wegen der Gefahr einer ins Irrationale, kaum mehr Beweisbare und intersubjektiv Vermittelbare abgleitenden Interpretation nachfolgenden Wissenschaftlergenerationen unzulänglich erscheinen. An der Vorstellung von der Möglichkeit eines kongruenten und kongenialen Nachvollzugs von Erlebnissen hat in neuerer Zeit Hans-Georg Gadamer in seinem Werk *Wahrheit und Methode* verhaltene Kritik geübt. Sein Buch kam 1960 erstmals heraus, zu einem Zeitpunkt, als sich infolge des technologischen Schubs, der sich als Legitimationsdruck auf die Geisteswissenschaften auswirkte, eine auf Gefühl oder Stimmung gegründete Auslegungstheorie schwerlich mehr vertreten ließ.[17] So ist es denn auch auffällig, daß Gadamer als entscheidende Instanz des Verstehensvorgangs immer wieder die Vernunft anführt. Er trägt damit Tendenzen einer neuen Rationalität Rechnung, ohne indessen mit älteren, teilweise essentialistischen Auffassungen vollends zu brechen, wie an seinem engen Anschluß an Heideggers Existentialontologie und dessen Theorie des hermeneutischen Zirkels[18] deutlich wird. Gegenüber Heidegger, der zwar auch schon immer Wert auf den Begriff der Geschichte gelegt hatte, welche er jedoch mehr Ich-zentriert als »Ereignis« im Sinne einer Zeitigung menschlichen Daseins begriff,[19] bemüht sich Gadamer im Anschluß an die Geschichtswissenschaft um eine Rekonkretisierung historischen Denkens. Wie Heidegger geht Gadamer von der hermeneutischen Grundkonstellation des »Gesprächs« aus,[20] einer Vorstellung, die sich gern auf Hölderlins berühmten Satz »seit ein Gespräch wir sind«[21] berief. Gadamers Position bildet das spezifisch (west)deutsche »geisteswissenschaftliche« Pendant zu den im angloamerikanischen Raum um 1960 auf dem Vormarsch befindlichen Sprechakttheorien – besonders der von John Langshaw Austin[22] –, die ebenfalls eine idealtypisch elementarisierte kommunikative Situation supponieren. Gemeinsam mit diesen hat Gadamers hermeneutische Konzeption die Fixierung auf die Sprache[23] als universelles Medium der Verständigung. Das linguistische Paradigma kristallisiert sich zu dieser Zeit darüber hinaus im französischen Strukturalismus heraus, der mit einem präzisionsscharf verfeinerten terminologischen Instrumentarium arbeitet, das sich zum einen von Ferdinand de Saussures *Cours de linguistique générale* (Lausanne/Paris 1916) herleitet, zum andern der weitgehend vom amerikanischen Pragmatismus (Charles S. Peirce) entwickelten Semiotik entlehnt ist.[24] Wo die Hermeneutiker, auch Gadamer, jedoch oft sehr allgemein und diffus von »Sinn« sprechen,[25] ziehen es die Strukturalisten vor, mehr auf die Einzelbedeutungen von Begriffen und Dingen zu achten.

Gadamer verzichtet auf solche der konkreten Interpretationspraxis dienende terminologische Verästelungen; er bewegt sich lieber auf der Ebene von mit Universalitätsanspruch auftretenden Thesen. Auch leitet sich sein Begriff der Sprache nicht von der auf Saussure zurückweisenden Traditionslinie her, er geht vielmehr erklärtermaßen auf die von Herder und Humboldt inaugurierte Vorstellung von der Sprache als »Weltansicht«[26] zurück, eine Position, die in den Fünfziger und Sechziger Jahren besonders im Umkreis der Zeitschrift »Wirkendes Wort« von Autoren wie Leo Weisgerber, Hennig Brinkmann, Helmut Gipper und anderen vertreten wurde.[27]

Im Mittelpunkt von Gadamers Theorie steht der Begriff der »Horizontverschmelzung«,[28] der seit etwa 1980 auch vom amerikanischen Literary Criticism rezipiert und dann lehrbuchhaft zu einem schlagwortartigen Etikett für diesen Philosophen standardisiert wurde.[29] Auf den ersten Blick scheint Gadamers Vorstellung nicht allzu weit von Diltheys Idee entfernt zu sein, derzufolge im hermeneutischen Akt eine Assimilation von Autor und Interpret stattfindet. Das entscheidend Neue bei Gadamer ist jedoch die Dynamisierung beider Pole, des Texts wie der Deutung. Während Dilthey den Text zeitenthoben mit seinem Urheber untrennbar verbunden sah, als dessen nur ihm zugehöriges Seelendokument, löst ihn Gadamer davon ab und erklärt ihn zu einer sich unter wirkungsgeschichtlichen Kontingenzen fortwährend wandelnden Größe, die nicht zuletzt durch den aktiven Projektionsakt des Interpreten, seine »Auslegung«, eine Veränderung erfährt. Damit wird für Gadamer die *Überlieferung* zu einer wichtigen Kategorie.

Diese radikale Historisierung führt dazu, daß die Vorstellung von einer Zeitgenossenschaft als dem kollektiven Adressaten des Autors fragwürdig wird. Schon beim Konstitutionsvorgang gebe es ein »Mitreden« der Zuhörer von gestern und der antizipierten von übermorgen.[30] Insofern beruhe die Theorie vom »ursprünglichen Leser« auf einer Fiktion, sie stelle eine »Idealisierung« dar.[31] Gadamer hat mit diesem wirkungsgeschichtlichen Konzept der Anfang der 70er Jahre propagierten Rezeptionsästhetik, wie sie Hans Robert Jauß oder Wolfgang Iser vertraten,[32] den Boden bereitet, letztlich auch der Vorstellung vom »Tod des Autors«,[33] denn der Urheber tritt ganz hinter den gleichsam aufs offene Meer der Wirkungsgeschichte entlassenen Text zurück, seine Intentionen erscheinen eher zweitrangig gegenüber dem, was an projektiver Sinnerfüllung, an »Applikation«,[34] dem Text permanent widerfährt. Aufgewertet wird dementsprechend die Position des Interpreten, jedoch nicht in dem Maße, daß es ihm – im wissenschaftlichen Interesse der Sinnerhellung – verstattet wäre, den Text in sein eigenes, der gegenwärtigen Begrifflichkeit verpflichtetes Kategoriensystem zu pressen. Gadamer kritisiert in diesem Zusammenhang Ansätze der Geschichtswissenschaft, die mit aktueller Terminologie dem historischen Phänomen, das sie untersuchen, glauben gerecht werden zu können. Aber auch der umgekehrte Fall – gemeint ist eine konsequent »historistische« Theorie – erscheint ihm bedenklich: sich ausschließlich der Begrifflichkeit der untersuchten Epoche zu unterwerfen, führe zu einer Ignorierung dessen, was Verstehen allein möglich mache, nämlich den eigenen Verstehenshorizont in den wirkungsgeschichtlichen Prozeß einzubringen. »*Historisch denken*, heißt in Wahrheit, *die Umsetzung vollziehen, die den Begriffen der Vergangenheit geschieht.*«[35]

Gadamer hat mit seinem hermeneutischen Konzept nicht detaillierte methodische Anweisungen für konkrete Textanalysen geben wollen, seine Absicht war es vielmehr, einen allgemeinen Bezugsrahmen für die Praxis der Geisteswissenschaften zu skizzieren, in denen historische Reflexion konstitutiv ist. In der Einleitung zu *Wahrheit und Methode* heißt es programmatisch:

> Die Hermeneutik, die hier entwickelt wird, ist [...] nicht etwa eine Methodenlehre der Geisteswissenschaften, sondern der Versuch einer Verständigung über das, was die Geisteswissenschaften über ihr metho-

> disches Selbstbewußtsein hinaus in Wahrheit sind und was sie mit dem Ganzen unserer Welterfahrung verbindet. Wenn wir das Verstehen zum Gegenstand unserer Besinnung machen, so ist das Ziel nicht eine Kunstlehre des Verstehens, wie sie die herkömmliche philologische und theologische Hermeneutik sein wollte. Eine solche Kunstlehre würde verkennen, daß angesichts der Wahrheit dessen, was uns aus der Überlieferung anspricht, der Formalismus kunstvollen Könnens eine falsche Überlegenheit in Anspruch nähme. Wenn im folgenden nachgewiesen werden wird, wieviel *Geschehen* in allem *Verstehen* wirksam ist und wie wenig durch das moderne historische Bewußtsein die Traditionen, in denen wir stehen, entmächtigt sind, so werden damit nicht etwa den Wissenschaften oder der Praxis des Lebens Vorschriften gemacht, sondern es wird versucht, ein falsches Denken über das, was sie sind, zu berichtigen.[36]

Angesichts der Herausforderung durch den technologischen Fortschritt sowie der größeren Akzeptanz und öffentlichen Förderung der Naturwissenschaften boten Gadamers Studien eine Legitimationstheorie für die in die Defensive geratenen Geisteswissenschaften. Deren Qualität wird darin erkannt, daß sie die Gefahren des Kommunikationsabbruchs bannen,[37] indem sie zur Sicherung der kollektiven Überlieferung beitragen, zugleich aber auch – in alltagspraktischer Perspektive – Prozesse intersubjektiver Verständigung ermöglichen.[38]

Logischer Konstitutionalismus

Rudolf Carnap

Wie viele Werke des Neopositivismus aus dem ersten Drittel des 20. Jahrhunderts verstand sich auch Rudolf Carnaps Buch *Der logische Aufbau der Welt* (1928)[1] als Versuch einer Überwindung damals veraltet erscheinender Theoriegebäude und Terminologien, besonders des Idealismus in all seinen Varianten und des Intuitionismus bzw. der Lebensphilosophie, die sich dem Verdikt des Irrationalismus ausgesetzt sahen. Programmatisch lag dem Werk die Absicht einer Modernisierung zugrunde, einer Angleichung des philosophischen Denkens an die nach dem Ersten Weltkrieg in einem Neu-Aufbau in Gang gesetzten Rationalisierungsprozesse in Technik und Ökonomie. In der Rückschau nannte Carnap 1961 als Problemstellung seines Werkes neben der Synthetisierung früherer eigener, verstreut erschienener Schriften die »rationale Nachkonstruktion« der Begriffe: »Unter rationaler Nachkonstruktion ist hier das Aufsuchen neuer Bestimmungen für alte Begriffe verstanden.« (S. X) Bemerkenswert ist an diesem Satz, daß Carnap gar nicht einmal so rigide mit der alten philosophischen Tradition aufräumen, sondern nur das Vage und Unscharfe, den Spontaneitätscharakter, der den alten Begriffen anhaftete, tilgen und durch definitorische Präzision ersetzen wollte. Carnap geht – anders als spätere Positivisten – hier sogar noch vergleichsweise milde mit den Systemen der Metaphysik um; er lehnt ihre Fragestellungen nicht grundsätzlich als illegitim ab, sondern hält sie nur von empiristischer Warte aus nicht für beantwortbar. Alle Fragen, die auf die Bestimmung eines Wesens, des An-sich eines Gegenstandes abzielen, seien nicht verifizierbar (S.222, § 161). Zurückgewiesen wird von ihm freilich der Intuitionismus Henri Bergsons, nicht zuletzt deswegen, weil diese Art von Metaphysik ohne Begriffe (d.h. streng definierte Begriffe) auskommen und sich ausschließlich auf die Intuition verlassen will (vgl. S. 258, § 182). Ihr wird im Anschluß an Moritz Schlicks *Allgemeine Erkenntnislehre*[2] ein epistemologischer Charakter abgesprochen.

Carnaps methodisches Ideal war im Grunde genommen das cartesianische der »distinctio« und »claritas«, jedoch ohne dessen einseitig rationalistische Prämisse. Ihm ging es um sprachliche Sinneindeutigkeit, um die Eliminierung von verwirrenden semantischen Konnotationen. Dies sollte ein am Modell der Logistik orientiertes Definitionssystem ermöglichen. Wie Wittgenstein und die Phänomenologen unterstellt Carnap der Sprache die Fähigkeit adäquater Realitätsabbildung. (Anders dagegen die skeptizistische Kritik Fritz Mauthners an der Sprache, die aufgrund ihrer Metaphorik zur Hypostasierung der Begriffe neige und so die Erkenntnis verfälsche. Indessen fordert auch Mauthner implizit eine Entmetaphorisierung: erst dann, wenn die Sprache von ihren fetischisierenden anthropomorphen Konnotationen befreit ist, kann sie vielleicht zu einem Erkenntnismedium werden.[3]) In diesem Punkte, daß die Sprache Ontisches nicht nur reflektiert, sondern insgeheim sogar ontologisch konstituiert sei, berühren sich viele der philosophischen Strömungen in den 20er Jahren.

Ein Höchstmaß an Präzision wird nach Carnaps Meinung erreicht durch die symbolische Sprache der Logistik, die die Grundsprache sei, auf der alle anderen sprachlichen Systeme – der »Worttext« bzw. die »Umschreibung in Worten« (vgl. § 98), die »realistische Sprache, wie sie in den Realwissenschaften üblich ist« (§ 95, S.133), und schließlich die »Sprache einer fiktiven Konstruktion« (§§ 99 ff.) – ruhen. Er schließt sich dabei Gätschenbergers Forderung nach der Herstellung und Formulierung einer Einheitssprache an.[4] Es zeigt sich hier, daß Carnap – anders als nahezu zeitgleich Heidegger[5] – nicht auf die Sinn- oder Explikationspotentiale der Alltagssprache vertraut, sondern statt dessen das Heil in einer künstlichen Sprache sucht. Vorgezeichnet ist hier bereits Carnaps wenig später[6] entwickelte Theorie der »Protokollsätze«, die selbst, als Äußerung irreduzibler Erlebnisse und Notierung von unmittelbar gegebenen Sinnesdaten, einer Kritik angeblich entzogen seien.

An Carnaps Buch (und schon an seinem Titel) wird die Suche nach einem festen Halt, nach Sicherheiten und Verläßlichkeiten, deutlich, und zwar sowohl auf der Ebene der Sprache als auch, korrelativ dazu, in der Realität selbst. Die Bemühungen gerade der deutschen Neopositivisten, theoretisch eine neue Sprache und mit ihr die »Welt« neu zu »konstituieren«, sind zweifellos vor dem Hintergrund verwirrend erscheinender ideologisch-politischer Strömungen zu sehen, die eine irritationsfreie Alltagsorientierung erschwerten. Die »Welt«, vor allem die ökonomische Realität, war zumal in der zweiten Hälfte der 20er Jahre durch eine konjunkturelle Labilität gekennzeichnet, die auf eine Krisis größten Ausmaßes zulief.[7] Angesichts des sich abzeichnenden Zusammenbruchs der »Aufbau«-Anstrengungen nach dem Ersten Weltkrieg schien kompensatorisch ein logischer Aufbau notwendig, der, und sei es nur in den Zirkeln weniger Philosophen, noch einmal in einer Mentalreservation Sinn, d. h. Orientierungsstabilität, ermöglichte.

Es verschlägt daher wenig, daß Carnaps Theorie nicht, wie das Etikett des »empirischen« Positivismus nahelegt, rein von der Erfahrung ausgeht. Eine solche Fundierung auf Erfahrung und konkreter Alltagsbeobachtung ist sehr viel stärker bei der zweiten Generation der Phänomenologen, besonders bei Heidegger, festzustellen. Carnap dagegen verfährt konstruktivistisch-abstrakt, äquivalent zu jenen ästhetischen Versuchen, wie sie zeitlich parallel etwa bei El Lissitzky oder den Neoplastizisten der De-Stijl-Gruppe anzutreffen sind. Auch sie wollen die Welt neu konstituieren, in einer Weise, die sich grundlegend von früheren Wirklichkeitsvorstellungen unterscheiden sollte.

Carnap schlägt bei seinem Modell der Klassifikation der

»Gegenstände« einen Mittelweg zwischen Rationalismus und Empirismus ein. Grundsätzlich müssen alle Begriffe dem Kriterium der Logizität genügen; von daher ergibt sich zwangsläufig ein hoher Abstraktionsgrad. Andererseits müssen sie aber auch empirisch fundiert sein. Diese Grundlegung erfolgt durch Rekurs auf das, was er das »Eigenpsychische« nennt. Carnap spricht in diesem Zusammenhang von »methodischem Solipsismus«, den er wohlweislich von dem radikalen metaphysischen Solipsismus eines Stirner absetzt, der die Außenwelt zu einer vom Subjekt erschaffenen imaginären Chimäre erklärte.[8]

Er setzt also nicht – wie die wissenschaftliche Psychologie – bei einer »allgemeinpsychischen« Basis an, die die Dispositionen, Wahrnehmungsformen usw. aller Menschen objektiv systematisiert.[9] Carnap hält diesem Verfahren entgegen, daß die Konstitution des Psychischen hier bereits gelöst erscheine. Die eigentlichen Probleme würden aber umgangen, so etwa das Problem der erkenntnismäßigen Ordnung der zur Darstellung gebrachten Gegenstände. Von Fremdpsychischem auszugehen, setzt Carnap zufolge bereits voraus, daß man zuvor Physisches erkannt habe. Er folgt hier einer materialistischen und, mit Einschränkungen, einer behavioristischen Argumentation bzw. der Auffassung der Psychophysik, die Seelisches nur als Reaktionsform körperlicher Reizintensitäten deutete.

Carnap konstruiert im Hinblick auf die »erkenntnismäßige Primarität« folgende Stufen der Gegenstandsgebiete:

- Eigenpsychisches
- Physisches
- Fremdpsychisches
- Geistiges.

Er erschafft also einen porphyrischen Baum, der im Logos gipfelt. Dieses Gliederungssystem entspricht weitgehend älteren Vorstellungen. Obwohl Carnap den objektiven Idealismus ablehnte, weist diese Abfolge der Gegenstandsgebiete durchaus eine Affinität zur Bewußtseinstheorie in Hegels *Phänomenologie des Geistes* auf, wo die Argumentation bei der »sinnlichen Gewißheit« als der »reichste[n] Erkenntnis« einsetzt[10] und ebenfalls im »Geist« gipfelt. Carnaps Theorie des Übergangs vom Eigenpsychischen zum Physischen entspricht Hegels im System der *Enzyklopädie der philosophischen Wissenschaften* entwickelter Theorie vom Übergang der »Idee« aus ihrer subjektiven Selbstbezüglichkeit in die Sphäre des Andersseins.

Auch das von Carnap zugrunde gelegte Stufen- oder Schichtenmodell war nicht sonderlich neu: die neurealistischen Strömungen der 20er Jahre, deren Hauptvertreter in Deutschland Nicolai Hartmann war, hatten hierfür gleichfalls eine Vorliebe. Entlehnt war es der geologischen Metaphorik der Romantiker, die besonders vom Dilthey-Kreis aufgegriffen wurde.[11]

Carnap bevorzugt für sein Konstitutionssystem die Metapher des Baumes bzw. des Stammbaumes, so gleich zu Beginn des Buches, in seiner Aufgabe und Plan der Untersuchungen darlegenden Einleitung (§ 1): »die Begriffe sollen aus gewissen Grundbegriffen stufenweise abgeleitet, ›konstituiert‹ werden, so daß sich ein Stammbaum der Begriffe ergibt, in dem jeder Begriff seinen bestimmten Platz findet. Daß eine solche Ableitung aller Begriffe aus einigen wenigen Grundbegriffen möglich ist, ist die Hauptthese der Konstitutionstheorie, durch die sie sich am meisten von anderen Gegenstandstheorien unterscheidet.« (S. 1)

Carnap wendet bei dieser Axiomatisierung das vor allem von Richard Avenarius[12] und Ernst Mach postulierte Prinzip der Denkökonomie an, das zunächst biologi(sti)sch begründet worden war. Als Grundgegenstände bestimmt Carnap bei seiner Beschreibung der Basis seines Konstitutionssystems die »Grundrelationen«, deren Glieder »Grundelemente« heißen. Innerhalb des Eigenpsychischen fixiert er als Grundelemente die »Elementarerlebnisse«, die unzerlegbare Einheiten seien. Gegenüber dem Empfindungsatomismus der Psychophysik betont Carnap jedoch den Totalitätscharakter der Erlebnisse, genauer: der Wahrnehmungen, und schließt sich dabei der in den 20er Jahren im Schwange befindlichen ganzheits- bzw. gestaltpsychologischen Position an, wie sie etwa von Köhler und Wertheimer[13] vertreten wurde. Obwohl in mancher Hinsicht vom Empiriokritizismus Ernst Machs herkommend, der das Ich als etwas substantiell »Unrettbares« bezeichnete,[14] weil es sich angeblich in diffuse Empfindungselemente auflöse, ist Carnap doch an der Konzeption eines stabilen Ich bzw. des »Eigenpsychischen« interessiert.

Die Theorie der Grundgegenstände und Grundrelationen läßt eine deutliche Referenz auf die Gegenstandstheorie Alexius Meinongs erkennen, der, als Ahnherr der Gestalttheorie, das Moment der Konfiguration der Gegenstände besonders hervorgehoben hatte[15] (vgl. bei Carnap § 93, S. 130). Meinong hatte unter »Gegenstand« nicht nur etwas materiell-konkret Faßbares verstanden, sondern grundsätzlich alles, worauf sich das Bewußtsein überhaupt beziehen kann, unabhängig davon, ob es existiert oder nicht, ob es möglich oder unmöglich ist. Es heißt bei ihm lapidar: »alles ist Gegenstand«.[16] Auch Carnap dekretiert: »Der Ausdruck ›Gegenstand‹ wird hier stets im weitesten Sinne gebraucht, nämlich für alles das, worüber eine Aussage gemacht werden kann. Danach zählen wir zu den Gegenständen nicht nur Dinge, sondern auch Eigenschaften und Beziehungen, Klassen und Relationen, Zustände und Vorgänge, ferner Wirkliches und Unwirkliches.« (§ 1, S. 1)

Der Gedanke des Relationismus war nach 1900 in der Philosophie überhaupt stark verbreitet. Man findet ihn bei den Immanenzphilosophen wie dem Greifswalder Wilhelm Schuppe,[17] der heute kaum noch bekannt ist, für Carnap aber sehr wichtig war, ebenso bei Hans Cornelius;[18] aber auch bei Theodor Lipps, der im Sinne seiner egozentrischen Einfühlungspsychologie freilich mehr das Bezogensein aller gegenständlichen Bewußtseinsinhalte auf das erlebende bzw. erlebte Ich hervorhob, das er Gefühls-Ich oder Ich-Gefühl nannte.[19] Die Logik und das Kalkül der Relationen analysierte speziell Carnaps großes Vorbild Bertrand Russell in seinen *Principles of Mathematics* (1903).[20] Ausstrahlungen des relationistischen Denkmodells sind auch nachweisbar in anderen Disziplinen, z. B. im Bereich der Soziologie, so bei Georg Simmel, der die Formen der Vergesellschaftung, d. h. die »Beziehungsformen der Menschen untereinander«, nie also die Befindlichkeit der sozialen Subjekte an sich, sondern stets deren interaktive Relationen untersuchte.[21]

Carnap hat mit seinem relationistischen Ansatz zweifellos Impulse für den später in Frankreich entwickelten Strukturalismus geliefert, der, so bei Claude Lévi-Strauss, in seiner Anwendung auf ethnologische Gegenstände vorrangig Verwandtschaftsbeziehungen und dahinter wirksame Kombinationsregeln rekonstruierte. Im Strukturbegriff der Strukturalisten wird mehr das Relationsmoment als die Beschaffenheit des einzelnen Elements akzentuiert.

Die Grundrelationen als undefinierte Grundbegriffe des Systems sind nach Carnap durch Ähnlichkeitserinnerungen gekennzeichnet. Sie sind die letzte Basis für den über Definitionsketten erfolgenden Aufbau des Konstitutionssystems. Dabei geht Carnap von Erinnerungsvorstellungen aus, die sich auf unmittelbar Erlebtes beziehen und miteinander aufgrund der partiellen Gleichheit korrespondieren. Carnap greift damit das Konzept der Assoziationspsychologie auf. Schon im *Treatise on Human Nature* (I, sect.7)[22] von David Hume war die Bedeutung der Ähnlichkeitsbeziehung für die Erkenntnis hervorgehoben worden, und noch Wilhelm Wundt[23] und Theodor Lipps machten auf die Wichtigkeit des Analogiedenkens für die Einheitsapperzeption des Bewußtseins aufmerksam.

Es zeigt sich, daß Carnap den überkommenen philosophischen Argumentationsmustern weit mehr verpflichtet war, als sein auf radikale Innovation zielender Ansatz zunächst vermuten läßt. So hat sich trotz der konsequent gegen den Irrationalismus gerichteten Konzeption, wie Carnap unter dem Einfluß von Otto Neurath selber einsehen mußte, die Fundierung des Konstitutionssystems auf dem Eigenpsychischen als äußerst problematisch erwiesen, denn gerade bei den für evident und irreduzibel eingeschätzten Elementarerlebnissen tut sich eine Fülle ungelöster Fragen auf. Schon der von William James stammende Begriff des »Erlebnisstromes« (vgl. § 64, S.86) oder die Theorie des »Gegebenen«, die von der Immanenzphilosophie Schuppes sich herleitet, aber auch in Husserls antipsychologistischem Ansatz eine große Rolle spielt,[24] sind so unbestimmt, mehrdeutig und mit metaphysischen Konnotationen besetzt, daß sie schwerlich das Fundament für ein System abgeben, welches gerade auf intersubjektive Überprüfbarkeit abhebt und das Kriterium der Verbürgtheit und Zuverlässigkeit als erkenntnisleitendes Prinzip proklamiert.

Carnap hat unter dem Einfluß des Wiener Kreises, besonders Otto Neuraths, die Unzulänglichkeiten einer »solipsistischen« Fundierung der Erkenntnistheorie auf dem Eigenpsychischen selbst gesehen und einen Ausweg bzw. Neuanfang in einer physikalistischen Sprache der Beschreibung gesucht, die so evident sein soll, daß sie von jedermann akzeptiert werden und als Grundlage einer »Einheitswissenschaft« dienen kann. In seinem Aufsatz *Die physikalische Sprache als Universalsprache der Wissenschaft*[25] ist dieses Programm erstmals im Grundriß entwickelt. Eine wichtige Rolle spielt in dieser Theorie die »Protokollsprache«. Sie soll exakt, knapp und ohne Redundanzen Beobachtungen, Experimente usw. wiedergeben. »Wir stellen uns hierbei das Verfahren so schematisiert vor, als würden alle unsere Erlebnisse, Wahrnehmungen, aber auch Gefühle und Gedanken usw. sowohl in der Wissenschaft als auch im gewöhnlichen Leben zunächst schriftlich protokolliert, so daß die weitere Verarbeitung immer an ein Protokoll als Ausgangspunkt anknüpft.«[26] Laboratoriumsprotokolle erfüllen die Forderung nach radikaler, nicht mehr weiter rückführbarer Ursprünglichkeit nicht, da sie Sätze enthalten, »zu deren Gewinnung andere Protokollsätze mitverwendet sind./die einen nicht unmittelbar beobachtbaren Sachverhalt beschreiben. Ein ursprüngliches Protokoll würde vielleicht so lauten: ›Versuchsanordnung: an den und den Stellen sind Körper von der und der Beschaffenheit (z. B. ›Kupferdraht‹, vielleicht dürfte statt dessen nur gesagt werden: ›ein dünner, langer, brauner Körper‹, während die Bestimmung ›Kupfer‹ durch Verarbeitung früherer Protokolle, in denen derselbe Körper auftritt, gewonnen wird); jetzt Zeiger auf 5, zugleich dort Funke und Knall, dann Ozongeruch.‹«[27] Die Protokollierung dieser simultan wahrgenommenen Beobachtungsfragmente nimmt fast schon den Charakter einer akausalen, dissoziativen dadaistischen Dingbenennung an; sie ist nicht weit entfernt von Kurt Schwitters' Merz-Gedichten. Carnap sah ein, daß diese Reduktion auf eine »erste Sprache«[28] die wissenschaftliche Arbeit keineswegs erleichtern, sondern gerade im Gegenteil sehr erschweren würde. So sollte also die etwas allgemeinere, auf diesen Protokollsätzen aufbauende physikalische Sprache als universale Systemsprache dienen, die das Kriterium der Intersubjektivität erfüllt.[29] Carnap glaubte die Probleme der Erkenntnistheorie durch eine Theorie der Metasprache lösen zu können. Alle Scheinprobleme würden verschwinden, wenn ein sprachliches Kalkül sich finden ließe, das in sich logisch-widerspruchsfrei strukturiert ist, bei dem die Empirie zunächst keine Rolle spielt und es nur auf eine immanente logische Wahrheit ankommt. Carnap schrieb später in seiner Autobiographie:

> Mein Interesse an der Entwicklung der logischen Syntax war vorwiegend durch die folgenden Gesichtspunkte bestimmt: erstens wollte ich zeigen, daß die Theoriebegriffe der Theorie der formalen deduktiven Logik, wie Beweisbarkeit, Ableitbarkeit aus gegebenen Prämissen, logische Unabhängigkeit und so weiter, rein syntaktische Begriffe sind, und daß deren De-

> finitionen in der logischen Syntax deshalb formuliert werden können, weil diese Begriffe ja lediglich von der Form der Sätze, nicht von ihrer Bedeutung abhängen. Zweitens schien es mir wichtig zu zeigen, daß viele philosophische Meinungsverschiedenheiten in Wirklichkeit mit der Frage zu tun haben, ob eine bestimmte Sprachform, etwa für die Sprache der Mathematik oder die der Wissenschaft, benutzt werden sollte ... Außerdem wollte ich zeigen, daß jeder die Freiheit hat, die Regeln seiner Sprache und zugleich seiner Logik so zu wählen, wie er mag. Dies nannte ich das ›Toleranzprinzip‹.[30]

Carnap konnte nicht umhin, sein ursprünglich rigides Modell in der Folgezeit immer mehr zu liberalisieren. Von der Syntax ging er, besonders unter Einfluß des polnischen Logikers Alfred Tarski,[31] zur Semantik über. Im Laufe der 30er und 40er Jahre entwickelt Carnap ein semiotisches System von sprachlichen Designatoren, die zu den Gegenständen und Sachverhalten als bezeichneten Designata in Relation gesetzt werden. Er nannte dieses System »L-Semantik«.

Von der logizistischen und lingualistischen Orientierung, bei der die Sprache als das einzige und letztgültige Erkenntnismedium betrachtet und sie den Normen der logischen Widerspruchsfreiheit unterworfen wird, hat sich Carnap zeitlebens nicht gelöst. Sein Paradigma ist denn immer wieder auch einer Kritik ausgesetzt gewesen, die von anderen Prämissen ausging. So sind hier besonders die Einwände von Jean Piaget zu erwähnen,[32] der die epistemologische Fixierung auf die Sprache aus handlungstheoretischer Sicht für einseitig hielt. Kritik kam aber auch aus den Reihen ehemals logischer Positivisten selbst, so von Hilary Putnam, einem Schüler von Hans Reichenbach, der schon von einer abweichenden ontologischen Überlegung her die ganze Konstruktion einer vermeintlich exakten Bestätigungssprache für unzulänglich erklärte.[33] Denn Putnam akzeptiert die

Erkenntnisse der Quantenmechanik, die eine kontingente Struktur der Wirklichkeit nahelegen. Da die Realität nicht bis zum Letzten logisch aufgebaut sei, helfe es wenig, sie mit Mustern einer deduktiven Logik zu beschreiben. Es drängt sich also die Frage auf, ob der »logische Aufbau der Welt«, an dem Carnap – gewiß sehr eindrucksvoll – in stets neuen Versuchen bastelte, sich letztlich nicht doch als brüchig und einsturzgefährdet herausstellte.

Transzendentaler Lingualismus und Theorie der Sprachspiele

Ludwig Wittgenstein

Das Frühwerk: Der *Tractatus logico-philosophicus*

Man hat gelegentlich darüber gestritten, ob Wittgensteins *Tractatus*, den er in den letzten Jahren des Ersten Weltkriegs verfaßt hatte und 1921 nach großen Schwierigkeiten in Ostwalds *Annalen der Naturphilosophie* herausbringen konnte,[1] nicht eigentlich mehr eine mit Problemen der Wahrheitsfunktion sich befassende *logische* Schrift sei denn eine erkenntnistheoretische. Derlei Abgrenzungen vornehmen zu wollen, ist müßig, denn es ist – schon von der dieser Abhandlung zugrunde gelegten terminologisch-kategorialen Struktur her – augenfällig, daß Wittgenstein gnoseologische Fragen zu lösen sucht. Der teilweise kritische Rekurs auf Freges *Grundlagen der Arithmetik*[2] oder Russells 1903 erschienene *Principles of Mathematics*, überhaupt die Anwendung des Prinzips der Wahrheitsfunktion (so besonders in Satz 6), dient lediglich der internen Aufhellung von Aussagen bzw. der Eliminierung von logischen Inkonsequenzen.

Wittgensteins *Tractatus* stellt den Versuch einer Konstituierung eines nichtmetaphysischen »realistischen« (so Michael Dummett[3]) Weltbildes dar, durchaus in der Nachfolge positivistischer Konzeptionen, wie sie gerade in Wien im Anschluß an Ernst Mach verbreitet waren. Aber »Realismus« bedeutet hier zugleich auch, daß das agnostizistische Moment, das dem Empiriokritizismus unverkennbar eignete, überwunden und statt dessen ein verläßlicher Zugang zur »Welt« gefunden werden soll. Von deren Existenz geht Wittgenstein ganz selbstverständlich aus, ähnlich wie Nicolai Hartmann, der sich vom Neukantianismus entfernt und zeitgleich, also auch im Jahre 1921, seine *Metaphysik der Erkenntnis* publiziert hatte. Anders als Hartmann bemüht er sich nicht einmal, Kriterien für das Ansichsein der Realität zu liefern. Wohl insistiert er auf dem Substanzcharakter der Wirklichkeit (2.011 ff.) und der »Festigkeit« der Dinge (vgl. 2.026 ff.).

So eröffnet er sein Werk gleich mit der bekannten ontologischen Feststellung: »Die Welt ist alles, was der Fall ist.« (Satz 1) So evident diese Äußerung erscheinen mag: sie ist doch mit Äquivokationen und Ungenauigkeiten behaftet, denn schon hinter Begriffen wie »Welt« oder »Fall« kann man Aufklärung heischende Fragezeichen setzen. (Erst in 2.063 kommt eine Erläuterung in Form der tautologischen Gleichsetzung: »Die gesamte Wirklichkeit ist die Welt«.) »Fall« entspricht zweifellos der gegenstandstheoretischen bzw. phänomenologischen Idee der »Gegebenheit«, und in dieselbe Richtung zielt auch der von Wittgenstein verwendete Begriff des »Sachverhalts«, den er als eine »Verbindung von Gegenständen (Sachen, Dingen)« (2.01) definiert. Die ontologische Dimension des »Falls« kommt darin zum Ausdruck, daß er mit der »Tatsache« gleichgesetzt wird. »Sachverhalt« hat gewissermaßen eine ontisch-indikative Funktion, denn er zeigt die Existenz von Dingen an, die durch ihn molekular geeint erscheinen. Eine isolierte Betrachtung von Dingen – im Sinne eines Realatomismus – scheint Wittgenstein abzulehnen. Offensichtlich spielt hier in das Verfahren fundamentierender Setzungen unausgesprochen Russells Theorie der Relationen mit hinein, die ihrerseits von Meinong abhängig ist.[4] Gegenstände enthalten nach Wittgenstein aufgrund interner Eigenschaften (2.01231) die Möglichkeit ihres Vorkommens in Sachverhalten. Daß Wittgenstein sozusagen strukturalistisch (vgl. 2.15) Sachverhalte durch Gegenstandsrelationen definiert, geschieht um der Erfüllung einer Petitio principii willen; denn er benötigt auf der ontisch-realen Seite eine Konfiguration, die er abbildtheoretisch parallelisieren kann mit dem von ihm als zentral angesehenen Erkenntnismedium des (logischen) Satzes.

Die erkenntnistheoretische Reflexion setzt – nach dem vorbereitenden ontologischen Vorlauf – in Satz 2.1 ein, wo es heißt: »Wir machen uns Bilder der Tatsachen«. Wittgenstein vertritt, nicht zuletzt um der Vereinfachung willen (vgl. zum »Standard der Einfachheit«[5] Satz 5.4541), eine starr mechanistische Abbildtheorie. Bilder (als Bewußtseinstatsachen) sind modellhafte Korrelate der in der Wirklichkeit gegebenen Sachverhalte. So wie die Sachverhalte sich konfigurativ aus Gegenständen zusammensetzen, so auch analog die Bilder, die aus Elementen bestehen, die sich auf diese Gegenstände beziehen. »Die abbildende Beziehung besteht aus den Zuordnungen der Elemente des Bildes und der Sachen« (2.1514). Die Zuordnungen vermag Wittgenstein nur durch eine materialistische Metapher zu erklären: sie seien »gleichsam die Fühler der Bildelemente, mit denen das Bild die Wirklichkeit berührt« (2.1515). Wittgenstein stellt sich die Abbildrelation nach dem Muster eines an die Wirklichkeit gelegten Maßstabs vor und geht letztlich von der alten, in der Scholastik hoch entwickelten Adäquationstheorie aus, die auch bei Spinoza (*Ethica* II, def. IV) und Leibniz eine zentrale Rolle spielt.[6] Bei jedem »Bild« (immer verstanden als wirklichkeitsbezogene Bewußtseinstatsache) ist die Frage nach seiner »Wahrheit« zunächst irrelevant. Es existiert, unabhängig davon, ob es zutrifft (richtig bzw. wahr ist) oder nicht: »Ein a priori wahres Bild gibt es nicht« (2.225). (Da Wittgenstein »realistisch« denkt, d.h. nur von dem ausgeht, was der Fall ist, lehnt er auch etwas über das Faktische Hinausgehendes, einen ethischen Entwurf, überhaupt ein deontologisches System, ab.[7] In 6.42 heißt es: »Darum kann es auch keine Sätze der Ethik geben. Sätze können nichts Höheres ausdrücken.«)

Da Wittgenstein nicht agnostizistisch in dieser Indifferenz steckenbleiben, sondern durchaus ein Wahrheitskriterium finden will, führt er in Satz 3 eine Spezifizierung des »Bildes« ein: das »logische Bild«. Dieses ist nun der »Gedanke«. Hier hat Wittgenstein in seiner Theorie ein Stockwerk errichtet, in dem er sein geometrisches (vgl. 3.0321) Ideal der Widerspruchsfreiheit unterbringen kann. »Wir können nichts Unlogisches denken, weil wir sonst unlogisch denken müßten«, heißt es in 3.03. Daß er diese Möglichkeit kategorisch ausschließt, deckt sein latentes existentielles Motiv auf: Logik ist – wie die denkökonomische Reduktion auf Weniges, Verläßliches – die letzte Assekuranz, die, würde sie fehlen oder außer Kraft gesetzt werden, unweigerlich die Gefahr nihilistischer Ausweglosigkeit und Verzweiflung hervorrufen müßte. Die logische Verfaßtheit der Wirklichkeit, der »Welt«, ist für Wittgenstein so substantiell, daß sie die letzte Grundlage alles Seienden abgibt, in dem Maße sogar, daß selbst Gott sich ihr beugen müßte (3.031).

Wittgenstein geht von der eleatischen Theorie der Identität – mindestens absoluten Parallelität – von Denken und Sein aus.[8] Die Denkgesetze spiegeln in einer Äquivalenzbeziehung die Struktur der Welt. »Die logischen Sätze beschreiben das Gerüst der Welt, oder vielmehr, sie stellen es dar. Sie ›handeln‹ von nichts. Sie setzen voraus, daß Namen Bedeutung, und Elementarsätze Sinn haben: Und dies ist ihre Verbindung mit der Welt« (6.124).

Das erkenntnistheoretische Grundmuster von Wittgensteins *Tractatus* war, wie wir gesehen haben, die Abbildrelation, also das Verhältnis von Bild und Wirklichkeit. Für »Bild« als Bewußtseinstatsache setzte er dann – im Sinne der Logik – »Gedanke« ein. Der Gedanke wiederum manifestiert sich im »Satz«. So kann auch von diesem gelten: »Der Satz ist ein Bild der Wirklichkeit. Denn ich kenne die von ihm dargestellte Sachlage, wenn ich den Satz verstehe. Und den Satz verstehe ich, ohne daß mir sein Sinn erklärt wurde (4.021). Der Satz *zeigt* seinen Sinn. Der Satz *zeigt*, wie es sich verhält, *wenn* er wahr ist. Und er *sagt, daß* es sich so verhält (4.022). Die Wirklichkeit muß durch den Satz auf ja oder nein fixiert sein. Dazu muß sie durch ihn vollständig beschrieben werden. Der Satz ist die Beschreibung eines Sachverhaltes (4.023).«

Daß Sprache geradezu als etwas Ontisches aufgefaßt wird, war eine Theorie, die sich bei vielen Denkern der 20er Jahre findet, so bei Karl Kraus und Walter Benjamin, aber auch bei Martin Heidegger (Sprache als »Haus des Seins«). Auch die spätere Kritik an der Sprache des Faschismus bei Dolf Sternberger, Viktor Klemperer oder Theodor W. Adorno unterstellt, daß zwischen Sprache und Sein (hier: den politisch-sozialen Strukturen) eine unauflösliche Beziehung besteht. Noch bei Wundt war Sprache expressionstheoretisch erklärt worden, also psychologisch-genetisch vom Subjekt her, nicht objektiv-ontologisch, sie sei hervorgegangen aus der Gebärdensprache.[9] Wittgenstein legt dagegen – ähnlich wie die Neukantianer und die Phänomenologen – ein ideales Apriori der Sprache zugrunde, so wie er auch den Gesetzen der Logik den Charakter objektiv-idealer Verfaßtheit zuspricht. Er steht damit durchaus in diametralem Gegensatz zu Fritz Mauthner (von dem er sich ja auch absetzt, so in Satz 4.0031). Mauthner stellte in Abrede, daß die Abstrakta der Sprache überhaupt Wirklichkeit repräsentieren. Sprache sei mit unendlichen Metaphern angefüllt, denen ein nur geringer Erkenntniswert zukomme, es gebe nur eine Flut der »Bilder von Bildern von Bildern«,[10] insofern auch nur »Wortfetischismus«.[11]

Wittgenstein stellt sich die Beziehung von Sprache und Wirklichkeit so vor, daß der Satz (als elementare sinntragende Einheit), welcher aus »Namen«[12] bestehe, die durch eine verborgene Komplexität miteinander verbunden seien, einen »Sachverhalt« mit seinen Gegenständen (als den Komplementen der Namen) abbildet (bzw. »vertritt« oder »bezeichnet«). Ein ähnliches Modell vertrat vorher schon Benedetto Croce in seiner *Aesthetik als Wissenschaft vom Ausdruck und allgemeine Sprachwissenschaft*, wo ebenfalls die Syntax eines Satzes (mit Subjekt, Prädikat und Objekt) als spiegelbildliches Korrelat von Sachverhalten in der Realität aufgefaßt wurde (das Prädikat also als abbildliches Äquivalent einer Tätigkeit, z. B. »Laufen«[13]). All diese Theorien unterstellen eine universelle Geltung indogermanischer Sprachstrukturen.[14]

Wittgenstein gerät dadurch in ein theoretisches Dilemma, daß er einerseits eine abbildhafte Äquivalenz von Bild (bzw. Gedanke bzw. Satz) und Welt ansetzt, bei der eigentlich, da es sich um einen Widerspiegelungsvorgang handelt, nichts falsch sein kann, andererseits jedoch anerkennen muß, daß nicht jeder Gedanke oder Satz zutrifft. An dieser Stelle entsteht das Problem des Wahrheitskriteriums. Der Gedanke der abbildtheoretischen Adäquation tritt bei Wittgenstein im weiteren Fortgang seiner Argumentation nicht zufällig immer mehr in den Hintergrund. Statt dessen sucht er das Problem der Wahrheit zum einen in der Immanenz logischer Gesetze zu lösen, zum andern, was eng damit zusammenhängt, im semiotischen bzw. hermeneutischen Kontext. Er verlagert die Erörterung mithin weitgehend in die Sphäre des Subjekts und der Sprachgemeinschaft. »Einen Satz verstehen, heißt, wissen was der Fall ist, wenn er wahr ist. (Man kann ihn also verstehen, ohne zu wissen, ob er wahr ist.) Man versteht ihn, wenn man seine Bestandteile versteht« (4.024). Hier ist also das Problem des objektiven Zutreffens einer Behauptung ausgeklammert. Wittgenstein konzentriert sich vielmehr nur auf die Frage des »Verstehens«, und Verstehen heißt bei ihm, die logische Struktur eines Satzes, d. h. der Konfiguration seiner Bestandteile, erfassen.

Hat die Sprache nach Wittgenstein einerseits – grundsätzlich – eine denotative Funktion, indem ihre Elemente, die »Namen«, die Gegenstände bezeichnen oder vertreten, so ist sie andererseits doch auch ein gleichsam autonomes System, ein Gehäuse, in dem sich das Subjekt entfaltet, durch das oder in dem es überhaupt existiert. Die Grenzen der Sprache sind deckungsgleich mit den Grenzen *»meiner* Welt« (5.62). Es wird hier deutlich, daß Wittgenstein im

Tractatus zwischen der Position eines Realismus und derjenigen eines Solipsismus rochiert. Die Gefahr, im Solipsismus gefangen zu bleiben, hat Wittgenstein selbst gesehen, denn das Subjekt gehöre nicht zur Welt, sondern sei eine Grenze der Welt (5.632), will sagen: es grenzt sich scharf von ihr ab. Es bleibt – als »Mikrokosmos«[15] (5.63) – ganz auf sich selbst verwiesen; erkennbar ist für es eigentlich nur, wie Sätze als Basiseinheiten der Sprache strukturiert sind, welche internen Relationen sie haben, nach welchen Operationsregeln sie logische Bedeutung erlangen. Nicht zufällig ist das Kernstück des *Tractatus* das Tableau der in Reihen geordneten Wahrheitsfunktionen (vgl. 5.101). Stenius hat in diesem Zusammenhang von einem »transzendentalen Lingualismus« bei Wittgenstein gesprochen.[16]

Wittgenstein glaubte, mit dem Mittel der Logik ein System sinnvoller Sätze errichten zu können, das absolute Sicherheiten verbürgen sollte. (Resultat der logischen Operationen war dabei in der Regel die – als nicht unsinnig definierte – Tautologie[17].) Bei der Setzung eines so rigiden Maßstabes konnte es nicht ausbleiben, daß viele Fragen trotz des universalistischen Anspruchs der auf die Beschreibung der ganzen »Welt« abzielenden Theorie nicht beantwortet werden konnten. Wie nach ihm die Vertreter des logischen Positivismus, z. B. Rudolf Carnap, löst Wittgenstein das Problem durch Ausklammerung. Es wird eine Grenze gezogen, innerhalb derer im Sinne des transzendentalen Lingualismus noch logisch, d. h. sinnvoll, argumentiert werden kann; alles andere wird als nicht aussagbar ins Reich der Metaphysik verwiesen. Der Unterschied zwischen Wittgenstein und den Vertretern des Wiener Kreises liegt in diesem Punkt freilich darin, daß Wittgenstein die Berechtigung bzw. Notwendigkeit metaphysischer Fragestellungen nicht verneint, während Carnap dies z. B., konsequent atheistisch, kategorisch tut. Bei Wittgenstein bleibt jenseits des logisch Sagbaren noch die Epiphanie[18] eines Unaussprechlichen, eine mystische Dimension, es stellen sich jenseits der Beantwortung aller möglichen wissenschaftlichen Fragen kaum noch lösbare Lebensprobleme. Dennoch setzt sich der Wittgenstein des *Tractatus* diesen Irritationen nicht weiter aus. Trotz des berühmten Schlußsatzes: »Wovon man nicht sprechen kann, darüber muß man schweigen« (Satz 7), der nur das Jenseits des logischen Denkens abgrenzend bezeichnet, zieht sich Wittgenstein um des bewußtseinsstabilisierenden Halts willen in die Sphäre der Wahrheitsfunktionen zurück, in der nichts ungelöst oder unauflösbar bleibt: »*Das Rätsel* gibt es nicht. Wenn sich eine Frage überhaupt stellen läßt, so *kann* sie auch beantwortet werden« (6.5).

Das Spätwerk: Die *Philosophischen Untersuchungen*

Wittgenstein hat das Unbefriedigende des logizistisch-lingualistischen Ansatzes seines *Tractatus* bald gesehen. Während sowohl Russell als auch der Wiener Kreis dieses Werk positiv aufnahmen, letzterer daran den vermeintlich antimetaphysischen Einschlag begrüßte (was Wittgenstein selbst ganz anders sah[19]), so blieb es seinem Autor nicht verborgen, daß sich nicht alles in der Sprache – verstanden als Erkenntnismedium – nur nach dem Modell einer streng beweistheoretisch vorgehenden Logik erklären läßt. In den erst postum erschienenen *Philosophischen Untersuchungen*,[20] an denen Wittgenstein seit etwa 1929 arbeitete, unternahm er den Versuch, sich dem Problem der Sprache weniger in deduktiver Setzung als empirisch zu nähern. In diesem aphoristisch angelegten Werk, das Wittgenstein selbst mit »Landschaftsskizzen« verglich,[21] entwickelt er seine berühmte Theorie der Sprachspiele.[22]

Die Idee, die er hier verfolgt, ist heute schon zu einem festen Bestandteil linguistischer Ansätze geworden, so daß ihr damals innovativer Charakter kaum noch deutlich wird. Was Wittgenstein einführt, ist die Vorstellung, daß Sprache nach bestimmten Regeln strukturiert wird. Er denkt dabei sowohl an feste konventionelle Regeln, wie sie etwa in den Grammatiken beschrieben werden, als auch, und dies ist das entscheidend Neue bei ihm, an die Regeln, die beim konkreten Gebrauch des Sprachmaterials befolgt oder spontan entwickelt werden. Die Sprachsituationen werden mit »Spielen« verglichen bzw. gleichgesetzt. Sprache wird als Teil einer Tätigkeit oder einer Lebensform begriffen (vgl. § 23).

Diese Regeln gelten sowohl für die Syntax als auch für die Bedeutung von Worten usw. Wittgenstein veranschaulicht sein neues Modell der Sprache am Beispiel des Schachspiels:[23] hier werden die Figuren auf dem Schachbrett erst zu Schachfiguren im eigentlichen Sinne durch die Regeln, nach denen sie bewegt und eingesetzt werden; ähnlich definiert sich die Bedeutung oder der Sinn eines Wortes erst über die Regeln der Syntax. Es ist also ein verborgenes, den konkreten Elementen (hie Schachfigur, dort Wort) äußerlich nicht anzumerkendes Moment, das sie reguliert bzw. konstituiert. Wittgenstein bereitet damit eine Theorie vor, die später – allerdings mehr cartesianisch ausgerichtet – Noam Chomsky[24] mit seiner Auffassung von der Sprach- bzw. Sprechkompetenz erarbeitete. Auch deren Gegenbegriff bei Chomsky, die Performanz,[25] verdankt sich Wittgensteins Theorie des Sprachspiels. Denn Wittgenstein geht davon aus, daß Bedeutungen sich erst im Gebrauch, in einer konkreten Sprechsituation, in ihrer jeweiligen Aktualisierung, konstituieren. Indessen hinkt der Vergleich mit dem Schachspiel etwas. Denn er gilt nur teilweise: beim Schachspiel gibt es letztlich nur *ein* festes System von Regeln, während die Sprache keine eindeutig bestimmbaren und definitiv festgelegten Regeln für die Bedeutungen kennt. Wie die Phänomenologie Husserls, die anfangs auch mehr aprioristisch ausgerichtet war, sich dann aber den Lebenswelten zuwandte, so dringt auch Wittgenstein nach der strengen Logizität des *Tractatus* zu den Kontingenzen des Alltags vor. In § 166 der *Philosophischen Untersuchungen* heißt es, es sei Aufgabe des

Philosophen, »die Wörter von ihrer metaphysischen wieder auf ihre alltägliche Verwendung« zurückzuführen. Entscheidend wird für Wittgenstein nun die jeweilige Situation der Sprachverwendung, in der Formierungsregeln spontan eingesetzt und implizit, halb oder gar ganz unbewußt, überprüft werden.

Das Eingangsdiktum im *Tractatus* von der Welt, die alles, was der Fall ist, sei, wird jetzt ganz wörtlich genommen, indem Wittgenstein kasuistisch vorgeht (womit die fugitivschweifende Argumentationsform, ihr grübelnder Versuchscharakter, auch die Form des Selbstgesprächs zusammenhängt). Damit löst sich aber das feste Band der Logik auf, das noch den *Tractatus* zusammengehalten hatte. Nicht daß das konzentrative Moment in den *Philosophischen Untersuchungen* gänzlich geschwunden wäre; es hat sich jedoch nur noch auf Einzelbeobachtungen verlagert, eine Verbindung von einem zum andern Aspekt wird von Wittgenstein selbst kaum noch geleistet und mehr dem Leser als eine nur mit Mühen zu bewältigende Anstrengung aufgebürdet.

Diese Auflösung und Atomisierung vormals noch behaupteter Kohärenzen bricht auch die Identität des Ego auf. Eine solche konnte nur theoretisch aufgebaut und geglaubt werden, solange noch ein duratives, sich durch alle Lebensstadien und -situationen ungebrochen hinziehendes Stabilitätsmuster der Selbsttreue für möglich und wahr gehalten wurde.[26]

Derlei Vorstellungen, die noch den *Tractatus* fast zwanghaft beherrschten, vermag Wittgenstein in den *Philosophischen Untersuchungen* nicht mehr aufrechtzuerhalten. Was diese Untersuchungen nun gedanklich bestimmt, ist die kontinuierlich gemachte Erfahrung der verrinnenden Lebenszeit, eine radikale Temporalisierung des Bewußtseins, verbunden mit einer unausgesetzten Selbstbeobachtung, bei der die Prozesse des Handelns und Reflektierens einander unentwegt ablösen. So zerrinnen alle Modelle einer Bewußtseinskonstanten setzenden Vermögenspsychologie. Was ist schon ein Wille? Welche Antezedentien leiten zu ihm hin? An welcher Stelle kann von ihm wirklich die Rede sein? Wann setzt er sich in eine Aktivität um? Über welche motorischen oder kinästhetischen Vorgänge? Was beobachte ich dabei? Welche psychischen Energien und praktischen Realisationen wurden oder werden dabei – als Alternativen – unterlassen? Solche Fragen machen deutlich, daß mindestens in psychischen Prozessen, nicht zuletzt aufgrund ihrer (teilweise hilflosen) sprachlichen Repräsentanz – denn sie entziehen sich mitunter der Verbalisierung –, eine klare Bestimmung von Kausalitäten kaum möglich ist. An diesen Fragen (wie er sie z. B. in den §§ 611 ff. ähnlich entfaltet) zerschellt jede Moral, die noch ein Verantwortlichkeit begründendes Gesinnungskontinuum voraussetzen will. Insofern tendiert Wittgensteins interrogativer Deskriptivismus der *Philosophischen Untersuchungen* zwangsläufig zu einer Aufhebung von Handlungsnormen und zur Freisetzung eines Denkens und Handelns, bei der Verbindlichkeiten und Normen aufgrund des bloßen Geschehensmodus, bei dem Intentionen sich nur punktuell erfassen lassen und alsbald zerrinnen, ethisch kaum mehr begründbar sind. (Im Gegensatz zu seiner moralitätsindifferenten assoziativen Reflexionskette hat Wittgenstein freilich, sozialisatorisch bedingt, tatsächlich immer stark moralisch gedacht. Von der ihm anerzogenen Moral, von der er sich zeitlebens kaum zu befreien vermochte, wurde er geradezu obsessiv gepeinigt. Das belegen all seine Beispiele, die um das Thema der Scham kreisen.)

So ist ein Grundgedanke der *Philosophischen Untersuchungen*: Ich kann so, aber auch anders handeln – dieses Tun vollzieht sich in letzter Konsequenz ohne ein dauerhaftes normatives Fundament, mag es wohl gelegentlich auch induzierende normative Funken geben. »*Tun* scheint selbst kein Volumen der Erfahrung zu haben. Es scheint wie ein ausdehnungsloser Punkt, die Spitze einer Nadel. Diese Spitze scheint das eigentliche Agens. Und das Geschehen in der Erscheinung nur Folge dieses Tuns« (§ 620).

Die im Zeichen der Analytischen Philosophie stehende Wittgenstein-Exegetik sieht an dieser Stelle ausschließlich das Problem der Privatsprache, welche Wittgenstein für unmöglich halte.[27] Nicht minder wichtig als die Frage, ob von einem Subjekt für Empfindungen Bezeichnungen gefunden werden, die von anderen vielleicht nicht adäquat erfaßt werden können (es handelt sich hier also um ein rein sprachtheoretisches Problem), sind jedoch die von Wittgenstein nicht zufällig thematisierten und versprachlichten Empfindungen[28] selbst, die ein auf Instabilitäten verweisendes sozialpsychologisches System repräsentieren.[29]

Kritischer Rationalismus

Karl R. Popper

Folgt man einer von Karl Popper selbst gern erzählten Geschichte,[1] so hat es die Mit- und Nachwelt einem glücklichen Zufall, einer Sternstunde, zu verdanken, daß ihr sein 1934 erschienenes Buch *Logik der Forschung* zuteil wurde. Ohne die Ermutigung durch den Schlick-Schüler Herbert Feigl, der ihn in einem langen Nachtgespräch des Jahres 1929 oder 1930 bestärkt habe, dieses Werk zu schreiben, sei er wahrscheinlich nie auf die Idee gekommen, sich als Philosoph publizistisch zu betätigen.

Wie dem auch sei: Es steht fest, daß die *Logik der Forschung* eines der meistdiskutierten erkenntnistheoretischen Bücher des 20. Jahrhunderts wurde. Es begründete Poppers Ruhm, der besonders in der Nachkriegszeit einsetzte und ihn zu einer bibliographisch kaum noch zu erfassenden Flut von Schriften[2] beflügelte. Wie wichtig dieses Buch für Popper selbst war, zeigt sich darin, daß er mit seinen Thesen gleichsam einen lebenslangen Monolog pflegte, indem er es von Auflage zu Auflage um Zusätze und Nachträge wie Scholien und Korrolarien ergänzte, so daß daraus ein in Schichten sich anlagernder Kommentar erwuchs.[3]

Theoretisch stand Poppers in der *Logik der Forschung* entwickelte Position derjenigen des Wiener Kreises nahe, doch wiederum so nahe nicht, daß sie dessen Hauptrepräsentanten (wie Hans Reichenbach, der damals schon nach Istanbul emigriert war, oder Otto Neurath) nicht zu teilweise vehementer Kritik veranlaßt hätte. Mit den Bestrebungen des Wiener Kreises teilte Popper die Auffassung, daß es notwendig sei, eine logischen Prinzipien verpflichtete Erkenntnistheorie zu formulieren, die dem Stand der neueren Naturwissenschaft angemessen ist. Daß er sich auf nicht geringe Herausforderungen einließ, macht z. B. das 9. Kapitel deutlich, in dem sich Popper kritisch mit Heisenbergs Theorie der Unschärferelationen auseinandersetzt. (Hier vertritt er die These, daß diese Unschärferelationen statistisch interpretiert werden müssen. Im Gegensatz zu Heisenberg ist Popper der Auffassung, daß Ort und Impuls einer Partikel genau meßbar seien.[4])

Auch das 8. Kapitel über Wahrscheinlichkeitsprobleme, in dem er sich u. a. auf Richard von Mises' Häufigkeitstheorie[5] bezog, verdeutlicht Poppers mathematisch-naturwissenschaftliche Orientierung. So bot es sich an, daß die *Logik der Forschung* in der Reihe der »Schriften zur wissenschaftlichen Weltauffassung«, die Philipp Frank und Moritz Schlick herausgaben, erschien. Das latent missionarische Moment, das in dem antimetaphysischen Ansatz des Wiener Kreises zum Ausdruck kommt, ist gelegentlich auch Poppers Schrift (und mehr noch den vielen nachfolgenden Abhandlungen) anzumerken. Es teilt sich besonders in der Form der Didaxe mit, die Popper in exzellenter Weise beherrschte: Immer waren seine Ausführungen analytisch klar, gewiß mitunter vereinfachend, doch ohne Preisgabe der gedanklichen Substanz, die er in der Regel in prägnant zugespitzten Thesen festhielt.[6] Nicht selten neigte er zu Apodiktik und zu einem Argumentationsstil, der sich die Sache durch einen unbekümmerten Liberalitätsgestus etwas leicht machte, etwa nach dem Muster: er halte die in Rede stehende Auffassung für falsch; es könne ja sein, daß sie auch akzeptable Aspekte enthalte, aber, um zu überzeugen, müßten ihre Verfechter schon einiges aufbieten.

Dieser liberale Rahmen auf intersubjektive Akzeptabilität abhebender wissenschaftlicher Diskussion war bereits implizit in der *Logik der Forschung* abgesteckt, denn er ist der Sache nach im Prinzip des Falsifikationismus oder Fallibilismus enthalten, das Popper in diametralem Gegensatz zum Verifikationismus des Wiener Kreises entwickelte. Insofern ist Poppers Grundsatz pluralistischer Offenheit nicht allein naturwissenschaftlich dimensioniert: nicht zufällig sollte er auch seine politologischen bzw. soziologischen Schriften wie *The Open Society and Its Enemies* (2 Bde., London 1945) prägen, die sich angesichts von Faschismus und Stalinismus gegen alle Formen des Dogmatismus wenden, selbst aber gelegentlich von unduldsamer Polemik nicht frei sind.

Daß dem naturwissenschaftlichen Fallibilismus Poppers bei Lichte besehen ein soziales Denkmodell zugrunde liegt, wird darin offenbar, daß er in die Wissenschaftsdebatte gleichsam das Rechtsinstitut des Einspruchs oder Vetos einführt. So wie seiner Meinung nach in der Gesellschaft das Recht des einzelnen gegen »totalitäre« Zwänge und Übergriffe gestärkt werden muß, so müssen auch einzelne Fakten, die eine Hypothese partiell außer Kraft setzen, deren Allgemeingültigkeitsanspruch erschüttern dürfen. Popper rebelliert also gegen den »totalitären« Geltungsanspruch des Allquantors.

Entgegen der selbst- und gegenstandsgewissen Auffassung der Verifikationisten, die davon überzeugt sind, elementare, unumstößliche Erfahrungsgrundsätze gefunden zu haben, auf deren Basis sich alle weiteren Sätze logisch deduzieren lassen, vertritt Popper die These, daß sich schon die induktive Methode, die von ihnen zugrunde gelegt wird, nicht konsequent entwickeln und durchhalten lasse. Das Induktionsprinzip wird von ihm mithin radikal in Frage gestellt. Er bezieht sich dabei auf eine bereits von David Hume in dessen *Treatise of Human Nature* von 1739/40 geführte Argumentation.[7] Die Annahme, es sei ein empirisches Prinzip, scheitere am unendlichen Regreß: »es könnte also nur axiomatisch eingeführt werden. Das wäre nun vielleicht nicht schlimm – wenn das Induktionsprinzip nicht in jedem Fall als *nichtfalsifizierbarer Satz* behandelt werden müßte. Denn wäre dieses Prinzip, das Schlüsse auf die Theorien gestatten soll, falsifizierbar, so müßte es durch die erste falsifizierte Theorie selbst mitfalsifiziert werden; der Schluß auf jene Theorie wurde ja mit Hilfe des Induktionsprinzips geführt, und der modus tollens muß mit jener Folgerung auch dieses selbst treffen; ein falsifizierbares Induktionsprinzip wäre mit jedem wissenschaftlichen Fortschritt von neuem falsifiziert. Man müßte deshalb ein Induktionsprinzip einführen, das nicht falsifizierbar ist. So kommt man zu dem Unbegriff eines synthetischen Urteils ›a priori‹«,[8] zu einer Auffassung, die sich für unwiderleglich hält, nichtsdestoweniger aber – wegen ihres Glaubens an die Gesetzmäßigkeit der Welt – metaphysisch sei.

Dies war ein scharfer Angriff auf ein Zentraldogma des Wiener Kreises, der noch dadurch seine Pointe erhielt, daß die Antimetaphysiker selbst der Metaphysik bezichtigt wurden. Popper ging es freilich selbst nicht darum, geradezu zelotisch die Metaphysik zu bekämpfen oder gar zu überwinden (er hielt im Gegenteil viele metaphysische Ansichten durchaus für erfahrungswissenschaftlich fruchtbar[9]), sondern darum, »die empirische Wissenschaft in zweckmäßiger Weise zu kennzeichnen, die Begriffe ›empirische Wissenschaft‹ und ›Metaphysik‹ zu *definieren*. Und zwar derart, daß wir auf Grund dieser Kennzeichnung von einem Satzsystem sagen können, ob seine nähere Untersuchung für die empirische Wissenschaft von Interesse ist«.[10]

Also nicht Destruktion der Metaphysik war Poppers vorrangiges Ziel, sondern die Bestimmung eines Abgrenzungskriteriums, das er indessen – worauf er später immer wieder hinwies, weil ihm dies häufig fälschlich unterstellt wurde – nicht als Sinnkriterium verstand: die Frage des Sinns wird von ihm gänzlich ausgeklammert.[11] Ein »empirisches« Theoriensystem muß Popper zufolge mindestens drei Forderungen genügen: (1) es muß widerspruchsfrei, somit synthetisch, sein; (2) es darf nicht metaphysisch sein, es soll (3) ein von anderen Systemen sich abgrenzendes, »ausgezeichnetes« System sein.[12]

Das Abgrenzungskriterium sahen die Verifikationisten – so z. B. Moritz Schlick oder Friedrich Waismann – in einer induktionslogischen Begründung. Sie ermögliche eine endgültige Entscheidung, was gleichbedeutend mit der Formulierung sinnvoller Aussagen sei. Popper lehnt aber aus den genannten Gründen die induktive Methode ab und plädiert statt dessen für die deduktive: »Wir fordern zwar nicht, daß das System auf empirisch-methodischem Weg endgültig positiv ausgezeichnet werden kann, aber wir fordern, daß es die logische Form des Systems ermöglicht, dieses auf dem Wege der methodischen Nachprüfung negativ auszuzeichnen: *Ein empirisch-wissenschaftliches System muß an der Erfahrung scheitern können.*«[13]

Popper bestreitet, daß Theorien jemals als wahr oder auch nur als wahrscheinlich erwiesen werden können.[14] Man könne lediglich feststellen, ob sie sich bewähren. Insofern kann Objektivität nur in intersubjektiver Nachprüfung bestehen, somit in der methodischen Überprüfung der Frage, ob eine Hypothese sich als resistent (oder nicht resistent) gegen Widerlegungsversuche erwiesen hat. Daraus erhellt, daß Popper in das Zentrum seiner Falsifikationstheorie den Begriff der Bewährung[15] rückt, für die er in seinen späteren Schriften sogar einen quantifizierbaren Grad formelhaft zu ermitteln suchte, wobei er freilich einräumen mußte, daß dieser Bewährungsgrad nicht identisch mit dem Grad der Wahrscheinlichkeit ist.

Während Popper den Wahrscheinlichkeitsbegriff eher zu eliminieren trachtete, hielt Hans Reichenbach an ihm weiter fest. In seiner Besprechung der *Logik der Forschung*[16] wandte Reichenbach gegen Popper ein: »Die Elimination des Wahrscheinlichkeitsbegriffs durch den Gedanken der Falsifizierung gelingt also nur, weil man eine gewisse kleine Wahrscheinlichkeit = 0 gesetzt hat. Läßt man aber eine derartige Schematisierung zu, so hat man es andererseits gar nicht nötig, sich auf die Falsifizierung zu beschränken; denn mit derselben Schematisierung kann man andererseits auch Theorien *verifizieren.* Unter Umständen kann nämlich die Wahrscheinlichkeit für die Richtigkeit einer Theorie so groß sein, daß sie praktisch als Gewißheit betrachtet wird. So wird heute kein Mensch mehr ernstlich bezweifeln, daß Lichtwellen elektrische Vorgänge sind; diese Behauptung können wir mit derselben Sicherheit als verifiziert ansehen, wie wir die mechanische Äther-Theorie als falsifiziert ansehen. Es ist daher unhaltbar, innerhalb der naturwissenschaftlichen Erkenntnis eine Unsymmetrie zwischen Verifizierung und Falsifizierung anzunehmen.« Im Gegensatz zu Popper besteht Reichenbach weiterhin auf dem Induktionsprinzip, genauer gesagt: auf der Wahrscheinlichkeitstheorie der Induktion. Diese sei allen anderen Erkenntnistheorien vorzuziehen.[17]

Während Reichenbach »im Interesse der Vertreter einer wissenschaftlichen Weltanschauung«[18] Poppers Ansichten entschieden zurückwies – ähnlich streng war auch ihre Verurteilung durch Otto Neurath[19] –, ging Rudolf Carnap mit ihnen sehr viel nachsichtiger um. In seiner Rezension qualifizierte er Poppers Buch als eine der »wichtigsten Arbeiten auf dem Gebiet der Wissenschaftslogik«.[20] Reichenbachs »überaus scharfe Kritik« des Buches beruhe auf einer nicht zutreffenden Darstellung von Poppers Auffassung.[21]

Popper hat seinen Grundsatz des Falsifikationismus zu einem methodologischen Programm ausgebaut, dem er und seine Anhänger (wie in Deutschland besonders Hans Albert[22]) den Namen »Kritischer Rationalismus« gaben. Mit dem alten Rationalismus, der sich vorwiegend auf Platons Ideenlehre berief, hat Poppers Konzeption freilich nahezu nichts gemeinsam. Popper wollte mit dieser Bezeichnung lediglich die Instanz benennen, der im Erkenntnisprozeß die entscheidende Rolle zukommt: die durch logisches Operieren definierte Ratio, welche das empirische Material in eine sinnvolle widerspruchsfreie Ordnung bringt. Die empirische Realität wird von Popper also nicht wie beim alten Rationalismus für irrelevant oder gar inexistent erklärt; er vertritt ganz im Gegenteil einen dem »common sense«[23] verpflichteten Realismus (»Ich schlage vor, den Realismus als die einzige vernünftige Hypothese zu akzeptieren – als eine

Vermutung, zu der noch nie eine vernünftige Alternative angegeben worden ist.«[24]).

In seinem Hauptreferat *Die Logik der Sozialwissenschaften* auf der Tübinger Soziologie-Tagung von 1961[25] stellte er als zentrale These heraus, daß die Methode der Sozialwissenschaften, aber auch der Naturwissenschaften, darin bestehe,

a) Lösungsversuche für ihre Probleme – die Probleme von denen sie ausgeht – auszuprobieren[26].

Und er führte weiter aus:

Lösungen werden vorgeschlagen und kritisiert. Wenn ein Lösungsversuch der sachlichen Kritik nicht zugänglich ist, so wird er eben deshalb als unwissenschaftlich ausgeschaltet, wenn auch vielleicht nur vorläufig.

b) Wenn er einer sachlichen Kritik zugänglich ist, dann versuchen wir ihn zu widerlegen; denn alle Kritik besteht in Widerlegungsversuchen.
c) Wenn ein Lösungsversuch durch unsere Kritik widerlegt wird, so versuchen wir es mit einem anderen.
d) Wenn er der Kritik standhält, dann akzeptieren wir ihn vorläufig; und zwar akzeptieren wir ihn vor allem als würdig, weiter diskutiert und kritisiert zu werden.
e) Die Methode der Wissenschaft ist also die des tentativen Lösungsversuches (oder Einfalls), der von der schärfsten Kritik kontrolliert wird. Es ist eine kritische Fortbildung der Methode des Versuchs und Irrtums (›trial and error‹).
f) Die sogenannte Objektivität der Wissenschaft besteht in der Objektivität der kritischen Methode; das heißt aber vor allem darin, daß keine Theorie

> von der Kritik befreit ist, und auch darin, daß die logischen Hilfsmittel der Kritik – die Kategorie des logischen Widerspruchs – objektiv sind.[27]

Aus der Einsicht in die Fehlbarkeit und Begrenztheit des Wissens formuliert Popper wie in einem Algorithmus ein methodisches Vorgehen, das zwar noch sehr hohe Erkenntnisansprüche stellt, sie aber entkrampfend auf ein humanes Maß reduziert. Sein Wissenschaftsideal ist das des Sokrates: die Überzeugung, daß wir zwar einiges, ja eine Menge wissen, vom absoluten Wissen indessen weit entfernt sind.

Statt über feste Gewißheiten zu verfügen, bewegen wir uns weitgehend in einem vorgefundenen System von Vermutungen und problembeladenen Theorien, die eine Geschichte haben, welche selbst schon ein Irrweg gewesen sein kann.[28] Das einzig Feste, Sicherheiten Stiftende ist hier das Instrumentarium der logischen Vernunft, deren Aufgabe es ist, Ungereimtheiten und Widersprüche aufzulösen. Sie bringt Licht in die Verhältnisse: so hat Popper denn auch gern die Metapher des Scheinwerfers benutzt, um das aktive, kreative Moment der Vernunft zu charakterisieren. Die Vernunft sei kein »Kübel«, der rein passiv mit dem über die Sinne gelieferten Material der Erfahrung angefüllt wird.[29]

Der schöpferische Part des Bewußtseins im Erkenntnisvorgang war in den 20er Jahren von zahlreichen Psychologen betont worden, so besonders von Karl Bühler, bei dem Popper 1928 mit der Dissertation *Zur Methodenfrage der Denkpsychologie* promoviert hatte. Bühler hatte in seinem damals vielbeachteten Buch *Die Krise der Psychologie* (Wien 1927)[30] die »steuernde« Funktion[31] des Denkens, seine fortwährend sinnkonstituierende Aktivität herausgestellt und dies besonders am semasiologischen Aspekt der Sprache, nicht zuletzt unter Bezugnahme auf Franz Brentanos Begriff der Intentionalität, verdeutlicht.[32]

Für Popper stellte sich die Frage, wie sich diese Instanz

des kritisch-logischen Denkens, das die Lösung der Probleme bewerkstelligen soll, erkenntnistheoretisch begründen läßt. Besonders in seiner Schrift *Objective Knowledge* (Oxford 1972) und in der zusammen mit John C. Eccles verfaßten Abhandlung *The Self and Its Brain* (New York / Berlin 1977) hat er eine Theorie vorgelegt, die menschliches Denken und seine Hervorbringungen, aber auch das Wahrheitsproblem, in einem umfassenden evolutionären[33] Kontext verortet, es also – entsprechend der realistischen Weltsicht – aus seiner Subjektgebundenheit zu befreien sucht.

Popper unterscheidet drei Welten oder Universen: erstens die Welt der physikalischen Gegenstände, zweitens die Welt der Bewußtseinszustände oder geistigen Zustände und drittens die Welt der objektiven Gedankeninhalte. Erkenntnistheoretisch besonders relevant ist die Welt 3, die autonom ist, zwar über Welt 2 erfaßt oder erzeugt wird, aber nicht in jedem Fall an psychische Prozesse gebunden ist: »Obwohl die Welt 3 ein Erzeugnis des Menschen ist, verstehe ich sie als übermenschlich in dem Sinne, daß ihre Inhalte eher mögliche als wirkliche Gegenstände des Denkens sind, sowie in dem Sinne, daß nur eine endliche Anzahl aus den unendlich vielen möglichen Gegenständen jemals wirkliche Gegenstände des Denkens werden können.«[34]

Interessant ist, daß Popper trotz seines Realismus zu einer Auffassung gelangt, die sich teilweise derjenigen von Meinong[35] annähert, welcher auch den bloß imaginierten unmöglichen Gegenständen (z. B. einem runden Quadrat) allein durch ihr Gedachtsein einen ontologischen Status zusprach, der sich von seiner Hervorbringung ablöst und als objektives Gebilde autonomisiert. Popper geht freilich mehr davon aus, daß der Kosmos der Intelligibilia (oder, um mit Kant zu reden: der Noumena) a priori existiert und lediglich vom Menschen entdeckt wird. Selbst wo er sie schafft, legt er gedankliche Strukturen oder Gebilde frei, die unabhängig von ihm (und auch vor oder nach ihm) Bestand haben. Sie sind jederzeit aktivierbar und praktisch nutzbar, können al-

Poppers Drei-Welten-Modell

(vgl. K. Popper, »Zur Theorie des objektiven Geistes«, in: *Objektive Erkenntnis. Ein evolutionärer Entwurf*, Hamburg [3]1995, S. 158ff.)

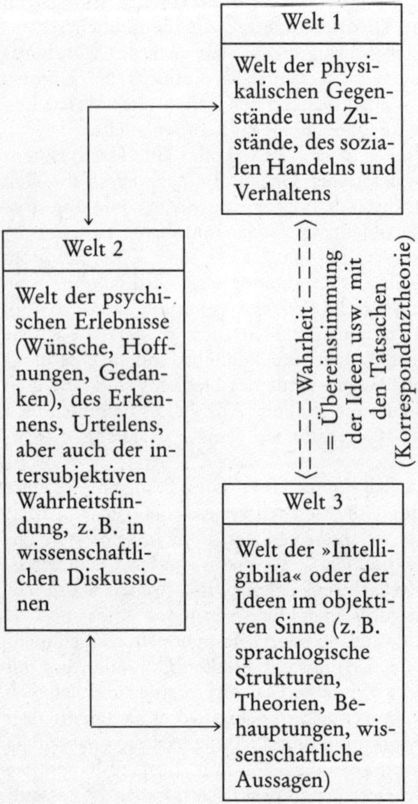

Nach Popper gibt es kein absolutes Wahrheitskriterium, sondern nur eine über das fehlbare menschliche Wissen sich vollziehende Annäherung an die Wahrheit.

so – jedoch nur über die Vermittlung in Welt 2 – zur Umgestaltung und Veränderung von Welt 1, der Sphäre der physikalischen Gegenstände, der materiellen Realien, eingesetzt werden.

Trotz seiner fallibilistischen Relativierung der Erkenntnis, die manche von Poppers Schülern – wie Paul Feyerabend – zu einer anarchistischen Epistemologie übergehen ließ, ist Popper nie einem Agnostizismus oder schrankenlosen Skeptizismus verfallen. Er beharrte vielmehr auf dem Standpunkt, daß es eine absolute Wahrheit gebe und daß sie objektiv sei. Lediglich das menschliche Wissen und Erkenntnisvermögen, das ihre Strukturen prinzipiell, nämlich über die Gesetze der Logik, reproduzieren könne,[36] sei unvollkommen, so daß Wahrheit nur approximativ erfaßt werden könne. Diese Mischung aus aufklärerischem, fortschrittsgläubigem Optimismus und der Dämpfung allzu hoher Erwartungen hat zweifellos dazu beigetragen, daß Poppers Philosophie wie nur wenigen anderen theoretischen Konzeptionen des 20. Jahrhunderts eine gewaltige Popularität und Breitenwirkung beschieden war.

Analytische Philosophie des Geistes

Gilbert Ryle

In Wittgensteins *Philosophischen Untersuchungen* wurde unter anderem das Problem aufgeworfen, wie motorische Aktionen, z. B. das Bewegen eines Arms, zu interpretieren seien. Auf welche Weise kommen solche Handlungen zustande? Werden sie durch bestimmte Willensakte kausiert? Was aber sind dann solche volitiven Vorgänge? Wie verlaufen sie? Wie vollzieht sich der Übergang von dieser als Effektor tätigen Instanz des Geistes zur praktischen Realisierung? Derlei Fragen, die sich keineswegs einfach beantworten lassen, bringen in die herkömmliche Psychologie, die (häufig auch heute noch) mit den Rubriken klar abgrenzbarer seelischer Vermögen (wie: Wille, Vorstellung, Gedächtnis, Wahrnehmung usw.) operiert, eine nicht unbeträchtliche Verwirrung.

Systematisch ist diesen Problemen Gilbert Ryle nachgegangen, der in Oxford ausgebildet wurde und dort zeitlebens eine Professur für Metaphysik innehatte. In seinem theoretischen Ansatz wurde er jedoch weniger von der zu seiner Studienzeit eher konventionellen Oxforder Richtung geprägt als von der in Cambridge gelehrten Philosophie, bei der die avantgardistischen Ideen Moores, Russells und Wittgensteins den Ton angaben.[1] Anders als die Vertreter und Nachfolger des Wiener Kreises argumentiert Ryle nicht nach den strengen Prinzipien der Aussagenlogik; er betreibt vielmehr eine sprachkritische Begriffsanalyse, die eine dem Alltagsdenken und der Alltagssprache (»ordinary language«) verpflichtete »informelle« Logik zugrunde legt.

So zeigt er in seinem Hauptwerk *The Concept of Mind*, das 1949 erstmals erschien, an dem in der philosophischen und psychologischen Fachdiskussion selbstverständlich verwendeten Terminus des »Willensaktes« (»volition«), daß er ein Konstrukt sei, welches im alltäglichen Leben überhaupt nicht benutzt werde; schon gar nicht wisse man, was damit überhaupt gemeint sei. Er macht deutlich, daß es sich bei diesem Begriff um einen aufgrund einer Systemtradition zustande gekommenen »Mythos« handle, der eine dogmatische Qualität angenommen habe. Ryle geht es darum zu demonstrieren, daß die Lehre absurd ist, der zufolge es gleichsam »eine Fakultät, ein nichtmaterielles Organ oder Ministerium gebe, welches der in der Theorie enthaltenen Beschreibung des ›Willens‹ entspricht, und folglich, daß sich Vorgänge oder Operationen abspielen, die den ›Willensakten‹ der Lehre entsprechen«.[2]

Vor aller Destruktion solcher in Hypostasen verfestigter Mythen setzt Ryles Kritik aber noch tiefer an: sein Buch versucht generell mit einer Theorie aufzuräumen, die er »Descartes' Mythos«, näherhin den »Mythos vom Gespenst in der Maschine« nennt.[3] Er rekurriert damit auf die in der neueren Philosophiegeschichte folgenreich gewordene cartesianische Lehre von der Bipolarität von Körper und Geist, Res extensa und Res cogitans.[4] Danach ist die Körperwelt, zu der auch der menschliche Leib gehört, durch Ausdehnung (»extensio«) definiert, sie ist eine reine Welt des Raumes. Die Körper werden entsprechend der besonders von Galilei inaugurierten mechanischen Theorie als Maschinen aufgefaßt, die sich im Raum bewegen. Ihr Hauptmerkmal ist also Bewegung. Vom Körper streng geschieden als eigene Substanz ist der durch »cogitatio« (Denken) gekennzeichnete Geist, der fortwährend aktiv ist. Auch im Schlafe oder in der Ohnmacht denke der Geist (»mens semper cogitat«); sein Denken vollziehe sich ohnehin in unterschiedlichen Präzisionsstufen (von der dunklen und verworrenen Verfassung der Sinne bis hin zum klaren und deutlichen Zustand des Verstandes). Descartes separiert den Geist vollständig vom Körper; da er reines Denken ist, enträt er eines jeglichen körperlichen Attributs. Mit seinem künstlichen Dualismus von Körper und Geist setzte Descartes für Jahrhunderte eine Debatte in Gang, die seinem uns heute kaum mehr nachvollziehbar erscheinenden Modell noch manche weiteren konstruktiven Modifikationen hinzufügte. Es genügt hier, an die Weiterentwicklung des cartesianischen Gegensatzes im Okkasionalismus von Arnold Geulincx und Nicolas Malebranche zu erinnern, die einen »concursus Dei«, d.h. eine Intervention Gottes, einführen, welcher »bei Gelegenheit« (»occasione«) als »causa efficiens« das Wollen der Seele in eine Leibeserregung umsetzt.[5] All diese Versuche, das Problem des »psychophysischen Parallelismus« (hie Körper, dort Geist) durch theoretische Verknüpfungsstrategien zu bewältigen, so daß die geschiedenen Substanzen miteinander empiriegerecht doch wieder in Kontakt geraten, müssen historisch erklärt werden. Denn sie ergaben sich aus dem Dilemma, daß man einerseits die neuen Resultate der Physik in die philosophische Reflexion integrieren wollte – was zwangsläufig auf ein (quasi)materialistisches, mindestens mechanistisches, System hinauslief –, andererseits bemüht war, mit Rücksicht auf sozialisatorisch verinnerlichte kirchliche Dogmen die als unsterblich und immateriell interpretierte Seele zu retten, die nach überlieferter christlicher Lehre schon immer als eigene, nach dem Tod und Verfall des Körpers weiterexistierende Substanz aufgefaßt wurde. Bereits im Neuplatonismus, so bei Plotin, wurde die Theorie vertreten, daß die Seele, wenn sie sich vom Körper trenne, in den sie schuldhaft gefallen sei, ihr göttliches Wesen zurückerlange.[6]

Die Isolierung des Geistes als einer autonomen Entität ergab sich überdies aus dem Umstand, daß zum einen durch den Aufschwung der Naturwissenschaften seit Galilei, der das Prinzip der resolutiven Methode mit ihrer Zerlegung der Naturerscheinungen in mathematische Elemente anwandte, neben der mechanistischen Betrachtungsweise auch das abstrakt-rationale Moment nachhaltig gefördert worden war, zum andern die ökonomische Entwicklung im Stadium des Manufakturkapitalismus die Arbeitsteilung in dispositive

(d. h. rational planende) und exekutive (d. h. auf Anweisung handelnde körperliche) Tätigkeit in zuvor nicht gekannter Weise forciert hatte.[7] Auch die Theorie von der nimmermüden Aktivität des Geistes hängt mit dem aus dem kapitalistischen Arbeitsethos abgeleiteten Acedia-Verdikt zusammen, wonach Muße und Sich-Ausruhen als sündhaft und faul geächtet wurden.[8]

Für Ryle ist »Descartes' Mythos«, den er mehr entrüstet konstatiert als daß er ihn historisch erklärt, insofern ein Skandal, als er bis heute kaum in Frage gestellt worden ist. In der Tat, so könnte man ihm sekundieren, bauen ja die kantianische Philosophie und alle sich ihr anschließenden Theorien (zu denen nach Richard Rorty auch die neueren Varianten des logischen Empirismus gehören) noch auf dieser Isolierung des Geistes und dem Ideal der »reinen« Vernunft auf. Ryle beschreibt Descartes' Dualismus so, daß der Körper als der physikalischen Welt angehörende Substanz öffentlich sei, der Geist, der von außen nicht erschließbar sei, dagegen privat.[9] Diese Beobachtung Ryles ist schon deswegen bedeutsam, weil sie auf einen historischen Strukturwandel aufmerksam macht, der sich seit dem 17. Jahrhundert abzuzeichnen beginnt. In diesem Zeitraum differenzieren sich in der bürgerlichen Gesellschaft der öffentliche und der private Bereich; letzterer wird zunehmend mit der Metapher der »Innerlichkeit« belegt.[10]

Die aus dem cartesianischen Dualismus erwachsenen Aporien charakterisiert Ryle folgendermaßen:

> [...] die tatsächlichen Zusammenhänge zwischen den Vorfällen der privaten und jenen der öffentlichen Geschichte bleiben rätselhaft, da sie definitionsgemäß zu keiner der beiden Ereignisreihen gehören können. Sie können nicht unter den Ereignissen erscheinen, die jemand in der Autobiographie seines Innenlebens beschreibt, aber ebensowenig unter denen, die in der von einem andern verfaßten Lebensgeschichte seiner öf-

> fentlichen Karriere erzählt werden. Sie können weder mit Hilfe von Introspektion noch von Laboratoriumsversuchen in Augenschein genommen werden. Sie sind theoretische Federbälle, die die Physiologen immer wieder zu den Psychologen und diese zu jenen zurückschlagen.[11]

Ryle versucht nicht, was in der Mitte des 20. Jahrhunderts nahe gelegen hätte, den »Doppelweltsmythos«[12] des psychophysischen Parallelismus durch eine naturwissenschaftliche Theorie, etwa auf neurobiologischer Basis, zu überwinden. (Dies geschieht bekanntlich in der »evolutionären Epistemologie«,[13] aber auch nahezu argumentationsidentisch im dialektischen Materialismus, die beide unter Hinweis auf die Enzephalographie und Informationstheorie monistisch die Theorie einer Kausalgenese der Bewußtseinstatsachen aus materiellen Prozessen vertreten.)

Aus dem inkriminierten cartesianischen Modell kommt Ryle letztlich auch selbst nicht heraus. Da er bei aller Kritik an der Introspektion, die mit dem Innerlichkeitsaxiom der Geistessubstanz als Fähigkeit gesetzt war, nach wie vor an phänomenologischen Denkmustern festhält,[14] ist er im Fortgang seiner Untersuchung gezwungen, das Prinzip der Selbstbeobachtung doch immer wieder zugrunde zu legen. Kritisiert er anfangs die »offizielle« Theorie des Innenlebens als eines Bewußtseinsstroms,[15] so daß man anzunehmen geneigt ist, er werde nun einen alternativen Erklärungsansatz entwickeln, so kommt er bei der Durchführung seines Vorhabens nicht umhin, fortwährend auf fugitive Momente des Denkens bzw. Bewußtseins, insofern doch auf einen »stream of consciousness«,[16] hinzuweisen. Auch sieht er sich genötigt einzuräumen, daß er gelegentlich »in einem gewissen logischen Ton« von der Existenz der Geister und einer Existenz der Körper reden müsse. Dies dürfe jedoch nicht als eine Verdoppelung aufgefaßt werden, sondern bezeichne lediglich einen semantischen Unterschied.[17] Deutlich wird daran, daß auch Ryle zunächst ein nominalistisches Muster zugrunde legt (bzw. auf ein solches Argumentationsmodell meint Rücksicht nehmen zu müssen), nach dem jedem Wort als starrem Designator nur ein konkretes Ding (bzw. eine Eigenschaft usw.) zugeordnet werden darf. Da dieses Prinzip, in seiner Vordergründigkeit konsequent angewandt, aber zu Absurditäten (er spricht selbst von einem »schlechten Witz«[18]) führen würde, entwickelt Ryle eine Theorie, die den Nominalismus modifiziert.

Ein Ausweg bietet sich seiner Meinung nach, wenn man den cartesianischen Dualismus auf eine »Kategorienverwechslung« zurückführt, mithin auf einen falschen Sprachgebrauch. Descartes und seine Nachfolger hätten, da ihnen daran lag, geistige Vorgänge radikal von körperlichen zu trennen, notwendigerweise für sie auch ein eigenes Reservoir von Bezeichnungen und Beschreibungen, eine »Parallelsprache«, hervorbringen müssen. Das betrifft z. B. auch die Theorie der »Gemütsbewegungen«, die, obwohl in der Sphäre des Geistes angesiedelt, mit einer mechanistischen Metapher, nämlich der der Bewegung, belegt wurden.

Mit diesen Gemütsbewegungen befaßt sich nun auch Ryle selbst. Im 4. Kapitel versucht er zu beweisen, daß die gängige, von den »Anhängern des Dogmas vom Gespenst in der Maschine« vertretene Auffassung, das Gemütsleben sei als privates Erlebnis Außenstehenden verborgen, nicht haltbar ist. Er hält dagegen, daß man den Begriff »Emotion« in mindestens vier unterschiedliche Modi zerlegen müsse, nämlich: Neigung, Stimmung, Erregung und Gefühl.

> Neigungen und Stimmungen sowie Erregungen sind nicht Ereignisse und finden daher weder öffentlich noch privat statt. Sie sind Tendenzen, nicht Handlungen oder Zustände. Sie sind jedoch Tendenzen verschiedener Art und die Unterschiede zwischen ihnen sind von Bedeutung. Gefühle dagegen sind Ereignisse, aber bei einer Beschreibung menschlichen Verhaltens

> sollten sie an ganz anderer Stelle erwähnt werden als an der, die ihnen die üblichen Theorien zuweisen. Stimmungen oder Gemütsverfassungen sind aber, zum Unterschied von Motiven, genauso wie Krankheiten und Wetterlagen, vorübergehende Verhältnisse, die Ereignisse auf gewisse Weise *zusammenfassen*, aber sie selbst sind nicht besondere Ereignisse.[19]

Ryle verfährt, wie dieses Beispiel zeigt, begriffszergliedernd. Dabei ist nicht eindeutig bestimmbar, ob er mehr den Sprachgebrauch – zumal jener Philosophen, die der »intellektualistischen Legende« anhängen – kritisiert oder sich mehr phänomenologisch den Sachen selbst zuwendet, was aber nur heißen kann, daß er sich der introspektiven Methode oder allgemeiner der Methode der Selbstbeobachtung bedient. Ryle lastet der herkömmlichen Theorie an, logischen Verwirrungen erlegen zu sein, die er durch eine selbst entwickelte »logische Geographie«[20] des Wissens vom Geist berichtigen will. Eine solche Verbesserung kann indessen nicht bloß von einer immanenten Begriffsanalyse ausgehen, sondern muß die Begrifflichkeit auch an der psychischen Realität überprüfen. Ryle kommt daher nicht umhin, das, was er eher vermeiden will, zu betreiben: Seine Unterscheidung von Ereignissen, Tendenzen, Zuständen, Verhältnissen usw. im Gefühlsleben, die bei ihm an die Stelle älterer Definitionen tritt, setzt eine sehr intensive, um größtmögliche Präzision der Beschreibung bemühte Selbstbeobachtung voraus.

Nun hat Ryle, so in seinem Kapitel über die »Selbstkenntnis«,[21] nicht bestritten, daß ein Wissen über uns selbst möglich ist bzw. daß wir darüber verfügen. Er will jedoch dem Mystizismus jener Bewußtseinstheoretiker, die für sich einen privilegierten Zugang zu ihrem »vermeintlichen inneren Selbst«[22] in Anspruch nehmen, eine andere, rationalere, Theorie entgegensetzen. Für ihn ist die These zentral, daß das Wissen über uns selbst erworben wird[23] (er wendet sich also gegen den mentalistischen Gegebenheits-Mythos[24]), folglich komme es darauf an zu rekonstruieren und zu beschreiben, *wie* es erworben wird. Weiterhin vertritt er die provokativ gemeinte Auffassung, daß die Methoden der Selbst- und Fremderkenntnis nahezu identisch seien, ja manchmal sei es »leichter für mich herauszufinden, was ich über einen anderen wissen will, als Sachen derselben Art über mich selbst herauszufinden«.[25]

Ryle versucht dem Dilemma eines Ausgeliefertseins an den cartesianischen Dualismus dadurch zu entgehen, daß er gleichsam ortlose, indifferente Kategorien einführt. Eine solche ist die der »Handlung« bzw. »Tätigkeit«, bei der nicht erkennbar ist, wer sie vollzieht. Ist es vielleicht nicht doch ein autonomer Geist? Denn man muß sich fragen, welche Instanz es ist, die die Analyse geistiger Verfassungen, Zustände usw. durchführt. In dem wohl faszinierendsten Kapitel seines Buches, das der Untersuchung des Ich gewidmet ist,[26] spricht Ryle im Hinblick auf derlei Handlungen von kategorialen Stufen. Es gibt für ihn Tätigkeiten höherer und niederer Ordnung:

> Der Versuch zu beschreiben, was man gerade getan hat oder tut, ist die Besprechung eines Schritts, der nicht selbst, außer per accidens, eine Besprechung ist. Aber die Besprechung ist und kann nicht der Schritt sein, den sie bespricht. Ebensowenig kann ein Akt der Verspottung sein eigenes Ziel sein. Eine Handlung höherer Ordnung kann nicht die Handlung sein, auf die sie gerichtet ist. Es muß also meine Besprechung meiner Tätigkeiten immer über eine Tätigkeit schweigen, nämlich über sich selbst, und diese Tätigkeit kann nur der Gegenstand einer anderen Besprechung sein. Selbstbesprechung, Selbstverspottung und Selbstermahnung sind logisch verdammt, immer die vorletzten zu sein.[27]

Ryle zeigt, daß mentale Zustände (die sich für ihn weitgehend mit dem Begriff des Ich decken) nicht durative Verfassungen des Geistes repräsentieren, sondern, sofern von ihnen überhaupt gesprochen werden kann, flüchtige Momente,[28] die ein kompliziertes Geflecht von zumeist zeitlich gegeneinander versetzten psychischen Primärhandlungen und Formen der Selbstreflexion und Selbststeuerung sind, bei denen sich futurischer Selbstentwurf und Erinnerungsspuren mischen. Das Zeitlichkeitsmoment in den Reflexionsstufen wird von ihm äußerst scharfsinnig herausgearbeitet. Dem unausgesprochenen nominalistischen Einwand, der Akt der Selbstbezüglichkeit (etwa in dem Satz: »Ich habe über mich selbst gelacht«[29]) könne auf eine Verdoppelung des Ich hinauslaufen, sucht Ryle mit einem grammatikalischen Argument zu begegnen: es handle sich hierbei nur um eine Weise der Sprachverwendung, nämlich in der Form zweier Pronomina. Die reflexive Beziehung von »ich« auf »mich« reproduziert nach Ryle lediglich sprachlich eine »Methode des interpersonellen Verkehrs« (so wie wenn eine Person über eine andere lacht).

Ryles Philosophie des Geistes hatte sich zum Ziel gesetzt, den Mythos der »zwei Welten« zu destruieren. Angesichts mancher Inkonsistenzen, über die Ryle oft lediglich mit dekretorischen Behauptungen hinweggeht (etwa wenn er sagt, bestimmte Tätigkeiten seien weder dem Körper noch dem Geist zuzuordnen, dann aber die Auskunft darüber vorenthält, wem sie statt dessen zuzuordnen sind), mag man sich fragen, ob es ihm gelungen ist, sein Vorhaben einzulösen. Das Verdienst seines Buches liegt aber gewiß auf einer anderen Ebene, nämlich der der subtilen Deskription psychischer Erscheinungen, die vom rehabilitierten Alltagsdenken ausgehend das ins Bewußtsein hebt, was eine fast nur noch statistisch verfahrende »wissenschaftliche« Psychologie schon gar nicht mehr in den Blick nimmt.[30]

Naturalisierte Erkenntnistheorie

WILLARD VAN ORMAN QUINE

Für die im Zeichen der Analytischen Philosophie stehende Erkenntnis- und Wissenschaftstheorie sind die zahlreichen Studien von Willard Van Orman Quine richtungweisend gewesen. Auch Quine, der, 1908 in Akron (Ohio) geboren, bis zu seiner Emeritierung an der Harvard University gelehrt hat,[1] wo aus seiner Schule nachmals selbst berühmt gewordene Theoretiker wie Hilary Putnam oder Donald Davidson hervorgegangen sind, argumentiert in epistemologischen Fragen gemäß dem Linguistic Turn konsequent sprachphilosophisch bzw. sprachkritisch. In der Nachfolge Wittgensteins und des Wiener Kreises, namentlich Rudolf Carnaps, den er als seinen »Lehrer und Freund« bezeichnete, und parallel zu John Langshaw Austins Sprechakttheorie[2] ist für ihn die Sprachanalyse das Mittel, zu den Grundlagen der Erkenntnis zu gelangen. Dabei gilt sein Augenmerk vornehmlich der tatsächlich gesprochenen Alltagssprache. Diese Orientierung an der »ordinary language« läßt seine enge Verbindung mit dem in Amerika bereits seit der Jahrhundertwende dominierenden Pragmatismus deutlich werden. Namentlich Charles Sanders Peirce, einer der Begründer der neueren Semiotik, war und ist für ihn ein wichtiger Gewährsmann im Hinblick auf das Problem der Konstitution bzw. Ermittlung von Bedeutungen sprachlicher Ausdrücke.

Mit dem Pragmatismus teilt Quine die Auffassung, daß Sprache wesentlich eine kommunikative Funktion hat. Ihre Aufgabe ist die der Vermittlung, des Austausches von handlungsrelevanten Absichten. Im Gegensatz zu den Bewußtseinsanalytikern unter den Epistemologen (wie z. B. Meinong und Husserl; auch neuere Vertreter der »Philosophie des Geistes« können hierzu gerechnet werden) denkt Quine nicht subjektzentriert, solipsistisch, lediglich rekursiv auf die Immanenz des Bewußtseins bezogen; er geht vielmehr erklärtermaßen externalistisch von einem Modell sozialer Interaktion aus.

In dem kommunikativen Moment der Sprache ist ihr instrumenteller Charakter impliziert: insofern kann Quine, wie die Pragmatisten, die Ausdrücke der Sprache (»utterances«) als soziale Werkzeuge definieren. Quine hat sich aber nicht nur für die im zwischenmenschlichen Austausch entstandenen und wirksamen Dispositionen interessiert. Im gleichen Maße fragt er nach den Prinzipien und Modalitäten des individuellen (oder, wie er auch im Sinne der Evolutionstheorie sagt, ontogenetischen) Spracherwerbs.[3] Seine Beweisführung ist hier kompromißlos behavioristisch. Besonders im dritten Kapitel seines Hauptwerks *Word and Object*,[4] in dem es um die Ontogenese des Bezeichnens geht, schließt er sich eng an Burrhus F. Skinners Reiz-Reaktions-Theorie und speziell dessen Auffassung vom »operanten Verhalten« an, wonach Lernen (also auch das Erlernen von Sprache) sich auf einer Kette von Belohnungen mit selektiv verstärkender Tendenz aufbaut.[5] Dabei stellt sich Quine die Konstitution des Spracherwerbs so vor, daß zuerst Einwort-Sätze gelernt werden, z. B. in Form von Interjektionen (als phonetischen Reaktionen auf somatische Reize etwa, also »au« als Ausdruck einer Schmerzempfindung), und dann fortschreitend größere syntaktische Einheiten, d. h. zusammengesetzte Sätze. So ähnlich oder vermeintlich identisch die Bedeutungen dieser unterschiedlichen Satztypen sein können (also »au« als Äquivalent von: »Ich habe Schmerzen«), so sehr zweifelt Quine doch daran, daß es sich hier um synonymische Ausdrücke handelt. Mit einer Skepsis, die sich, wie noch zu zeigen sein wird, bei ihm auch in anderen Problemfeldern zeigt, hält er das linguistische Axiom der Synonymizität nicht für präzisierbar. »Der Synonymiebegriff für Sätze im allgemeinen läßt sich nicht ohne weiteres adäquat verständlich machen [...], und selbst wenn das gelänge, wäre er in diesen Fällen doch nicht angebracht.«[6] Lediglich eine Behebung von Mehrdeutigkeiten kann angestrebt werden, aber selbst Paraphrasen, die man dafür zwangsläufig einsetzt, leisten nicht den überzeugenden und nachprüfbaren Nachweis der Synonymizität.[7]

Das Paradigma des Behaviorismus bietet Quine die Basis für eine empiristische Begründung bzw. Herleitung von Bedeutungen. Seine Frage lautet also: Wie kommen Bedeutungen zustande? Dieses semiotische Problem ist für ihn insofern zentral, als die Klärung der Bedeutungsfrage auch etwas zur Klärung der Wahrheitsfrage beiträgt. Wenn hier von »Empirismus« die Rede ist, muß freilich einschränkend darauf hingewiesen werden, daß Quine selbst – so in seiner Abhandlung *Two Dogmas of Empiricism* (1951) – Kritik an einigen Positionen dieser Doktrin – zumal der des »Logischen Empirismus«, wie ihn der Wiener Kreis vertrat – geübt hat. Aber es ist unübersehbar, daß er in der Nachfolge der angelsächsischen Tradition radikal erfahrungsorientiert vorgeht. Dies zeigt sich in seinem Sensualismus, also der Auffassung, daß die Sinnesdaten die Grundlage zunächst der Bedeutungen (er spricht von »Reizbedeutungen«, »stimulus meanings«[8]), dann aber auch prinzipiell der Erkenntnis abgeben. Ohne Beobachtungen (»observations«), die in Beobachtungssätzen festgehalten werden, ist Erkenntnis nicht möglich. Zwar räumt Quine ein, daß es bei der Kognition der »sense data« gelegentlich Fehlleistungen auf Grund von Sinnestäuschungen geben kann, doch können diese Irrtümer und Mängel grundsätzlich behoben werden.

Nicht zuletzt kommt hier dem logischen Urteil eine wichtige Funktion zu, denn die Urteile relationieren das durch die Sinnesreize erworbene Wahrnehmungsmaterial. Unstimmigkeiten können auf logischem Wege also beseitigt werden. Quine hat zwar schon früh einen streng logizistischen Standpunkt vertreten – 1934 erschien seine Abhandlung *A System of Logistic*, 1940 sein Werk *Mathematical Logic*; auch verfaßte er wichtige Studien zur Mengenlehre[9] –, aber im Gegensatz etwa zum Wittgenstein des *Tractatus*, zu Carnap und Tarski bezweifelt er die Möglichkeit, über logische Urteile zu einer unerschütterbaren Wahrheitserkenntnis zu gelangen. Logische Urteile seien vielmehr ein Netzwerk aus deskriptiven und logischen Zeichen,[10] sie lassen sich auf alle möglichen Themen anwenden, auch Kombinationen unterschiedlicher Sachgebiete, auf die sie sich beziehen, seien denkbar.

Innerhalb von Quines Sprachphilosophie der 50er und frühen 60er Jahre (als dem Fundament seiner Epistemologie) spielen zwei Thesen, die in der Folgezeit viel diskutiert wurden, eine große Rolle. Die eine behauptet die »Unerforschlichkeit der Referenz« (»inscrutability of reference«), die andere die »Übersetzungsunbestimmtheit« (»indeterminacy of translation«). In extenso hat Quine die damit verbundenen Probleme in *Word and Object* abgehandelt.[11] Er erörtert sie aber auch in den Aufsätzen, die in dem Sammelband *Ontological Relativity and Other Essays* von 1969 vereinigt worden sind, so in *Speaking of Objects* und in dem besonders bekanntgewordenen Artikel *Epistemology Naturalized*, der – wie der Titel der Schrift bereits andeutet – in nuce seine Erkenntnistheorie programmatisch skizziert.[12]

Die beiden genannten Thesen hängen eng zusammen. Es geht hier wieder um das Problem der Bedeutungen und ihrer Erkenntnis bzw. Erkennbarkeit. Quine exemplifiziert es am Modell der Übersetzung von einer Sprache in eine andere. Er bezweifelt, daß zwischen Sprechern der einen und der anderen Sprache eindeutige Übereinstimmungen in der Klärung der Referenz möglich sind. Ein Ethnologe, der voraussetzungslos mit der ihm völlig unbekannten Sprache eines ›primitiven‹ Stammes konfrontiert wird, hat große Schwierigkeiten, einen von einem Eingeborenen durch Ostension bezeichneten und auch mit einem Wort benannten Gegenstand so eindeutig und sicher zu bestimmen, daß seine Übersetzung auch exakt dasselbe bezeichnet (oder bedeutet). Quine hat als künstliches Beispiel das eines vorbeilaufenden Hasen gewählt, bei dessen Gelegenheit der Eingeborene als Einwort-Satz das Wort »gavagai« gebraucht. Eindeutig wird der Ethnologe nicht herausbekommen, ob damit der ganze Hase gemeint ist oder ein »nicht abgetrennter Teil eines Hasen« oder nur – da der Hase vorbeiläuft – eine zeitliche Phase seiner Erscheinung. Um was es sich dabei handelt, läßt sich Quine zufolge nicht durch Ostension klären,[13] »d. h. es reicht nicht aus, die Sprecher der fremden Sprache immer wieder mit ausgesuchten Reizen zu konfrontieren und zu schauen, ob sie dem Ausruck ›gavagai‹ zustimmen oder nicht«.[14]

Zwar könnte man durch fortgesetztes Zeigen auf Details des Gegenstandes, durch ostensives Vergleichen, verbunden vielleicht mit einer leichten Erweiterung benennender Sätze, gewisse Fortschritte bei der Identifizierung machen, doch letzte Klarheit gewinnt man nach Quine dadurch nicht. Dies hängt seiner Meinung nach mit dem sogenannten Individuationsapparat[15] zusammen, der jeder Sprache eignet und der das Problem der Übersetzung noch komplizierter und verwirrender macht. Denn jede Sprache hat besondere grammatikalische und syntaktische Strukturen, bei denen keineswegs ausgemacht ist, daß sie sich eindeutig in die einer anderen übersetzen lassen. Aus einer gemeinsamen Reizüberprüfung zwischen den Sprechern zweier verschiedener Sprachen läßt sich kein unmißverständliches Resultat erzielen.

Quine hat damit selbst die Grenzen einer »naturalistischen«, d. h. in diesem Falle behavioristischen, Argumentation aufgewiesen. Wenn man ausschließlich vom stimulus/response-Muster ausgeht, muß dabei geradezu zwangsläufig das resignative Ergebnis der Übersetzungsunbestimmtheit bzw. Unerforschlichkeit der Referenz herauskommen. Die Empirie falsifiziert indessen Quines radikalen Nominalismus, der auf starre Äquivalenzbeziehungen abzielt, damit aber andere Momente – wie z. B. oft spontan sich einstellende Evidenzen – bewußt ignoriert. Da Quine von seiner naturwissenschaftlichen Grundorientierung her lediglich eine »physikalistische«, »extensionale« Bedeutungsermittlung anerkennt, den mentalen, innerpsychischen Bereich als Kognitionsfaktor (von der Logik abgesehen) dagegen ausklammert, ja bewußt nicht zulassen will, verschließt er sich andere Zugänge wie z. B. den hermeneutischen.

Obwohl das an spätscholastische Distinktionen gemahnende nominalistische System von Quine, der platonische Entitäten (etwa die »Kaninchenheit«) scharf zurückweist[16] und auch bestreitet, daß es »Eigenschaften« (»attributes«) gibt – lediglich »Klassen« gesteht er einen ontologischen Status zu[17] –, durch sein individuierendes Prinzip notwendigerweise atomistisch verfährt, hat Quine seinen Ansatz als »holistisch« bezeichnet.[18] Das eine schließt das andere indessen nicht aus, denn mit »Holismus« ist bei Quine – wie auch schon bei Carnap – lediglich gemeint, daß einzelne Hypothesen für sich keinen Bestand haben, sondern stets eingebettet sind in ein komplexes System anderer Hypothesen, somit nur vor dem Hintergrund einer umfassenderen Theorie eine Bestätigung oder Bekräftigung erfahren. Quine rekurriert hier [19] auf eine um die Jahrhundertwende von dem französischen Physiker und Wissenschaftstheoretiker Pierre Duhem vertretene These[20] (die übrigens von diesem »phänomenologisch« begründet wurde), daß eine physikalische Theorie ein System logisch aneinandergeketteter Lehrsätze sei. Als Folge mechanischer oder algebraischer Modelle dürfe man sie nicht auffassen. Duhem machte darauf aufmerksam, daß ein und dieselben Tatsachen sich theoretisch sehr unterschiedlich darstellen und bewerten lassen; insofern müsse man versuchen, mit dem Mittel der Denkökonomie (das auch Avenarius und Mach besonders herausgestellt hatten[21]) eine auf Vereinheitlichung beruhende Klarheit zu erreichen. Eindeutige Regeln, wie so etwas zu bewerkstelligen sei, gibt es – auch nach Quine – nicht. Er plädiert dafür, bei der Kompatibilisierung von Hypothesen behutsam zu verfahren, also nicht zu radikal ein System umzustürzen oder auszuwechseln, statt dessen – im Sinne des Konservativismus-Prinzips – darauf zu vertrauen, daß das von der Wissenschaftlergemeinschaft erarbeitete Gesamtwissen weitgehend akzeptabel ist und nur einige offensichtliche Fehler in den Hypothesen ausgemerzt werden müssen. Quine fordert mithin eine permanente Revisionsbereitschaft in der Theoriebildung, betont aber dabei, daß es keinen archimedischen Punkt gibt. Im Motto zu *Word and Object* zitiert er Otto Neurath: »Wie Schiffer sind wir, die ihr Schiff auf offener See umbauen müssen, ohne es jemals in einem Dock zerlegen und aus besten Bestandteilen neu errichten zu können.«

Eine »prima philosophia« im Sinne der älteren Funktionsbestimmung von Philosophie hält er für nicht vertretbar: die Philosophen bewegen sich ihm zufolge nicht im elitären Vorhof der Wissenschaften, von dem aus sie ihnen allgemeine Prinzipien und Gesetze dekretieren könnten, sondern sie sind selbst Wissenschaftler, die lediglich auf einer etwas abstrakteren Ebene argumentieren.

Quine hat seinen erkenntnistheoretischen Ansatz, wie bereits erwähnt, als »naturalistisch« bezeichnet.[22] Mit diesem Begriff erinnert er an eine wissenschaftliche (und, davon abgeleitet, künstlerische) Strömung des späten 19. Jahrhunderts, die sich weitgehend auf die evolutionistische Deszendenztheorie Darwins berief, darüber hinaus auf das Paradigma der Psychophysik. Der Evolutionismus spielt bei Quine jedoch so gut wie gar keine Rolle (auch wenn die neuere Systemtheorie und die evolutionäre Erkenntnistheorie sich auf ihn bezieht; er selbst erwähnt einmal nur am Rande den evolutionistischen Psychologen Donald T. Campbell[23]), wohl aber eine behavioristisch modifizierte Sinnesphysiologie. Quine postuliert eine Erkenntnistheorie, die sich auf Psychologie zurückführen läßt. Bei der von ihm favorisierten Psychologie soll es sich freilich nicht um eine mentalistisch-introspektiv verfahrende handeln:

Im alten erkenntnistheoretischen Zusammenhang besaß das Bewußte Priorität, denn wir wollten unser Wissen von der Außenwelt durch rationale Rekonstruktion rechtfertigen, und dies erfordert Bewußtsein. Das Bewußtsein ist entbehrlich geworden, als wir den Versuch aufgaben, unser Wissen von der Außenwelt durch rationale Rekonstruktion zu rechtfertigen. Was als Beobachtung gelten soll, kann nun mittels der Reizung der Sinnesrezeptoren geklärt werden – bleibe das Bewußtsein, wo es will.[24]

Neopragmatismus in der postanalytischen Philosophie

Richard Rorty und Hilary Putnam

Die von Quine dem Mentalismus in der Erkenntnistheorie erteilte radikale Absage wird von Richard Rorty noch verschärft. Während Quine im wesentlichen physikalistische (bzw. »naturalistische«) Argumente vorträgt, operiert Rorty gegen die Supposition eines autonomen Geistes oder Bewußtseins mit historischen Einwänden. In seiner großen Abhandlung *Philosophy and the Mirror of Nature* (1979)[1] unterzieht er die Erkenntnistheorie seit der frühen Neuzeit einer grundlegenden Kritik. Die Idee des Mentalen sei ein philosophisches Konstrukt, das sich schon bei Locke finde und eigentlich auf Descartes zurückgehe. Der Kritizismus Kants habe mit seiner Inthronisierung der reinen Vernunft dieses cartesianische Erkenntnismodell noch stärker ausgebaut und die Illusion genährt, es ließen sich in der Ratio letzte irreduzible Fundamente aufweisen, die legitimatorische Kraft für die Wissenschaften besäßen.[2] Wissenssoziologisch sieht Rorty in diesem Prozeß der immer wieder proklamierten Autonomisierung der Vernunft, die vom Leib gleichsam getrennt gedacht wird, ein Problem der Philosophen selbst, das sie durch diese Selbstbezüglichkeit in eine weltfremde Distanz zur übrigen Kultur gebracht habe, welche sich durch diese vom Ideal begrifflicher Strenge ausgehenden epistemologischen Fragestellungen und die Versuche, alles bis ins Kleinste widerspruchsfrei-logisch begründen zu wollen, nicht beeindrucken ließ.

Dieser ausgetretene Pfad systematisch-begriffszergliedernder Philosophie ließ sich nach Rorty eigentlich nicht mehr weiter beschreiten. So sei es denn kein Zufall gewesen, daß im 20. Jahrhundert drei große Denker – er nennt sie die »bedeutendsten Philosophen unseres Jahrhunderts«[3] – auf teilweise sehr unsystematische, bewußt fragmentarische Weise in die vermeintlichen epistemologischen Gewißheiten Irritationen hineingebracht hätten: Wittgenstein, Heidegger und Dewey. Diese Denker hätten in ihren Anfängen ebenfalls noch die klassischen Denkmuster benutzt, später aber eingesehen, daß man damit nicht mehr weiterarbeiten könne. Für sie sei kennzeichnend, daß sie das konstruktive Prinzip – also die Intention, ein System aufbauen zu wollen – fallengelassen und an seine Stelle das eines therapeutischen Verfahrens[4] gesetzt hätten. Genau diesen Ansatz betrachtet auch Rorty für sich als richtungweisend. Im Anschluß an diese Denker verwirft er den Fundamentalanspruch der überkommenen Erkenntnistheorie. Programmatisch beschreibt er als Ziel seines Buches, »die Zuversicht des Lesers (zu) untergraben«, ›das Mentale‹ sei etwas, worüber man ›philosophischer‹ Ansicht zu sein habe, ›die Erkenntnis‹ sei etwas, was Fundamente habe und worüber eine ›Theorie‹ möglich sein müsse. Es will sein Vertrauen zur ›Philosophie‹ in ihrem Selbstverständnis seit Kant erschüttern.[5]

Diese Absicht Rortys impliziert notwendigerweise den Verzicht darauf, selbst eine alternative Erkenntnistheorie anzubieten. Unter den Denkern, die aus der Schule der Analytischen Philosophie hervorgegangen sind, ist er derjenige, der die Skepsis gegenüber den Resultaten von Erkenntnisleistungen bzw. den Reflexionen über sie besonders kategorisch und rückhaltlos vorgetragen hat. Mit seinem Namen wird allgemein die Ausrufung des »Death of Epistemology«[6] assoziiert, die freilich nicht auf ihn allein zurückgeht. Vorher hatte bereits Michael Williams in *Groundless Belief*[7] ähnliche Gedanken geäußert. Nicht zuletzt waren es die Analytischen Philosophen selbst, die mit dem Scheitern ihrer Letztbegründungsversuche sich der Limitationen ihres Ansatzes bewußt wurden. Zu erinnern ist hier nur an Quines These der »Unerforschlichkeit der Referenz« sowie der »Übersetzungsunbestimmtheit«, überhaupt der »Unterdeterminiertheit aller Theorien über die Natur«, die unverkennbar auf einen Skeptizismus hinausläuft.[8]

Auch Hilary Putnam, auf den sich Rorty (wegen des gegen Carnap und Frege gerichteten Antimentalismus) häufig beruft – ohne daß Putnam mit seinen Schlußfolgerungen immer einverstanden wäre –, hat ständig Revisionen seines Systems vorgenommen bzw. vornehmen müssen. Während Putnam in den 60er Jahren noch fortschrittsgläubig dem Funktionalismus anhing und davon ausging, man könne analog zur künstlichen Intelligenz, zum Modell des Computers das Leib-Seele-Verhältnis exakt bestimmen, revidierte er seit 1973 diese Position, indem er sogar ins genaue Gegenteil umschwenkte und nun bestritt, daß sich Begriffe auf ein Kalkül bringen ließen.[9] In ontologischer Hinsicht (die aber eng mit der epistemologischen Fragestellung zusammengesehen werden muß) hat sich Putnam von der Position des »metaphysischen Realismus«, wie er ihn nennt, zu der eines »internen Realismus« weiterbewegt.

Unter dem »metaphysischen Realismus« versteht er die landläufigen Auffassungen – darunter auch die des dialektischen Materialismus[10] –, die von der Korrespondenztheorie der Bezugnahme[11] ausgehen, mithin von der Theorie einer Ähnlichkeit zwischen Repräsentation und äußerem Ding. Demgegenüber besagt seine Position des »internen Realismus«, (1) daß es keinen archimedischen Punkt außerhalb der Realität gibt, (2) daß aber auch von einer bewußtseinsunabhängigen Wirklichkeit nicht die Rede sein kann. Vielmehr sei alles Erkennen an Begriffsschemata gebunden, die der Realität – über einen Handlungsrahmen, in den sie eingebettet sind – selbst inhärieren.[12] Schon Quine hatte in seiner Theorie des »Individuationsapparats« darauf aufmerksam gemacht, daß Wirklichkeitsmodelle mit spezifischen sprachlichen Dispositionen zusammenhängen.

Im Gegensatz zu Rorty hat Putnam den Relativismus nicht auf die Spitze getrieben. An Wissenschaftstheoretikern wie Thomas S. Kuhn[13] oder Paul Feyerabend (der seine Erkenntnistheorie, sofern von ihr überhaupt noch gesprochen werden kann, als »anarchi[sti]sch« bezeichnet hat[14]) kritisiert er, daß sie sich gleichsam selbst ad absurdum führen, wenn sie alle Rationalitätskriterien über den Haufen werfen, weil sie dann auch für ihre eigene Auffassung, die sie doch noch einigermaßen rational vermitteln wollen, keine Grundlage mehr haben.[15]

Auch an Michel Foucault[16] und Louis Althusser[17] – im einen Fall also an dem seit Ende der 70er Jahre einflußreichen Theoretiker eines universalen Machtdiskurses, im andern an dem Vertreter eines strukturalen Marxismus, der sich weigert, im Hinblick auf Ideologien angesichts der Klasseninteressen von »wahr« und »falsch« zu sprechen – bemängelt Putnam die relativistische Tendenz.

Putnam selbst plädiert im Gegensatz dazu noch dafür, rationale Maßstäbe beizubehalten. Das Konzept, das er vorschlägt, ist das der »rationalen Akzeptabilität«, die freilich idealisiert gedacht ist und insofern etwas an Habermas' Theorie des kommunikativen Handelns mit ihrem Consensus-Modell erinnert. Rorty jedoch zerschlägt mit dem ›Spiegel‹, von dem die ältere Erkenntnistheorie (als Widerspiegelungstheorie auf mentalistischer Basis) metaphorisch ausging, auch die Rationalitätskonzeption, an der Putnam, bis zu einem gewissen Grade sogar transzendentalphilosophisch, festhält (denn er glaubt durchaus, daß man Kants Erkenntnistheorie noch retten kann).[18]

Rorty lehnt Kants Kritizismus dagegen radikal ab. Mit Recht sieht er in der Analytischen Philosophie, trotz ihres ganz anderen Vorgehens im Detail, Residuen des Kantianismus:

> Die ›analytische‹ Philosophie ist eine neue Variante des Kantianismus, sie zeichnet sich vor allem dadurch aus, daß sie sich das Vorstellen nicht als eine mentale, sondern als eine sprachliche Tätigkeit denkt und nicht eine ›transzendentale Kritik‹ oder eine Psychologie,

> sondern die Sprachphilosophie für die Disziplin hält, die die Grundlegung der Erkenntnis leistet. Ihre Betonung der Rolle der Sprache ändert die Cartesisch-Kantische Problematik nicht wirklich [...] und verhilft der Philosophie daher auch nicht zu einem neuen Selbstverständnis. Die analytische Philosophie legt sich immer noch darauf fest, der Wissenschaft – und demnach der Gesamtheit der Kultur – ein zeitlos neutrales Bezugssystem anzubieten.[19]

Während Putnam mit seinem Versuch, an Kant anzuschließen, in der Wahrheitsfrage noch weitgehend zeitlos-systematisch denkt, fordert Rorty eine konsequente Historisierung epistemologischer Problemstellungen. Selbst bei Heidegger als einem der neueren Querdenker sieht er ein Aufbrechen der traditionellen Erkenntniskritik über einen neuen, das Gewohnte in Frage stellenden historischen Zugang.

Ohne den als Legitimationsdruck wirkenden historisch-materialistischen Ansatz, wie er in den 70er Jahren besonders von studentischer Seite auch an den amerikanischen Universitäten gefordert wurde, ist das Historisierungskonzept Rortys schwerlich zu verstehen. Rorty geht aber nicht so weit, daß er Theorien und Ideologien in letzter Instanz ökonomisch, somit funktionalistisch, erklärt. Vielmehr ist sein zentraler Begriff der der Kultur. Entsprechend sagt er: »Eine Kulturanthropologie (im weitesten Sinne, also einschließlich einer Geistesgeschichte) ist alles, was wir brauchen.«[20] Dies ist abgrenzend gegen Jürgen Habermas gemeint, der es in seinem Nachwort zu *Erkenntnis und Interesse* von 1973 für aussichtsreich hielt, die Funktionen zu bestimmen, »die Erkenntnis innerhalb lebenspraktischer Zusammenhänge hat [...], ohne den *Unbedingtheits*anspruch der Wahrheit empiristisch zu hinterfragen«.[21] (Freilich schließt die kulturanthropologische Herangehensweise eine funktionalistische Methode nicht aus, wie Bronislaw

Malinowskis Theorie der Kultur als eines »instrumentellen Apparats« und der kulturellen Institutionen als System der Befriedigung von »basic« und »derived needs« belegt.[22])

Habermas' und Apels[23] Versuche, die Transzendentalphilosophie zu transformieren, kann Rorty nicht akzeptieren. Auch sie seien noch dem alten Paradigma der Erkenntnistheorie als Fundamentalwissenschaft verpflichtet. Statt dessen greift Rorty das pragmatistische Denkmodell auf, wie es besonders Dewey entwickelt hatte, der die Spiegelmetaphorik der überkommenen Epistemologie und damit allen transzendentalen Reduktionismus aufgab. Er gewahrt in der Erkenntnistheorie (auch der dialektisch transformierten von Habermas) ein latent ethisches Moment: sie wolle über Rechtfertigungsstrukturen letztlich moralisch binden.[24] Wie bei den Dekonstruktivisten (Derrida[25]) geht Rortys Bemühen, den »Tribunalisierungszwängen« zu entrinnen, von denen Odo Marquard[26] im Anschluß an die »liberalistische« Aufweichung der strengen (Rorty würde sagen: »whiggistischen«[27]) Gnoseologie gesprochen hat, in die Richtung einer Ästhetisierung reflexiver Diskurse. Deswegen bezeichnet Rorty die neu anzustrebende und von ihm befürwortete Philosophie als eine »bildende«[28] – im Gegensatz zur rigide verfahrenden »systematischen«. In diesem Epitheton ist die Assoziation an die »bildenden Künste« und »Bildung« enthalten.

Mit der Ästhetisierungstendenz verbindet sich bei Rorty eine Verlagerung der Probleme von der erkenntnistheoretischen auf die hermeneutische Ebene. Dabei gewinnt Hans-Georg Gadamers Buch *Wahrheit und Methode* von 1960 für ihn zentrale Bedeutung, und zwar vor allem deshalb, weil – wie Gadamer ausgeführt hat – Hermeneutik vorab gar nichts mit Methodenfragen zu tun habe. Sie sei zunächst lediglich der »Versuch einer Verständigung über das, was die Geisteswissenschaften über ihr methodisches Selbstbewußtsein hinaus in Wahrheit sind und was sie mit dem Ganzen unserer Welterfahrung verbindet«.[29]

Die Vindizierung des »Ganzen« bei Gadamer kommt Rortys Holismus entgegen, den er von Quine[30] übernommen hat. Das Ganze ist für Rorty in diesem Zusammenhang aber die Kultur bzw. die »Bildung« (die ideologischen Konnotationen dieses Begriffs in der deutschen Tradition sind ihm augenscheinlich unbekannt). Alle diese Prozesse, die sowohl wirkungs- als auch lebensgeschichtlich begriffen werden müßten, seien durch das »Entdecken neuer und immer interessanterer Möglichkeiten, uns auszudrücken und dadurch ein Stück Welt zu bewältigen«, gekennzeichnet: »Vom erzieherischen im Unterschied zum erkenntnistheoretischen oder technologischen Standpunkt sind die unterschiedlichen Möglichkeiten, etwas zu sagen, weit wichtiger als die Aneignung von Wahrheiten.«[31]

Rortys Relativierung der Erkenntnistheorie (und mit ihr der Wahrheitstheorie) hat nun indessen auch moralische Konsequenzen, die sogar bis in die politische Sphäre reichen. Da es (angeblich) keine Verbindlichkeiten mehr gibt, wirkt sich deren theoretisch-postulative Aufhebung bzw. Suspendierung auf Rortys Konzept der Interaktionen der Individuen aus. In seinem 1989 erschienenen Buch *Contingency, Irony and Solidarity*[32] zieht er noch einmal die Konsequenzen aus seinem Plädoyer für die Revitalisierung des Pragmatismus,[33] für den auch Putnam – so in seiner Laudatio auf William James[34] – jüngst mit Nachdruck eingetreten ist. Da Wahrheit nicht mehr als unverrückbar stabile Seinsfolie gedacht werden kann, sie sich vielmehr immer nur in den Kommunikationsprozessen herausstellt, ist die Einsicht in ihren kontingenten Charakter unumgänglich. Daraus entwickelt sich notwendigerweise als Haltung und Einstellung, die sich der Abhängigkeiten des Subjekts von den Zwängen des sozialen Systems, das diese Kommunikationsstrukturen vorgibt, bewußt ist und ebenso der Tatsache, daß es einen archimedischen Punkt außerhalb dieser Verflechtungen nicht gibt, die antimetaphysische Disposition der Ironie, die jedoch nicht in Zynismus umschlagen darf, sondern, bei aller Tendenz zur Ästhetisierung, durchaus die Sensibilität für die Leiden und Demütigungen schärfen soll, denen die Mitmenschen ausgesetzt sind. Insofern steht Rortys postmodernen Ideen angenähertes[35] Ironie-Konzept noch in der philanthropischen Tradition der Aufklärungsphilosophie.

Externalismus und intuitionistische Wahrheitstheorie

Donald Davidson und Michael Dummett

In dem berühmten Aufsatz *The Meaning of ›Meaning‹* von Hilary Putnam findet sich das Diktum: »Bedeutungen stekken nun mal nicht im Kopf.«[1] Diese Äußerung enthält Putnams Bekenntnis zu einer externalisierten Erkenntnistheorie, die in der Nachfolge des Antimentalismus von Quine zu sehen ist. Danach ist, vereinfacht gesagt, unerheblich, was sich im Kopf des Subjekts abspielt, denn Bedeutungen werden nicht intensional vom »Geist« oder Bewußtsein konstituiert; sie haben vielmehr ihre Grundlage – extensional – einzig und allein im physikalischen Gegenstand. Putnam hat dafür ein Beispiel konstruiert, das seiner Vorliebe für Science-fiction-Modelle entspricht:[2] Er fingiert zwei in Aussehen und Struktur einander völlig entsprechende Welten mit zwei darauf lebenden, ebenfalls einander völlig gleichenden Personen, die in ihrem Handeln und Denken absolut übereinstimmen, also z. B. auch (worauf es hier ankommt) über die gleichen sprachlichen Dispositionen verfügen. Beide Personen haben jeweils einen Stoff vor sich, den sie von seiner äußeren Erscheinung für Wasser halten und auch so bezeichnen, obwohl die molekulare Struktur der beiden Materien unterschiedlich ist. Subjektiv, von ihrer psychologischen Disposition her, würden beide Personen zu derselben Referenz bzw. Bedeutung neigen, obwohl objektiv eine Differenz vorliegt. Dies beweise, so Putnam, daß die Bedeutungen ausschließlich extramental konstituiert werden.

Dieser radikale Physikalismus wird nicht von allen analytischen Philosophen geteilt. So hat Donald Davidson Putnams Argument entgegengehalten, daß die physikalische oder chemische Beschaffenheit des Stoffes für die Bedeutungskonstitution gänzlich unerheblich sei; entscheidender sei vielmehr, daß »ich weiß, daß ich glaube, dieser von mir betrachtete Stoff habe dieselbe Struktur (egal, welche) wie der Stoff, der vorhanden war, als ich das Wort ›Wasser‹ zu verwenden gelernt habe. Und ebendies ist der Stoff, den ich mit meinem Wort ›Wasser‹ meine – und ebendies wäre dann das, wovon ich glauben würde, daß ich es vor mir habe«.[3] Davidson kritisiert an Putnam, daß sein Externalismus sich nur auf »natürliche Arten« (wie »Wasser« oder »Leopard«) beziehe, auf diese Weise schon sehr viele andere Aspekte im Erkenntnisvorgang ausklammere; auch vermag er nicht einzusehen, warum die Mikrostruktur »unbedingt die ausschlaggebende Ähnlichkeit sein soll, durch die der Bezug meines Wortes ›Wasser‹ bestimmt wird«.[4]

Nun könnte es aufgrund dieser Einwände scheinen, daß Davidson ein Gegner der externalisierten Erkenntnistheorie sei. Das Gegenteil ist indessen der Fall. Freilich hat Davidson die Suche nach einer listenreichen Strategie der existenzverbürgenden Objekt- und Bedeutungssicherung weitgehend aufgegeben und auf diese Weise den strengen Argumentationsrahmen der Analytischen Philosophie liberalisiert. Er macht sich also nicht mehr anheischig, die Außenwelt noch einmal als vorhanden nachzuweisen, sondern geht voller Zutrauen in die Erkenntnisleistungen des Subjekts und seine hintergründig wirksamen Überzeugungen,[5] die im Lebensprozeß holistisch aufgebaut wurden, davon aus, daß das »Bild des Geistes«[6] nicht ganz falsch, in der Regel sogar fast immer zutreffend ist. Rechtfertigungsstrategien für unsere Realitätssicht sind daher kaum notwendig. Diese Auffassung berührt sich mit Nicolai Hartmanns älterer Position des kritischen Realismus insofern, als es auch Hartmann für überflüssig hielt, die Existenz der objektiven Realität beweisen zu wollen.[7] So bemerkt Davidson:

> Wie uns die Dinge erscheinen, wie sie für uns aussehen, wie sie sich für uns anfühlen, wie sie für uns riechen und klingen, das wissen wir in einer Weise, in der wir

> unsere Umwelt nicht erkennen können. Gleichviel, ob wir uns im Hinblick auf unsere Bewußtseinsinhalte manchmal irren oder nicht, und gleichviel, ob wir mit Bezug auf unsere Empfindungen und Gedanken im Zweifel sein können oder nicht, eines trifft hinsichtlich solcher Überzeugungen gewiß zu, nämlich daß sie nicht durchweg verfehlt sein können. Wenn wir einen bestimmten Gedanken oder eine bestimmte Empfindung zu haben glauben, steht – a priori – sicher zu vermuten, daß wir recht haben.[8]

Wie die meisten Vertreter der Analytischen Philosophie ist auch Davidson stark von Quine beeinflußt. Namentlich akzeptiert er dessen Programm der »naturalisierten Erkenntnistheorie«, die ja auch schon auf Rechtfertigungsversuche verzichtete, überdies »in der dritten Person«[9] – also wegen des Physikalismus objektivierend – artikuliert war, wenngleich Quines Analyse des Wesens der Erkenntnis selbst, so Davidson, noch einen Tribut an die »erste Person« darstellte und insofern cartesianisch angelegt war. Von Quine übernimmt Davidson weiterhin den behavioristischen Grundansatz, denn es gilt für ihn die Einsicht, daß »Worte und Gedanken in den einfachsten Fällen auf das Bezug nehmen, wodurch sie bewirkt werden«.[10] Inhalte von Begriffen – also Bedeutungen – werden erst in der Anwendung bestimmt.[11] Zumindest einige »mentale Ereignisse«[12] (wie Aufmerksamkeit, Wahrnehmungen, Entscheidungen, Absichten usw.) interagieren mit physikalischen Ereignissen – ob man diesen Vorgang kausal nennt, ist dabei zweitrangig –; sie werden mithin durch jene beeinflußt und wirken umgekehrt auf sie zurück.

Davidson hat seinen Externalismus nicht nur, wie bereits dargelegt, von dem Putnams abgegrenzt, sondern auch von jenem, den Tyler Burge vertritt.[13] Burge hebt beim Erkenntnisvorgang das Moment sozialer Interaktion vor: die Bedeutung der Wörter, die eine Person verwendet, entstammt den

Praktiken der Gesellschaft, der sie angehört. Grundlage für den Aufbau eines Reservoirs von Bedeutungen ist somit der Austausch mit der sozialen Umwelt. Prinzipiell hat Davidson gegen dieses Interaktionsmodell keine Einwände; es ist ihm jedoch etwas zu grobschlächtig, denn es bietet keine hinreichende Erklärung dafür, warum in einer Gesellschaft die Individuen durchaus unterschiedliche Bedeutungen zugrunde legen. Davidsons Gegenthese läuft daher – wenngleich nicht expressis verbis (wie bei Richard Rorty), aber doch der Idee nach – im wesentlichen auf die Forderung hinaus, eine individualisierende Hermeneutik zu entwickeln, die auch den Einfühlungsaspekt, die Deutung des »Fremdpsychischen«, mit einbezieht.

Diese Hermeneutik ist nun verankert in einem etwas flexibleren Kommunikationsmodell. Davidson möchte »den sozialen Faktor [...] in einer Weise ins Spiel bringen, die ihn direkt mit dem wahrnehmungsbezogenen Externalismus verknüpft, so daß die Rolle der Gesellschaft im Rahmen des Kausalzusammenhangs angesiedelt wird, der das Wechselspiel zwischen Personen und der übrigen Natur mit umfaßt«.[14] Mit den Vertretern der evolutionären Erkenntnistheorie stimmt Davidson in der Auffassung überein, daß Identifikationen von Gegenständen[15] und ihre Klassifikationen bzw. Zuweisungen von Bedeutungen (onto)genetisch entwickelt worden sind, und zwar in einem Lernprozeß, der selbst eine soziale Grundlage hat. Davidson lehnt also entschieden einen monadischen Subjektbegriff ab, er ist kein Anhänger von erkenntnistheoretischen Robinsonaden, wonach sich jedes Individuum allein aus sich heraus die Welt erschließt. Es bedarf vielmehr des Handlungsaustauschs mit anderen der Reaktion fähigen Lebewesen (nicht nur der Menschen, sondern, wie Davidson betont, auch der Tiere und vielleicht sogar der Pflanzen). Daß »wir unsere Gedanken und unsere Welt mit anderen teilen«,[16] ist demnach ein wichtiges Axiom in Davidsons Externalismus. Er geht sogar soweit zu sagen: »Ein Lebewesen, das nicht kommuniziert, können wir zwar als ein Wesen ansehen, das auf eine objektive Welt reagiert; dagegen sind wir nicht berechtigt, ihm Gedanken über unsere (oder sonst eine) Welt zuzuschreiben.«[17]

Im Gegensatz zu Tyler Burges dyadischem Konzept einer Abhängigkeitsbeziehung von Subjekt und Gesellschaft geht Davidson bei seiner Strukturierung des Kommunikationsvorgangs von einem »Triangulationsmodell« aus. Im Interaktionsprozeß, der für den Aufbau von Bewußtseinsinhalten, also Bedeutungen, unerläßlich ist, gibt es eine dreistellige Konstellation: das denkende Subjekt; die anderen, mit denen es kommuniziert, und eine objektive Welt, »von der wir wissen, daß sie ihnen gemeinsam ist«.[18] Davidson versucht so, die Dialektik des Subjektiven oder Privaten in den Griff zu bekommen.[19] Alle Individuen partizipieren an derselben Wirklichkeit, sie sind auf sie bewußtseinsmäßig bezogen, in unterschiedlicher Perspektive, jedoch nicht in dem Sinne, daß auch der Inhalt dieser Sichtweise privat wäre. Dies würde implizieren, daß es so etwas wie eine private Wahrheit gibt, was Davidson strikt verneint: Wahrheit und Falschheit (als Inhalt bzw. Gegenstand des Denkens) seien vielmehr objektive Begriffe.[20]

An solchen Äußerungen zeigt sich, daß Davidson keineswegs zu einem subjektivistischen Wahrheitsbegriff tendiert. Er hat auch Schwierigkeiten mit Quines »proximaler Theorie«,[21] wonach mehrere Personen auf dieselben Reizmuster unterschiedlich reagieren und diese Differenzen durch wechselseitige Ausponderierung einander annähern. Eine solche Auffassung führe zwangsläufig zum Skeptizismus.

Davidsons Triangulationsmodell sozialer Interaktion setzt demgegenüber voraus, daß miteinander kommunizierende Sprecher in der Regel immer schon wissen, wovon sie reden, und daß sie ihren Partnern unterstellen, ebenfalls die Wahrheit zu kennen. Sie gehen normalerweise von ähnlichen, interaktiv und in gemeinsamen Lernprozessen gebildeten Grundüberzeugungen aus; Wahrheit wird somit stets als bekannt vorausgesetzt. Davidsons Wahrheitstheorie hat daher einen intutionistischen Charakter, aber nicht in einem sozusagen mystischen oder idealistischen Sinne. Dies schließt allein schon seine externalistische Auffassung aus. Denn das intuitive Moment der Wahrheitsunterstellung verdankt sich ja gerade der sozialen Kommunikation über gemeinsam gemachte Wahrnehmungen, die der Überprüfbarkeit durch Belege unterliegen.

Intuitionistisch ist nun auch der Wahrheitsbegriff von Michael Dummett,[22] jedoch in einem gänzlich anderen Sinne als bei Davidson. Das zeigt sich darin, daß Dummetts Philosophie, wie sich jüngst immer mehr herausgestellt hat, metaphysisch orientiert ist, wie etwa der Titel seines 1991 erschienenen Buches *The Logical Basis of Metaphysics* deutlich werden läßt.[23] (Daß Dummetts neuerliche Fragestellungen und Argumentationen tatsächlich eine mystisch-religiöse Komponente haben, wird aus seiner Bemühung ersichtlich, einen Gottesbeweis zu liefern.[24])

Dummett geht es immer noch darum, eine »prima philosophia« zu formulieren,[25] eine Bestimmung der Epistemologie, die beispielsweise schon von Quine abgelehnt worden war. Die »erste Philosophie« als Grundlagenwissenschaft ist für Dummett die Sprachphilosophie, und zwar in ihrer Ausprägung als Theorie der Bedeutung.

Diese Hinwendung Dummetts zur Semantik hängt mit seiner lebenslangen Beschäftigung mit Gottlob Frege zusammen, der sich in seinem berühmt gewordenen Aufsatz von 1892 mit dem Problem von Sinn und Bedeutung befaßt hatte.[26] Frege erörtert hier am Beispiel der Gleichung »a = b« die Frage der Bedeutungsdiversität in einer Identitätsaussage. Obwohl das Gleichheitszeichen eine Identität der beiden Terme a und b ausdrückt, ist doch die unterschiedliche Bezeichnung nicht ganz zufällig, denn sonst hätte es ja auch tautologisch »a = a« heißen können. Indem b mit a gleichgesetzt wird, wird eine neue Erkenntnis hinzugefügt, in der sich b von a unterscheidet. Solcher Sprachgebrauch begegnet gelegentlich in der Alltagsrealität. So ist der als Morgenstern bezeichnete Planet derselbe wie der als Abendstern benannte. Derselbe Gegenstand wird also durch zwei verschiedene Namen bezeichnet, die jeweils einen spezifischen Sinn und eine spezifische Bedeutung haben. (Was Sinn und Bedeutung von »Begriffswörtern« – also nicht nur von Eigennamen, Aussagesätzen und Nebensätzen – sind bzw. sein sollen, hat Frege zu Lebzeiten nie in publizierter Form entwickelt;[27] man kann die terminologische Präzisierung lediglich seinen aus dem Nachlaß veröffentlichten Schriften entnehmen.) »Bedeutung« ist für Frege ungefähr das, was die neuere Semiotik, besonders die des französischen Strukturalismus, als »Signifikat« (Bezeichnetes; bezeichneter Gegenstand) definiert.[28] »Sinn« dagegen wird definiert als die Art des (mentalen) Gegebenseins ebendieses Gegenstands. »Sinn« ist also etwas tiefer Liegendes, eine geistige Substruktur. Frege hat daher »Sinn« eng mit »Proposition« zusammengedacht, einem Begriff, den er selbst eingeführt hat und der in der neueren analytischen Philosophie des Geistes eine zentrale Rolle spielt, weil es ja unter den behavioristischen Prämissen einer Bedeutungskonstitution ziemlich schwierig ist, eine intramentale Bedeutungstheorie zu begründen. Frege hat »Sinn« als etwas Objektives betrachtet, im Gegensatz zur »Vorstellung«, die sich aus subjektiver Sicht auf ihn bezieht. Wie Husserl verdammt auch Frege den Psychologismus in der Erkenntnistheorie und Logik. Denkgesetze sind für ihn objektiv, sie drücken eine Wahrheit aus (im Gegensatz zum bloß subjektiven Fürwahrhalten). Wahrheit ist indifferent gegen ihre Anerkennung durch Individuen, die sich durchaus täuschen können.

Dummett schließt sich Freges Auffassung an, daß Wahrheit und Sinn eng miteinander verbunden sind. Der Wahrheitsbegriff ist somit für die Erklärung des Sinns unerläßlich. Dies hatte bereits Wittgenstein in seinem *Tractatus lo-*

gico-philosophicus (Satz 4.022 ff.) anerkannt.[29] Dummett will aber darüber hinaus eruieren, in welcher Weise Bedeutung und Wahrheit zusammenhängen.[30] Man müsse »zumindest implizit wissen, wie die Bedeutung eines Satzes durch seine Wahrheitsbedingung bestimmt wird«.[31] In seiner Vorlesung *Gedanke und Sprache* sagt Dummett:

> Wir benötigen Auskunft darüber, mit Hilfe welcher Mittel ich erkennen kann, ob der andere Sprecher die gleiche Bedeutungstheorie hat wie ich selbst, und d. h., welchen Gebrauch jemand, der den Sätzen einer Sprache bestimmte Wahrheitsbedingungen zuordnet, von diesen Sätzen machen wird. Alles, was in diesem Zusammenhang darüber geredet wird, daß man die Intentionen des Sprechers erkennen könne, ist bloßes Gefuchtel in der gewünschten Richtung, solange diese laut Annahme bekannte Verbindung zwischen Wahrheit und Bedeutung – und folglich zwischen Wahrheitsbedingungen und sprachlicher Praxis – nicht deutlich gemacht wird.[32]

Was den Wahrheitsbegriff betrifft, so setzt sich hier Dummett etwas – also nicht vollständig! – vom Verifikationismus[33] des Wiener Kreises und dem Wahrheitskriterium Alfred Tarskis ab, der gesagt hatte: »der Satz ›dieser Tisch ist schwarz‹ ist wahr, wenn und nur wenn dieser Tisch schwarz ist.«[34] Eine Behauptung kann sich danach nur dann als wahr erweisen, wenn sie empirisch nachgeprüft wird. Dummett operiert, anders als diese Theorie, ungern mit der Doppelstöckigkeit von Objekt- und Metasprache. Die metasprachliche Argumentation gibt sich seiner Auffassung nach als voraussetzungslos, als sei diese Ebene die letzte irreduzible Instanz, was jedoch nicht der Fall sei. Eine Erklärung des Verstehens der Bedeutung von Ausdrücken biete sie nicht.

Freilich: Über das postulative Moment (daß eine solche Erklärung erforderlich sei) dringt aber auch Dummett kaum hinaus. Es bleibt weitgehend bei einem Insistieren auf diesem Desiderat. Erschwert wird ein Verständnis von Dummetts Wahrheitstheorie dadurch, daß er in seinem intuitionistischen und antirealistischen Ansatz das in der traditionellen Logik (und auch der des Wiener Kreises) zugrundegelegte Bivalenzprinzip (also den Satz vom ausgeschlossenen Dritten) zugunsten einer mehrwertigen Logik aufgibt. Für diese Konsequenz trägt er im wesentlichen mathematische Gründe vor. Aber sie führt ihn faktisch auf das Terrain einer mit Unbestimmtheitsstellen besetzten Metaphysik, die leicht theistisch gefüllt werden können.

Genetische Epistemologie

Jean Piaget

Gegenüber den klassischen Positionen der Erkenntnistheorie im 20. Jahrhundert, besonders der Phänomenologie Husserls und den diversen lingualistischen Ansätzen der Analytischen Philosophie, stellt die biologisch und entwicklungspsychologisch fundierte Epistemologie Jean Piagets ein qualitativ neuartiges Paradigma dar. Denn sie bestimmt die Ziele, den Umfang und den Wert der Erkenntnis nicht als eine Form oder Modus des idealen Seins oder, in normativer Setzung, als etwas, das von der Sprache als der letzten Seinsauskunft ableitbar wäre, sondern sucht die Struktur und das Leistungsvermögen der Erkenntnis historisch-genetisch zu fassen. Piaget hat sein wissenschaftliches Programm folgendermaßen beschrieben und zusammengefaßt:

> Die genetische Erkenntnistheorie versucht, Erkennen, insbesondere wissenschaftliches Erkennen, durch seine Geschichte, seine Soziogenese und vor allem die psychologischen Ursprünge der Begriffe und Operationen, auf denen es beruht, zu erklären. Diese Begriffe und Operationen stammen zum großen Teil aus dem Alltagsbewußtsein, so daß ihre Ursprünge ihre Bedeutung für das und im Erkennen auf einer höheren Stufe erhellen können. Wo immer möglich, zieht die genetische Erkenntnistheorie auch Formalisierungen in Betracht – insbesondere logische Formalisierungen, die sich auf äquilibrierte Denkstrukturen und in bestimmten Fällen auf Transformationen von der einen zur nächsten Stufe in der Entwicklung des Denkens beziehen.[1]

Bevor auf einzelne Begriffe wie »Operation«, »Äquilibration« usw. näher eingegangen wird, sei zunächst einmal festgestellt, daß Piaget bis zu einem gewissen Grade Husserls Entpsychologisierung der Logik rückgängig macht. Husserl hatte schon in seinen *Logischen Untersuchungen* scharf gegen eine empirische Begründung der Logik polemisiert,[2] und ähnlich hatte Gottlieb Frege, analog zu Husserls Psychologismus-Verdikt, in seinen *Grundlagen der Arithmetik* über eine – von ihm freilich zur Karikatur verzerrte – historisch-psychologische Erklärung logisch-mathematischer Sätze gespottet, indem er einem fingierten Darwinisten die Worte in den Mund legte: »Du rechnest da 2 x 2 = 4; aber die Zahlvorstellung hat ja eine Entwicklung, eine Geschichte! Man kann zweifeln, ob sie damals schon so weit war. Woher weißt du, daß in jener Vergangenheit dieser Satz schon bestand? Könnten die damals lebenden Wesen nicht den Satz 2 x 2 = 5 gehabt haben, aus dem sich erst durch natürliche Züchtung im Kampf ums Dasein der Satz 2 x 2 = 4 entwickelt hat, der seinerseits vielleicht dazu bestimmt ist, auf demselben Wege sich zu 2 x 2 = 3 fortzubilden?«[3]

Derlei zerrbildhaft zugerichteter fortschrittsgläubiger Evolutionismus ließ sich leicht ad absurdum führen. Angesichts der in ihrer Subtilität und methodischen Umsicht einzigartigen Forschungsergebnisse Piagets auf dem Gebiet der psychologischen Grundlagentheorie logischer Operationen dürfte auch Frege, lebte er heute noch, keinen leichten Stand haben. Fundamentaltheoretiker wie die Bourbaki-Gruppe, deren Ziel es war, basale Strukturen zu ermitteln, die in allen Gebieten der Mathematik – also der höheren Analysis, der Geometrie und der Topologie – isomorph sind, haben die Resultate von Piagets entwicklungspsychologischen Analysen der Genese logischer Operationen im menschlichen Bewußtsein weitgehend bestätigt.[4]

Piaget konnte z. B. zeigen, daß im kindlichen Denken sich überall algebraische Strukturen nachweisen lassen, so z. B. in der Logik der Klassen und der Klassifikation. Aber es gibt hier ihm zufolge einen evolutionären Prozeß des Denkens, eine kognitive Entwicklung, die über verschiedene Stadien läuft: so zunächst über

- die »sensomotorische Periode« (1 bis 2 Jahre), an deren Ende eine Verinnerlichung sensomotorischer Verhaltensmuster und der Beginn der symbolischen Repräsentation steht,
- dann über die »präoperationale Periode« (2 bis 7 Jahre), in der die Begriffsbildung einsetzt,
- weiter über die »konkret operationale Periode« (7 bis 11 Jahre), in der ein Denken ausgebildet wird, das logisch und umkehrbar ist, und Teil-Ganzes-Beziehungen koordiniert werden,
- schließlich einmündend in die »formal operationale Periode« (von 11 Jahren aufwärts), in der erst eine Logik der Lehrsätze und hypothetisches Denken ausgebildet sowie Abstraktionen möglich werden.[5]

Der vorwiegend in der Ontogenese nachgewiesene evolutionäre, oder besser: genetische, Charakter der Erkenntnis stellt die Theorie vom Ansichsein einer transzendentalen Sphäre logischen Denkens bzw. logischer Urteile (wovon Husserl ausging) insofern in Frage, als Piaget nachweisen konnte, daß es verschiedene Logiken gebe, was bedeute, »daß keine einzige Logik stark genug ist, die Gesamtkonstruktion der menschlichen Erkenntnis zu tragen. Und es bedeutet auch, daß all die verschiedenen Logiken zusammengenommen kein genügend kohärentes Ganzes ergeben, das als Grundlage der menschlichen Erkenntnis dienen könnte. Jede Logik für sich ist zu schwach, aber alle Logiken zusammen sind zu reich, um ›Logik‹ zu einer eindeutigen Erkenntnisbasis zu machen.«[6]

Piaget relativiert also die Vorstellung von einem geschlossenen Idealreich logischer Erkenntnis, wie es seit Platons Ideenlehre, dem cartesianischen Rationalismus und – in erneuerter Form – in der Phänomenologie behauptet wird, und macht statt dessen deutlich, »daß zwischen dem Fortschritt in der logischen und rationalen Organisation der Erkenntnis und den entsprechenden psychologischen Formationsprozessen ein Parallelismus besteht«.[7] Logik ist mithin nicht nur in der Form der aristotelischen Syllogistik oder in Modellen mathematisierter Logistik allein zu fassen, sondern wäre zu bestimmen über ganz konkrete Handlungen, die Menschen bewußtseinskonstituierend im Laufe ihrer Entwicklung zu vollziehen lernen.

Für Piaget muß daher Logik im wesentlichen handlungstheoretisch erklärt und begründet werden. In diesem Zusammenhang spielt der schon genannte Begriff der Äquilibration eine wichtige Rolle: Erkenntnis kommt hiernach durch einen in der Lebensgeschichte mehrfach sich wiederholenden Prozeß der Assimilation und Akkomodation des Organismus an die Umwelt zustande, an dessen jeweiligem Abschluß ein Zustand des inneren Gleichgewichts, eben die Äquilibration, steht. Es geht hier also um die Aufnahme und Verarbeitung von Reizen und Informationen, die den Strukturen des Organismus angepaßt werden. All dies ist nach Piaget notwendig, damit sich die Individuen auf neue Situationen einstellen und sie verarbeiten können.[8]

Piaget konnte zeigen, daß logisch-mathematische Konstruktionen eng mit physikalischen Erfahrungen zusammenhängen und daß – auf der Basis der Äquilibrationstheorie – diese Form der Adaption ein wichtiger Spezialfall der Anpassung »einer internen Funktion des Denkens oder des Organismus an die Eigenschaften des Objekts oder der Umwelt allgemein« ist.[9] Obwohl Piaget kybernetische und informationstheoretische Modelle bei seiner genetischen Epistemologie zugrunde legt, ist sein Konzept von der Position der Systemtheorie, die dies auch tut, doch insofern unterschieden, als er das Prinzip der Autopoiesis oder Selbstregulation nicht metaphysisch hypostasiert.[10] Entscheidend ist für ihn das konkrete Handeln der Individuen (und zwar aller Individuen, von den Protozoen bis zur Species Homo sapiens), die im Prozeß der Adaption Strukturen ausbilden.[11]

Piaget verwendet den Begriff »Struktur« in Anlehnung an die Gestalttheorie,[12] deren Einseitigkeiten und idealistische Tendenzen er aber zu vermeiden sucht. So geht er davon aus, daß Strukturen nichts Ewiges sind, sondern, im Gegenteil, etwas einer Entwicklung Unterworfenes und in ihr sich erst Herausbildendes. Sie sind auch keine eidetischen Muster, die präfigurierend Denken und Handeln bestimmen, vielmehr selbst erst Ergebnisse von Aktivität.

Nicht von ungefähr spielt bei ihm der Aspekt der auf das Objekt gerichteten Bewegungen eine große Rolle. Gegenüber dem Behaviorismus, mit dem sich Piaget seit den 30er Jahren auseinandergesetzt hatte, und dessen Axiom der Konditioniertheit der Erkenntnis, betont er das Moment der »Lokomotionen«, d. h. der Bewegungen von Gegenständen durch das Individuum und ihre dadurch hergestellte Ordnung, überhaupt die (senso-)motorischen Handlungen. Piaget macht deutlich, daß kognitive Prozesse nichts anderes als interiorisierte Handlungen sind, diese aber verschiedene Stadien durchlaufen. Kognition ist somit ein kontinuierlich sich vollziehender Lernprozeß. Ein Kind im Vorschulalter lernt beispielsweise zunächst erst sehr langsam, daß eine aus einem hohen schmalen Gefäß in ein breites flaches umgegossene Flüssigkeitsmenge sich nicht, wie der optische Eindruck nahelegen könnte, verringert, sondern konstant bleibt. Es muß also erst das Prinzip der Reversibilität lernen.[13] Dieser Lernvorgang aber setzt wiederum die Fähigkeit zur Dezentrierung von sich selbst voraus, mithin eine graduelle Aufgabe der kindlichen Egozentrik (erste Ansätze gibt es dazu bereits in der Schlußphase der sensomotorischen Periode, also etwa am Ende der ersten achtzehn Monate, wo das Kleinkind sich langsam als ein Objekt unter anderen einzuordnen beginnt[14]).

Es wurde bereits darauf hingewiesen, daß Piagets epistemologischer Ansatz sich von der lingualistischen Position der Analytischen Philosophie erheblich unterscheidet. Piaget hat selbst immer wieder die These des sogenannten logischen Empirismus kritisiert, das gesamte Denken sei ausschließlich auf die Sprache zu reduzieren, sie allein gewähre einen Zutritt zur Wahrheit.[15] An der Weiterentwicklung der Theorie Carnaps verdeutlicht er, daß dieser sich permanent gezwungen sah, seine sprachphilosophischen Fundierungen zu revidieren. Hatte er zunächst der Auffassung gehuldigt, die Syntax sei die Grundlage der Logik, mußte er in der Folgezeit, unter dem Einfluß von Tarski, die Bedeutung der Semantik anerkennen, um dann schließlich auch noch der Pragmatik seinen Tribut zu zollen. Aber all diese Modifikationen in Richtung auf eine umfassende Semiotik gingen dann doch nicht soweit, daß sie das lingualistische Konzept ganz verlassen hätten; die alte Prämisse hielt sich also noch in Carnaps Spätwerk. Gegenüber dem »Wiener Kreis« und seinen Filiationen hebt Piaget hervor, daß die Sprache gewiß »eine notwendige Voraussetzung für die Vollendung der logisch-mathematischen Operationen darstellen« kann, »ohne deshalb eine ausreichende Vorbedingung für ihre Bildung zu sein«.[16] Das heißt, sie tritt erst sekundär zu Semiose-Vorgängen hinzu, die vorher bereits durch Interiorisierungen von Handlungen stattgefunden haben. Schon in der Periode der senso-motorischen Entwicklung werden Schemata ausgebildet, die »logischen« Charakter haben, ohne daß sie aber an Sprache gebunden sind. Ein Säugling z. B. lernt durch Ziehen einer Decke, auf der ein Gegenstand liegt, daß dies eine Methode sein kann, überhaupt Gegenstände in seine Nähe zu befördern. Er lernt also zu verallgemeinern und aus dieser Generalisierung ein Handlungsmuster im Sinne einer Gebrauchsanweisung zu entwickeln, die überall anwendbar ist.[17]

Wichtiger als die Sprache für den Aufbau logischen Denkens bzw. der Intelligenz (was damit weitgehend identisch ist) als Grundlage der Erkenntnis ist für Piaget die Ausbildung der Symbolfunktion.[18] Die Sprache ist davon nur *eine*

Form. Daneben spielen die verschobene Nachahmung, die Gestensymbolik, das symbolische Spiel, das innere bzw. geistige Bild als verinnerlichte Nachahmung, das graphische Bild oder die Zeichnung eine nicht minder wichtige Rolle.[19]

Piaget hat anhand von empirischen Studien, an denen auch seine linguistisch versierte Mitarbeiterin Hermine Sinclair beteiligt war, die These formuliert,

> daß die Sprache nicht den Ursprung der Logik darstellt, sondern im Gegenteil durch diese strukturiert wird. Mit anderen Worten, die Wurzeln der Logik sind in der allgemeinen Koordinierung der Handlungen (verbale Verhaltensweisen inbegriffen) von jener sensomotorischen Stufe aus zu suchen, deren Schemata von allem Anfang an eine grundlegende Bedeutung zu haben scheinen; diese Schematik entwickelt und strukturiert in der Folge das Denken, auch das verbale, im Maße des Fortschritts der Handlungen bis zur Ausbildung der logisch-mathematischen Operationen, dem eigentlichen Ergebnis der Aktionskoordinierungen, sobald diese so weit sind, daß sie sich verinnerlichen und zu Gesamtstrukturen gruppieren.[20]

Man hat Piaget vorgehalten, er vereinseitige das logische Denken und berücksichtige zu wenig andere nicht-kognitive Faktoren in der Persönlichkeitsentwicklung. In der Tat impliziert sein Erkenntnisinteresse einen okzidentalen Denkhorizont, denn die Fragestellungen, die er verfolgt (wie solche nach der Kausalität, den Raum- und Zeitvorstellungen oder der Wahrnehmungskonstanz), entstammen weitgehend der klassischen europäischen Erkenntnistheorie. Man denke nur an die Bedeutung, die Raum und Zeit als Anschauungsformen in Kants *Kritik der reinen Vernunft* zugemessen wurde. Auch hat man kritisiert, daß Piagets Epistemologie zu sehr in der Immanenz der Bewußtseins- bzw. Denkstrukturen verbleibe und exogene Komponenten und Einflüsse kaum thematisiere. Eine solche Kritik wurde schon früh von Lew S. Wygotski[21] vorgetragen, der aus marxistischer Sicht betonte, daß menschliches Bewußtsein von Anbeginn sozial geprägt sei.[22] Wygotski wendet gegen Piaget ein, daß in seiner Konzeption ein Bruch zwischen dem Biologischen und dem Sozialen unübersehbar sei:

> Das Biologische sei das Ursprüngliche, im Kind selbst Enthaltene und seine psychologische Substanz Bildende. Das Soziale wirke durch den Zwang als äußere, dem Kind fremde Kraft, welche die dem inneren Wesen des Kindes entsprechenden Denkweisen verdrängt und sie durch wesensfremde Denkschemata ersetzt. Es ist daher nicht verwunderlich, daß Piaget in seinem Schema die zwei extremen Punkte – den Egozentrismus und die Zusammenarbeit – durch ein drittes Glied, den Zwang, verbindet. Der Zwang sei der Mechanismus, mit dessen Hilfe das soziale Milieu die Entwicklung des kindlichen Denkens lenkt.[23]

Piaget hat sich mit diesen Einwänden immer wieder auseinandergesetzt und ihre Berechtigung weitgehend anerkannt. So kann man sagen, daß seine Äquilibrationstheorie, die aus solchen Diskussionen hervorgegangen ist, das Modell sozialer Interaktion, wenngleich sehr verallgemeinert, durchaus einschließt. Piaget hat auch selbst immer wieder gefordert, die an europäischen Kindern vorgenommenen entwicklungspsychologischen Untersuchungen durch kulturkomparatistische Analysen zu ergänzen, so in einem 1966 unter dem Titel *Nécessité et signification des recherches comparatives de psychologie génétique* erschienenen Aufsatz.[24] Im Anschluß an Emile Durkheim geht er von der These aus, daß es »unterhalb der Kulturen die Kultur gibt«.

Auf sein Untersuchungsgebiet, die kognitiven Funktionen, bezogen heißt das, daß bei aller Differenz der kulturell bedingten Sozialisationen letzte Strukturen der Koordinationen und Regulierungen angenommen werden müssen, die als »Endformen der Äquilibrationen«[25] den unterschiedlichen Gesellschaften und ihren Individuen gemeinsam sind. Deutlich wird hier die Übereinstimmung mit Claude Lévi-Strauss, der von einer ethnologischen Position aus gefragt hatte: »Wie funktioniert der menschliche Geist?«[26] Während Lévi-Strauss' Strukturalismus jedoch mehr synchronistisch angelegt ist, hat Piaget die historisch-genetische Orientierung in seiner Arbeit nie aufgegeben. Sein bleibendes Verdienst ist es, daß er eine Epistemologie größter Reichweite erarbeitet hat, die, empirisch fundiert, bei Berücksichtigung der Kontinuitäten wie auch der jeweiligen Besonderheiten sowohl den biologisch-evolutionären Aspekten als auch den humanpsychologischen Problemen des Bewußtseins gerecht zu werden sucht.

Evolutionäre Erkenntnistheorie

DONALD T. CAMPBELL und GERHARD VOLLMER

Wie wir gesehen haben, brachte Piagets »genetische Epistemologie« gegenüber den philosophischen Erkenntnistheorien insofern qualitativ eine Neuerung, als sie begriffliches Denken – als Hauptform der Erkenntnis – nicht mehr transzendentalistisch oder logizistisch zu beschreiben und begründen suchte, sondern als ein Resultat kompliziert ineinander verschachtelter biologischer und kultureller Entwicklungen im ontogenetischen Prozeß begriff, der seinerseits eine phylogenetische Grundlage hat. Piagets Konzept könnte man daher im weitesten Sinne als evolutionäre Erkenntnistheorie bezeichnen.

Zu einem Etikett ist dieser Terminus jedoch weniger für seinen Ansatz geworden als für die Bemühungen anderer, ebenfalls vorwiegend aus den Naturwissenschaften hervorgegangener Theoretiker, den Spekulationen der noch in alten Begriffstraditionen argumentierenden Fachphilosophen ein pragmatisches Erklärungsmodell entgegenzusetzen, das – wie man hinzufügen muß: nicht ohne eine gewisse Eklektik – die neuesten Forschungsergebnisse aus der Neurophysiologie, der Biologie, der Kybernetik, der Linguistik usw. verarbeitet, um so die komplexen Bedingungen für das Zustandekommen von Wissen definieren zu können. Inzwischen sehen die Vertreter der »Evolutionären Erkenntnistheorie« ihre Position offenkundig als derart gefestigt an, daß einige von ihnen über ihr Paradigma sogar schon Lehrbücher verfassen,[1] die den Eindruck vermitteln, es handle sich bei dieser Doktrin um eine bereits etablierte Fachdisziplin und weniger um ein hypothetisches Gedankengebäude.

Die evolutionäre Erkenntnistheorie macht radikal ernst mit Quines Forderung nach einer »naturalisierten Erkenntnistheorie«, die externalistisch angelegt ist, nicht auf introspektive Bewußtseinsauslotungen vertraut, sondern ausschließlich objektive naturwissenschaftliche Argumente ins Feld führt.[2] Während Quine selbst im wesentlichen behavioristisch verfuhr, ist seine Formel von der »naturalisierten Erkenntnistheorie« zu einem Konvergenzbegriff geworden, in dem sich zahlreiche, mitunter konzeptionell stark voneinander abweichende epistemologische Entwürfe meinen wiederfinden zu können, so z. B. auch die Systemtheorie Niklas Luhmanns.[3] Auch Karl Poppers falsifikationistische »Trial-and-Error«-Methode wird gelegentlich darunter subsumiert.[4]

Für die Anfänge der evolutionären Erkenntnistheorie in den späten 50er Jahren war eine Revision des Psychologismus-Verdikts charakteristisch, wie es um die Jahrhundertwende mit einer beträchtlichen Langzeitwirkung Husserl und Frege verhängt hatten. So ist es bezeichnend, daß einer ihrer ersten Hauptexponenten, Donald T. Campbell (auf den sich Quine denn auch beruft), von Hause aus Psychologe ist.[5] Gegenüber den idealistischen noematischen Begründungen der Phänomenologen und Logistiker macht er auf die in den Individuen ablaufenden hochkomplexen Kognitionsprozesse aufmerksam. Zwar räumt Campbell ein, daß auch seine Theorie nicht frei von Fehlbarkeit sei, daß manche ihrer Hypothesen sich als revisionsbedürftig erweisen könnten, doch ist seine Grundüberzeugung von fortschrittsgläubigem Optimismus geprägt: eine breite Akzeptanz sieht er für seine Annahme gesichert, daß die Naturwissenschaften (besonders die Physik, die Biologie und die physiologische Psychologie), aber auch, über ihren Rahmen hinaus, die Soziologie, die Wirklichkeit adäquat beschreiben und analysieren. Die in seine Konzeption eingebaute Revisionsbereitschaft, welche auch Quine gefordert hatte, bezeichnet er als »hermeneutische Spirale«, und er betrachtet dieses Verfahren als einen »dialektischen Prozeß«.[6]

Campbell formuliert als Hauptthese, daß »Wissen« (»knowledge«) ein Produkt biologischer Evolution ist. Er knüpft dabei an die von Charles Darwin stammende Selektionstheorie an, wonach das menschliche Wissen bzw. die menschliche Erkenntnisfähigkeit ein Resultat der natürlichen Auslese ist. Auge und Gehirn hätten ihre hochgradige Diskriminationsfähigkeit gattungsgeschichtlich erst in einem riesige Zeiträume währenden Überlebenskampf (Darwin spricht bekanntlich vom »struggle for life«) entwickelt.

Die von Campbell aufgestellte These ist also nicht sonderlich neu. Schon um die Jahrhundertwende wurde – namentlich in der monistischen Bewegung um Haeckel und Ostwald[7] – das darwinistische Evolutionsmodell auf die Erkenntnistheorie übertragen. So hatte Ludwig Stein postuliert, daß der Evolutionismus vollständig in den Kritizismus hineingebildet werden müsse. In seiner Schrift *An der Wende des Jahrhunderts. Versuch einer Kulturphilosophie* von 1899 heißt es: »Im Kampf ums Dasein erzeugt das Gehirn vornehmlich solche Vorstellungen, welche ihm diesen Kampf erleichtern.« Und an anderer Stelle: »Die Entstehungen der Anschauungen und Begriffe im menschlichen Gehirn, also die Bildung des Intellekts, haben wir uns genau so zu erklären, wie die aller übrigen Funktionen und Fertigkeiten, Neigungen und Talente des menschlichen Organismus: durch Selektion und Vererbung.«[8] Derlei Auffassungen waren um 1900 Legion. Hinzuweisen wäre in diesem Zusammenhang auch auf Autoren wie Konrad Lange und Wilhelm Jerusalem[9] sowie nicht zuletzt auf Ernst Mach, der in seiner *Analyse der Empfindungen* das »Streben nach günstiger Anpassung an die Lebensbedingungen«[10] als konstitutives Moment der Vorstellungen und Begriffe hervorhob, allen Erklärungsversuchen, sie als selbstzweckhaft zu bestimmen, also eine Absage erteilte. Im Ausland hatten, um nur zwei wichtige Theoretiker zu nennen, Théodule Ribot[11] und Herbert Spencer[12] Darwins Lehre von der Anpassung an die Lebensbedingungen ebenfalls auf geistige Prozesse übertragen. (Spencer hatte den Evolutionsgedanken teilweise schon vor Darwin als universelles Erklärungsmodell propagiert.)

Darwins Evolutionismus ist – das sehen wir heute nach den Erfahrungen des Dritten Reiches sehr viel schärfer – wegen der anfangs (nämlich um die Jahrhundertwende) weitgehend naiven, später gezielt strategischen Übertragung der Selektionstheorie auf den Bereich des Psychischen und Sozialen erheblich in Mißkredit geraten. Das Konzept der »natürlichen Zuchtwahl«, dem zufolge die begünstigten Individuen und Rassen sich durchsetzen, die »minderwertigen« verdrängt werden oder ausscheiden,[13] wurde zu einer Legitimationsideologie des Sozialbiologismus und des Faschismus, der es – wie überhaupt alle Rassismen – in ein politisches Programm umsetzte.

Wer die Darwinsche Evolutionstheorie erneuert, steht also angesichts ihrer unvorstellbar brutalen politischen Anwendungsgeschichte unter nicht geringem Rechtfertigungsdruck. Er muß zugleich eine Argumentation anbieten, die eine Alternative zu den bisher aus ihr gezogenen verhängnisvollen Konsequenzen darstellt. Campbell, der den Transfer vom Biologischen ins Nichtbiologische, d.h. in kulturelle Strukturen und Prozesse bejaht und nicht, wie viele Biologen, den Anwendungsbereich der Evolutionstheorie auf die materiellen Lebensprozesse einschränkt (was immerhin von vornherein der Gefahr ihres Mißbrauchs eine Grenze setzt), hat in der Tat einen anderen Weg beschritten als die Sozialbiologen der ersten Jahrhunderthälfte. Während diese das Biologische ins Geistige ohne Beachtung der qualitativen Differenz krude verlängerten bzw. übergehen ließen, hat Campbell die Selektionstheorie Darwins mehr als ein Strukturmodell begriffen. Er rezipiert sie stärker in einem systemtheoretischen Sinn, indem er unter Selektion einen Algorithmus versteht, der sowohl in der Natur als auch in allen anderen Systemen wirksam ist.[14] Campbell operiert demnach mit einer Homologie-Hypothese. Ihn interessieren ganz offensichtlich nicht Elitarismen rechtfertigende Konsequenzen aus der Selektionstheorie, er zieht vielmehr aus ihr kulturanalytische Schlußfolgerungen. Selektivität ist für Campbell ein universelles Muster der Selbstorganisation natürlicher und kultureller Systeme. Als Beispiel dafür lassen sich ihm zufolge die Mechanismen und (scheinbaren) Zufälligkeiten des Wissenschaftsprozesses selbst anführen, wie ihn Thomas S. Kuhn in seiner Paradigmentheorie beschrieben hat.

Campbell hat die von Descartes noch ganz aus dem Horizont metaphysischen Denkens aufgestellte Theorie von den angeborenen Ideen[15] evolutionstheoretisch zu bestätigen versucht. Seine Argumentation läuft darauf hinaus, daß Erkenntnisstrukturen zwar phylogenetisch erworben worden sind, daher als akkumulierte gattungsgeschichtliche Erfahrung »a posteriori« aufgefaßt werden können; ontogenetisch, für das Individuum, seien sie jedoch »a priori« vorhanden.[16] Wie schon Ludwig Stein strebt Campbell eine Versöhnung von Kritizismus und Evolutionismus an, er unternimmt mithin den Versuch, für kantianische Thesen eine evolutionistische Bestätigung zu liefern.

Dieser Interpretation hat sich auch Gerhard Vollmer angeschlossen, der im deutschsprachigen Bereich (neben Franz M. Wuketits, Hoimar von Ditfurth, Hans Mohr[17] u. a.) als führender Repräsentant der Evolutionären Erkenntnistheorie angesehen werden kann. Ihm geht es gleichfalls um den interdisziplinären Nachweis des Angeborenseins der Erkenntnisstrukturen. Eine wichtige Rolle spielt bei ihm argumentativ die Analyse der Korrelation von Bewußtsein und Gehirn.[18] So befaßt er sich u. a. mit den physiologischen Prozessen im Zentralnervensystem und in der Großhirnrinde sowie mit den im Elektroenzephalogramm darstellbaren Gehirnwellen, die mit bestimmten psychischen Vorgängen eindeutig verknüpft seien, wie z. B. der Beta-Rhythmus (14–30 Hertz), der Spannungs- und Angstzustände indiziere.[19] Den Idealismus der Gestaltpsychologie, die »von einer Art inneren Auges«[20] ausgehe, das Muster zugunsten einer »guten Form« projektiv vervollständige, weist er entschieden zurück, da die Raumvorstellungen mit Selektionsmechanismen von Analysatoren im Gehirn zusammenhängen. Vollmer kommt daher zu dem Ergebnis: »Die psychophysischen Entdeckungen legen die Vermutung nahe, daß jedem Bewußtseinszustand eindeutig ein Gehirnzustand entspricht oder daß überhaupt nur ein Zustand vorliegt, der verschieden – nämlich psychologisch und physiologisch – wahrgenommen wird.«[21]

Vollmer übernimmt bei seiner didaktisch klaren Darstellung der Kognitionsvorgänge, innerhalb derer er der Wahrnehmungstätigkeit besondere Aufmerksamkeit widmet,[22] weitgehend bekannte Thesen aus der psychologischen Lehrbuchliteratur. Die Abhängigkeit der Bewußtseinsvorgänge von Nervenprozessen, speziell kortikalen Dispositionen, war schon im ausgehenden 19. Jahrhundert, so von Ribot, nachdrücklich betont worden.[23] Vollmer präsentiert freilich den neuesten Stand dieser physiologischen Theorien. Auch die Vererbungsproblematik, mit der er sich im Kontext des Nachweises angeborener Erkenntnisstrukturen naheliegenderweise beschäftigt,[24] war bereits in den älteren evolutionistischen Konzeptionen intensiv erörtert worden. Neu ist bei ihm der Rekurs auf die zoologische Verhaltensforschung besonders von Konrad Lorenz,[25] der die Auffassung vertritt, daß bei Tieren unabhängig von und vor allen Erfahrungen der Gehirnstruktur und anderen Organen Klassifikationsschemata als Veranlagung fest eingefügt seien.

Auf die von der klassischen Erkenntnistheorie gestellte Frage, warum (mindestens partiell) Übereinstimmungen zwischen dem menschlichen Erkenntnisapparat und der realen Welt bestehen (es handelt sich hier um die alte Adäquations- bzw. Korrespondenzproblematik), gibt Vollmer die aus der Kenntnis der Geschichte des Darwinismus erwartbare Antwort, die zugleich seine Hauptthese ist: »Unser Erkenntnisapparat ist ein Ergebnis der Evolution. Die subjektiven Erkenntnisstrukturen passen auf die Welt, weil sie sich im Laufe der Evolution in Anpassung an diese reale Welt herausgebildet haben. Und sie stimmen mit den realen Strukturen (teilweise) überein, weil nur eine solche Übereinstimmung das Überleben ermöglichte.«[26]

Die Bewußtseinstheorie des dialektischen Materialismus

Lew S. Wygotski, Sergej L. Rubinstein und Alexej N. Leontjew

Im Zuge der Oktoberrevolution kamen in der sowjetischen Psychologie neue Konzeptionen auf, die mit der als »bürgerlich« bezeichneten »idealistischen« Bewußtseinstheorie besonders der in Deutschland, aber auch – über zahlreiche Filiationen – in Rußland dominierenden Wundt-Schule brachen.[1] Sie schlossen sich eng der Position Lenins an, der in seiner erkenntnistheoretischen Schrift *Materialismus und Empiriokritizismus*,[2] welche sich kritisch mit dem im Austromarxismus stark rezipierten Empfindungsatomismus Ernst Machs auseinandersetzte, eine Ontologie formuliert hatte, in der der Materie als »objektiver Realität« (oder Sein) der Primat vor allen Erscheinungen des Bewußtseins zuerkannt wurde. Für die jungen (in den 80er und 90er Jahren geborenen) Psychologen, die sich der Revolution angeschlossen hatten und in ihrer Wissenschaft eine radikale Neuorientierung forderten, galt es, nun gerade den Status des Bewußtseins selbst materialistisch zu erklären, ohne in das Dilemma zu verfallen, es durch seine Entgegensetzung zum materiellen Sein – letztlich dann doch wieder »idealistisch« – zu entmaterialisieren. Dieser sich auf den Nachweis immanenter Unstimmigkeit berufende Vorwurf ist später, zumal von neuthomistischer Seite,[3] in kontroversapologetischen Abhandlungen, die sich mit der offiziellen »Diamat«-Doktrin auseinandersetzten, immer wieder erhoben worden.

Der philosophische Materiebegriff des Marxismus unterscheidet sich von den meisten vorangegangenen Materialismen hauptsächlich durch seine Betonung der Bewegung: diese wird als essentielles Moment der Materie, als ihre Daseinsweise angesehen,[4] wobei davon ausgegangen wird, daß die Bewegung ebenso unerschaffbar und unzerstörbar ist wie die Materie selbst.[5] Veränderungen geschehen auf allen Ebenen: z. B. im atomaren Bereich, wo sich Elektronen um den Atomkern bewegen und sich die im Innern befindlichen Protonen und Neutronen ständig ineinander verwandeln, oder im geologischen Bereich, in dem permanent Verwitterungen stattfinden, schließlich auch im interstellaren Bereich, in dem Sterne explodieren usw. In seinem *Anti-Dühring* hatte Friedrich Engels, auf den die Konzeption des dialektischen Materialismus zurückgeht, geschrieben:

> Die Bewegung ist die Daseinsweise der Materie. Nie und nirgends hat es Materie ohne Bewegung gegeben oder kann es sie geben. Bewegung im Weltraum, mechanische Bewegung kleinerer Massen auf den einzelnen Weltkörpern, Molekularschwingung als Wärme oder als elektrische oder magnetische Strömung, chemische Zersetzung und Verbindung, organisches Leben – in einer oder der andren dieser Bewegungsformen oder in mehreren zugleich befindet sich jedes einzelne Stoffatom der Welt in jedem gegebnen Augenblick. Alle Ruhe, alles Gleichgewicht ist nur relativ, hat nur Sinn in Beziehung auf diese oder jene bestimmte Bewegungsform.[6]

Dieses Bewegungsgesetz ist im dialektischen Materialismus freilich nicht bloß naturwissenschaftlich, besser: naturgeschichtlich, aufgefaßt worden; es bot zugleich eine Grundlage für eine Erklärung auch sozialer und geschichtlicher Prozesse, denn das menschliche Bewußtsein in seiner individuellen und kollektiven Ausprägung wie das gesellschaftliche Leben als höchstentwickelte Formen der Materie seien letztlich auch aus der organischen Materie hervorgegangen, setzten mithin die Evolution lebender Organismen voraus, die

die Biologie untersucht. Auch die Vergesellschaftungsformen der höheren Spezies, besonders der Menschen, seien von Bewegungsgesetzen determiniert, die sich in der (zum Teil widerspruchsvollen) Abfolge von Gesellschaftsformationen manifestieren.

Es versteht sich von selbst, daß in diesem universellen Zusammenhang der Genesis und Funktion des menschlichen Bewußtseins sowie ihrer Erforschung eine besondere Bedeutung beigemessen wurde. Legte die in den Schriften der marxistischen »Klassiker« formulierte Antithetik von Sein und Bewußtsein paradoxerweise, d. h. unbeabsichtigt, eine Extrapolierung des Bewußtseins aus dem materiellen Sein nahe,[7] so bot sich über die konsequent ausgebildete natur- und gesellschaftshistorische Theorie einer universellen Dynamik die Möglichkeit, den in eine Aporie geratenden Dualismus durch eine schlüssigere monistische Sicht zu überwinden. Diese vermochte also zu zeigen (zumindest stellte sie sich dies als Aufgabe), daß Bewußtsein – bzw. Psychisches überhaupt – nicht etwas »Spirituelles« ist, sondern sehr wohl der Materie angehört oder aus ihr, in einem qualitativen Sprung, hervorgeht.

An diesem Punkt setzten nun die Psychologen der frühen Sowjetunion an. Eine besondere Relevanz erlangte dabei die Theorie des frühverstorbenen Lew S. Wygotski, der bei seinen antisubjektivistischen Untersuchungen zum Bewußtsein zunächst die Reflexologie Pawlows zugrunde legte (welcher die These vertrat, daß Bewußtsein das Ergebnis akkumulierter individueller Antwortreaktionen des Organismus auf äußere Reize sei[8]), dann aber, wie Jaroschewski gezeigt hat,[9] seit Mitte der 20er Jahre zu einer kulturhistorischen Theorie des Bewußtseins überging. Wygotski wandte sich also von einem der Reflexologie (und dem Behaviorismus) inhärenten ahistorischen Naturalismus ab und gab nun einem soziologischen Modell den Vorzug, das sich mehr im Rahmen des historischen Materialismus bewegte. Die Frage der Vorgeschichte des Psychischen, seiner Herausbildung aus früheren Formen der Materie, spielt bei ihm allenfalls eine untergeordnete Rolle.

In Wygotskis kulturhistorischer Theorie wird als bewußtseinskonstituierender Faktor der Gebrauch von Werkzeugen hervorgehoben. Wygotski zeigte, daß die geistige Produktion in die materielle eingeflochten ist, sich daher von der Arbeit nicht trennen läßt. Psychisches, besonders das Denken, entsteht ihm zufolge im Produktionsprozeß durch die Entwicklung von Zeichen, vor allem von Sprachzeichen, die nicht an sich existieren, sondern aus der menschlichen Kommunikation hervorgehen.[10] Mit der Genese der Sprache, der Wortzeichen, setzte eine Befreiung aus der »biologischen Gefangenschaft« ein. Bewußtsein wird von Wygotski als Resultat der kulturellen Entwicklung der Menschheit angesehen.[11]

In ähnlicher Weise – jedoch weniger »soziologistisch« als Wygotski – argumentierte seit den späten 20er und besonders in den 30er Jahren auch Sergej Leonidowitsch Rubinstein, der, aus Odessa stammend, wo er kurz nach der Oktoberrevolution Dozent für Psychologie an der dortigen Universität geworden war, 1932 den Lehrstuhl für Psychologie des Pädagogischen Instituts »Alexander Herzen« in Leningrad übernommen hatte und in dieser Position zu einem der führenden Psychologen der Sowjetunion aufstieg. Ihm lag ebenfalls daran, den Dualismus von Bewußtsein und Praxis bzw. Tätigkeit zu überwinden und zu zeigen, daß beides letztlich eine Einheit bildet. Dabei griff Rubinstein, wie teilweise vorher auch schon Wygotski, Ansätze Jean Piagets auf, die damals bereits auf eine Theorie der kognitiven Operation hinausliefen, und verband diese Überlegungen mit Ergebnissen eines eigenen intensiven Studiums der Frühschriften von Marx, die mehr einen anthropologischen Charakter tragen.

Rubinstein legte seine Position zunächst in den 1935 veröffentlichten *Grundlagen der Psychologie* dar, die später in erweiterter Form unter dem Titel *Grundlagen der allgemei-*

nen Psychologie erschienen. Hier behandelt er im zweiten Teil[12] zunächst das Problem der Entwicklung in der Psychologie überhaupt, geht also auf Fragen der Abfolge von Instinkt, Fertigkeit und Intellekt ein, wendet sich dann speziell der Entwicklung des Verhaltens und der Psyche der Tiere zu,[13] um sich schließlich dem eigentlichen Hauptthema, der Anthropogenese und der historischen Entwicklung des menschlichen Bewußtseins, zu widmen. Die Menschwerdung wird auf eine veränderte Lebensweise des aus dem Propliopithecus (aus der Epoche des Oligozäns) hervorgegangenen Urmenschen zurückgeführt, auf die Gewöhnung an den aufrechten Gang, auf die Veränderungen der Extremitäten und des Gehirns, deren anatomische und physiologische Besonderheiten als Resultat einer Anpassung an die Bedingungen der Arbeit und der Verwendung von Werkzeug erklärt werden.[14]

Im Anschluß an Engels[15] wird die Entwicklung der Hand als für die Evolution des Bewußtseins konstitutiv betrachtet. Sie wird nicht bloß instrumentell gesehen, sondern als »Erkenntnisorgan«:[16] »Die vielgestaltigen Berührungen im Arbeitsprozeß regten die Empfindungsfähigkeit der Hand an und führten, indem sie die Struktur der peripheren Rezeptoren beeinflußten, zur Vervollkommnung des Tastsinns. Durch das aktive Ertasten des Gegenstandes lernte die Hand, die verschiedenen Sinnesqualitäten und damit die Merkmale und Eigenschaften der vom Menschen bearbeiteten Gegenstände zu differenzieren.«[17] All dies führte aber auch zu einer Ausdifferenzierung aller anderen Sinnesorgane, besonders des Gesichts- und des Gehörsinnes, schließlich zur Entwicklung spezialisierterer sensorischer Hirnzentren, der Ausbildung eigentlicher sensorischer und motorischer Zonen, der peripheren und effektorischen Apparate mit ihrem Reichtum an Assoziationsfasern.

Das Bedürfnis nach Zusammenarbeit im engeren Verkehr der Menschen begünstigte die Herausbildung der Sprache: sie sei, so betont Rubinstein, durch die Arbeit und gemeinsam mit ihr entstanden.[18] Sprache sei keineswegs bloß auf das individuelle Bewußtsein beschränkt, sondern diene vorwiegend der Bewahrung gesellschaftlicher Erfahrungen, Beobachtungen und Kenntnisse. Sprache hatte im Vorgang der Anthropogenese also weitgehend die Funktion der Bewußtseinsbildung.

Diese Auffassung vertrat Rubinstein auch später in seinem für die Psychologie der Sowjetunion epochemachenden Werk *Sein und Bewußtsein* (1957). Dort heißt es: »Die Sprache ist die gesellschaftliche Form des Bewußtseins des Menschen als eines gesellschaftlichen Individuums.« Rubinstein fügt aber einschränkend hinzu:

> Es ist jedoch falsch, das Bewußtsein einfach der Sprache gleichzusetzen, es auf die Funktion der Sprache zu reduzieren. (Diese keineswegs neue Tendenz ist bei uns in letzter Zeit im Zusammenhang mit dem Begriff des zweiten Signalsystems wieder aufgelebt.) Die richtige These vom notwendigen Zusammenhang zwischen Bewußtsein und Sprache wird falsch, wenn dieser als ein sich selbst genügender Zusammenhang betrachtet und vom Zusammenhang zwischen Bewußtsein und gesellschaftlicher Tätigkeit der Menschen sowie dem darin erworbenen Wissen isoliert wird. Nur wenn die Sprache auch in diesem Zusammenhang gesehen und nicht für sich allein betrachtet wird, ergibt sich ihr für das Bewußtsein notwendiger Charakter.[19]

Sein und Bewußtsein enthält eine auf der Grundlage einer materialistischen Psychologie fundierte Erkenntnistheorie. Die Bemühung der frühen sowjetischen Psychologen, den Dualismus von Psychischem und Materie zu überwinden, wird auch hier fortgeführt. Es sei irreführend, sagt Rubinstein, eine solche Dichotomie vorzunehmen. Dadurch, daß das Physische im psychophysischen Prozeß an die Stelle des

Materiellen gesetzt werde, werde fälschlicherweise das Psychische als nicht-materiell ausgegrenzt. »Das Psychische als spezifische Bewegungsform der Materie auf der höchsten Stufe der Entwicklung darf ebensowenig der materiellen Welt als Ganzes gegenübergestellt werden, denn das Psychische ist eine der Bewegungsformen, eine der Formen der materiellen Welt.«[20]

Für Rubinstein ist also das Psychische durchaus etwas Materielles, lediglich dessen »gnostische« Seite; die Qualität des Subjektiven und Ideellen, die (als »Abbild«) das Resultat der psychischen Tätigkeit seien, erscheine als vom materiellen Sein losgelöst. Durch die gnostische Beziehung zwischen Subjekt und Welt werde die ontologische Einheit des Seins jedoch keineswegs aufgelöst. Dies sei schon darin begründet, daß die Widerspiegelung eine universelle Eigenschaft der Materie sei. Diese bestehe darin, »daß jede beliebige Einwirkung einer Erscheinung auf eine andere durch die inneren Eigenschaften jener Erscheinung ›gebrochen‹ wird, auf die sich die Einwirkung richtet. Die Widerspiegelungstheorie meint also zuerst eine allgemeine ontologische Qualität des Seins; in der Erkenntnistheorie erhält diese dann einen spezifischen Inhalt.«[21]

Diese These schließt ein, daß »Abbild« nicht als losgelöster, verselbständigter, ideeller Gegenstand aufgefaßt wird, ohne Beziehung zum realen Gegenstand:

> »Wenn wir sagen, der Begriff ist das ›Abbild‹ der objektiven Realität, so meinen wir, der psychische Denkprozeß geht in seinem Resultat über seine ›Produkte‹ (die Begriffe) in den Bereich des objektiven (arithmetischen, geometrischen, physikalischen usw.) Wissens über. Die Begriffe sind sowohl Produkt der menschlichen Denktätigkeit als auch objektiver Inhalt des Wissens, Widerspiegelung des Seins, Form seiner widergespiegelten Existenz.«[22]

Auffallend ist hier die Betonung des prozessualen und relationalen Moments. »Widerspiegelung« wird von Rubinstein also nicht als Abklatsch oder isomorphe Kopie aufgefaßt, sondern als Vorgang, der zunächst einmal an die höhere Nerventätigkeit gebunden, dann aber auch über komplizierte interne Denkvorgänge vermittelt ist, die mit der Empfindung beginnen und über die Wahrnehmung als »sinnliche Erkenntnis« sich als abstraktes Denken fortsetzen,[23] wobei Abstrahieren bedeute, Wesentliches von Nebensächlichem zu unterscheiden.[24]

Rubinstein betont nachdrücklich die Einheit von Sinnlichem und Rationalem. Dies ist auch die Auffassung von Alexejew Nikolajew Leontjew, der, 1903 geboren, Mitte der 20er Jahre noch mit Wygotski zusammengearbeitet hatte. Seine Studien zur Lerntheorie, in der eine ausgearbeitete Epistemologie steckt, hatten vor allem in den 70er Jahren großen internationalen Einfluß auf pädagogische Konzeptionen, die davon ausgingen, daß Lernvorgänge hauptsächlich als Verinnerlichung von Handlungen zu begreifen seien. Die schon bei Wygotski entwickelte Handlungstheorie ist bei ihm – wie auch bei P. J. Galperin und seiner Schule[25] – konstitutiv für seine Theorie der Erkenntnis und des Bewußtseins.

Dabei liegt der Akzent seiner Analysen auf der Psychologie der Bedeutungen,[26] aus denen sich Bewußtsein letztlich zusammensetze. »Bedeutung« definiert Leontjew als eine »Verallgemeinerung der Wirklichkeit, die in ihrem Träger – dem Wort oder der Wortkombination – kristallisiert ist. Sie ist die ideelle, geistige Form, in der die gesellschaftliche Erfahrung, die gesellschaftliche Praxis der Menschheit enthalten ist.«[27] Bedeutungen werden von der Gesellschaft produziert, haben also eine objektive Existenz im gesellschaftlichen Bewußtsein, zugleich werden sie aber von jedem Individuum »subjektiviert« und erhalten so eine neue Beziehung oder Bewegung. Leontjew unterscheidet zwischen Bedeutung und Sinn. Während im einen Fall eine (erlernte) Identifizierung des Objekts stattfindet, und zwar auf die Weise, daß die Objekte gleichsam in das Leben des Menschen »eindringen«,[28] ist der Sinn jeweils motivational bedingt, oft situativ, in jedem Fall aber an die spezifische Realität des Subjekts gebunden. Bedeutungen werden also durch sinnliche Erfahrungen aktualisiert und »psychologisiert«, zu einem »Für-sich-Sein des konkreten Subjekts«.[29]

Wie bei Piaget, aber doch noch sehr viel stärker gesellschaftshistorisch, wurde von den materialistischen Psychologen der Versuch unternommen, eine genetische Epistemologie zu entwerfen. Erkenntnis wird nicht – wie etwa bei Husserl – platonisierend in einen apriorisch noematischen Bereich als ideales Sein verlegt, sondern als Prozeß aufgefaßt, der an die gesellschaftliche Praxis gebunden ist. Für die Analyse dieses Prozesses gilt, gleichsam als Kriterium und Formulierung einer theoretischen Perspektive, das Wort von Marx: »Allein auch wenn ich wissenschaftlich etc. tätig bin, eine Tätigkeit, die ich selten in unmittelbarer Gemeinschaft mit anderen ausführen kann, so bin ich *gesellschaftlich*, weil als *Mensch* tätig. Nicht nur das Material meiner Tätigkeit ist mir – wie selbst die Sprache, in der der Denker tätig ist – als gesellschaftliches Produkt gegeben, mein *eignes* Dasein ist gesellschaftliche Tätigkeit.«[30]

Radikaler Konstruktivismus und systemtheoretische Epistemologie

Humberto Maturana und Niklas Luhmann

In den letzten zwei Jahrzehnten hat sich in der Epistemologie ein radikaler Wandel vollzogen: Unter dem Einfluß der kurz nach dem Zweiten Weltkrieg von Norbert Wiener begründeten Kybernetik[1] wurde namentlich von naturwissenschaftlicher Seite, zumindest nominell, eine Entsubjektivierung der Erkenntnistheorie proklamiert. Es ist in diesen Entwürfen, die sich unter den Klassifikationsbegriff einer allgemeinen Systemtheorie subsumieren lassen und mitunter als »radikaler Konstruktivismus«[2] bezeichnet werden, von menschlichen Subjekten kaum noch die Rede, statt dessen jedoch, neutraler, von »lebenden Systemen«.

Besonders der chilenische Biologe Humberto R. Maturana hat gefordert, Kognition nicht mehr unter dem Gesichtspunkt abbildtheoretisch gefaßter Realitätsaneignung zu betrachten, sondern systemtheoretisch als ein internes, in sich geschlossenes relationales Gefüge, bei dem wissenschaftlich lediglich der Aspekt des Funktionierens oder, wie er sagt, des Operierens von Interesse sein soll.[3] Seine analytischen Bemühungen konzentrieren sich demnach nur noch auf das Problem der Mechanismen und Prozesse, die innerhalb des neuronalen Netzwerks eines lebenden Systems ablaufen. Indem das Augenmerk auf den immanenten biologischen Funktionsablauf der Kognition gerichtet wird, verflüchtigt sich die in der Wissenschafts- und Erkenntnistheorie sonst dominierende Frage nach der Objektivität der Erkenntnis ins Nichts. Maturana klammert sie bewußt aus bzw. verneint sie (im herkömmlichen Sinne) agnostizistisch.

Mit der Rückweisung des Objektivitätspostulats geht zwangsläufig eine Leugnung der Möglichkeit, Wahrheit zu ergründen, einher. Überhaupt spielen alle Momente, die in der klassischen Epistemologie von vorrangiger Relevanz waren, keine Rolle mehr. Diese war ja besonders semiotisch ausgerichtet, vorwiegend also bezogen auf die Thematisierung der Bedingungen und Modalitäten von Zeichen der psychischen Innen- und der physikalischen Außenwelt sowie ihre Interpretation durch das menschliche Bewußtsein.[4] Maturanas Konzeption nähert sich in der Wahrheitsfrage derjenigen des amerikanischen Pragmatismus an, bei dem Wahrheit nicht im alten platonischen Sinne als ein idealer, den wahrnehmbaren Gegebenheiten zugrunde liegender Sachverhalt begriffen wird, sondern lediglich als Resultat eines erfolgreich abgeschlossenen kommunikativen Austausches.[5]

Bei Maturana ist freilich an Stelle des Kommunikationsaspekts mehr der Gesichtspunkt der biologischen Anpassung wichtig. Seine Frage lautet: »Was findet in lebenden Systemen in einer solchen Weise statt, daß sie in der Lage sind, in einem bestimmten Bereich – einschließlich der Sprache – wirksam und erfolgreich zu operieren?«[6] Wie in der Analytischen Philosophie kommt auch bei Maturana der Sprache als Medium der Beschreibung eine herausragende Funktion zu. Sie ist das Instrument des Wissenschaftlers, der sich selbst ebenfalls als lebendes System begreifen muß, das hier aber in der Position eines Beobachters sich befindet, der sich dem Funktionsablauf lebender Systeme deskriptiv zuwendet. Indem Maturana die Figur des »Beobachters« einführt, setzt er implikative Prämissen, die sich mit seiner Generaldefinition von Erkenntnis (Kognition) nicht vereinbaren lassen. Denn der Beobachter ist stets auf Objekterfassung fixiert. Beobachten schließt eo ipso immer ein Wahrnehmen und Ins-Auge-Fassen ein. Als solches ist es aber der Modus einer Kognition, die auf Informationsverarbeitung, mithin Deutung von Zeichen, zielt. Semiologische und informationelle Aspekte schließt Maturana jedoch kategorisch aus (»Ich frage nicht nach Bedeutung, Information oder Wahrheit, sondern ich frage nach Mechanismen und Prozessen«[7]). Insofern ergibt sich hier ein Widerspruch zwischen den Definitionen der behaupteten Sachverhaltsebene und ihrer Meta-Ebene, die, da es sich in beiden Fällen um Kognitionen »lebender Systeme« handeln soll, eigentlich gleich strukturiert sein müßten.

Maturanas biologisches Modell der Kognition basiert, wie bereits erwähnt, auf kybernetischen Vorstellungen. Der Organismus bzw. das ihn am Leben erhaltende neuronale System wird nach dem Vorbild der Theorie Norbert Wieners, die während des Zweiten Weltkriegs aus den Erfordernissen der Kriegstechnik hervorgegangen war und Erkenntnisse aus der Regelungs-, Schwachstrom- und Nachrichtentechnik integrierte, als selbstregulative Maschine mit Kontakt- und Reihenschaltungen bzw. Relais betrachtet.[8] Es handelt sich dabei also um eine aktualisierte Variante der Maschinenmetapher in der Aufklärungsphilosophie des 18. Jahrhunderts.[9]

Unter »System« wird (im mathematischen Sinne) eine Menge von Elementen verstanden, zwischen denen Relationen bestehen, die ebenfalls eine Menge bilden. Diese Menge der Relationen wird als »Struktur« definiert. Die Reichhaltigkeit der Struktur eines Systems wird durch den Begriff der »Organisation« bezeichnet. Maturana spricht in diesem Zusammenhang bei »Organisation« von den Komponenten, »die eine zusammengesetzte Einheit als Einheit einer bestimmten Klasse definieren«.[10] »Struktur« hingegen bezeichnet ihm zufolge die »tatsächlichen Bestandteile und Beziehungen, die eine bestimmte zusammengesetzte Einheit zu einem konkreten Fall einer bestimmten Klasse von Einheiten machen«.[11] Daraus folge:

> (a) nur eine zusammengesetzte Einheit besitzt Organisation und Struktur, während eine einfache Einheit nur Eigenschaften hat; (b) die Beziehungen, die die Organisation einer zusammengesetzten Einheit konstituieren, bilden eine Untermenge der Beziehungen, die

> an ihrer Struktur beteiligt sind; (c) die Klassenidentität einer zusammengesetzten Einheit bleibt unverändert, solange ihre Organisation unverändert bleibt; und (d) eine zusammengesetzte Einheit kann strukturelle Veränderungen ohne Verlust der Klassenidentität durchmachen und deshalb strukturell plastisch sein.[12]

Was eine »Einheit« ist, bleibt der Definition des Beobachters überlassen. Es kann sich um »einfache Einheiten« handeln und solche, die zusammengesetzt sind und aus Komponenten bestehen. Es wird hier also das alte Problem des Nominalismus revitalisiert, was als »Individuum« anzusehen ist: ob schon ein Organ, eine Extremität bzw., noch minimalisierter, ein Atom bzw. (mit Leibniz) eine Monade, oder ein größerer komplexer Organismus (wie der pflanzliche, tierische oder menschliche Körper) im Raum, innerhalb dessen er zwangsläufig existiert bzw. sich bewegt. Für den Nominalismus war diese Frage im Hinblick auf die Klärung der mit dem Individualitätsstatus eng verbundenen Ich-Identität von höchster Bedeutung.[13] In der biologischen Systemtheorie tritt dieses Problem jedoch gänzlich in den Hintergrund. Vom Ich der Individuen ist in ihr so gut wie gar nicht die Rede, denn der Begriff des Individuums ist aufgegangen in dem gegen alle Subjektivitätsvorstellung völlig indifferenten Terminus des »lebenden Systems«.

Die »lebenden Systeme« werden nun charakterisiert durch das sie konstituierende Hauptmerkmal der »Autopoiesis«. Damit ist schlicht das Prinzip fortgesetzter Selbstregularität gemeint. Die Systeme – als in sich geschlossene, dynamisch funktionierende Einheiten – erhalten ihren Bestand durch Rekursivität. Alles, was in ihnen an Interaktionen zwischen den Elementen abläuft – also konkret: alle neuronalen Prozesse –, dient der Bewahrung der Organisation des Systems. Die Systeme sind homöostatisch angelegt, es gibt zwar gelegentlich Verschiebungen oder Veränderungen bei den Elementen und ihren Relationen, aber sie können durch einen kompensatorischen Rückkoppelungseffekt wieder ausgeglichen werden, so daß die Autopoiesis nicht beeinträchtigt wird. Intern sind also keine Ursachen oder Anlässe für selbstdestruktive Veränderungen, die zu einer Auflösung des Systems führen könnten, möglich. Diese liegen grundsätzlich nur vor, wenn Kollisionen zwischen dem einen und einem anderen System stattfinden.

Hinter dem in der Systemtheorie wie eine Zauberformel eingesetzten Begriff der »Autopoiesis« verbirgt sich also bei näherem Hinsehen nichts anderes als der alte Lebensbegriff. Wie dessen »Wesen« sich einer Letzterklärbarkeit entzieht, so ist auch »Autopoiesis« – bei aller antimetaphysischen Tendenz der Systemtheorie – nichts weniger als eine metaphysische Kategorie, eine Hypostase, die alles erklären soll, obwohl sie selbst, zu einer anonymen Wesenheit geronnen, erst noch einer Explanation bedürfte. Es verwundert daher kaum, daß diese explikative Leerstelle von Theologen wie Jürgen Moltmann[14] postulatorisch mit der Vorstellung von Gott gefüllt wird, der ja schon in der Scholastik als »actus purus«, mithin als autopoietisches System, aufgefaßt wurde.[15]

Maturana hebt bei den lebenden Systemen hervor, daß sie »struktur-spezifiziert« seien.[16] Damit ist gemeint, daß alles, was ihnen zustoßen kann, sich aus den Eigenschaften ihrer Elemente erklären läßt. Interagiert ein System mit einer anderen von ihm unabhängigen Einheit, kann diese zwar selektierenden Einfluß auf das System haben, die Modifikationen, die sich innerhalb des Systems dann ergeben, werden aber durch die eigene Struktur spezifiziert. Dies resultiert aus der kybernetischen Idee des Rückkoppelungsprinzips innerhalb eines geschlossenen Regelkreises. Maturana macht seine Kognitionstheorie nun speziell am Netzwerk des Nervensystems fest, das ebenfalls ein geschlossenes System darstelle, welches keine Input-Output-Oberflächen besitze. Nur dem Beobachter erscheine es so, als ob das Nervensystem ein offenes neuronales Netzwerk verkörpere mit Rezeptoren bzw. Sensoren als Input und Effektoren als Output. Selbst im interzellularen Spalt einer Synapse könnte der Eindruck entstehen, daß dieser Spalt eine offene, Umgebung schaffende Stelle sei. Faktisch wird die Geschlossenheit des Nervensystems jedoch durch die vielfältigen strukturbestimmten Aktivitäten der Neuronen erzeugt.[17]

Damit ist Maturanas kybernetisches Modell eines autopoietisch aktiven lebenden Systems weitgehend skizziert. Entscheidend in unserem Zusammenhang ist nun, wie er das Phänomen der Kognition bestimmt. So wie er das Wahrheitsproblem nach Art des Pragmatismus durch Hinweis auf den operationalen Erfolg löste, so definiert er analog auch die Spezifität der Erkenntnis durch das Kriterium des Erfolgs. Kognition sei »in Wirklichkeit die Realisierung der Autopoiese des lebenden Systems in (einem) Medium«.[18] Insofern hat Kognition nicht eigentlich etwas mit Einsicht und Verstehen zu tun, wovon die bisherige Erkenntnistheorie ausging, sondern sie wird ausschließlich operational aufgefaßt, als »erfolgreiches Operieren eines lebenden Systems«. Daß in diesem Kontext Wahrheit und Falschheit als Orientierungskategorien keinen Platz haben können, versteht sich dann fast von selbst. Sie werden folglich rein immanent bestimmt und nur gemessen am Parameter des Systems selbst. Selbst intersubjektive Aspekte spielen bei der Wahrheitsfrage keine Rolle. Jedes Handeln, das für einen Außenstehenden (mit anderem Parameter) nicht sinnvoll erscheint, ist für den Handelnden durchaus richtig oder wahr, da er nur nach seinen eigenen strukturellen Determinationen handelt.[19] Maturana konstruiert damit eine autistische, solipsistische Welt der Individuen. Kognition ist ausschließlich durch Selbstreferentialität definiert, Fremdverstehen wird radikal ausgeschlossen. Insofern steht seine Theorie trotz der biolog(ist)ischen Fundierung ganz in der Tradition egologischer Bewußtseinsphilosophie. Es ist daher nicht ganz zufällig, daß sein auf die Spitze getriebener Immanentismus in den

Geisteswissenschaften von Autoren adaptiert wurde, die *in aestheticis* immer schon eine immanentistische Position vertreten hatten, so von Siegfried J. Schmidt, der sich in Deutschland angelegentlich um die Rezeption und Verbreitung der Thesen Maturanas bemüht hat.[20] Wie aber von der neuronalen Ebene ein Übergang in die Sphäre des semiotischen Verstehens möglich sein soll, haben weder Maturana selbst noch seine literaturwissenschaftlichen Adepten[21] überzeugend darlegen können. Maturanas Definition der Kognition scheint zwar – wie alles in der Systemtheorie – auf universelle Geltung angelegt zu sein, tatsächlich ist sie doch sehr restriktiv formuliert, denn sie schließt ja gerade qualitative Momente wie Einsicht, Begreifen, mentale Verarbeitung aus. Andererseits verwendet Maturana, wenn er konkret wird, stets Beispiele, in denen es um Sinnverstehen (oder, wegen des Solipsismus, um nicht gelungenes Sinnverstehen) geht. Aber abgesehen davon, daß er damit ohnehin schon auf die sonst von ihm nicht gewollte hermeneutische Ebene gerät, muß der Beobachterstandpunkt, den seine Super-Theorie einnimmt, die Systeme, die er geschlossen halten will, öffnen. Denn sonst könnte er die Interaktionen der lebenden Systeme, auch da, wo sie scheitern, gar nicht beschreiben. Wenn geschlossene Systeme wie in der Erkenntnistheorie George Berkeleys[22] nach außen hermetisch abgedichtet sind, ihre Wahrnehmungen also nur »inner sensations«, reine Konstruktionen des Bewußtseins darstellen, wie kann dann ein Beobachter, der doch selbst als ein solches System konfiguriert sein soll, Kenntnis von all den vielen anderen »lebenden Systemen« (d. h. Individuen) und ihren Denkweisen haben und sogar beurteilen können, woran intersubjektive Verständigungen scheitern?

Die Grenzen von Maturanas Epistemologie werden hier sehr deutlich. Wenngleich er es gelegentlich nicht vermeiden kann, dem Problem des Sinnes Einlaß in seine Theorie zu gewähren, so sind »Sinn« und sein Korrelat, das Verstehen, eigentlich nicht das Thema seiner Theorie. Der operationalistisch gefaßte Kognitionsbegriff schließt eine solche qualitative Dimension gänzlich aus.

Anders dagegen hat Niklas Luhmann, der mitunter auch auf Maturana hinweist,[23] diesem Problem weitgreifende Reflexionen gewidmet. Sein systemtheoretischer Ansatz bezieht sich schwerpunktmäßig auf soziale Systeme; als Soziologe steht Luhmann, der zunächst den Strukturfunktionalismus Talcott Parsons'[24] aufgegriffen und erweitert hatte, auch in der Tradition der philosophischen Hermeneutik, wie z. B. seine zahlreichen Referenzen auf Husserl[25] bezeugen, bei dem semiotische Fragestellungen, vermittelt über die Diskussion des Ausdrucksbegriffs, durchaus von zentraler Bedeutung waren.[26] Luhmanns Systemtheorie stellt den Anspruch auf maximale Validität. Sein Systembegriff deckt nicht nur die Sphäre des Sozialen ab, sondern auch alle anderen Systeme der Realität. Dafür führt er den Terminus der Emergenz ein, womit ein Konzept benannt ist, demzufolge es Transformationen von Ordnungsprinzipien gibt, also Übergänge von einer Seinsschicht zu einer anderen (um mit Nicolai Hartmann zu reden). So gibt es ein Überwechseln von der Sphäre des Anorganischen zu der des Organischen, von der Sphäre des Biologischen zu Sinnsystemen. Man kann hier auch von Transformationen der Codes sprechen. All diese Prozesse geschahen und geschehen evolutionär auf der Grundlage der Selbstorganisation, deren Ziel es ist, die angewachsene interne Komplexität des jeweiligen Systems zu reduzieren, woraus das »Bedürfnis« nach neuen Ordnungsprinzipien oder Codes entsteht.

So ist »Sinn« nach Luhmann also eine revolutionäre Errungenschaft, die sowohl von psychischen als auch von sozialen Systemen benutzt wird.[27] Luhmann unterscheidet bewußt diese beiden Systemarten, die in einer Co-Evolution entstanden seien und sich am Sinn ausdifferenziert hätten,[28] wobei er die These vertritt, daß psychische Systeme im Gegensatz zu sozialen nicht-semiotisch organisiert seien. Sinn ist nicht, wie man anthropozentrisch zu denken gewohnt ist, an einen Träger, ein »Subjekt« oder ein anderes ontisches Substrat, gebunden, sondern etwas sich selbst Tragendes, denn Sinn ermögliche seine eigene Reproduktion selbstreferentiell.[29]

> Weder Bewußtsein noch Kommunikation ist ein Kandidat für eine solche Rolle [gemeint ist: Träger von Sinn zu sein, N. Sch.]. Erst die Form der Vernetzung, die zugleich Bedingung der Möglichkeit von Aktualität und Bedingung der Möglichkeit autopoietischer Reproduktion ist, hebt Bewußtsein bzw. Kommunikation ab. Nur an der Verweisung auf Anderes kann Bewußtsein sich selbst realisieren, und dasselbe gilt mit andersartigen Bezügen auch für Kommunikation. ›Träger‹ ist mithin, wenn man diesen Ausdruck beibehalten will, eine *Differenz* in den Sinnverweisungen, und diese Differenz hat ihrerseits ihren Grund darin, daß alle Aktualisierung von Verweisungen *selektiv* sein muß.[30]

Der Aspekt der Differenz bzw. Differenzierung ist konstitutiv für Luhmanns Epistemologie.[31] Ein zentrales Postulat ist bei ihm, Erkenntnistheorie nicht rein bewußtseinstheoretisch oder gar transzendentalphilosophisch à la Kant zu fundieren, sondern anzuerkennen, daß sie eingebettet sein muß in emergente Ordnungen. Sie muß also, mit einem Wort von Willard Van O. Quine, »naturalisiert« werden.[32] So wie in der »Erfahrungswelt« Prozesse wie Emergenz, Selbstreferenz, Entropie/Negentropie usw. stattfinden, so muß auch die Epistemologie wie alle Wissenschaftstheorie entsprechend angelegt sein und überhaupt als selbstreferentieller Prozeß begriffen werden,[33] für den als Grundvorgang derjenige des Diskriminierens »im Sinne des operativen Einführens und Handhabens einer Differenz«[34] festzustellen sei.

Wie Adorno in seiner *Negativen Dialektik* oder Derrida

in *L'écriture et la différence* achtet auch Luhmann auf das »Andere« der Differenz, auf das »Woraufhin« der Unterscheidung.[35] Es kristallisiere sich dabei jedoch der Sachverhalt heraus, daß Differenzschemata wie schon in der »Erfahrungswelt« so auch in der Forschung und der sie reflektierenden und zugleich selbstreferentiellen Epistemologie kontingent strukturiert seien, was mit dem Vorgang der Autopoiesis zusammenhänge,[36] der als »Explosivstoff«[37] in der Systemtheorie und, sekundär, auch in der Erkenntnistheorie wirke. Dies mag beunruhigend, verunsichernd wirken, ja mit einem Moment der Willkür verbunden sein, aber für Luhmann gibt es unter dem Gesichtspunkt der Emergenz dennoch Perspektiven auf Gewährleistung einer Epistemologie, die mit der Realität Kontakt hält. Er geht davon aus, daß nach dem an Parsons[38] angelehnten handlungstheoretischen Konzept der »doppelten Kontingenz« sich innerhalb des sozialen Systems (nicht jedoch auf der Ebene des Psychischen, weil es dort »Sinn« noch nicht gibt) Akkordierungen ergeben, denn die Aktanten Ego und Alter (auf die Parsons das soziale System elementaristisch und modellhaft reduziert hatte) ponderieren sich mit ihren prinzipiell nicht vorhersehbaren Erwartungshaltungen so miteinander aus, daß innerhalb des sozialen Systems ein »autokatalytisch« wirkender Prozeß stattfindet, in dem die bereitliegenden Materialien »auf einer emergenten Ebene der Realität neu organisiert« werden.[39] Jedoch entstehen mit jeder neuen emergenten Stufe neue Unsicherheiten, die dann durch spezifische, sich autopoietisch wieder ausbildende Techniken der Komplexitätsreduktion erneut beseitigt werden usw. ad infinitum.

Luhmanns Theorie ist also, was ihren epistemologischen Teil betrifft (letztlich aber auch ihren Grundansatz), optimistisch gestimmt, da sie trotz der Feststellung des verunsichernden Kontingenzprinzips auf eine objektive Selbstregularität der Systeme vertraut. Insofern kann er ohne Bedenken, ja mit einer gewissen Belustigung ob des Besorg-

Grundbegriffe der Systemtheorie (N. Luhmann)

(Zeichnung nach: D. J. Krieger, Einführung in die Systemtheorie, München 1996, S. 13ff.)

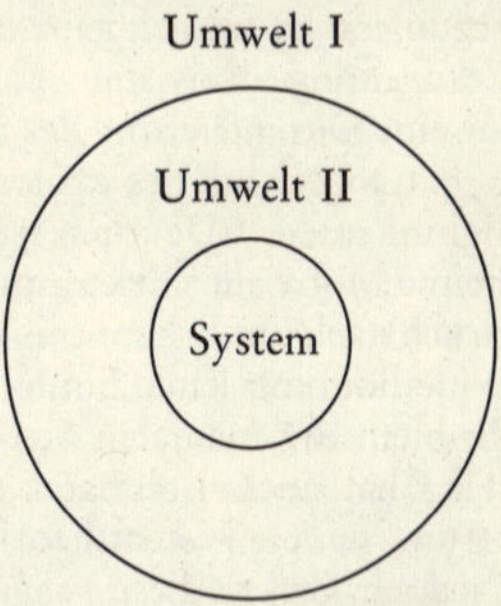

Umwelt I: hier sind alle Verbindungen im Sinne der Thermodynamik gleichwahrscheinlich. Sie wird als »Urstoff« bzw. »Chaos« aufgefaßt.

Umwelt II: Sphäre, die in relativem Bezug zum System steht, im Gegensatz zu diesem aber nicht organisiert ist, keine Handlungsfähigkeit aufweist und durch offene Horizonte gekennzeichnet ist.

System: ein geordnetes Ganzes, gekennzeichnet durch Komplexität und Organisation bzw. Verknüpfungskapazität der Elemente. Seine Konstituierung und Selbsterhaltung erfolgt durch Autopoiesis und Regulierung der Differenz zur Umwelt.

nischarakters herkömmlicher Metaphysikentwürfe auf epistemologische Absolutheitsansprüche verzichten. Indem er auf die autopoietischen Mechanismen baut, die alles wieder ins Lot bringen, kann er dem unvorhersehbaren, unkalkulierbaren Spiel der Kontingenzen stattgeben. Damit nähert sich seine von aller Anthropozentrik sich abwendende Systemtheorie der argumentativ freilich ganz anders aufgebauten Konzeption des Dekonstruktivismus von Jacques Derrida an, der auch für eine Dezentrierung des Subjekts plädiert und keine Ängste hat angesichts des explosiven Flottierens freigewordener Signifikanten.[40] Deutlich wird aber auch bei Luhmann das geheime Motiv aller Erkenntnistheorie: daß es ihr nur dem Anspruch nach um Erkenntnis in ihrem qualitativ-modalen oder methodologischen Sinne geht, weit mehr jedoch um das Problem der mentalen Stabilitätsgewißheit. Nicht von ungefähr hat auch Luhmann den Aspekt des »Sinns« ins Zentrum seiner Systemtheorie gerückt. Das Neue bei ihm ist jedoch, daß er diese Frage nicht mehr bewußtseinstheoretisch angeht – das Thema der Apperzeption, des Ich-begründenden konszientialen Zusammenhalts der psychischen und kognitiven Prozesse, bewegt ihn nicht –, sondern, perspektivisch gesehen, von einer Warte jenseits individueller Selbstreflexion bzw. weit über der partikularen Welt des Subjekts. Selbstreferenz verbindet sich bei ihm mit Fremdreferenz; diese, der objektive Systemrahmen, ist das theoretisch Primäre, die Selbstreferenz läuft lediglich mit.

Erkenntniskritik als Gesellschaftskritik

Jürgen Habermas

Jürgen Habermas' revisionsfördernder Einfluß auf das epistemologische und methodologische Selbstverständnis der Geistes- und Sozialwissenschaften ist kaum noch abschätzbar.[1] Seit der zweiten Hälfte der 60er Jahre war namentlich er es, der neben Adorno, Horkheimer und Marcuse, den damals noch lebenden Begründern der Kritischen Theorie, nachhaltig die Grundlagen des kurrenten Wissenschaftsbetriebs in Frage stellte. Seine Einklagung einer Reflexion des gesellschaftlichen Gesamtzusammenhangs, in den wissenschaftlich produzierte Erkenntnis eingebettet ist, wurde nicht zuletzt durch den universellen Geltungsanspruch provoziert, den in der Soziologie der im wesentlichen durch Karl R. Popper und Hans Albert repräsentierte Kritische Rationalismus erhob. Popper hatte die These vertreten, daß es in den Sozialwissenschaften eine »rein objektive Methode« gebe, die »unabhängig von allen subjektiven oder psychologischen Ideen entwickelt werden« könne.[2]

Vielleicht irritierte die Vertreter der Kritischen Theorie nicht so sehr Poppers Falsifikationismus und sein Anknüpfen an die sokratische Idee des Nichtwissens, das stufenweise beseitigt und in immer besseres Wissen umgewandelt werden könne, als der damit verbundene Optimismus, in dem Adorno eine den Status quo sanktionierende affirmative Haltung sah. Adorno wandte sich darüber hinaus entschieden gegen die, wie er meinte, auch bei Popper dogmatisierte Kategorie der Wertfreiheit, die sich seit ihrer Einführung durch Max Weber in den Sozialwissenschaften kritiklos und unbefragt verselbständigt habe.[3] Zwar hatte auch Popper eingeräumt, daß ein Wissenschaftler nie ohne Wertungen leben könne, aber er bezog dies doch mehr auf dessen alltäglich-privaten Bereich, nicht auf die Wissenschaft selbst, die von axiologischen Momenten frei sein müsse. Gerade diese Trennung aber attackierte Adorno. Er sah in dem Aufkommen der Kategorie des Wertes (und entsprechend des gegen ihn gebildeten Postulats der Wertfreiheit) als sozialwissenschaftlichem Basalterminus eine Erscheinungsform der Verdinglichung unter kapitalistischen Verhältnissen, denn der Wertbegriff sei erst im 19. Jahrhundert (wie er vermutet: erstmals bei Lotze) der politischen Ökonomie entlehnt worden und bezeichne ein Tauschverhältnis,

> ein Sein für anderes. In einer Gesellschaft, in der alles zu einem solchen, fungibel geworden ist [...], hat sich dies ›Für anderes‹ in ein ›An sich‹, ein Substantielles, verhext, als welches es dann unwahr wurde und sich dazu schickte, das empfindliche Vakuum nach dem Gefallen herrschender Interessen auszufüllen. Was man nachträglich als Wert sanktionierte, verhält sich nicht äußerlich zur Sache, steht ihr nicht χωρίς gegenüber, sondern ist ihr immanent. Die Sache, der Gegenstand gesellschaftlicher Erkenntnis, ist so wenig ein Sollensfreies, bloß Daseiendes – dazu wird sie erst durch die Schnitte der Abstraktion –, wie die Werte jenseits an einem Ideenhimmel anzunageln sind. Das Urteil über eine Sache, das gewiß der subjektiven Spontaneität bedarf, wird immer zugleich von der Sache vorgezeichnet und erschöpft sich nicht in subjektiv irrationaler Entscheidung wie nach *Webers* Vorstellung.[4]

Diese Äußerung findet sich in dem Korreferat, das Adorno im Oktober 1961 zu Poppers Hauptreferat *Die Logik der Sozialwissenschaften* auf der Tübinger Arbeitstagung der Deutschen Gesellschaft für Soziologie hielt. Mit dieser Entgegnung entspann sich eine Kontroverse, in die Habermas mit einem Adorno zu seinem 60. Geburtstag gewidmeten Aufsatz unter dem Titel *Analytische Wissenschaftstheorie und Dialektik* (1963)[5] eingriff. Auf Habermas antwortete wiederum Hans Albert, der der Kritischen Theorie vorwarf, dem »Mythos der totalen Vernunft« zu huldigen (1964).[6] Noch einmal meldete sich Habermas zu Wort, indem er Alberts »Pamphlet« zurückwies,[7] der wiederum darauf replizierte (1965).[8] Diese Debatte, an der sich auch Harald Pilot und Ralf Dahrendorf beteiligten, ist in die Wissenschaftsgeschichte als der »Positivismusstreit in der deutschen Soziologie« eingegangen. Für Habermas war diese Auseinandersetzung der Ausgangspunkt für sein epochales Werk *Erkenntnis und Interesse*, dessen Titel bald zu einer allenthalben (ob verstanden oder nicht) gebrauchten Konversationsformel im akademischen Betrieb wurde.[9]

Es ging in den ausgetauschten Polemiken also um die Validität der epistemologischen Legitimationsbasis des Positivismus, der namentlich in der Kölner Schule unter René König in enger Bindung an Forschungsaufträge aus der Wirtschaft als Methode gepflegt wurde. Die Mannheimer Schule unter Hans Albert, die in Anlehnung an Popper nahezu ausschließlich wissenschaftstheoretisch argumentierte (also weniger an der Forschungspraxis beteiligt war), begriff sich zwar in der Tradition einer logische Prinzipien zugrunde legenden Theorie, distanzierte sich jedoch von dem älteren Positivismus etwa des Wiener Kreises, der ja vom Verifikationsmodell ausging (somit nicht fallibilistisch verfuhr wie Popper). Adorno und teilweise auch Habermas wurde von Albert vorgehalten, eine Chimäre zu bekämpfen, mit der er sich nicht identifiziere.[10] Für Adorno mochte dies, zumindest was die angegriffenen Argumentationsmuster betraf, materialiter zutreffen. Bei Habermas sah die Sache indessen schon anders aus. Ihm lag sehr daran, das aktuelle Niveau der spät- oder postpositivistischen Theoriemodelle einschließlich der Analytischen Philosophie aufzuarbeiten, um seine Kritik gegen bequeme Abfertigungen durch die Ge-

genseite zu immunisieren. Besonders intensiv geschah dies bei ihm in seinem zu einer umfangreichen Abhandlung ausgewachsenen Literaturbericht *Zur Logik der Sozialwissenschaften*, der zunächst (1967) in der *Philosophischen Rundschau* (Bd. 14, Beih. 5), später auch in erweiterter Ausgabe als Buch erschien (1970). Hier wurden neben dem Kritischen Rationalismus auch alle anderen relevanten soziologischen Theorien, etwa die des Strukturfunktionalismus (R. K. Merton, T. Parsons u. a.) oder der von der Phänomenologie beeinflußten Ethnomethodologie (z. B. A. Schütz, H. Garfinkel) kritisch referiert, ferner linguistische Positionen (von Wittgenstein bis Chomsky), schließlich auch der besonders von Gadamer vertretene hermeneutische Ansatz. Daneben interessierte sich Habermas angelegentlich für semiotische Theorien des amerikanischen Pragmatismus (Peirce, Morris). Während Adorno diese neueren Konzeptionen nur sehr selektiv wahrnahm und diskutierte – sein Parameter waren doch mehr die Theorien der 20er bis 40er Jahre –, ließ sich Habermas auf sie besonders intensiv ein, in einem solchen Maße sogar, daß viele ihrer Ideen fermentartig in seinen späteren Überlegungen zum »kommunikativen Handeln« Spuren hinterließen: im Vorgang der Kritik vollzog sich bei ihm zugleich eine behutsame Assimilation an das Kritisierte. Dies zeigt sich besonders in seiner Adaption linguistischer Theoreme, die nachmals für seine Idee einer »Universalpragmatik« konstitutiv werden sollten.

In den 60er Jahren intendierte Habermas jedoch noch nicht, eine ausdifferenzierte sozialwissenschaftliche Epistemologie oder gar Methodologie zu entwickeln. Im Vordergrund stand vorwiegend der kritisch-dialektische Aspekt. Was ihn freilich von Adorno und Horkheimer, den »Vätern« der Kritischen Theorie, unterschied, war die Abwendung vom Prinzip einer kompromißlos »negativen Dialektik«, die, ganz auf Dissonanz mit dem Bestehenden angelegt, sich weigerte, in diesem noch etwas Akzeptables zu entdecken, geschweige denn auf die Utopien zu vertrauen, die das kapitalistische System vorgaukelt. Aber nicht nur dessen Utopien waren spätestens seit Auschwitz für Adorno und Horkheimer diskreditiert, wie der pessimistische, melancholische Tenor ihrer *Dialektik der Aufklärung* verdeutlicht, auch in einer sozialistischen Alternative vermochten sie kein Glücksversprechen zu erkennen, dem man zuversichtlich und gläubig noch hätte folgen können.

Diese Frontstellung gegen kapitalistisch organisierte Gesellschaftssysteme einerseits, gegen sozialistische, von der Marxschen Theorie her sich begründende andererseits ist auch beim frühen Habermas bemerkbar. Auf der Ebene der Erkenntnis- und Wissenschaftstheorie spiegelt sie sich *zum einen* in der Kritik am modernen Empirismus in den Sozialwissenschaften, der affirmativ Dienstleistungen für das kapitalistische System erbringt, und zwar methodisch auf die Weise, daß er von der Hypothese empirischer Gleichförmigkeiten ausgeht, um ökonomisch und sozialtechnologisch verwertbare Resultate zu prognostizieren. Habermas kommt dabei zu dem Schluß: »Die Erkenntnisfunktion der modernen Wissenschaften muß daher im Zusammenhang mit dem System gesellschaftlicher Arbeit begriffen werden: sie erweitern und rationalisieren unsere Gewalt technischer Verfügung über gegenständliche oder, gleichviel, vergegenständlichte Prozesse der Natur und der Gesellschaft.«[11]

In *Erkenntnis und Interesse* kritisiert Habermas *zum andern* auch an Marx (und dem nachfolgenden staatlich institutionalisierten Marxismus), daß er »die Idee einer Wissenschaft vom Menschen« »durch die Identifikation mit Naturwissenschaft verdunkelt« habe. Er hätte Hegels Kritik am Subjektivismus der Kantschen Erkenntnistheorie aufnehmen und materialistisch weiterentwickeln müssen:[12] »Marx hat diese Idee der Wissenschaft nicht entfaltet, er hat sie durch die Gleichsetzung der Kritik mit Naturwissenschaft sogar desavouiert. Der materialistische Szientismus bestätigt nur noch einmal, was der absolute Idealismus bereits vollzogen hatte: die Aufhebung der Erkenntnistheorie zugunsten einer von ihren Fesseln gelösten Universalwissenschaft, hier freilich nicht des absoluten Wissens, sondern eines wissenschaftlichen Materialismus.«[13]

Unübersehbar ist Habermas' Rekurs auf den Marx der *Pariser Manuskripte* mit ihrer in der Kritik der Entfremdung angedeuteten Subjekttheorie. Eine Reformulierung des »wissenschaftlichen Materialismus« scheint ihm angesichts der instrumentalistischen Tendenz, die schon bei Engels mit seiner Übertragung naturdialektischer Gesetze auf den historischen Prozeß folgenreich einsetzte, vonnöten zu sein. Auch der wissenschaftliche Materialismus erliegt – wie der Stalinismus beweise[14] – der Gefahr, herrschaftsaffirmativ zu werden.

So wohne beiden Wissenschaftsmodellen eine objektivistische Tendenz inne, die dem verdrängten Äußeren anheimfalle und daher ideologisch werde.[15] Letztlich geht es Habermas um die Rettung des Subjekts und seines Anspruchs auf Mündigkeit, die – so eine seiner zentralen Grundannahmen – mit der Struktur der Sprache gesetzt sei. In unausgesprochener Anlehnung an Benjamins geschichtsphilosophische Thesen,[16] jedoch von deren Beschreibung materieller Leidensverhältnisse übergehend zur ideellen Sphäre der Kommunikation, postuliert er eine Philosophie, welche »im dialektischen Gang der Geschichte die Spuren der Gewalt entdeckt, die den immer wieder angestrengten Dialog verzerrt«.[17] Sein Vorhaben ist die historische Rekonstruktion des Unterdrückten mit dem (utopischen) Ziel, einen »herrschaftsfreien Dialog aller mit allen« zu entfalten. Wissenschafts- bzw. Erkenntniskritik geschieht bei ihm somit in emanzipatorischer Absicht. Die »Selbstreflexion der Wissenschaft«[18] als Freilegung des Unterdrückungszusammenhanges war für Habermas zunächst nur ein Prolegomenon zu einer Gesellschaftstheorie, die er erst noch auszuarbeiten gedachte.

In *Erkenntnis und Interesse* hat Habermas – teilweise auf Anregungen von Alfred Lorenzer – das selbstreflexive Moment prototypisch am Aufdeckungsverfahren der Psychoanalyse exemplifiziert, die »uns eine technische Verfügungsgewalt über die kranke Seele« nicht einräume.[19] Die Psychoanalyse vereint Kausalanalyse mit dem hermeneutischen Begreifen des Sinnzusammenhangs durch das Subjekt. In dieser individuell zu leistenden Aufarbeitung lebensgeschichtlicher Deformationen sieht Habermas den »psychoanalytische[n] Schlüssel zu einer Gesellschaftstheorie, die [...] mit der Marxschen Rekonstruktion der Gattungsgeschichte auf eine überraschende Weise konvergiert«.[20] Ähnlich der Selbstreflexion in der psychoanalytischen Therapie, bei der Theorie und Heilung koinzidieren, hätte eine emanzipatorische Gesellschaftstheorie die »verzerrte [...] Kommunikation, die Verhaltenszwang und falsches Bewußtsein determiniert«,[21] durch gattungshistorische Analyse aufzulösen.

In der voluminösen *Theorie des kommunikativen Handelns* (1981) unternimmt Habermas den Versuch, eine Gesellschaftstheorie zu formulieren, »die sich bemüht, ihre kritischen Maßstäbe auszuweisen«.[22] Wenngleich es nicht seine Absicht ist, eine Erkenntnistheorie mit anderen Mitteln auszuarbeiten, so bemüht er sich doch darum, transzendentalpragmatisch die normativen Grundlagen der Kritischen Theorie freizulegen, die bei deren erster Generation, etwa bei Adorno und Horkheimer, ungeklärt blieben. Damit Emanzipation stattfinden kann, bedarf es der Sprache, in der handlungsfähige Subjekte, die ihrer mächtig sind, Wissen interaktiv verwenden. Dies ist die Voraussetzung für Rationalität, die immer nur kommunikativ, in Sprechhandlungen, stattfinden kann, und zwar vor dem Hintergrund einer Lebenswelt, deren Praxis auf Erzielung eines Konsenses angelegt ist. Nicht von ungefähr rekurriert Habermas auf die Sprechakttheorie von Austin und Searle,[23] die gleichsam Ursituationen der Sprachverwendung klassifiziert hatten.[24] Solcher »idealer Sprechsituationen« und damit verbundener Geltungsansprüche unterscheidet Habermas drei Typen:

- die *Konstativa*, die einen Geltungsanspruch auf die Wahrheit des propositionalen Gehalts erheben (der Sprecher bezieht sich auf etwas in der objektiven Welt);
- die *Expressiva* (oder *Repräsentativa*), die eine Wahrhaftigkeit der intentionalen Äußerung zum Ausdruck bringen (es geht hier um die Enthüllung eines dem Sprecher »privilegiert zugängliche[n] Erlebnis[ses]«)[25]
- die *Regulativa*, die eine normative oder wertmäßige Richtigkeit des geäußerten Satzes beanspruchen.

Habermas ist davon überzeugt, daß in allen Gesellschaften, auch den »primitiven« (mindestens seit dem Übergang von der gestenvermittelten zur symbolischen Interaktion an der Schwelle zur Menschwerdung), dieses Sprechaktmodell performiert wird, so daß sich darauf eine »Universalpragmatik« begründen lasse. Deutlich wird hier Habermas' Anlehnung an die Wahrheitstheorie des amerikanischen Pragmatismus, denn Wahrheit wird seiner Meinung nach im wesentlichen diskursiv, durch kommunikative Handlungen, die auf Konsens und damit auf Zustimmung des Gesprächspartners abzielen, ermittelt. Nur so komme Rationalität überhaupt erst zustande. Eine subjektivistische Bewußtseinsphilosophie, das Modell vieler älterer Epistemologien, muß Habermas daher verwerfen.

So gelangt Habermas letztlich – ähnlich wie Karl-Otto Apel, der von einem »Apriori der Kommunikationsgemeinschaft« spricht[26] – zu anthropologischen Invarianten, die er durch eine evolutionstheoretische Begründung zu untermauern sucht. In der Geschichte der sprachlichen Kommunikation, die sich schon früh gegenüber der Natur und der Gesellschaft bis zu einem gewissen Grade verselbständigte,[27] vollziehe sich ein Prozeß der Ausdifferenzierung, in dem ein Wahrheitsanspruch bewußt werde.[28]

Eine Stützung seiner These sucht er aber auch durch eine intensive Auseinandersetzung mit Rationalitätsproblematisierungen von Klassikern der Soziologie (M. Weber, Parsons, Mead, Durkheim usw.), Ethnologie und Philosophie zu gewinnen. Es geht ihm aber offensichtlich nicht allein um diese Erarbeitung der Universalpragmatik (die er auch »Formalpragmatik« nennt); vielmehr hat er ein politisch-soziales Problem im Blick, nämlich das Problem der Bewältigung von Widersprüchen, die in der Moderne, an deren »Projekt« er festhält,[29] infolge der Kolonialisierung der Lebenswelten, deren Medium die kommunikative Verständigung mittels Sprache ist, durch das System entstanden sind, das von Ökonomie und Administration beherrscht wird und dessen Medien Geld und Macht sind. Er greift damit die alte (von Lukács in die marxistische Diskussion gebrachte) Verdinglichungsproblematik auf und erörtert sie mit Kategorien der Handlungs- und Systemtheorie neu. (Der Begriff der »Lebenswelt« ist der Husserlschen Phänomenologie bzw. der sich daran anschließenden soziologischen Theorie von Alfred Schütz entlehnt. »Lebenswelt« wird, so auch von Habermas, als vortheoretische Ganzheit definiert, die unreflektiert und intuitiv den Subjekten immer schon als selbstverständliches Hintergrundwissen bewußt ist. Sie bildet den in Alltagserfahrungen aufgebauten Horizont für Verständigungen im Sinne des Common sense.)

Die Lebenswelten, die sich nur kommunikativ reproduzieren können, werden von den systemischen Effekten der Monetarisierung, Bürokratisierung und Verrechtlichung derart durchdrungen, daß sie ihre Resistenz zu verlieren drohen. Konkurrenz und Leistungsdruck beherrschen jetzt auch Sphären der Alltagspraxis, die vormals dagegen gefeit waren. Die politisch-ideologischen Konsequenzen, die aus dieser Diagnose gezogen werden könnten: daß man entweder konservativ traditionale Werte beschwört (was jedoch angesichts der Dynamik des Systems widersinnig ist) oder in resignativer Aufklärungskritik die Rationalitätskonzeption ablehnt, weist Habermas zurück. Gerade im Festhalten am Modell kommunikativer Rationalität, das freilich entschieden von dem der Zweckrationalität abgegrenzt werden muß, sieht er noch eine letzte Chance, daß die pathologischen Auswirkungen der systemischen Überformung der Lebenswelt in der Gesellschaft überwunden werden können.

Praxeologie als Epistemologie des Sozialen

Pierre Bourdieu

Zeitlich parallel zum Positivismusstreit in der deutschen Soziologie setzte auch in Frankreich eine kritische Auseinandersetzung mit traditionellen sozialwissenschaftlichen Methoden und Theorien ein. Hier wie dort ging es um den Geltungsstatus objektivistischer Ansätze, die zumeist im Namen der Wertfreiheit auftraten und auf Grund dessen für sich Infallibilität beanspruchten. Belegten Vertreter dieser Positionen ihre Kontrahenten mit dem Vorwurf der Ideologielastigkeit, so versuchten diese im Gegenzug den Nachweis zu führen, daß die vermeintliche Interesselosigkeit sehr wohl außerwissenschaftliche Funktionen erfülle und Zwekken diene, die, meist unbewußt, derart interiorisiert seien, daß sie die Axiomatik der szientifischen Methode und somit auch die Durchführung der Forschungsprogramme modifizieren.

Scharfe Kritik an einer Naturalisierung der Epistemologie (und Methodologie) hat besonders Pierre Bourdieu geübt, der die Kategorien, mit denen die Kulturwissenschaften und die Soziologie arbeiten, auf den Prüfstand hebt.[1] Indem er sowohl jeglichen idealistischen Apriorismus und Nativismus, die Vorstellung von einer »unbefleckten Erkenntnis«, zurückweist als auch den Glauben an die Verläßlichkeit und untrügliche Verbürgtheit mit exakt-empirischen Methoden erhobener Daten erschüttert, betreibt er konsequent eine Soziologisierung der Epistemologie. Eine Reinheit und Unschuld des Denkens, das unmittelbar seines Gegenstands gewiß wäre, ist ihm zufolge einer Illusion verfallen. Es bleibt abstrakt und ist überdies oft, indem es seine Einstellung und Methode – stillschweigend oder explizit – zur universellen Norm erhebt, von elitärer Anmaßung nicht frei. Jede wissenschaftliche Disziplin gehorcht einem kulturellen Code, der sozialisatorisch erworben und über Schulzusammenhänge distinktionsbildend[2] und sozial abgrenzend eingeübt wird. Sie bringt darüber hinaus epistemozentrische Muster, Schemata und Regelsysteme hervor, die mit der Praxis – als ihrem Gegenstand – gleichgesetzt werden. So sieht Bourdieu etwa bei Noam Chomsky (von dem er durchaus viel für seine eigene Theorie aufgegriffen hat) die Gefahr, daß dieser die Prinzipien der transformationellen Grammatik mit den real wirksamen Prinzipien im Kopf eines Aktanten verwechselt. In gleicher Weise hält er Claude Lévi-Strauss vor, er habe in seiner *Strukturalen Anthropologie* und anderen ethnologischen Schriften das von ihm in Anlehnung an Prinzipien der Phonologie usw. entworfene Regel- und Ordnungssystem als mentale Struktur der Eingeborenen selbst ausgegeben.[3]

So ist ein Kernstück der »Theorie der Praxis«, die Bourdieu entfaltet, die Reflexion der Bedingungen, unter denen die Wissenschaften (und konkret: die Intellektuellen) diese Praxis traktieren und kategorial ordnen. Aber auch diese auf der Metaebene stattfindende Reflexion bedarf wiederum einer epistemologischen Basis, und so ist es nicht verwunderlich, daß auch Bourdieu – sogar in äußerst trennscharf differenzierender Terminologie – ein kategoriales System entwickelt, das, was zunächst paradox erscheinen mag, oft genau den Positionen entlehnt ist, die er kritisiert. Unübersehbar ist seine Adaptierung strukturalistischer Interpretationsmethoden, so wenn er Oppositionen oder Nachbarschaftsbeziehungen, überhaupt Interdependenzen von kognitiven und/oder moralischen Begriffen im symbolischen Austausch (re)konstruiert.[4] Ebenso kann nicht entgehen, wieviel er dem Linguistic turn in all seinen Schattierungen – von Wittgensteins »Sprachspielen« bis hin zu Chomskys Kompetenz/Performanz-Modell[5] – verpflichtet ist. Verfehlt wäre es, ihm Inkonsequenz vorzuwerfen, wenn er einerseits all diese Methoden und Ansätze einer Kritik unterzieht, sich andererseits jedoch ihres Repertoires an Regeln und Interpretationsprinzipien bedient. Der Widerspruch ist insofern nur scheinbar, als Bourdieu die Legitimität oder Ergiebigkeit dieser Analyse-Patterns nicht grundsätzlich in Frage stellt, sondern lediglich, von den ihnen gelegentlich immanenten Mängeln und Inkonsistenzen einmal abgesehen, ihre methodologischen Prämissen und ihren gesellschaftlichen Funktionszusammenhang.

Bourdieu hat nie die Fruchtbarkeit empirischer Methoden – Skalierungsverfahren, Ermittlung von Konjunkturen, Preiskurven usw. – in Frage gestellt, die auf die Aufdeckung objektiver, den konkreten, aber undurchsichtigen Verhältnissen zugrunde liegender Strukturen zielen. Mit großer Skepsis schätzt er indessen ihren extensiven Wahrheitsanspruch ein, denn zur ganzen Wahrheit gehört nicht nur das abstrakt in Zahlen und Relationen Geronnene, sondern auch die gelebte Praxis. Daher ergibt sich für ihn die Forderung, eine Theorie der Praxis zu entwickeln, die beides: subjektive Erfahrungen und objektive Strukturen (die als verselbständigte Mächte jene in dem Maße determinieren, wie sie sich aus ihnen aufbauen) in einen sinnvollen Zusammenhang bringt. Unter »Praxis« ist dabei der gesellschaftliche Prozeß der Veränderung und Transformation der historisch vorgefundenen Wirklichkeit zu verstehen, näherhin die konkrete menschliche Tätigkeit.[6]

Bourdieus Praxis-Konzept ist bis zu einem gewissen Grade von Althussers strukturalem Marxismus geprägt,[7] der das vornehmlich von Lukács vertretene Determinationsverhältnis von materieller Basis und ideologischem Überbau zurückweist und statt dessen lieber von einer einheitlichen Praxis spricht, bei welcher Ökonomie und Ideologie nicht gleichsam vertikalisiert erscheinen (der Ideenhimmel über der Materie schwebend), sondern in die Relation einer Koexistenz gesetzt sind.[8] Das Ideologische wird bei Althusser also nicht extrapoliert, sondern ist als Beziehung zwischen den Menschen und der Welt, als notwendige Antwort auf die existentiellen Herausforderungen,[9] ein in vielfältigen Erscheinungsformen auftretender integrierender Bestandteil der Praxis. Während Marx betonte, daß Ideen allein überhaupt nichts ausführen könnten[10] und dies ausschließlich die gegenständliche Tätigkeit bewirke, hebt Althusser die Umgestaltungspotenz der »ideologischen Apparate«[11] hervor, die nicht geringer als das Veränderungspotential der ökonomischen Strukturen sei.

Im Gegensatz zu Althusser hat Bourdieu sein Praxis-Konzept nicht auf einem Anti-Humanismus[12] fundiert, d. h. auf einer kühlen Analyse objektiver sozioökonomischer Strukturen, die mit einer humanozentrischen Sicht bricht. (Gegen die »Philosophie ohne Subjekt« hat er sich schon früh ausgesprochen.[13]) Das handelnde Subjekt ist für ihn durchaus von zentraler Bedeutung. Das zeigt sich besonders in seiner Theorie des »Habitus« und seinem Postulat einer »praxeologischen« Erkenntnis.

In seinen früheren Schriften verwendete Bourdieu den Begriff des Habitus im wesentlichen zunächst nur in kunstsoziologischen Zusammenhängen. In seinem Nachwort zur französischen Übersetzung von Erwin Panofskys Buch *Gothic Architecture and Scholasticism*[14] arbeitet er Homologien zwischen den »mental habits«[15] gotischer Baumeister und zeitgenössischer Scholastiker heraus. Beide seien einem gemeinsamen, vergleichbare Denk- und Argumentationsmuster ausbildenden Habitus verpflichtet (Bourdieu greift damit selbst einen scholastischen Terminus auf und formt ihn zu einer soziologischen Kategorie um).

In Anlehnung an Chomsky definiert Bourdieu »Habitus« »als ein System verinnerlichter Muster, die es erlauben, alle typischen Gedanken, Wahrnehmungen und Handlungen einer Kultur zu erzeugen – und nur diese«.[16] Mit einem weiteren scholastischen Begriff bezeichnet er das Vermögen, auf Grund eines verinnerlichten, generativ wirkenden Codes Muster und Schemata in unterschiedlichen kulturellen Bereichen hervorzubringen, als »modus operandi«.[17] Für die kunstgeschichtliche Forschung fordert Bourdieu daher:

»Tatsächlich hat man sich, um die Entstehung kreativer Grundmuster zu erklären, dem besonderen *Habitus* des Künstlers als solchem zuzuwenden und ihn als das vereinigende und explikative Prinzip für ein dem Anschein nach disparates Zusammenspiel von Verfahrensformen anzusehen, die einer Existenz erst zu ihrer Einzigartigkeit verhelfen.«[18]

An diesem Zitat wird bereits deutlich, daß Bourdieu zwei wissenschaftliche Zugangsweisen synthetisieren will: die mehr subjektbezogene, welche aber für sich genommen blind und unkritisch bleibt, und die mehr von objektiven Strukturen ausgehende, die zwangsläufig vernachlässigt, daß es immer konkrete Individuen sind, welche sie realisieren und beleben.

Später hat Bourdieu, so in seinem *Entwurf einer Theorie der Praxis*, »Habitus« zu einer allgemeinen wissens- und kultursoziologischen Kategorie erweitert. Er sagt von ihm, daß er ein »System dauerhafter und versetzbarer Dispositionen« sei, das, »alle vergangenen Erfahrungen integrierend, wie eine *Handlungs-, Wahrnehmungs- und Denkmatrix* funktioniert«. Dank der »analogischen Übertragung von Schemata« gestatte es dieses System, »Probleme gleicher Form zu lösen«. Darüber hinaus ermögliche es, »dank der von jenen Resultaten selbst dialektisch geschaffenen Korrekturen der erhaltenen Resultate, [...] unendlich differenzierte Aufgaben zu erfüllen«.[19]

> Der Habitus, dieses durch geregelte Improvisationen dauerhaft begründete Erzeugungsprinzip – *principium importans ordinam ad actam*, wie die Scholastiker formulieren –, bringt Praxisformen und Praktiken hervor, die in dem Maße, wie sie dahin tendieren, die den objektiven Produktionsbedingungen ihres Erzeugungsprinzips immanenten Regelmäßigkeiten zu reproduzieren, [...] sich weder aus den punktuell als Summe der Stimuli, die jene Praxisformen hervor-

> gerufen zu haben scheinen, definierten objektiven Bedingungen noch aus den Bedingungen unmittelbar deduzieren lassen, die das dauerhafte Prinzip ihrer Produktion geschaffen haben; aus dem folgt, daß jene Praxisformen nur derart erklärt werden können, daß die objektive *Struktur*, die die sozialen Bedingungen der Produktion des Habitus, der sie erzeugt hat, definiert, in Beziehung gesetzt wird zu den Anwendungsbedingungen dieses Habitus, d. h. zu der jeweiligen *Konjunktur*, die, außer bei radikalen Umbrüchen, einen partikularen Zustand dieser Struktur repräsentiert.[20]

An anderer Stelle wird »Habitus« folgendermaßen definiert: »Der Habitus stellt die universalisierende Vermittlung dar, kraft deren die Handlungen ohne ausdrücklichen Grund und ohne bedeutende Absicht eines einzelnen Handlungssubjekts gleichwohl ›sinnhaft‹, ›vernünftig‹ sind und objektiv übereinstimmen; dabei bildet der Teil der Handlungen, der noch für deren eigene Produzenten im dunkel verbleibt, jenes Moment, durch das diese Handlungen den andern Handlungen und Strukturen, deren Produktionsprinzip das Produkt selbst ist, angepaßt werden.«[21]

Aus diesen komplizierten Satzperioden, die mit ihren Parenthesen und Einschüben der verwickelten und komplexen Dialektik des Habitus-Begriffs gerecht zu werden suchen, lassen sich vereinfacht folgende Definitionsaspekte herauslesen:

- »Habitus« ist gekennzeichnet als eine Vermittlungsinstanz zwischen Struktur und Praxis;
- er stellt ein generatives Prinzip, einen Code, dar;
- er ist ein an Handlungssubjekte gebundenes, verinnerlichtes Produktionsprinzip;
- als solches ist er hervorgegangen aus den sozialen Bedingungen (der Praxis), geht aber nicht in ihnen auf;

- als verinnerlichtes Produktionsprinzip aktualisiert sich der Habitus weitgehend unbewußt;
- die durch ihn improvisiert, also nicht (immer) planmäßig, erzeugten Strukturen sind trotz des unbewußten Charakters ihrer Hervorbringungen dennoch sinnhaft, sie haben – als kulturelle Objektivationen – eine symbolische Qualität. (Bourdieu spricht daher auch in Anlehnung an Ernst Cassirer und Erwin Panofsky von »symbolischen Formen«.[22])

In Bourdieus Theorie einer praxeologischen Erkenntnis hat sein Konzept des Habitus also einen bedeutenden Stellenwert, denn in dem handelnden Subjekt, das über ihn aktualisierend verfügt, vollzieht sich ein doppelter Prozeß, nämlich zum einen eine Interiorisierung der Exteriorität und zum andern eine Exteriorisierung der Interiorität.[23]

Mit dieser Theorie sucht Bourdieu sowohl den Unzulänglichkeiten der subjektivistischen Konzeptionen in den Sozialwissenschaften zu entgehen als auch die (schon genannten) Schwächen der objektivistischen Konzeptionen zu überwinden. Beiden Positionen gesteht er aber ein begrenztes bzw. relatives Recht zu. Sie in starrer Alternative oder Opposition sehen zu wollen, hält er für unbegründet, ja »rituell«.[24]

Nicht zu leugnen sind die Spontaneitätsmomente in den Handlungen des Subjekts. Falsch aber wäre es, sie (mit methodischen Konsequenzen) absolut zu setzen, wie es sowohl der symbolische Interaktionismus[25] als auch die auf Husserls »Lebenswelt«-Theorie zurückgehende Ethnomethodologie von Alfred Schütz[26] oder Harold Garfinkel[27] tun. Beide soziologischen Richtungen, die Bourdieu dem Subjektivismus zurechnet, sehen die Wahrheit in den primären Erfahrungen mit der sozialen Welt, in dem »*Vertrautheits*verhältnis mit der vertrauten Umgebung«.[28]

Eine ähnliche Einseitigkeit zeigt sich bei der Verabsolutierung der objektiven Strukturen, mithin beim Objektivismus, dessen Paradigmen für Bourdieu, wie erwähnt, der Strukturalismus und manche linguistische Theorien (Saussure, Chomsky) sind. Indem der Objektivismus ein System objektiver Relationen und Strukturen ermittelt (sie aber auch teilweise postulativ konstruiert), läuft er Gefahr, die objektive Welt als etwas Vorgegebenes, und zwar gleichsam natürlich Vorgegebenes, auszugeben. Er übersieht dabei den produktiven, generativen Anteil der Subjekte. Zugleich führt die Überzeugtheit von der Richtigkeit oder Wahrheit der ermittelten bzw. konstruierten Strukturen und Relationen leicht zu einem Verzicht auf Selbstreflexion, auf die Ausklammerung des eigenen Erkenntnisstandpunkts. (Einen ähnlichen Vorwurf hatte Habermas in den 60er Jahren dem Neopositivismus und – vielleicht zu Unrecht – dem Kritischen Rationalismus gemacht.[29])

Diese Selbstreflexion hat Bourdieu immer wieder praktiziert: ihm sind die unaufhebbaren Paradoxien durchaus bewußt, die sich aus der kritischen Destruktion wissenschaftlicher Autorität durch eine selbst ausgeübte Autorität ergeben. In seiner *Leçon sur la leçon* hat er diesen Sachverhalt thematisiert und zu seiner Rechtfertigung angemerkt:

> Nichts ist jedenfalls weniger zynisch, weniger machiavellistisch als jene paradoxen Aussagen, die die Grundlage der Macht, welche sie selber ausüben, darstellen oder bloßstellen. Kein Soziologe, der das Risiko auf sich nehmen würde, den dünnen Schleier des Glaubens oder der Unwahrhaftigkeit zu zerreißen, aus dem der Zauber der Institutionsfrömmigkeit gewebt ist, glaubte er nicht selber an die Möglichkeit und Notwendigkeit, den Freiraum gegenüber der Institution, den Soziologie verschafft, zu einem allgemeinen werden zu lassen; glaubte er nicht an die befreiende Kraft der am wenigsten illegitimen symbolischen Macht, die der Wissenschaft, und zumal in Gestalt einer Wissenschaft

von den symbolischen Mächten, mit dem Vermögen, den gesellschaftlichen Subjekten die Herrschaft über jene trügerischen Transzendenzen wieder zu überantworten, die durch Verkennung und Verleugnung stets aufs neue erzeugt werden.[30]

Feministische Epistemologie in den USA

Lynn Hankinson Nelson, Nancy C. M. Hartsock,
Sandra Harding, Lorraine Code

Es war ein Verdienst der Kritischen Theorie und einer historisch argumentierenden Soziologie des Wissens, dargelegt zu haben, daß jegliche wissenschaftliche Praxis und die sie legitimierende epistemologische Theorie in einen (politischen und/oder ökonomischen) Verwertungskontext eingebettet sind, der ihr nicht bloß äußerlich bleibt, sondern sie bis in ihre Präsuppositionen und methodischen Regeln bestimmt, mag er auch in der jeweiligen, mit objektivistischem Anspruch auftretenden Argumentation verborgen bleiben.

Sehr viel radikaler ist an diesem Objektivismus, in welcher ideologischen Orientierung und Bindung er auch immer sich artikulieren mag, von feministischer Seite aus Kritik geübt worden. Seit Simone de Beauvoirs epochemachendem Buch *Le deuxième sexe* (1949)[1] und den in den 60er Jahren geschriebenen Texten von Betty Friedan, Juliet Mitchell und Kate Millett,[2] die auf den sozialen, über die biologische Geschlechterdifferenz hinausgehenden imaginären Konstruktcharakter der weiblichen Rolle und die damit verbundenen hegemonialen maskulinen Interessen und Strategien aufmerksam machten, haben sich inzwischen zahlreiche feministische Richtungen ausdifferenziert, die eine gewisse Affinität zu theoretischen Diskursen aufweisen, welche etablierte Machtstrukturen zu überwinden oder mindestens anarchisch zu verunsichern suchen.[3] Zu diesen Paradigmen gehören besonders diverse marxistische Ansätze, psychoanalytische Positionen von Freud bis Lacan sowie strukturalistische und – mehr noch – poststrukturalistische Theorien. Teilweise überlagern sich bei einzelnen Autorinnen diese Diskurse oder Diskurselemente (so daß sich etwa materialistische und dekonstruktivistische Momente mischen), mitunter gibt es aber auch radikale Abgrenzungen voneinander.

Nicht nur in Frankreich, auch in den Vereinigten Staaten hat Jacques Lacans Kritik am »Phallo(go)zentrismus«[4] großen Einfluß auf feministische Argumentationen ausgeübt. Der (symbolisch zu verstehende) Phallus wird als Zeichen männlicher Macht begriffen, zugleich als Äquivalent des Logos als einer männlichkeitszentrierten Denk- und Sprachform mit bestimmten Regeln, Klassifikationen und Oppositionen.

An Lacans Auffassung haben sich weitgehend die Modelle von Hélène Cixous, Luce Irigaray und Julia Kristeva angeschlossen, die den patriarchalen Diskurs unterminieren wollen. Cixous[5] entwickelte die Idee einer »écriture féminine«, mit der sie an die frühkindliche, vorsprachliche Phase erinnern will, in der sich das Kind in seiner intensiven Beziehung zur Mutter noch frei von der mit fixierten Signifikationen besetzten »phallozentrischen« Sprache befindet. Sie sieht darin ein diese Zeichensysteme unterwanderndes Potential, das sich im Unbewußten niederschlägt und das es in den Texten zu entziffern gilt. Ihr geht es darum, stabile Signifikanten durch »Vibrierung« aufzulösen; dabei bedient sie sich des Verfahrens assoziativer Deutungen von Phonemen, aus denen sie einen nicht an der intendierten Semantik orientierten eigenen Sinnzusammenhang zu weben versucht. Diese Methode hat unverkennbar Ähnlichkeit mit den poststrukturalistischen Prozeduren, wie sie Jacques Derrida vorgeschlagen und praktiziert hat.

Lacans Position ist von Luce Irigaray[6] gegen ihn selbst gewendet worden. Ihm wird vorgeworfen, mit der Fixierung auf die maternale Funktion Frauen gerade domestizieren zu wollen. Hingegen hat Julia Kristeva,[7] ähnlich wie Hélène Cixous, die Vorstellung vom präödipalen Signifikationsprozeß aufgegriffen, der in der Mutter zentriert sei. Sie bezeichnet diesen präverbalen Zustand (der gemäß dem Lacanschen

Stufenmodell mit der Phase vor dem identitätsbildenden Spiegelstadium sich deckt) mit dem antiken Begriff »Chora«. Entlehnt ist er Platons *Timäus*.

Ursprünglich vom Strukturalismus her kommend, hat Kristeva für diese rudimentäre, chaotische Zeichenwelt, um sie als die eigentliche herauszustellen, den Begriff »semiotisch« reserviert, während sie das Epitheton »symbolisch« auf die sozialisatorisch nachfolgende, vom Vater kontrollierte logozentrische Sprache bezieht. Die unterdrückte semiotische Dimension lasse sich in einem revolutionären Befreiungsakt zurückgewinnen. Bei Kristeva geschieht dessen Realisierung freilich nicht in unmittelbarer Alltagspraxis, sondern ausschließlich verschoben in der privilegierten Sphäre des Fiktionalen, und zwar im Medium avantgardistischer Poesie (wobei unter »Avantgarde« zum großen Teil die symbolistische Sprachhermetik etwa eines Lautréamont oder Mallarmé zu verstehen ist).[8] Unübersehbar werden in diese hypothetische Frühphase des »semiotischen« Modus anarchistische Vorstellungen projiziert, also Wunschbilder der lustbetonten, spielerischen Ungebundenheit und des Befreitseins vom Systemzwang, um auf Grund dieser ontogenetischen Konstruktion eine subversive politische Praxis legitimieren zu können.

Die genannten Beispiele zeigen eine für postmodernes Denken nicht untypische Ästhetisierung der Epistemologie.[9] Nicht von ungefähr ist (oder war) das Terrain, auf dem diese feministische Diskussion stattfand, die Literatur bzw. die Literaturkritik. In der engeren *philosophischen* Debatte spielten die französischen Theorien, die viele Strategien des Dekonstruktivismus übernommen haben, nur eine geringe Rolle. In den Vereinigten Staaten hat sich die feministische Epistemologie zwar viele Grundpositionen der allgemeinen feministischen Theorie zu eigen gemacht, so z. B.

- die Kritik an den patriarchalen Strukturen;
- die Forderung nach einer Aufarbeitung des von Männern dominierten Kanons, bei dem die Leistungen und alternativen Theorien von Philosophinnen im historischen Prozeß gänzlich ausgeblendet wurden;
- die Kritik der Wissenschaftsorganisation (»scientific communities«), die Frauen bisher überproportional benachteiligte;
- schließlich auch die Konzeption der Gender studies.[10]

Doch versucht sie vorwiegend ihre Kriterien in der Auseinandersetzung mit den an den amerikanischen Universitäten gelehrten Paradigmen zu gewinnen. Auffällig ist die starke Konzentration auf Willard Van Orman Quines »naturalisierte Epistemologie« und die zahlreichen Varianten der Analytischen Philosophie. Viele Autorinnen entstammen selbst diesen Schulen. (Der ältere logische Positivismus – etwa von Carl Hempel oder Rudolf Carnap – wird wegen seines rigiden Logozentrismus von vornherein als nicht diskussionswürdig betrachtet.)

Deutlich ist diese Referenz bei Lynn Hankinson Nelson,[11] bei der das poststrukturalistische Spiel mit den flottierenden Signifikanten erst gar nicht in den Horizont ihrer Überlegungen tritt. Ihr Bezugssystem ist eindeutig dasjenige von Quine,[12] von dem sie überzeugt ist, daß es mit feministischen Ansichten nicht, jedenfalls nicht in gravierendem Widerspruch steht. Ihre Bemühung läuft sogar darauf hinaus, beide Ansätze miteinander zu versöhnen. (Im Hinblick auf ihr Projekt spricht sie von einem »interplay of feminist criticism and Quine's empiricism«.[13]) Es gebe in der feministischen Epistemologie keine besonderen Geheimnisse oder Denk- und Wahrnehmungsweisen, die anderen (männlichen) Wissenschaftlern verborgen oder verschlossen wären. Mit der Analytischen Philosophie teilt Nelson die Auffassung, daß sich Überzeugungen auf Grund von Einsicht in Evidenzen herstellen lassen. Sie verfährt daher in ihrer Erkenntnistheorie immanentistisch: die rechtfertigende Rolle, die der Epistemologie zukomme, lasse sich nicht von einem wissenschaftsjenseitigen Standpunkt aus konstruieren. Damit bewegt sie sich im Gegensatz zu Sandra Harding, die stets betont hat, daß kein konzeptionelles System Rechtfertigungsgründe aus sich selbst entwickeln könne. Versuche es dies, verfalle es in eine fehlerhafte Zirkularität. Eine Rechtfertigung könne also nur von außerhalb erfolgen (und dies heißt bei ihr: aus spezifischen im Alltag gemachten weiblichen Erfahrungen). Nelson meint hingegen, daß diese Zirkularität unvermeidlich sei und keineswegs zu Trug- oder Fehlschlüssen führe. Deutlich wird bei ihr, daß sie die Radikalität, die manchen feministischen Positionen eignet, eher abmildern will. Letztlich geht es ihr nur um eine Transformation der Wissenschaft, um zu einem »fundamental feature of feminist thinking« zu gelangen. Sie schließt sich damit Sandra Bartky[14] an, welche die Fähigkeit, gegenwärtige Zustände als veränderbar anzusehen und Alternativen zu entwickeln, als besondere Qualität feministischer Wissenschaft herausstellt.

Gegenüber solch behutsamer und zurückhaltender Veränderungsstrategie nimmt sich Nancy C. M. Hartsocks Ansatz entschieden kompromißloser aus.[15] Sie hält weiterhin an Marx' Kritik der kapitalistischen Verhältnisse als Grundlage für eine feministische Revolution fest. Die Situation von Frauen wird – was die Struktur der Ausbeutung betrifft – verglichen mit derjenigen des Proletariats. Allerdings bemängelt Hartsock an Marx, daß er dieses Exploitationsverhältnis, das, historisch gesehen, sehr viel älter ist und damit eine tieferliegende ökonomische Struktur repräsentiert, nur unzulänglich und nicht konsequent genug beachtet habe. Ökonomiekritisch setzt sie daher beim Problem der sexuellen Arbeitsteilung an: so analysiert sie vorrangig den Beitrag von Frauen zur gesellschaftlichen Subsistenzsicherung. Frauen hätten doppelte Arbeit zu verrichten: einmal in der

Produktion selbst und darüber hinaus im Reproduktionsbereich, d. h. im Haushalt.[16]

Was die erste Sphäre betrifft, so unterscheide sich ihre Tätigkeit kaum von der der Männer. Indessen bringe die Arbeits- und Lebenssituation im Haushalt spezifische Erfahrungen mit sich, die Männern weitgehend unbekannt blieben, daher auch nicht in ihren Wissens- und Erkenntnishorizont rückten. Die Auseinandersetzung mit den Arbeitsgegenständen und Verrichtungsformen sei bei Frauen sehr viel konkreter und sinnlicher, »many-qualitied«.[17] Hingegen tendiere männliche Arbeit zu größerer Abstraktion. Zu den spezifisch weiblichen Erfahrungen gehöre auch die Schwangerschaft, überhaupt die Mutterschaft, die, biologisch bedingt, faktisch eine soziale Institution innerhalb der sexuellen Arbeitsteilung bilde. Als eine Aufgabe, die Frauen als ersten Bezugspersonen im Hinblick auf die frühkindliche Sozialisation zufällt, ist ihnen die Entwicklung und Formierung von durch die gesellschaftliche Arbeitsteilung vordefinierten Egos und Bewußtseinsformen gestellt. Während Jungen abstrakte kulturelle Stereotypen und abstrakte Denk- und Verhaltensformen anerzogen würden, bei denen der Aspekt des konkreten interpersonalen Umgangs kaum eine wesentliche Rolle spielt, werde Mädchen ebendieses kommunikative Moment als Sozialisationsmuster vermittelt. »As a result, women define and experience themselves relationally and men do not.«[18] Über das Männlichkeitsstereotyp sagt Hartsock näherhin:

> Masculinity must be attained by means of opposition to the concrete world of daily life, by escaping from contact with the female world of the household into the masculine world of public life. This experience of two worlds, one valuable, if abstract and deeply unattainable, the other useless and demeaning, if concrete and necessary, lies in the heart of a series of dualisms – abstract/concrete, mind/body, culture/nature, ideal/

> real, stasis/change. And these dualisms are overlaid by gender: only the first of each pair is associated with the male.[19]

Für Hartsock ergeben sich aus diesen bewußtseinskonstituierenden Mechanismen Konsequenzen für die Modalität wissenschaftlicher Orientierungen. Nicht zuletzt betreffen sie die Epistemologie, die mit ihrer Prävalenz des abstrakten Denkens ganz im Zeichen der »masculinity« stehe. Dieses Denken schließe unmittelbare sinnliche Erfahrungen, wie sie im Reproduktionsbereich von Frauen gemacht werden, gänzlich aus. Hartsock ist der Auffassung, daß die Dualismen von Abstrakt/Konkret, Geist/Körper, Kultur/Natur usw. dominant vorgegebene männliche Konstrukte sind, wobei im Sinne der Rollenzuweisung der jeweils erstgenannte Pol von Männern selbst besetzt wird, die ihm dann universelle Geltung zusprechen, obwohl er tatsächlich nur partikular sei.

Nicht ganz so dezidiert materialistisch wie Hartsock argumentiert Sandra Harding. In ihrem Buch *The Science Question in Feminism* von 1986[20] räumt sie innerhalb der feministischen Diskussion um die Frage der Wissenschaft dem marxistischen Ansatz (sie nennt ihn unter Bezugnahme auf Hartsock »the feminist standpoint«[21]) durchaus einen wichtigen Stellenwert ein. Sie sieht freilich in dem vereinheitlichenden Standpunktdenken Probleme: »Can there be *a* feminist standpoint if women's (or feminists') social experience is divided by class, race, and culture? Must there be Black and White, working-class and professional-class, American and Nigerian feminist standpoints?«[22] Diese Fragen müssen ihrer Meinung nach unweigerlich zu einem postmodernen Skeptizismus führen. Aber auch diese dezentrierende Position könne nicht der Weisheit letzter Schluß sein, denn sie laufe auf eine Partikularisierung von Standpunkten einzelner ihre Identität suchender Interessengruppen hinaus. Harding vertritt demgegenüber eine historisierende Auffassung, mit der zwangsläufig eine Überwindung jedweden Standpunktdenkens verbunden ist. Da die moderne Kultur durch ständigen Wandel charakterisiert sei, müsse auch die Epistemologie dieser Veränderung Rechnung tragen. Schon die Tatsache der kulturellen Bedingtheit androzentrischer »Erkenntnis«, die inzwischen allgemein bewußt geworden ist, verdeutlicht das Transitorische von Epistemologien, die mit Ewigkeitsanspruch auftreten.

Deutlicher als Harding setzt sich Lorraine Code von Hartsock ab.[23] Sie verwirft grundsätzlich den sozioökonomischen Ansatz in der feministischen Erkenntnistheorie, er sei veraltet. Auch Code kritisiert daran die »positionality«, das Standpunktdenken. Überdies trete er objektivistisch auf und beanspruche die Hegemonie einer universellen Wahrheit. Code ruft daher dazu auf, mit dieser, wie sie meint, monolithischen Tradition zu brechen. Sie selbst setzt als Programm dagegen, die Begriffe des herrschenden Diskurses zu transformieren[24] und die Strukturen des etablierten epistemologischen »Projekts« herauszufordern. Auf diese Weise würden sich neue Praxisformen entwickeln und die Resistenz gegen die Autoritäten wachsen.

Code orientiert sich zum einen stark an Simone de Beauvoirs Buch *Le deuxième sexe*, zum andern an Kant. Letzteres erscheint verwunderlich, ist doch Kants Erkenntnistheorie durch einen Rigorismus gekennzeichnet, der, zumal was seine transzendentalen Bestimmungen von Erkenntnis betrifft, feministischem Denken eher suspekt sein müßte. Code setzt dies aber beiseite und hebt als »revolutionären Beitrag zur Geschichte der Philosophie«[25] bei Kant hervor, daß er den Konstruktcharakter von Wissen dargelegt und den »cognitive agents« beträchtliche Freiheit gewährt habe. In Kants Erkenntnistheorie sei also der Subjektivitätsaspekt in besonderer Weise herausgestellt worden. Aus dieser gewiß eigenwilligen Kant-Interpretation leitet Code die Legitimation ihres anarchistischen Ansatzes ab, der freilich nicht chaotischem Argumentieren und Handeln das Wort reden will. Wie Gail Stenstad, die 1988 einen Aufsatz unter dem Titel *Anarchic Thinking* veröffentlicht hatte,[26] sieht Code im Spiel mit Ambiguitäten,[27] das die Möglichkeit von Verunsicherungen eröffnet, den eigentlichen Ausgangspunkt anarchistischen Denkens. Sie möchte dem Mißverständnis begegnen, daß diese Einstellung mit einem Antirealismus verbunden sei: »My claim is that epistemological relativism does not entail antirealism«.[28]

Die hier vorgestellten Positionen feministischer Epistemologie repräsentieren nur ein sehr schmales Segment der inzwischen stark ausgeweiteten und kaum noch überblickbaren Diskussion.[29] Sie lassen aber deutlich werden, daß die radikale Reflexion differenter Erfahrungen schon jetzt zu einer Transformation der Vorstellungen von dem geführt hat, was jahrhundertelang unangefochten als Form und Gegenstand der Erkenntnis hingenommen und tradiert wurde.

Anmerkungen

Einleitung

1 Zur »epistéme« bei Platon vgl. *Politeia* 510; *Symposion 202a.*

2 Vgl. zur Wirtschaftsgeschichte des 16. Jahrhunderts: R. van Dülmen, *Entstehung des frühneuzeitlichen Europa 1550–1648*, Frankfurt a. M. 1982, S. 19 ff. – C. M. Cipolla, *Before the Industrial Revolution. European Society and Economy 1000–1700*, London [2]1976, bes. S. 220 ff. – I. Wallerstein, *The Modern World System. Capitalist Agriculture and the Origins of the European World Economy in the Sixteenth Century*, New York 1974. – C. M. Cipolla / H. Borchardt (Hrsg.), *Europäische Wirtschaftsgeschichte*, Bd. 2. Stuttgart / New York 1979. – J. H. Elliott, *Das geteilte Europa 1559–1598*, München 1980, S. 39 ff. – M. Dobb, *Entstehung des Kapitalismus. Vom Spätfeudalismus bis zur Gegenwart*, Köln / Berlin [2]1972. – P. Sweezy [u. a.], *Der Übergang vom Feudalismus zum Kapitalismus*, Frankfurt a. M. 1978 (wichtig darin die Beiträge von E. Hobsbawm, S. 214 ff., und M. Dobb, S. 222 ff.).

3 Vgl. van Dülmen (s. Anm. 2), S. 293 ff. – M. Boas, *Die Renaissance der Naturwissenschaften 1450–1630. Das Zeitalter des Kopernikus*, Darmstadt 1965. – A. Koyré, *Von der geschlossenen Welt zum unendlichen Universum*, Frankfurt a. M. 1969. – L. Thorndike, *History of Magic and Experimental Science*, 8 Bde., New York 1923 ff. – A. Wolf, *History of Science, Technology, and Philosophy in the Sixteenth and Seventeenth Centuries*, New York 1935. – M. Heidelberger / S. Thiessen, *Natur und Erfahrung. Von der mittelalterlichen zur neuzeitlichen Naturwissenschaft*, Reinbek 1981.

4 Vgl. J. Kepler, *Harmonices Mundi libri V*, Linz 1619 (dt.: *Die Zusammenklänge der Welten*, hrsg. und übers. von O. J. Bryk, Jena 1918). – G. Galilei, *Nuncius sidereus*, Venedig 1610 (dt.: *Sidereus Nuncius. Nachrichten von neuen Sternen*, übers. von M. Hossenfelder, hrsg. und eingel. von H. Blumenberg, Frankfurt a. M. 1965). – F. Bacon, *Novum Organum scientiarum*, London 1620 (dt.: *Neues Organon*, übers. von J. H. von Kirchmann, Berlin 1870).

5 In diesem Zusammenhang sei auf die Wiederbelebung der anti-

ken Atomistik bei Pierre Gassendi hingewiesen. Vgl. P. Gassendi, *Syntagma philosophiae Epicuri*, Den Haag 1659.

6 Zur Wertschätzung der Sinneserkenntnis bei Leonardo vgl. Leonardo da Vinci, *Philosophische Tagebücher*, ital./dt., hrsg. von G. Zamboni, Hamburg 1958, bes. S. 27 ff. (»Die geistigen Dinge, die nicht den Weg durch die Sinne gegangen, sind eitel, und keinerlei Wahrheit bringen sie hervor, es sei denn schädliche [...]«). – Ähnlich T. Campanella, *De sensu rerum et magia libri IV*, Frankfurt a. M. 1620.

7 G. Galilei, *Il Saggiatore nel qual con bilancia esquisita e giusta si ponderano le cose contente nella Libra Astronomica e Filosofica di Lotario Sarsi Sigensano* [...], Rom 1623 (neuere Ausg.: Mailand 1965, Biblioteca di classici italiani, 22).

8 Der Zusammenhang von Noetik und Ethik ist besonders eng noch in der aristotelischen Tugendlehre, aber auch in der Lebensauffassung der Stoa, derzufolge ein glückseliges Leben nur ein der (Welt-)Vernunft gemäß geführtes Leben sein könne (φύσει ὁμολογουμένως ζῆν). Ähnlich argumentiert auch die epikureische Spruchweisheit. (Vgl. M. Schofield / G. Striker, *The Norms of Nature. Studies in Hellenistic Ethics*, Cambridge 1986. – A. A. Long, *Hellenistic Philosophy*, Berkeley ²1986. – Ph. Mitsis, *Epicurus' Ethical Theory. The Pleasures of Invulnerability*, Ithaca, N.Y., 1988.) – Noch bei Gracian und Montaigne dient die aus der Weltklugheit gewonnene Erkenntnis einer Lebensführung, die auf den Erwerb und die Bewahrung der Glückseligkeit angelegt ist. Vgl. M. A. Screech, *Montaigne and Melancholy*, London 1983 (mit ausführlicher Bibliographie).

9 Vgl. Descartes, *Meditationes de prima philosophia, in qua Dei existentia et animae immortalitas demonstrantur*, Paris 1641 (lat. / dt., übers. und hrsg. von G. Schmidt, Stuttgart ²1996; 1. Meditation, »De iis, quae in dubium revocari possunt« / »Über das, woran man zweifeln kann«, S. 62 ff.). – Vgl. H. G. Frankfurt, *Demons, Dreamers, and Madmen. The Defence of Reason in Descartes' »Méditations«*, Indianapolis (N.Y.) 1970. – W. F. Nebel, *Das Problem des »Cogito, ergo sum«*, Frankfurt a. M. 1972. – Das Problem der Überwindung des Zweifels wird bereits von Augustinus in seiner Schrift *Contra Academicos III*, n. 23–n. 27 erörtert, die sich mit den Einwänden der antiken Skepsis auseinandersetzt (vgl. dt. Textausz. in: M. Ettlinger / P. Simon /

G. Söhngen, Hrsg., *Philosophisches Lesebuch*, München 1925, S. 98–102.)

10 Parmenides, »Der Irrtum [nach Simplikios]«, in: *Die Vorsokratiker I*, griech./dt., Ausw. der Fragmente, Übers. und Erl. von J. Mansfeld, Stuttgart 1987, S. 316 f. (Übersetzung vom Verf. leicht verändert).

11 Ein der sinnlichen Wahrnehmung nicht mehr vertrauender Wahrheitsbegriff tritt uns zum ersten Mal in den Reflexionen Heraklits entgegen. Nach ihm verbürgt erst das Denken bzw. die vernünftige Seele eine Feststellung der Wahrheit, die zugleich als Ur-Sache bzw. Weltgrund (er spricht von dem »Einen«) bestimmt wird. Schon früh ist ein absoluter Wert der Wahrheit bestritten worden, so von den Sophisten: nach Protagoras ist Wahrheit lediglich Übereinstimmung mit den wechselnden Erscheinungen, abhängig von der jeweiligen Beziehung des als Maß gesetzten erkennenden Menschen zu den Dingen (vgl. Platon, *Theätet* 160d und 179c). Diesem Subjektivismus und Relativismus sucht Platon durch einen normativen Wahrheitsbegriff zu begegnen, so im *Staat* (508e); für ihn ist Wahrheit eine (objektive) Seinsqualität. Daß Wahrheit jedoch nicht per se in den Dingen liege, sondern es erst des Denkens bedürfe, sie freizulegen, betont Aristoteles in seiner *Metaphysik* (4,4, 1027b 25 ff.): Wahrheit konstituiert sich also erst in der Beziehung des Denkens auf das Sein. Sie wäre demnach zwar nicht als ein relativer, wohl aber als ein relationaler Begriff bzw. Wert zu bestimmen. Von dieser Auffassung ergab sich leicht der Schritt zur Adäquationstheorie, die besonders von Thomas von Aquin vertreten wurde, der in seiner Schrift *Contra gentiles* (1,59) die später klassisch gewordene Formel einführt: »Veritas intellectus est adaequatio intellectus et rei, secundum quod intellectus dicit esse quod est, vel non esse quod non est« (vgl. auch seine *Summa theologiae* 1,17,1). Die folgenreiche Wendung zur Reflexion der Sprache als Parameter der Wahrheit vollzieht Thomas Hobbes in seinem *Leviathan* (1651). Dort heißt es: »Denn *wahr* und *falsch* sind nicht Eigenschaften der Dinge, sondern der Rede. Außer der Rede gibt es weder Wahres noch Falsches, wohl aber einen Irrtum, wenn wir z. B. etwas erwarten, was nicht kommen wird, oder etwas vermuten, was nicht dagewesen ist; der Begriff des Falschen kann hierbei indes nicht stattfinden. Weil nun die Wahrheit in der richtigen Zusammensetzung der Worte, womit wir etwas be-

jahen wollen, besteht, so muß der Wahrheitsfreund sich der Bedeutung seiner jeweiligen Worte bewußt sein und sie regelmäßig ordnen; sonst wird er sich ebenso verwickeln wie ein Vogel, der sich auf der Leimrute desto fester anklebt, je emsiger er sich davon losmachen will.« (Th. Hobbes, *Leviathan. Erster und zweiter Teil*, übers. von J. P. Mayer, Nachw. von M. Diesselhorst, Stuttgart 1995, S. 33). Hier ist im Grunde genommen schon das Programm des logischen Positivismus (Schlick, Carnap) mit seiner vermeintlich letzte Klarheit verschaffenden Sprach- bzw. Wortgebrauchsanalyse vorweggenommen. (Vgl. M. Schlick, *Allgemeine Erkenntnistheorie*, Berlin [2]1925, S. 55: »Ein Urteil, das einen Tatbestand eindeutig bezeichnet, heißt wahr.«) Daß Wahrheit nicht eigentlich in den Vorstellungen (bzw. dem Denken) oder in den Dingen liegt, sondern im gleichsam dazwischengelagerten Medium der Sprache, mittels derer (bejahende bzw. verneinende) Urteile oder Sätze geäußert werden, welche die Beziehung der Vorstellungen zu den Dingen modifizieren, hebt John Locke in seinem *Essay Concerning Human Understanding* (London 1690, Buch 2, Kap. 32, §§ 1, 3 und 4) hervor. – Die Adäquationstheorie der Scholastik hat Gottfried Wilhelm Leibniz wieder aufgegriffen (er spricht von der »correspondance« der Urteile mit den Dingen, so in den 1704 verfaßten *Nouveaux essais sur l'entendement*, Amsterdam / Leipzig 1765, IV, Kap. 5, § 12). Als Vertreter des (gemäßigten) Rationalismus unterscheidet er zwischen »vérités de fait« und »verités de raison« (oder »vérités éternelles«). Letztere haben im Denken ihre Quelle, verdanken sich den angeborenen Ideen, ihnen komme die größere Gewißheit (»certitude immanquable et perpetuelle«) zu. Vgl. hierzu G. Tonelli, »Leibniz on Innate Ideas and the Early Relations to the Publication of the ›Nouveaux Essais‹ 1765«, in: *Journal of the History of Philosophy* 12 (1974) S. 437–454. – Auch Kant mißtraut letztlich noch dem durch die »Sinnlichkeit« vermittelten trüglichen »Schein«: Wahrheit gewährleiste ausschließlich der Verstand, dem allein es zukomme, aus der Erscheinung ein objektives Urteil zu fällen (*Prolegomena zu einer jeden künftigen Metaphysik, die als Wissenschaft wird auftreten können*, Stuttgart 1989, § 13, Anm. III, S. 51). Aus der ontologischen Fixierung wird der Wahrheitsbegriff bei Nietzsche gelöst, der ihn ausschließlich durch das Maß subjektiver Nützlichkeit, der Lebenserhaltung bzw. -steigerung bestimmt sein läßt. So kann also ein (logisch oder sachlich) falsches Urteil für den Erkennenden oder Empfindenden durchaus wahr sein. Im Nachlaß der achtziger Jahre findet sich die Notiz: »*Wahrheit ist die Art von Irrtum*, ohne welche eine bestimmte Art von lebendigen Wesen nicht leben könnte. Der Wert für das *Leben* entscheidet zuletzt« (F. Nietzsche, Werke in drei Bänden, hrsg. von K. Schlechta, Bd. 3, München 1956, S. 844. – Zu Nietzsches Wahrheitsbegriff vgl. W. Kaufmann, *Nietzsche. Philosoph – Psychologe – Antichrist*, übers. v. J. Salaquarda, Darmstadt 1982, S. 412 ff.). – Die »usefulness« ist auch das Kriterium für die Wahrheitslehre des amerikanischen Pragmatismus, so bei F. C. S. Schiller oder William James, nur mit dem entscheidenden Unterschied zu Nietzsche, daß sie nicht einen subjektivistischen Akzent setzen, sondern – aus der utilitaristischen Tradition heraus – eine intersubjektive Harmonisierung von Erfahrungen anstreben. Wahrheit hat somit für die Pragmatisten einen »instrumentalen« Wert (vgl. W. James, *Pragmatism. A New Name for Some Old Ways of Thinking. Popular Lectures on Philosophy*, New York 1907; dt. von W. Jerusalem, Leipzig 1908, S. 36 f.).

12 Vgl. I. Kant, *Kritik der reinen Vernunft*, hrsg. von W. Weischedel, in: I. K., *Werkausgabe*, Bd. 3–4, Frankfurt a. M. [5]1981, hier Bd. 3, S. 116 ff., § 10.

13 Siehe dazu unten die Kapitel zu Carnap und Wittgenstein (S. 104ff. und 115ff.).

14 Zum frühen, sich an Meinongs Relationslogik anschließenden Platonismus bei Russell vgl. die Aufsatzsammlung B. Russell, *Philosophische und politische Aufsätze*, hrsg. von U. Steinvorth, Stuttgart 1995, S. 3 ff. – Während sich Russell später vom Platonismus löste, hielt Alfred N. Whitehead, mit dem zusammen er die *Principia Mathematica* (Bd. 1–3, Cambridge 1910–13) verfaßt hatte, an dieser Anschauung fest. Vgl. A. N. Whitehead, *Die Funktion der Vernunft*, übers. und hrsg. von E. Bubser, Stuttgart 1974 (Nachw. S. 75 ff.).

15 Zur wahrnehmungspsychologischen Konstanztheorie vgl. zum Beispiel H. Rohracher, *Einführung in die Psychologie*, Wien [3]1948, S. 104 ff. (Farben), 172 (Form), 199 (Gestalt), 207 (Größe). – J. Delay / P. Pichot, *Medizinische Psychologie*, München/Stuttgart [2]1970, S. 48. – Besonders wurde das Konstanzprinzip von den Gestaltpsychologen untersucht. Vgl. K. Koffka, *Principles of Gestalt Psychology*, New York 1935.

16 Vgl. Platon, *Sophistes* 252e ff., in: P., *Sämtliche Werke*, Bd. 4, Reinbek 1984, S. 183 ff., hier S. 225 f.

17 Zur platonischen Ideenlehre vgl. die klassische Studie von P. Natorp, *Platons Ideenlehre. Eine Einführung in den Idealismus*, Leipzig 1903 (3. Aufl. Darmstadt 1961). Vgl. auch P. Natorp, »Platon«, in: *Große Denker*, hrsg. von E. v. Aster, Bd. 1, Leipzig [o. J.], S. 91–151, bes. S. 109. – Im Sinne des Neukantianismus der Marburger Schule interpretiert Natorp die platonischen Ideen nicht als Dinge, sondern als Methoden und damit als »Grundlagen zur Erforschung der Phänomene« (*Platons Ideenlehre*, S. 215).

18 Zur ἀνάμνησις bei Platon vgl. *Menon* 81 ff. Auf dieser Theorie der Erinnerung an die präexistenten Ideen baut die Methode der Mäeutik (Hebammenkunst) des Sokrates auf, der durch Erinnerung auslösendes Fragen die ἐπιστήμαι erwecken will (*Menon* 85c ff.; so auch im *Theätet* 148e ff.). Platon unterscheidet zwischen μνήμη (Gedächtnis) und ἀνάμνησις (Erinnerung). Im *Theätet* (191c) wird die Seele mit einer wächsernen Tafel verglichen, die Eindrücke behält (vgl. später Lockes »tabula rasa«). Das Gedächtnis ist eine σωτηρία αἰϑήσεως, eine Aufbewahrungsstätte der Wahrnehmungen. Zur Bedeutung der Theorie des Gedächtnisses für die neuere Epistemologie vgl. die Ausführungen im Kapitel zu Bergsons Intuitionismus (S. 42 ff.).

19 Vgl. N. Chomsky, *Syntactic Structures*, s'Gravenhage 1957. – N. Ch., *Aspects of the Theory of Syntax*, Cambridge (Mass.) 1965.

20 Vgl. hierzu R. Falckenberg, *Geschichte der neueren Philosophie von Nikolaus von Kues bis zur Gegenwart*, Leipzig [7]1913, S. 84 ff.

21 Vgl. Descartes, *Principia philosophiae*, Amsterdam 1644 [u. ö.], 1,45: »claram voco illam [scil. perceptionem], quae menti attendenti praesens et aperta est, sicut ea clare a nobis videri dicimus, quae oculo intuenti praesentia satis fortiter et aperte illum movent; distinctam autem illam, quae cum clara sit, ab omnibus aliis ita seiuncta est et praecisa, ut nihil plane aliud quam quod clarum est in se contineat.«

22 [B. Spinoza], *Ethica ordine geometrico demonstrata*, Amsterdam 1677 (dt.: *Die Ethik, nach geometrischer Methode dargestellt*, verb. Nachdr. Hamburg 1994, Philosophische Bibliothek, 92), 2. Teil. – Genau besehen, kommt bei Spinoza vor der rationalen

und intuitiven Erkenntnis, als gleichsam vorgelagerte Stufe, noch die sinnliche hinzu.

23 Vgl. Descartes, *Meditationes de prima philosophia* (lat./dt., s. Anm. 9, S. 176 ff., 6. Meditation: »De rerum materialium existentia et reali mentis a corpore distinctione«).

24 Vgl. M. Merleau-Ponty, *La structure du comportement*, Paris 1942. – M. M.-P., *Phénoménologie de la perception*, Paris 1945 (dt. Berlin 1966). – M. Foucault, *Naissance de la clinique. Une archéologie du régard medical*, Paris 1963 (dt. Berlin 1976). – M. F., *Surveiller et punir. La naissance de la prison*, Paris 1975 (dt. Frankfurt a. M. 1976).

25 F. Bacon, *Novum organum sive indicia vera de interpretatione naturae*, London 1620 (»Instauratio Magna«). – Dazu J. Stephens, *Francis Bacon and the Style of Science*, Chicago 1975.

26 B. Bauch, *Geschichte der Philosophie*, Bd. 4: *Neuere Philosophie bis Kant*, Berlin / Leipzig ^{2}1913, S. 131 ff.

27 Zu Locke vgl. G. Rotermundt, *Das Denken John Lockes. Zur Logik bürgerlichen Bewußtseins*, Frankfurt a. M. 1976. – *John Locke. Symposion Wolfenbüttel*, hrsg. von R. Brandt. Berlin / New York 1981.

28 Vgl. I. C. Tipton, *Berkeley. The Philosophy of Immaterialism*, London 1974.

29 Vgl. A. Goedeckemeyer, *Die Geschichte des griechischen Skeptizismus*, Leipzig 1905. – Ch. L. Stough, *Greek Scepticism. A Study in Epistemology*, Berkeley 1969. – J. Annas / J. Barnes, *The Modes of Scepticism. Ancient Texts and Modern Interpretations*, Cambridge 1985. – Vgl. als Quellentext: Sextus Empiricus, »Pyrrhoneische Hypothesen«, in: *Die Stoa. Kommentierte Werkausgabe*, übers. und hrsg. von W. Weinkauf, Augsburg 1994, S. 100 ff.

30 D. Hume, *An Enquiry Concerning Human Understanding*, London 1748 (dt.: *Eine Untersuchung über den menschlichen Verstand*, hrsg. von R. Richter, Hamburg 1964, 2. Abschnitt, S. 17 ff.: »Über den Ursprung der Vorstellungen«). – Zu Hume vgl. J. P. Wright, *The Sceptical Realism of David Hume*, Manchester 1983.

31 Vgl. Kant, *Kritik der reinen Vernunft* (s. Anm. 12), Bd. 3, S. 52 ff. (Erweiterungsurteile tun »zu dem Begriffe des Subjekts ein Prädikat hinzu«).

32 Vgl. ebd., S. 91 ff.

33 Zit. nach Falckenberg (s. Anm. 20), S. 322.

34 Vgl. Kant, *Kritik der reinen Vernunft* (s. Anm. 12), Bd. 3, S. 267 ff. (»Von dem Grunde der Unterscheidung aller Gegenstände überhaupt in Phaenomena und Noumena«).

35 Vgl. Kants Äußerung, daß der Verstand seine Gesetze a priori nicht aus der Natur schöpfe, sondern sie ihr vorschreibe (I. Kant, *Prolegomena*, s. Anm. 11, S. 88, § 36).

36 Vgl. Kant, *Prolegomena*, ebd., S. 37 ff., 55 ff.

37 Hinzuweisen ist hier auf die zahlreichen Erfindungen und wissenschaftlichen Entdeckungen im letzten Drittel des 19. Jahrhunderts auf dem Gebiet der Physik (z. B. Entdeckung der elektromagnetischen Wellen 1888 durch Hertz), der Chemie (z. B. Indigo-Synthese durch Bayer), der Verkehrstechnik (z. B. Entwicklung eines Kraftwagens 1885 durch Daimler/Benz), der Nachrichtentechnik (Sprechmaschine 1877 durch Edison) usw.

38 Erst Wilhelm Windelband und Heinrich Rickert erheben den Anspruch, es müsse eine spezifische Erkenntnistheorie für die Kultur- bzw. Geisteswissenschaften entwickelt werden. Vgl. W. Windelband, *Geschichte und Naturwissenschaft. Rede zum Antritt des Rektorats der Kaiser-Wilhelms-Universität Straßburg*, Straßburg 1894, [3]1904. – W. W., *Einleitung in die Philosophie*, Tübingen [2]1920, § 16, S. 333 ff. – H. Rickert, *Kulturwissenschaft und Naturwissenschaft*, Freiburg i. Br. 1899 (auch, nach der 6. Aufl. Tübingen 1926, neu hrsg. von F. Vollhardt, Stuttgart 1986). Diese beiden Hauptvertreter der »Badischen Philosophenschule« waren – so Windelband über seine Lehrer Kuno Fischer und Hermann Lotze – zunächst stark von Hegel beeinflußt; damit hängt zweifellos auch ihre historische Grundausrichtung zusammen. In den 90er Jahren schließt sich aber auch Windelband dem Neukantianismus an, dessen auf die Erschließung absoluter Wahrheit abzielenden Transzendentalismus er jedoch ablehnt. Auch geht es ihm nicht um eine Erneuerung der Metaphysik, die er vielmehr als »Unding« bezeichnet. An anderen Varianten des Neukantianismus kritisiert Windelband die einseitige Orientierung auf die Erkenntniskritik; damit werde Kants weiter gesteckter Ansatz unzulässig verengt. Einbezogen werden müsse vielmehr auch der Problemkreis der Sittlichkeit, des Rechts, der Kunst und der Religion. Insofern müsse es das Ziel einer die ursprünglichen Intentionen weiterentwickelnden Kant-Rezeption sein, eine umfassende Kulturphilosophie zu er-

arbeiten. Windelband formuliert damit ein Gegenprogramm zu der ausschließlich auf Mathematik und mathematische Naturwissenschaft eingegrenzten Erkenntnistheorie. In seiner berühmten Straßburger Rektoratsrede (s. o., [3]1904, S. 12 ff.) bestimmt Windelband als Spezifikum kulturwissenschaftlicher Erkenntnis die Feststellung des Einzelnen und Besonderen, des Einmaligen und Anschaulichen. Kulturwissenschaft geht seiner Auffassung nach also individualisierend oder, wie er es auch nennt, »idiographisch« vor, im Gegensatz zu den »nomothetisch« verfahrenden Naturwissenschaften. – Eine der Position Windelbands und Rickerts nahestehende Konzeption ist die hermeneutische von Wilhelm Dilthey. Vgl. W. Dilthey, *Der Aufbau der geschichtlichen Welt in den Geisteswissenschaften*, Einleitung von M. Riedel, Frankfurt a. M. 1970. – W. D., *Gesammelte Schriften*, 18 Bde., Leipzig 1921–1960. – Siehe auch O. F. Bollnow, *Das Verstehen. Drei Aufsätze zur Theorie der Geisteswissenschaften*, Mainz 1949. – H.-G. Gadamer, *Wahrheit und Methode. Grundzüge einer philosophischen Hermeneutik*, Tübingen 1960 [u. ö.]. – H.-G. G., »Hermeneutik«, in: J. Ritter [u. a.] (Hrsg.), *Historisches Wörterbuch der Philosophie*, Bd. 3, Basel 1974, Sp. 1061–73.

39 Vgl. im vorliegenden Band S. 31 f.

40 Vgl. F. Paulsen, *Einleitung in die Philosophie*, Berlin 1892, [25]1912, bes. darin das Vorw. zur 1. Auflage, S. III ff.

41 H. Helmholtz, *Die Lehre von den Tonempfindungen*, Braunschweig 1863, [6]1913. H. H., *Die Thatsachen der Wahrnehmung*, Berlin 1897. – H. H., *Vorträge und Reden*, Braunschweig 1884. – H. H., *Handbuch der physiologischen Optik*, Leipzig 1856–1866.

42 Vgl. noch J. L. Austin, *Sense and Sensibilia*, Oxford 1962 (dt.: *Sinn und Sinneserfahrung*, nach den Vorlesungsmanuskripten zsgest. und hrsg. von G. J. Warnock, Stuttgart 1975, S. 75 ff.).

43 Vgl. H. Cohen, *Kants Theorie der reinen Erfahrung*, Berlin 1871. – H. C., *Logik der reinen Erkenntniss*, Berlin 1902.

44 Kritik an der cartesianischen Dichotomie von Res cogitans und Res extensa wird besonders auch von dekonstruktivistischer und feministischer Seite geäußert. Vgl. G. Kimmerle, *Kritik der identitätslogischen Vernunft. Untersuchungen zur Dialektik der Wahrheit bei Descartes und Kant*, Königstein i. Ts. 1982.

45 R. Rorty, *Eine Kultur ohne Zentrum. Vier philosophische Essays*

und ein Vorwort, übers. von J. Schulte, Stuttgart 1993, S. 5 ff., bes. S. 9. – R. R., »Holism, Intrinsicality, and the Ambition of Transcendence«, in: B. Dahlbom (Hrsg.), *Dennett and his Critics*, Oxford 1993, S. 184 ff. – D. Dennett, *Consciousness Explained*, Boston 1991.

46 Notwendig scheint mir als Erweiterung der herkömmlichen Philosophiegeschichte, die sich weitgehend auf die immanent nachvollziehende Interpretation konzentriert, die Analyse des über den engeren Rahmen der Disziplin hinausgehenden »intellektuellen Kräftefeldes« (Pierre Bourdieu) zu sein. (Vgl. P. Bourdieu, »Strukturalismus und soziologische Wissenschaftstheorie«, in: P. B., *Zur Soziologie der symbolischen Formen*, Frankfurt a. M. 1970, S. 7 ff. – Darin ferner: »Künstlerische Konzeption und intellektuelles Kräftefeld«, S. 75 ff.). – Damit verbunden wäre eine Rekonstruktion von Diskursen und Mentalitätsstrukturen, die sich als vorreflexiver und nichtintentionaler Faktor oft verdeckt, also bei aller Erkenntnisabsicht gerade unerkannt, in die theoretischen Reflexionen einschreiben. Nicht selten werden an spezifisch philosophischen Gegenständen unbewußt ganz andere Probleme als die auf der Agenda stehenden abgehandelt. So wäre etwa bei erkenntnistheoretischen Ansätzen des 20. Jahrhunderts nach dem psycho- und soziogenetisch zu bestimmenden Motiv für die Insistenz zu fragen, mit der immer wieder die »Apperzeption des Bewußtseins« eingeklagt wird. Hinter solchen Versuchen, das Ich zu retten, verbergen sich durchaus politisch und sozial induzierte Verunsicherungen auf Grund wirtschaftlicher und technischer Strukturveränderungen. Gleiches gilt für die Betonung des Logizitätscharakters der Erkenntnis, die mit der Erwartung verbunden ist, letzte unanfechtbare Sicherheiten zu finden. Diese Suche nach Irritationen und Ambiguitäten ausschließender »Reliabilität« und die Hoffnung auf eine Freiheit von jeglichem Zweifel (das alte cartesianische Motiv) indiziert nur vordergründig ein genuin epistemologisches Problem. Soziale Wünsche nach Geschütztheit und Risikolosigkeit spielen, zumal in historischen Umbruchphasen, in das Certitudo-Programm der erkenntniskritischen Bewußtseinsanalyse mit hinein.

Empiriokritizismus und Philosophie des Als Ob

1 Vgl. folgende im Materialismusstreit wichtig gewordene Schriften: J. Moleschott, *Der Kreislauf des Lebens. Physiologische Antworten auf Liebigs chemische Briefe*, Mainz 1852. – J. M., *Die Einheit des Lebens. Vorträge*, Gießen 1864. – L. Büchner, *Kraft und Stoff*, Frankfurt a. M. 1855, [21]1904). – L. B., *Natur und Geist*, Frankfurt a. M. 1857. – M. Berger, *Der Materialismus im Kampfe mit dem Spiritualismus und Idealismus*, Triest 1883. – Von katholischer Seite kritisch: J. F. Frohschammer, *Menschenseele und Physiologie. Eine Streitschrift gegen Carl Vogt*, München 1855. – J. F. F., *Das Christenthum und die moderne Naturwissenschaft*, Wien 1868. – F. Michelis, *Der Materialismus als Köhlerglaube*, Münster 1856. – Von protestantischer Seite: F. Fabri, *Briefe gegen den Materialismus*, Stuttgart 1856. – C. Ph. Fischer, *Die Unwahrheit des Sensualismus und Materialismus mit besonderer Rücksicht auf die Schriften von Feuerbach, Vogt und Moleschott*, Erlangen 1853.

2 C. Vogt, *Köhlerglaube und Wissenschaft*, Gießen 1854, S. 257.

3 A. Riehl, *Realistische Grundzüge*, Graz 1870. – A. R., *Der philosophische Kritizismus und seine Bedeutung für die positive Wissenschaft*, Bd. 1: *Geschichte und Methode des philosophischen Kritizismus*, Leipzig 1876, [2]1908; Bd. 2, Tl. 1: *Die sinnlichen und logischen Grundlagen der Erkenntnis*, ebd. 1879; Tl. 2: *Zur Wissenschaftslehre und Metaphysik*, ebd. 1887. – Vgl. auch seine kurzgefaßte Darstellung »Logik und Erkenntnistheorie«, in: W. Dilthey / A. Riehl [u. a.], *Systematische Philosophie*, Berlin/Leipzig 1907 (Die Kultur der Gegenwart. Ihre Entwicklung und ihre Ziele, hrsg. von P. Hinneberg. Tl. 1, Abt. VI), S. 73–102 (zum erkenntnistheoretischen Kritizismus S. 94 ff.). – Einen kritischen Realismus, der in seiner Axiomatik nicht weit von Riehl und Schuppe entfernt ist, jedoch in seiner Argumentation neopositivistisch-logizistisch und semasiologisch angelegt ist, vertritt heute noch Franz von Kutschera (*Die falsche Objektivität*, Berlin 1993), der seine Position als »immanenten Realismus« bezeichnet, was bedeutet, daß es für uns keinen externen Standpunkt gibt; Objektivität sei insofern nicht möglich. Siehe auch F. von Kutschera, *Grundfragen der Erkenntnistheorie*, Berlin 1982.

4 Vgl. H.-L. Ollig, *Der Neukantianismus*, Stuttgart 1979 (Samm-

lung Metzler, 187), S. 29 ff. (zu H. Cohen), S. 37 ff. (zu P. Natorp).

5 R. Avenarius, *Philosophie als Denken der Welt gemäß dem Prinzip des kleinsten Kraftmasses. Prolegomena zu einer Kritik der reinen Erfahrung*, Berlin [3]1917, S. 55. – Das Ökonomieprinzip geht bekanntlich auf den spätmittelalterlichen Nominalismus, insbesondere Wilhelm von Ockham (Occam) zurück, der seinerseits auf Aristoteles rekurriert (*In libros Physicorum Aristotelis*, lib. IV, c.17 § 11). Während Aristoteles nur eine Empfehlung aussprach, eine unendliche Vielheit zu reduzieren, ohne sich jedoch auf ein einziges Prinzip festzulegen, wird daraus bei Occam ein kategorischer Grundsatz. Die Sparsamkeitsempfehlung ist bei Aristoteles tendenziell ökologisch dimensioniert. Der Hintergrund seiner Argumentation ist die Forderung, mit der Natur nicht verschwenderisch umzugehen. Zu diesem Kontext vgl. die profunde Darstellung von R. Heinzmann, *Philosophie des Mittelalters*, Stuttgart / Berlin / Köln 1992, S. 248 f.

6 G. W. Leibniz, *Monadologie*, übers., eingel. und erl. von H. Glockner, Stuttgart 1954 [u.ö.], S. 11 ff. – Vgl. auch H.H. Holz, *Leibniz*, Stuttgart 1958 (Urban Bücher, 34), S. 19–92. – E. Dillmann, *Eine neue Darstellung der Leibnizschen Monadenlehre auf Grund der Quellen*, Leipzig 1891, reprogr. Nachdr. Hildesheim 1974.

7 Avenarius (s. Anm. 5), S. 70.

8 Ebd. – Die heute wieder bei Niklas Luhmann aktuell gewordene Theorie der Selbstdifferenzierung geht auf Spencer zurück. Vgl. H. Spencer, *A System of Synthetic Philosophy*, Bd. 1: *First Principles*, London 1862 [u.ö.], Bd. 2 und 3: *Principles of Biology*, ebd. 1864–67 (und weitere Bände zur Psychologie, Soziologie, den politischen Institutionen, zur Moral und Justiz). Dazu F. H. Collins, *An Epitome of the Synthetic Philosophy*, London 1889 (auch dt. von J. V. Carus, Leipzig 1900).

9 W. Wundt, *Grundzüge der physiologischen Psychologie*, Leipzig 1874, S. 345 ff.

10 G. H. Lewes, *Physiology of Common Life*, Bd. 2, Edinburgh / London 1860, S. 21 ff.

11 Avenarius (s. Anm. 5), S. 70.

12 Vgl. W. Schuppe, *Erkenntnisstheoretische Logik*, Bonn 1878. – W. Sch., *Grundriss der Erkenntnistheorie und Logik*, Berlin 1894, [2]1910. Schuppe brachte auch als Organ für seine immanen-

te Philosophie die 1895 gegründete *Zeitschrift für immanente Philosophie* heraus (unter Beteiligung von R. von Schubert-Soldern und M. R. Kaufmann (letzterer gab in Heft 1 eine Einführung in Schuppes Werk). – Schuppe wurde später vom Wiener Kreis sehr verehrt, vor allem wegen seiner antimetaphysischen Tendenz. Sein Ansatz ist rein bewußtseinstheoretisch, zwar vorgeblich empirisch, doch in der Konsequenz immaterialistisch in der Art George Berkeleys, insofern Schuppe bestreitet, daß es Gegenstände außerhalb des Bewußtseins gebe, denn: existierte ein Gegenstand außerhalb des Bewußtseins, hieße das einen Gegenstand gleichzeitig denken und nicht denken.

13 E. Mach, *Erkenntnis und Irrtum. Skizzen zu einer Psychologie der Forschung*, Leipzig [5]1926, reprograph. Nachdr. Darmstadt 1968 [u. ö.], S. VII (1. Aufl. 1905; frz. Paris 1908, russ. Moskau 1909).

14 E. Mach, »Sinn und Wert der Naturgesetze«, in: *Erkenntnis und Irrtum* (s. Anm. 13), S. 449 ff., hier S. 460.

15 J. Rehmke, *Lehrbuch der allgemeinen Psychologie*, Hamburg 1894, S. 126. – Vgl. auch seine Schriften *Philosophie als Grundwissenschaft*, Leipzig/Frankfurt a. M. 1910; *Das Bewußtsein*, Heidelberg 1910.

16 W. Schuppe, *Erkenntnisstheoretische Logik*, (s. Anm. 12), S. 16.

17 Mach (s. Anm. 14), S. 462.

18 E. Mach, »Reflex, Instinkt, Wille, Ich«, in: E. M. (s. Anm. 13), S. 50 ff.

19 Ebd., S. 65 f.

20 Vgl. ebd., S. 67.

21 Ebd.

22 Vgl. R. Descartes, *Discours de la méthode*, frz. / dt., hrsg. von L. Gäbe, Hamburg 1960, Tl. 4, S. 51–65. – R. D., *Die Prinzipien der Philosophie*, übers. und erl. von A. Buchenau, Hamburg 1955, S. 1 ff. – Zu Descartes' Erkenntnistheorie vgl. u. a. W. Röd, *Descartes. Die Genese des cartesianischen Rationalismus*, München 1982.

23 E. Mach, »Erkenntnis und Irrtum«, in: E. M. (s. Anm. 13), S. 108 ff., hier S. 124.

24 Vgl. W. James, *The Meaning of Truth. A Sequel to »Pragmatism«*, New York / London 1909. – W. J., *Pragmatism. A New Name for Some Old Ways of Thinking*, New York / London 1907 (dt.: *Der Pragmatismus. Ein neuer Name für alte Denkme-*

thoden. Volkstümliche philosophische Vorlesungen, übers. von W. Jerusalem, Leipzig 1908). Vgl. auch E. Martens (Hrsg.), *Texte der Philosophie des Pragmatismus. Ch. S. Peirce, W. James, F. C. S. Schiller, J. Dewey*, Stuttgart 1975, Neuausg. 1990. – Zur Revitalisierung der Wahrheitstheorie von James in der Gegenwart vgl. H. Putnam, »Die bleibende Aktualität von William James«, in: *Deutsche Zeitschrift für Philosophie* 41 (1993) S. 189–199, bes. S. 190 f. – Siehe auch die jüngst erschienene Monographie von R. Diaz-Bone / K. Schubert, *William James zur Einführung*, Hamburg 1996, S. 81 ff. (zum Wahrheitsbegriff).

25 Mach (s. Anm. 23), S. 116 (im Original kursiv).

26 Vgl. den 1929 in Wien aus dem »Bedürfnis« nach »metaphysikfreier Weltauffassung« gegründeten »Verein Ernst Mach«, zu dessen Vorstand u. a. Moritz Schlick gehörte. Mitglieder waren ferner Otto Neurath, Rudolf Carnap, Edgar Zilsel u. v. a. Vgl. *Erkenntnis* 1 (1930/31) S. 74 ff. (Chronik).

27 E. Mach, »Deduktion und Induktion in psychologischer Beleuchtung«, in: E. M. (s. Anm. 13), S. 304 ff., hier S. 307.

28 Ebd.

29 Vgl. F. A. Lange, *Geschichte des Materialismus*, Iserlohn 1866, 8. Aufl. mit biogr. Vorw., Einl. und krit. Nachtrag von H. Cohen, 2 Bde., Leipzig 1908. – Zu Lange vgl. auch Ollig (s. Anm. 4), S. 15 ff.

30 Vgl. H. Vaihinger, *Kommentar zu Kants Kritik der reinen Vernunft*, 2 Bde., Stuttgart 1881/92. – H. V., »Kants Widerlegung des Idealismus«, in: *Straßburger Abhandlungen zur Philosophie. Eduard Zeller zu seinem 70. Geburtstag*, Freiburg i. Br. 1883, S. 65–164. – Vaihinger begründete auch als spezielles Periodikum die *Kantstudien*. Lesenswert ist in diesem Zusammenhang die Selbstdarstellung von Vaihinger in: *Die deutsche Philosophie der Gegenwart in Selbstdarstellungen*, hrsg. von R. Schmidt, Bd. 2, Leipzig 1921, S. 175 ff. (»Wie die Philosophie des Als Ob entstand«).

31 H. Vaihinger, *Die Philosophie des Als Ob. System der theoretischen, praktischen und religiösen Fiktionen der Menschheit auf Grund eines idealistischen Positivismus*, mit einem Anhang über Kant und Nietzsche, hrsg. von R. Schmidt, Volksausg., Tl. 2, Leipzig ^{2}1924, (1. Aufl. Berlin 1911) S. 258, § 27.

32 Ebd., S. 160 f. (Tl. 1, Kap. 36: »Die Verfälschung der Wirklichkeit durch die logischen Funktionen«, S. 158 ff.)

33 Vgl. Vaihingers Selbstdarstellung (s. Anm. 30), S. 200.
34 Ebd., S. 201.
35 Ebd., S. 25.
36 Vaihinger (s. Anm. 31), S. 345 ff. (»Nietzsche und seine Lehre vom bewußt gewollten Schein«).

Intuitionismus

1 Vgl. K. P. Romanòs, »Bergson in seiner Zeit«, in: H. Bergson, *Denken und schöpferisches Werden. Aufsätze und Vorträge*, Frankfurt a. M. 1985, S. 280 ff.
2 E. Boutroux, *De la contingence des lois de la nature*, Paris 1874, [4]1902, S. 43 (dt.: *Die Kontingenz der Naturgesetze*, Jena 1911). – Vgl. O. Boelitz, *Die Lehre vom Zufall bei Émile Boutroux*, Leipzig 1907. – L. Brunschwig, »La philosophie de Émile Boutroux«, in: *Revue de Métaphysique et de Morale* 29 (1922) S. 216–284. – A. J. Morgan, *Boutroux and the Idea of Freedom*, Diss., Oxford 1978. – Eine ähnliche Position vertrat auch Alfred Fouillée. Vgl. A. Fouillée, *Der Evolutionismus der Kraft-Ideen*, autorisierte Übers. nach der 4. Aufl. von R. Eisler, Leipzig 1908. Zwar bekennt sich Fouillée zu einem deterministisch gefärbten »monisme expérimental« (vgl. dt. Ausg., S. 342 ff.), doch geht auch er von der Idee der Freiheit aus, die sich im Naturgeschehen selbst verwirklicht. Seine Theorie des »Autodeterminismus« nimmt bis zu einem gewissen Grade Vorstellungen der modernen Systemtheorie vorweg.
3 Vgl. Thomas von Aquin, *Summa theologiae* I 86, 3 c: »Contingens est, quod potest esse et non esse.«
4 E. Boutroux, *Über den Begriff des Naturgesetzes in der Wissenschaft und in der Philosophie der Gegenwart*, Jena 1908, S. 18 (frz.: *De l'idée de loi naturelle*, Paris 1895).
5 H. Bergson, *Schöpferische Entwicklung*, übers. von G. Kantorowicz, Jena 1912, S. 9 f. (frz.: *L'évolution créatrice*, Paris 1908. Vgl. dazu die frühe ausführliche Rezension von A. Mitchell in: *The Journal of Philosophy, Psychology and Scientific Methods* 5, 1908, S. 603 ff.). – Die Bedeutung dieses Buches für Marcel Proust hat J. N. Megay untersucht (*Bergson et Proust*, Paris 1976).
6 Vgl. G. Lehmann, *Geschichte der Philosophie*, Bd. 10: *Die Phi-*

losophie im ersten Drittel des zwanzigsten Jahrhunderts, Tl. 1, Berlin 1957, S. 120.

7 Spencer wird freilich später von Bergson kritisiert. Vgl. Bergson, *Schöpferische Entwicklung* (s. Anm. 5), S. 368ff.

8 Vgl. W. Wundt, *Grundzüge der physiologischen Psychologie*, 3 Bde., Leipzig 1873 [u. ö.], [5]1902 ff. – P. Janet, *L'automatisme psychologique*, Paris 1889. – Th. Ribot, *Les maladies de la mémoire*, Paris 1881. – Th. R., *L'imagination créatrice*, Paris 1900. – W. James, *Principles of Psychology*, 2 Bde., New York 1890. – Bei aller Kritik am Wirklichkeitsbegriff von James hatte Bergson doch eine große Sympathie für dessen pragmatistischen Ansatz. Vgl. H. Bergson, »Über den Pragmatismus von William James. Wahrheit und Wirklichkeit«, in: H. B., *Denken und schöpferisches Werden* (s. Anm. 1), S. 234ff., hier S. 244 f.

9 Vgl. P. Janet, *État mental des hystèriques*, Paris 1894, S. 263 ff. – Vgl. dazu H. Bergson, *Materie und Gedächtnis. Eine Abhandlung über die Beziehung zwischen Körper und Geist*, übers. von J. Frankenberger, Frankfurt a. M. [u. a.] 1982, S. 113 (frz.: *Matière et mémoire*, Paris 1896). – Vgl. P. L. Couchoud, »La métaphysique nouvelle à propos de »Matière et mémoire« de Henri Bergson«, in: *Revue de Métaphysique et de Morale* 10 (1902) S. 225–243. – L. Giroux, »›Matière et mémoire‹ de Bergson«, in: *Dialogue* 12 (1973) S. 670–675.

10 H. Bergson, »Die philosophische Intuition«, in: Bergson (s. Anm. 1), S. 126 ff., hier S. 128. – Bergson gebraucht den Begriff der Intuition in einem gänzlich anderen Sinne als die ältere Erkenntnistheorie. (Z. B. Descartes und Spinoza, welche die letzten irreduziblen Axiome der exakten Wissenschaften, besonders der Geometrie, als evident auffassen und dies Erfassen letzter Wahrheiten als »mentis intuitus« oder »scientia intuitiva« bezeichnen. In diesem Sinne faßt auch Husserl den Akt der »Ideation« oder »Wesenserschauung«, also das »originäre Anschauen« des »reinen Wesens oder Eidos« als Intuition auf. Bei ihm ist aber wie bei den neueren Logikern, deren Ansätze ebenfalls von platonisierendem Denken nicht frei sind, die Intuition primär kognitiv-logisch aufgefaßt, während bei Bergson deutlich eine gefühlsmäßige und leibperzeptive Komponente hinzukommt.)

11 Ebd., S. 129.

12 Bergsons Rückweisung einer Überbetonung des Intellekts durch die Naturwissenschaften bereitete der neomarxistischen Verding-

lichungstheorie mit ihrer Kritik an der Quantifikationsideologie des Positivismus den Boden, so bei Lukács und Adorno.

13 Bergson (dt., s. Anm. 9), S. 1 ff. (»Zur Funktion des Leibes«). Diese Theorie der Leibwahrnehmung nimmt die Position des späten Husserl und besonders Merleau-Pontys »Phänomenologie der Wahrnehmung« vorweg. Vgl. M. Merleau-Ponty: *La structure du comportement*, Paris 1942. – M. M. P., *Phénoménologie de la perception*, Paris 1945 (dt.: *Phänomenologie der Wahrnehmung*, übers. von R. Boehm, Berlin 1966; zu Bergson vgl. S. 81 ff., 214 ff. u. ö.; zum »Problem des Leibes« S. 91 ff.). – Vgl. auch X. Tiliette / A. Métraux, »M. Merleau-Ponty. Das Problem des Sinnes«, in: *Grundprobleme der großen Philosophen*, hrsg. von J. Speck, *Philosophie der Gegenwart* 2, Göttingen 1973, S. 182. – Ferner B. Cullen, »Philosophy of existence 3. Merleau-Ponty«, in: R. Kearney (Hrsg.), *Routledge History of Philosophy*, Bd. 8: *Twentieth-Century Continental Philosophy*, London / New York 1994, S. 105 ff. (mit umfangreicher Bibliographie).

14 Bergson (dt., s. Anm. 9), S. I f.

15 H. Bergson, *Zeit und Freiheit*, mit einem Nachw. von K. R. Romanòs, Frankfurt a. M. 1989 (frz.: *Sur les données immédiates de la conscience*, Paris 1889), S. 169.

16 Ebd.

17 Eine ähnliche Theorie hatte vorher schon Julius Baumann entwickelt, der, von Lotze beeinflußt und gefördert, in Göttingen lehrte und einen »Idealrealismus« vertrat. Vgl. J. Baumann, *Die Lehren von Raum, Zeit und Mathematik in der neueren Philosophie nach ihrem ganzen Einfluß dargestellt und beurteilt*, 2 Bde., Berlin 1868–69, hier Bd. 2, 1869, S. 659 f. Das Bleibende der zeitlichen Aufeinanderfolge von Vorstellungen bzw. Ideen konstituiert nach Baumann die Ichvorstellung.

18 H. Bergson, »Einleitung (Zweiter Teil)«, in: Bergson (s. Anm. 1), S. 42 ff., hier S. 44. Auffallend ist hier die Nähe von Bergsons Bewußtseinstheorie zur Theorie des Unbewußten bei Freud. Vgl. dazu J. Laplanche / J. B. Pontalis, *Das Vokabular der Psychoanalyse*, Bd. 2, Frankfurt a. M. 1972 [u. ö.], S. 562 ff.

19 Ebd., S. 44.

20 Ebd.

21 Vgl. Th. Lipps, *Grundthatsachen des Seelenlebens*, Bonn 1883. – Th. L., *Leitfaden der Psychologie*, Leipzig 1903. – Th. L., »Einfühlung, innere Nachahmung, und Organempfindungen«,

in: *Archiv für die gesamte Psychologie* 1 (1903) S. 185–204 (»In der Wahrnehmung der fremden Bewegung [...] wird die Tendenz der ›entsprechenden‹ Selbstbetätigung geweckt und befriedigt«, S. 196.) – Zur Einfühlungspsychologie und -ästhetik von Lipps vgl. N. Schneider, *Geschichte der Ästhetik von der Aufklärung bis zur Postmoderne. Eine paradigmatische Einführung*, Stuttgart 1996, S. 134 ff. – Die Theorie der Einfühlung entwickelte Bergson besonders in seiner *Einführung in die Metaphysik*, 2. u. 3. Tsd. Jena 1912. Sie ist eng mit seiner Auffassung vom »Absoluten« verbunden: »Wenn ich [...] von einer absoluten Bewegung spreche, bedeutet dies, daß ich dem bewegten Objekt ein Inneres und gleichsam seelische Zustände zuschreibe; es bedeutet ferner, daß ich diese Zustände mitempfinde und daß ich mich durch eine Anstrengung der Einbildungskraft in sie versetze« (ebd., S. 1). Eine große Wirkung zeitigte diese Auffassung in der Kunsttheorie des italienischen Futurismus. Vgl. U. Apollonio, *Der Futurismus. Manifeste und Dokumente einer künstlerischen Revolution 1909–1918*, Köln 1972, S. 82, 111 (auf Bergson bezog sich 1913 U. Boccioni, »Die bildnerische Grundlage der futuristischen Malerei und Plastik«), 136. – Ch. Baumgarth, *Geschichte des Futurismus*, Reinbek 1966, S. 9, 131, 138, 144, 171. Gemälde wie die von Giacomo Balla (*Auto en mouvement + Vitesse + Bruit*, 1913; Zürich, Kunsthaus) versuchten, das »Absolute« im Sinne Bergsons zu visualisieren. So soll die »abstrakte Geschwindigkeit« durch einen vorbeifahrenden Wagen symbolisiert werden, den Wagen selbst sieht man jedoch nicht, sondern nur in senkrechten Segmenten und Wellen angedeutete Zeitphasen, die gleichsam aus dem Wagen (als dem Gegenstand, in den man sich als außen stehender Betrachter einfühlt) heraus erlebt werden.

22 Bergson (s. Anm. 1), S. 45.

23 Ebd., S. 46.

24 Bergson (dt. s. Anm. 5), S. 104.

25 Ebd., S. 5.

26 Bergson (dt., s. Anm. 9), S. V. – Daß Bewußtsein und Gedächtnis letztlich identisch sind, ist eine alte Auffassung, die sich schon bei Platon, etwa im *Theätet* (191c) und im *Philebos* (34b), findet: Das Gedächtnis, die μνήμη bzw. ἀνάμνησις, wird als Aufbewahrungsstätte der Wahrnehmungen (σωτηρία αἰσθήσεως) aufgefaßt. Auch Augustin sieht im Gedächtnis mehr als nur ein äußerlich reproduzierendes Vermögen; ihm komme vielmehr

eine geistige, insofern bewußtseinskonstituierende Bedeutung zu. Gedächtnis wird von ihm weit gefaßt: es schließt auch die Erinnerung an Gefühle ein (vgl. Augustin, *Confessiones* 8,14). – Auch bei anderen konszientialistisch ausgerichteten Philosophen der Jahrhundertwende wird Bewußtsein wesentlich durch memoriale Qualitäten definiert (so bei Wundt, Höfler, Lipps). Der graduelle begriffliche Unterschied zwischen Bewußtsein und Gedächtnis liegt ihnen zufolge lediglich darin, daß beim Bewußtsein die aktuale Komponente, das gegenwärtige simultane Gewahrwerden der inneren wie äußeren Erlebnisse, stärker zu sein pflegt als die reproduktive Einbildungskraft, die nur konkomitant ist.

27 H. Ebbinghaus, *Über das Gedächtnis. Untersuchungen zur experimentellen Psychologie*, Leipzig 1885, Darmstadt 1992.

28 E. Hering, »Über das Gedächtnis als eine allgemeine Funktion der organisierten Materie«, in: *Almanach der Wiener Akademie der Wissenschaften* 20 (1870); auch in: *Ostwald's Klassiker der Naturwissenschaft*, Bd. 148, Leipzig 1905. – Herings Untersuchungen zum Gedächtnis wurden später, vermittelt über Lenin (»Materialismus und Empiriokritizismus, in: W. I. L., *Werke*, Bd. 14, Berlin 1962, S. 37 f., 85 u. ö.), zu einem festen Bestandteil der Bewußtseinstheorie des dialektischen Materialismus. Vgl. auch S. L. Rubinstein, *Sein und Bewußtsein. Die Stellung des Psychischen im allgemeinen Zusammenhang der Erscheinungen in der materiellen Welt*, hrsg. von H. Hiebsch, Berlin 1977.

29 Vgl. H. Ebbinghaus, »Psychologie«, in: *Die Kultur der Gegenwart. Ihre Entwicklung und ihre Ziele*, hrsg. von P. Hinneberg, Tl. 1, Abt. 6: W. Dilthey [u. a.], *Systematische Philosophie*, Berlin / Leipzig ²1908, S. 173 ff., bes. S. 207 ff. – H. E., *Abriss der Psychologie*, 7. Aufl., durchges. von K. Bühler, Berlin / Leipzig 1920, S. 87 ff. – Vgl. auch V. Hensen, *Ueber das Gedächtniss. Rede beim Antritt des Rectorats der königl. Christian-Albrecht-Universität zu Kiel am 5. März 1877*, Kiel 1877. – A. Forel, *Das Gedächtnis und seine Abnormitäten*, Zürich 1885. – E. Haeckel, *Die Perigenesis der Plastidule*, Jena 1875. – E. Meumann, *Ökonomie und Technik des Gedächtnisses*, Leipzig ³1912. – E. M., *Abriss der experimentellen Pädagogik*, Leipzig 1914, ²1920, S. 137 ff.

30 Bergson (dt. s. Anm. 9), S. IV.

31 Ebd., S. 250.

Gegenstandstheorie

1 A. Meinong, »Zur Psychologie der Komplexionen und Relationen«, in: *Zeitschrift für Psychologie und Physiologie der Sinnesorgane* 2 (1891) S. 245–265.
2 Siehe dazu das Kapitel zu Rudolf Carnap im vorliegenden Band.
3 Ch. Frhr. von Ehrenfels, »Über Gestaltqualitäten«, in: *Vierteljahresschrift für wissenschaftliche Philosophie* 14 (1890) S. 249–292.
4 A. Meinong, in: *Die deutsche Philosophie der Gegenwart in Selbstdarstellungen*, mit einer Einf. hrsg. von R. Schmidt, Leipzig 1921, S. 91 ff., hier S. 103.
5 Ebd., S. 92.
6 Vgl. auch die kurz vorher erschienene Biographie des damals berühmten Historikers F. W. B. Giesebrecht, *Arnold von Brescia*, München 1873.
7 Meinong (s. Anm. 4), S. 93.
8 F. Brentano, *Psychologie vom empirischen Standpunkt*, Bd. 2: *Von der Klassifikation der psychischen Phänomene (1911)*, Hamburg 1971 (Nachdr. der Ausg. 1925), S. 276. Bis 1911 lag nur der erste, 1874 in Leipzig erschienene Band vor.
9 Ebd., S. 277.
10 Vgl. ebd., Bd. 1, S. 144.
11 Ebd., Bd. 1, S. 231 ff.
12 Ebd., Bd. 1, S. 232.
13 I. Kant, *Kritik der reinen Vernunft*, hrsg. von W. Weischedel, Tl. 1, Frankfurt a. M. 1996, S. 282: »Der Begriff eines Noumenon ist also bloß ein *Grenzbegriff*, um die Anmaßung der Sinnlichkeit einzuschränken, und also nur von negativem Gebrauche.«
14 A. Meinong, »Über emotionale Präsentation«, in: *Sitzungsberichte der Kaiserl. Akademie der Wissenschaften. Philos.-histor. Klasse*, Bd. 183, Wien 1917, § 11.
15 Meinong (s. Anm. 4), S. 109.
16 Vgl. G. Cantor: *Grundlagen einer allgemeinen Mannichfaltigkeitslehre* [sic], *ein mathematisch-philosophischer Versuch in der Lehre des Unendlichen*, Leipzig 1883.
17 Vgl. G. Frege, »Über Begriff und Gegenstand«, in: *Vierteljahresschrift für wissenschaftliche Philosophie* 16 (1892) S. 192–205.

18 K. Prantl, *Geschichte der Logik im Abendlande*, 4 Bde., Leipzig 1855–1870, Bd. 3, S. 360.
19 Meinong (s. Anm. 4), S. 109.
20 Vgl. St. Witasek, *Grundlinien der Psychologie*, Leipzig [1907], S. 99, 248 f., 308 ff.
21 Meinong (s. Anm. 4), S. 109. – A. Meinong, *Über Möglichkeit und Wahrscheinlichkeit. Beiträge zur Gegenstandstheorie und Erkenntnistheorie*, Leipzig 1915, § 16.
22 A. Meinong, »Hume-Studien I. Zur Geschichte und Kritik des modernen Nominalismus«, in: *Sitzungsberichte der Kaiserl. Akademie der Wissenschaften. Philos.-hist. Klasse*, Bd. 87, Wien 1877. – A. M., »Hume-Studien II. Zur Relationstheorie«, in: ebd., Bd. 101, Wien 1882.
23 Husserl legte die psychologische Betrachtungsweise radikal ab, Meinong hielt jedoch weiter am Programm einer deskriptiven Psychologie fest.
24 E. Husserl, *Die Idee der Phänomenologie. Fünf Vorlesungen (1907)*, hrsg. und eingel. von W. Biemel, Den Haag [2]1958, S. 29 ff.
25 Daß es immer wieder um die Rettung des Ich ging, belegen Husserls *Cartesianische Meditationen* (Hamburg 1977), die – ähnlich wie die Schriften von Wundt, jedoch von einer antipsychologistischen Position aus – eine Einheit des Ego, also seinen Zusammenhalt in der Apperzeption, sichern wollen.

Phänomenologie

1 H. Cohen, *Logik der reinen Erkenntniss*, Berlin 1902, S. 103.
2 Ebd., S. 104. – Vgl. zu Cohen auch K. Ch. Köhnke, *Entstehung und Aufstieg des Neukantianismus. Die deutsche Universitätsphilosophie zwischen Idealismus und Positivismus*, Frankfurt a.M. 1986, S. 273 ff. – H.-L. Ollig, *Der Neukantianismus*, Stuttgart 1979 (Sammlung Metzler, 187), S. 29 ff.
3 E. Husserl, *Über den Begriff der Zahl*, Halle a.d.S. 1887 (Habil.-Schr.). – E. H., *Philosophie der Arithmetik. Psychologische und logische Untersuchungen*, Halle a.d.S. 1891 (nur 1 Bd. ersch.).
4 E. Husserl, *Logische Untersuchungen*, Bd. 1: *Prolegomena zur reinen Logik*, Tübingen 1968, S. 12 ff., § 6. – Vgl. die frühe Aus-

einandersetzung mit Husserls völliger »Verwerfung des logischen Psychologismus« und der »Aufstellung eines Ideals der reinen Logik« (S. 527) bei E. Dürr, »Über die Frage des Abhängigkeitsverhältnisses der Logik von der Psychologie. Betrachtungen im Anschluß an die ›Logischen Untersuchungen‹ von Edmund Husserl«, in: *Archiv für die gesamte Psychologie* 1 (1903) S. 527–544. Dürr schließt sich weitgehend Schuppes Argumentation an, daß jede empirische Erkenntnis keineswegs »den Wert bloßer Wahrscheinlichkeit« haben müsse (wie Husserl statuiert). Zur empirischen Erkenntnis gehörten nicht bloß die durch Induktion gefundenen Sätze, »sondern auch das einfache Bewußtwerden von Gegebenem« (S. 543).

5 Husserl (s. Anm. 4), S. 50 ff., § 17.

6 Ebd., S. 64 ff., § 22.

7 So ebd. im 7. Kapitel, §§ 32 ff.

8 Ebd., S. 236 ff., § 65.

9 Vgl. E. Husserl, *Formale und transzendentale Logik. Versuch einer Kritik der logischen Vernunft*, Halle a. d. S. 1929 (Sonderdr. aus: *Jahrbuch für Philosophie und phänomenologische Forschung*), S. 77 ff. u. ö.

10 E. Husserl, *Ideen zu einer reinen Phänomenologie und phänomenologischen Philosophie. Erstes Buch: Allgemeine Einführung in die reine Phänomenologie*, neu hrsg. von K. Schumann, Text der 1.–3. Aufl., Den Haag 1976.

11 Zu Noema und Noesis vgl. ebd. die §§ 87–96, S. 200 ff.

12 Zur »Intentionalität« vgl. E. Husserl: *Logische Untersuchungen*, Bd. 2: *Untersuchungen zur Phänomenologie und Theorie der Erkenntnis*, Tübingen [5]1968, 5. Abschnitt (»Über intentionale Erlebnisse und ihre ›Inhalte‹«), S. 343 ff. – Vgl. auch E. Husserl, *Die Idee der Phänomenologie. Fünf Vorlesungen*, hrsg. u. eingel. von W. Biemel, Den Haag [2]1958, S. 55: »Die Erkenntniserlebnisse, das gehört zu ihrem Wesen, haben eine *intentio*, sie meinen etwas, sie beziehen sich in der oder jener Art auf eine Gegenständlichkeit. Das sich auf eine Gegenständlichkeit Beziehen gehört ihnen zu, wenn auch die Gegenständlichkeit ihnen nicht zugehört.«

13 E. Husserl, *Die Phänomenologie und die Fundamente der Wissenschaften*, hrsg. und eingel. von K.-H. Lembeck, Hamburg 1986, S. 70.

14 Ebd.

15 Vgl. J. Schmieder, *Einführung in System und Geschichte der Philosophie*, Leipzig 1921, S. 2.
16 Husserl (s. Anm. 13), S. 52, § 8.
17 Ebd., S. 52.
18 Vgl. zu G. E. Anschütz, der 1909 über Gestaltqualitäten promovierte, die Angaben in: W. Hehlmann, *Wörterbuch der Psychologie*, Stuttgart [12]1974, S. 22.
19 Husserl (s. Anm. 13), S. 70, § 11.
20 Ebd.
21 Husserl, *Die Konstitution der geistigen Welt*, hrsg. und eingel. von M. Sommer, Hamburg 1984, S. 129.
22 Ebd.
23 Husserl (s. Anm. 13), S. 8, § 2.
24 Ebd., S. 9.
25 Ebd.
26 Vgl. Th. Lipps, *Leitfaden der Psychologie*, Leipzig 1903. – Th. L., *Ästhetik*, 2 Bde., Hamburg / Leipzig 1903/06.
27 Vgl. Ch. S. Peirce, »How To Make Our Ideas Clear«, in: *Popular Science Monthly* 12 (1878) S. 286–302, u. a. – *Collected Papers of Charles S. Peirce*, hrsg. von Ch. Hartshorne, P. Weiss und A. W. Burks, 6 Bde., Cambridge (Mass.) 1965–66. – M. H. Fish [u. a.] (Hrsg.), *Writings of Charles S. Peirce. A Chronological Edition*, Bd. 1 ff., Bloomington (Ind.) 1982 ff. – Zu Peirce vgl. J. Fisette, *Introduction à la sémiotique de C. S. Peirce*, Montreal 1990. – M. Fish, *Peirce, Semiotic, and Pragmatism*, Bloomington (Ind.) 1986. – Th. A. Sebeok, *Theorie und Geschichte der Semiotik*, übers. von A. Eschbach, Reinbek 1979, passim. – L. Nagl, *Charles Sanders Peirce*, Frankfurt a. M. 1992.
28 Husserl (s. Anm. 21), S. 75, § 56. – Das Problem der Fremdwahrnehmung beschäftigt noch heute die Philosophen, besonders diejenigen aus dem Umkreis der Analytischen Philosophie. Schon Wittgenstein grübelte darüber nach, wie man die Intentionen anderer Menschen aus ihren Handlungen verstehen könne. Fremdverstehen ist auch das Problem des Externalismus von Donald Davidson, einem Hauptvertreter der neueren »Philosophie des Geistes«, die faktisch eine Handlungs- und Bedeutungstheorie ist (D. D., *Der Mythos des Subjektiven. Philosophische Essays*, übers. und mit einem Nachw. hrsg. von J. Schulte, Stuttgart 1993, bes. S. 5–15: »Voraussetzungen für Gedanken«; zuerst u. d. T. »The Conditions of Thought«, in: *Le Cahier du Collège*

International de Philosophie, Paris 1989, S. 165–171). Siehe auch die Kurzdarstellung von Davidsons Theorie in: *Information Philosophie* (1996) H. 2, S. 99–102, und im vorliegenden Band das Kapitel zu Davidson und Dummett.

29 Husserl (s. Anm. 21), S. 75.

30 Vgl. A. Schütz, *Collected Papers*, Bd. 1, Den Haag 1962, S. 149. Dazu P. Berger / Th. Luckmann, *Die gesellschaftliche Konstruktion der Wirklichkeit. Eine Theorie der Wissenssoziologie*, Frankfurt a. M. 1980, S. 17. – Vgl. zur phänomenologisch begründeten Theorie der Alltagswelt auch J. Habermas, *Der philosophische Diskurs der Moderne*, Frankfurt a. M. 1985, S. 96. – Zur Rezeption des Lebenswelt-Begriffs in der amerikanischen Philosophie und Literaturwissenschaft vgl. J. J. Kockelmans, *A First Introduction to Husserl's Phenomenology*, Pittsburgh 1967. – R. Magiola, *Phenomenology and Literature. An Introduction*, West Lafayette (Ind.) 1977, bes. S. 32 f.

31 E. Husserl, *Die Krisis der europäischen Wissenschaften und die transzendentale Phänomenologie*, Den Haag ^{2}1962, S. 3 ff.

32 E. Husserl, *Erfahrung und Urteil. Untersuchungen zur Genealogie der Logik*, redig. und hrsg. von L. Landgrebe, Hamburg 1948, S. 25, § 7.

33 Ebd., S. 38, § 10.

34 Ebd., S. 41.

35 Vgl. M. Heidegger, *Die Kunst und der Raum*, St. Gallen 1969.

36 So L. Wittgenstein: »Wer an allem zweifeln wollte, der würde auch nicht bis zum Zweifeln kommen. Das Spiel des Zweifelns setzt schon die Gewißheit voraus. – Ja, der Zweifel beruht nur auf dem, was außer Zweifel ist.« Zit. nach K. Wuchterl / A. Hübner, *Wittgenstein. Mit Selbstzeugnissen und Bilddokumenten*, Reinbek ^{9}1994, S. 119. – Hier wird also die cartesianische Reduktion auf das Cogito über den Weg des Zweifels, die auch Husserl übernimmt, als nicht stichhaltig nachgewiesen.

Kritischer Realismus

1 Vgl. auch die dem Gegenständlichen, der konkreten Realität zugewandten ästhetischen Tendenzen der Neuen Sachlichkeit. Vgl. dazu H. G. Vierhuff, *Die Neue Sachlichkeit. Malerei und Fotografie*, Köln 1980. – H. Denkler, »Sache und Stil. Die Theorie

der ›Neuen Sachlichkeit‹ und ihre Auswirkungen auf Kunst und Dichtung«, in: *Wirkendes Wort* 18 (1968) S. 167–185. – H. Olbrich, »Die ›Neue Sachlichkeit‹ im Widerstreit der Ideologien und Theorien zur Kunstgeschichte des zwanzigsten Jahrhunderts«, in: *Weimarer Beiträge* 26 (1980) S. 65–76. – W. Schmied, *Neue Sachlichkeit und Magischer Realismus in Deutschland 1918–1933*, Hannover 1969. – H. Lethen, *Neue Sachlichkeit 1924/1932. Studien zur Literatur des »Weißen Sozialismus«*, Stuttgart 1970. Der Begriff der »Neuen Sachlichkeit« wurde 1923 von Hartlaub geprägt. Franz Roh sprach in seiner Schrift *Nach-Expressionismus. Magischer Realismus. Problem der neusten europäischen Malerei* (Leipzig 1925) rückblickend von der »Wende von 1920«.

2 N. Hartmann, *Grundzüge einer Metaphysik der Erkenntnis*, Berlin 1921 (hier zit. nach der 4. Aufl. 1949, S. 182 ff.).

3 Vgl. G. W. F. Hegel, *Phänomenologie des Geistes*, Nachw. von L. B. Puntel, Stuttgart 1987, Vorrede, S. 9 ff. – Vgl. in diesem Zusammenhang auch N. Hartmann, *Das Problem des geistigen Seins. Untersuchungen zur Grundlegung der Geschichtsphilosophie und der Geisteswissenschaften*, Berlin ³1962 (1. Aufl. 1933), S. 15 ff. (»Ontologische Klärung der Sachlage«): »Der Geist schwebt nicht in der Luft, wir kennen ihn nur als getragenes Geistesleben – getragen vom seelischen Sein, nicht anders als dieses vom Organischen und weiter vom Materiellen getragen ist. Auch hier also, und zwar hier erst recht, handelt es sich um Autonomie der höheren Schicht gegenüber der niederen, gerade in der Abhängigkeit von ihr« (S. 17). – Mit Hegel hat sich Hartmann u. a. auch in seiner historischen Darstellung *Die Philosophie des deutschen Idealismus* (2 Bde., Berlin 1923/29) auseinandergesetzt.

4 Hartmann (s. Anm. 2), S. 17.

5 Hinzuweisen ist hier besonders auf Hermann Cohen, *Kants Theorie der reinen Erfahrung*, Berlin 1871 (3. Aufl. 1918). – H. C., *System der Philosophie*, Tl. 1: *Logik der reinen Erkenntniss*, Berlin 1902. – H. C., *Kommentar zu Kants »Kritik der reinen Vernunft«*, Leipzig 1907 (2. Aufl. 1917).

6 Vgl. Thomas von Aquin, *Summa theologiae*, I q.2 a.1. – Vgl. hierzu u. a. M. Grabmann, *Geschichte der Philosophie*, Bd. 3: *Die Philosophie des Mittelalters*, Berlin / Leipzig 1921, S. 99. – K. Flasch: *Das philosophische Denken im Mittelalter. Von Augu-*

stin zu Machiavelli, Stuttgart 1987, S. 324 ff., bes. S. 335. Die Aseität wird ontologisch von Gott ausgesagt, der »das durch sich selbst bestehende Sein« ist (»esse per se subsistens«). – Vgl. dazu speziell auch F. Van Steenberghen, *Le problème de l'existence de Dieu dans les écrits de Saint Thomas d'Aquin*, Löwen 1980.

7 Zur Eidolon-Theorie vgl. Platon, *Symposion* 211 e (ff.). Vgl. Platon, *Werke in acht Bänden*, griech./dt., hrsg. von G. Eigler, Bd. 3: *Phaidon. Das Gastmahl. Kratylos*, bearb. von D. Kurz, Darmstadt 1990, S. 349 ff.

8 Hartmann (s. Anm. 2), S. 79 ff.

9 Ebd., S. 79.

10 Ebd., S. 80.

11 Vgl. N. Hartmann, *Die Erkenntnis im Lichte der Ontologie*, mit einer Einl. von J. Stallmach, Hamburg 1982, S. 34.

12 Ebd.

13 Vgl. Hartmann (s. Anm. 2), S. 61 ff.

14 Ebd., S. 63 ff.

15 Ebd., S. 65 ff.

16 Ebd., S. 66.

17 Vgl. ebd., S. 70 ff.

18 Ebd., S. 72 ff.

19 Vgl. auch I. Kants zuerst 1783 erschienene *Prolegomena zu einer jeden künftigen Metaphysik, die als Wissenschaft wird auftreten können*, in: I. K., Werkausgabe, hrsg. von W. Weischedel, Bd. 5, Frankfurt a. M. 1977, S. 113 ff., hier S. 189: »[...] der Verstand schöpft seine Gesetze (a priori) nicht aus der Natur, sondern schreibt sie dieser vor.«

20 Vgl. N. Hartmann, *Zur Grundlegung der Ontologie*, Meisenheim a. G., [4]1948, S. 48 f. Die Formulierung »Umbiegen« wird von Hartmann hier als wörtliche Übersetzung des lateinischen Terminus »reflectio« verwendet. – An anderer Stelle übt Hartmann scharfe Kritik am übertriebenen erkenntnistheoretischen Methodologismus als reiner Reflexionsphilosophie, so in: N. Hartmann, *Der Aufbau der realen Welt. Grundriß einer allgemeinen Kategorienlehre*, Berlin [3]1964 (1. Aufl. 1940), Kap. 62, S. 522 ff. Es heißt dort, daß die Zeit des Methodologismus (gemeint ist wohl speziell die neukantianische Variante mit ihrem unausgesetzten Fragen nach den »ermöglichenden Bedingungen«) hinter uns liege: »Der Verstand wartet nicht auf die Theorie des Denkens; er denkt von selbst nach den Gesetzen, welche

die Theorie nachträglich ihm ablauscht. Ebenso sind die besonderen Methoden philosophischen Vorgehens zuerst im Denken der Bahnbrechenden und Führenden vorhanden, aber meist ohne zureichendes Wissen um ihre genauere Struktur; erst die Epigonen heben in der Nachlese des Geleisteten die Methode als solche heraus. Damit tragen sie zur bahnbrechenden Leistung kaum mehr etwas bei. Sie machen diese nur als solche verständlich. Auch geschichtlich gilt der Satz: die arbeitende Methode geht voran, das Methodenbewußtsein folgt nach. Begleitendes Methodenbewußtsein gibt es wohl auch im Bahnbrechen selbst, aber nur ein unvollständiges; eigentliche Methodologie ist Epigonenarbeit.« (S. 522 f.)

21 Ebd., S. 51.
22 Ebd., S. 53. Zum »natürlichen Realismus« vgl. auch Hartmann (s. Anm. 2), S. 133 ff.
23 Hartmann (s. Anm. 20), S. 53.
24 Ebd., S. 177.
25 Ebd.
26 Ebd., S. 179.
27 Ebd., S. 182.
28 Ebd., S. 182 ff.
29 Ebd., S. 198 ff.
30 Hartmann (s. Anm. 2), S. 403.
31 Hartmann (s. Anm. 11), S. 12.
32 Vgl. Hartmann (s. Anm. 2), S. 238 ff. (Kap. 32: »Das Irrationale im realen Erkenntnisgegenstande«).
33 Vgl. H. Spencer, *First Principles*, New York 1910, S. 56. Vgl. dazu auch W. Durant, *Die großen Denker*, Bergisch Gladbach [3]1987, S. 427 ff. – K. Schwarze, *Herbert Spencer*, Leipzig 1909, S. 18 ff.
34 Hartmann (s. Anm. 20), S. 173.
35 Ebd., S. 175.

Philosophie der symbolischen Formen

1 Zur Biographie Ernst Cassirers vgl. H. Pätzold, *Ernst Cassirer. Von Marburg nach New York*, Darmstadt 1995 (zum Exil S. 148 ff., Kapitel 9–11). – Toni Cassirer, *Mein Leben mit Ernst Cassirer*, Hildesheim 1981, S. 204 ff. (geschrieben 1948).

2 Zur späten Rezeption Cassirers und ihren möglichen Ursachen vgl. auch E. W. Orth, »Zugänge zu Ernst Cassirer«, in: H.-J. Braun / H. Holzhey / E. W. Orth (Hrsg.), *Über Ernst Cassirers Philosophie der symbolischen Formen*, Frankfurt a. M. 1988, S. 7 ff.

3 Hinzuweisen ist hier besonders auf P. Bourdieu, *Zur Soziologie der symbolischen Formen*, Frankfurt a. M. 1970. Siehe dazu auch das Kapitel über Pierre Bourdieu (S. 219 ff.) im vorliegenden Band.

4 Vgl. G. W. F. Hegel, *Phänomenologie des Geistes*, in: G. W. F. H., *Werke in 20 Bänden*, Red. E. Moldenhauer und K. M. Michel, Bd. 3, Frankfurt a. M. 1970. – E. Cassirer, *Philosophie der symbolischen Formen. Erster Teil: Die Sprache*, Darmstadt ^{6}1973; *Zweiter Teil: Das mythische Denken*, Darmstadt ^{6}1973; *Dritter Teil: Phänomenologie der Erkenntnis*, Darmstadt ^{6}1975. – Wichtige Sekundärliteratur: P. A. Schilpp (Hrsg.), *The Philosophy of Ernst Cassirer*, La Salle (Ill.) ^{1}1949, TB.-Ausg. 1973. – K. Neumann, »Ernst Cassirer: Das Symbol«, in: J. Speck (Hrsg.), *Grundprobleme der großen Philosophen. Philosophie der Gegenwart II. Scheler, Hönigswald, Cassirer, Plessner, Merleau-Ponty, Gehlen*, Göttingen 1973, S. 102 ff. – J. M. Krois, *Cassirer. Symbolic Forms and History*, New Haven / London 1987 (mit Lithinw., bes. S. 254 ff.). – W. Marx, Cassirers Symboltheorie als Entwicklung und Kritik der »Neukantischen Grundlagen einer Theorie des Denkens und Erkennens«, in: *Archiv für die Geschichte der Philosophie* 57 (1975) S. 188 ff., 304 ff. – E. W. Orth, *Von der Erkenntnistheorie zur Kulturphilosophie. Studien zu Ernst Cassirers Philosophie der symbolischen Formen*, Würzburg 1996. – In Cassirers Schrift »Der Begriff der symbolischen Form im Aufbau der Geisteswissenschaften«, in: *Wesen und Wirkung des Symbolbegriffs*, Darmstadt ^{6}1977, S. 167 ff., hier S. 175, findet sich folgende bündige Definition: »Unter einer ›symbolischen Form‹ soll jene Energie des Geistes verstanden werden, durch welche ein geistiger Bedeutungsgehalt an ein konkretes sinnliches Zeichen geknüpft und diesem Zeichen innerlich zugeeignet wird.«

5 E. Cassirer, *Substanzbegriff und Funktionsbegriff. Untersuchungen über die Grundfragen der Erkenntniskritik*, Berlin 1910.

6 Cassirer, *Philosophie der symbolischen Formen*, Tl. 3 (s. Anm. 4), S. V.

7 Vgl. W. Windelband, *Geschichte und Naturwissenschaft*, Straßburg 1894. Siehe hierzu auch oben S. 244 (Anm. 38).

8 Dem Problem der Sprache ist der erste Teil der *Philosophie der symbolischen Formen* gewidmet (s. Anm. 4). Cassirer setzt sich darin mit einer Reihe neuerer sprachwissenschaftlicher Ansätze auseinander (vgl. dort S. 113 ff.), sieht aber – wie später auch die Vertreter der Inhaltsbezogenen Grammatik (L. Weisgerber, H. Gipper, H. Brinkmann u. a.) – in Wilhelm von Humboldts Sprachphilosophie eine »grundlegende« Theorie, die es aufzugreifen gelte. Sprache wird Humboldt zufolge als ein Medium der Welterfahrung und -konstitution aufgefaßt, Denken ist unauflöslich an die »energeia« der Sprache gebunden. In seiner Abhandlung *Über das vergleichende Sprachstudium in Beziehung auf die verschiedenen Epochen der Sprachentwicklung* sagt Humboldt: »Das Denken ist aber nicht bloß abhängig von der Sprache überhaupt, sondern, bis auf einen gewissen Grad, auch von jeder einzelnen bestimmten. Man hat zwar die Wörter der verschiedenen Sprachen mit allgemein gültigen Zeichen vertauschen wollen, wie dieselben die Mathematik in den Linien, Zahlen und der Buchstabenrechnung besitzt. Allein es läßt sich damit nur ein kleiner Teil der Masse des Denkbaren erschöpfen, da diese Zeichen, ihrer Natur nach, nur auf solche Begriffe passen, welche durch bloße Konstruktion erzeugt werden können oder sonst rein durch den Verstand gebildet sind.« (*W. von Humboldt*, Ausw. und Einl. von H. Weinstock, Frankfurt a. M. 1957, S. 123). – Vgl. auch W. von Humboldt, *Über die Sprache. Reden vor der Akademie*, hrsg., komm. und mit einem Nachw. vers. von J. Trabant, Tübingen [u. a.] 1994. – W. v. H., *Bildung und Sprache*, bes. von C. Menze, Paderborn [2]1965. – W. v. H., *Werke in fünf Bänden*, hrsg. von A. Flitner, Bd. 3: *Schriften zur Sprachphilosophie*, Darmstadt [4]1972. – Siehe auch Th. Göller, *Ernst Cassirers Sprachphilosophie. Darstellung, Kritik, Aktualität*, Würzburg 1986.

9 E. Cassirer, »Das Symbolproblem und seine Stellung im System der Philosophie (1927)«, in: E. C., *Symbol, Technik, Sprache, Aufsätze aus den Jahren 1927–1933*, hrsg. von E. W. Orth und J. M. Krois unter Mitw. von J. M. Werle, Hamburg 1985, S. 1 ff., hier S. 2.

10 Cassirer, *Philosophie der symbolischen Formen*, Tl. 3 (s. Anm. 4), S. 80.

11 Ebd.

12 Vgl. Cassirer, *Philosophie der symbolischen Formen*, Tl. 2 (s. Anm. 4), S. 286. Dazu auch H. Pätzold, *Ernst Cassirer zur Einführung*, Hamburg 1993, S. 64.

13 Cassirer, *Philosophie der symbolischen Formen*, Tl. 2 (s. Anm. 4), S. 299. Vgl. auch H. Holzhey, »Cassirers Kritik des mythischen Bewußtseins«, in: H.-J. Braun [u. a.] (s. Anm. 2), S. 191 ff., hier S. 193. – Eine frühe Rezension von Cassirers zweitem Band, *Das mythische Denken*, stammt von M. Heidegger, in: *Deutsche Literaturzeitung* 21 (1928) S. 1000 ff. – Das Problem des Mythos hat Cassirer später noch einmal unter politischen Aspekten in seinem Buch *The Myth of the State*, New Haven / London 1946, neu erörtert (dt.: *Der Mythus des Staates. Philosophische Grundlagen politischen Verhaltens*, Frankfurt a. M. 1985; dort auch zur »Funktion des Mythus im sozialen Leben des Menschen«, S. 52 ff.).

14 Cassirer, *Philosophie der symbolischen Formen*, Tl. 3 (s. Anm. 4), S. 81.

15 Vgl. G. W. F. Hegel, *Vorlesungen über die Ästhetik I*, in: G. W. F. H., (s. Anm. 4), Bd. 13, (1970), S. 151. Dazu N. Schneider, *Geschichte der Ästhetik von der Aufklärung bis zur Postmoderne. Eine paradigmatische Einführung*, Stuttgart 1996, S. 87.

16 Cassirer, *Philosophie der symbolischen Formen*, Tl. 3 (s. Anm. 4), S. 2.

17 Vgl. H. von Helmholtz, *Handbuch der physiologischen Optik*, Hamburg / Leipzig [2]1896, S. 586. – Vgl. Cassirer, *Philosophie der symbolischen Formen*, Tl. 3 (s. Anm. 4), S. 378.

18 Cassirer, *Philosophie der symbolischen Formen*, Tl. 3 (s. Anm. 4), S. 20.

19 Ebd., S. 21.

20 Vgl. E. Cassirer, *Das Erkenntnisproblem in der Philosophie und Wissenschaft der neueren Zeit*, 4 Bde., Darmstadt 1971–73 ([1]1906 f.), hier Bd. 1, S. 390 ff. – Vgl. G. Galilei, *Il Saggiatore*, in: *Le Opere di Galileo Galilei*, hrsg. von E. Albèri [u. a.], Florenz 1842–56, 16 Bde., Bd. 4, S. 333 (von Cassirer benutzte Ausgabe). – Vgl. auch E. Cassirer, »Wahrheitsbegriff und Wahrheitsproblem bei Galilei«, in: E. C. : *Philosophie und exakte Wissenschaft*, eingel. und erl. von W. Krampf, Frankfurt a. M. 1969, S. 90 ff.

21 Cassirer, *Philosophie der symbolischen Formen*, Tl. 3 (s. Anm. 4), S. 23.

22 Ebd., S. 26. – Vgl. P. Duhem, *La théorie physique, son objet et sa structure*, Paris 1906, S. 245 ff., 269 ff.

23 Cassirer, *Philosophie der symbolischen Formen*, Tl. 3 (s. Anm. 4), S. 3.

24 Ebd., S. 23.

25 Mit Recht hat Wolfgang Marx hervorgehoben, daß sich Cassirer von aprioristischen Konzeptionen des Neukantianismus konsequent gelöst hat. Vgl. W. Marx, »Cassirers Philosophie – ein Abschied von kantianisierender Letztbegründung«, in: H.-J. Braun [u. a.] (s. Anm. 2), S. 75 ff. – Ein aprioristisches Moment wird gern in Cassirers Begriff der »symbolischen Prägnanz« gesehen, unter der er die Art verstand, »in der ein Wahrnehmungserlebnis, als ›sinnliches‹ Erlebnis, zugleich einen bestimmten anschaulichen ›Sinn‹ in sich faßt und ihn zur unmittelbaren konkreten Darstellung bringt« (Cassirer, *Philosophie der symbolischen Formen*, Tl. 3, s. Anm. 4, S. 235). Zweifellos kommt hier eine nativistische Komponente ins Spiel, wie sie charakteristisch für die Gestaltpsychologie (K. Koffka, K. Goldstein) ist, welcher der Begriff der »Prägnanz« entlehnt ist. Indessen hat Cassirer mit »symbolischer Prägnanz« kaum anderes gemeint als die psychophysische Ausstattung oder Disposition der Individuen, Wahrnehmungserlebnisse zu strukturieren. Die Strukturierung selbst qua »symbolischer Form« ist für ihn ein kultureller Vorgang.

Hermeneutik als Erkenntnistheorie der Geisteswissenschaften

1 Vgl. W. V. O. Quine, *Wort und Gegenstand (Word and Object)*, übers. von J. Schulte in Zsarb. mit D. Birnbacher, Stuttgart 1980 [u. ö.], S. 402 ff. (zum Physikalismus). – W. V. O. Q., *Ontologische Relativität und andere Schriften*, übers. von W. Spohn, Stuttgart 1975, S. 97 ff.

2 H. Albert, »Hermeneutik und Realwissenschaft. Die Sinnproblematik und die Frage der theoretischen Erkenntnis«, in: H. A., *Kritische Vernunft und menschliche Praxis*, Stuttgart 1977, 124 ff.

3 Zur theologischen Vorgeschichte der Hermeneutik vgl. F. Ohly,

Schriften zur mittelalterlichen Bedeutungsforschung, Darmstadt 1977. – H. Brinkmann, *Mittelalterliche Hermeneutik*, Tübingen 1980. – E. Garin, *Geschichte und Dokumente der abendländischen Pädagogik*, Reinbek 1967, S. 21 ff. – B. Smalley, *The Study of the Bible in the Middle Ages*, Oxford ²1952. – C. Spicq, *Esquisse d'une histoire de l'exégèse latine au moyen âge*, Paris 1944. – H.-G. Gadamer, »Hermeneutik«, in: *Historisches Wörterbuch der Philosophie*, hrsg. von J. Ritter, Bd. 3, Darmstadt 1974, Sp. 1061–1073. – P. Rusterholz, »Hermeneutik«, in: H. L. Arnold / V. Sinemus (Hrsg.), *Grundzüge der Literatur- und Sprachwissenschaft*, Bd. 1, München 1973, S. 89 ff.

4 Vgl. H. J. Sandkühler, *Zum Verhältnis von Hermeneutik und Ideologiewissenschaft. Fragen einer materialistischen Interpretationstheorie*, Gießen 1972, S. 22: »Hermeneutik ist Wissenschaft. Als praktische Wissenschaft, als Teil des Produktionsprozesses von Bewußtsein, ist sie im gesellschaftlichen materiellen Produktionsprozeß verortet.«

5 J. Habermas (Hrsg.), *Hermeneutik und Ideologiekritik*, mit Beiträgen von K.-O. Apel u. a., Frankfurt a. M. 1971 (darin J. H., »Zu Gadamers ›Wahrheit und Methode‹«, S. 45 ff., und »Der Universalitätsanspruch der Hermeneutik«, S. 120 ff.). Kritisch wendet Habermas gegen Gadamer ein: »Der objektive Zusammenhang, aus dem soziale Handlungen allein begriffen werden können, konstituiert sich aus Sprache, Arbeit und Herrschaft zumal. An Systemen der Arbeit wie der Herrschaft relativiert sich das Überlieferungsgeschehen, das nur einer verselbständigten Hermeneutik als die absolute Macht entgegentritt« (S. 54).

6 R. Carnap, *Der logische Aufbau der Welt*, ungekürzte Ausg. (Text nach der 4., unveränd. Aufl. 1974), Frankfurt a. M. [u. a.] 1979. Siehe auch das Kapitel zu Carnap S. 104 ff. im vorliegenden Band.

7 Siehe im vorliegenden Band S. 138 ff. (zu Ryle) und S. 163 ff. (zu Davidson).

8 W. Windelband, »Geschichte und Naturwissenschaft (Straßburger Rektoratsrede)«, in: W. W., *Präludien. Aufsätze und Reden zur Philosophie und ihrer Geschichte*, Tübingen ⁹1924, S. 136 ff., hier S. 150. – Siehe auch S. 244, Anm. 38, im vorliegenden Band.

9 Ebd., S. 151.

10 Ebd., S. 157.

11 Ebd., S. 145.

12 Vgl. F. D. E. Schleiermacher, *Hermeneutik*, nach den Handschriften neu hrsg. von H. Kimmerle, Heidelberg [2]1974. – Vgl. dazu H.-G. Gadamer, *Wahrheit und Methode. Grundzüge einer philosophischen Hermeneutik*, Tübingen 1960, S. 172 (dort wird Schleiermachers Definition zitiert: »Hermeneutik ist die Kunst, Mißverstand zu vermeiden«). Kimmerle zitiert in seiner Einleitung (S. 17) als zentralen Satz von Schleiermachers *Hermeneutik*: »Alles vorauszusezende in der Hermeneutik ist nur Sprache und alles zu findende, wohin auch die anderen objectiven und subjectiven Voraussezungen gehören muß aus der Sprache gefunden werden.«

13 W. Dilthey, »Die Entstehung der Hermeneutik«, in: W. D., *Gesammelte Schriften*, hrsg. von G. Misch, Bd. 5, Stuttgart / Göttingen [2]1957, S. 317.

14 Ebd.

15 Ebd.

16 Vgl. K. Vondung (Hrsg.), *Das wilhelminische Bildungsbürgertum. Zur Sozialgeschichte seiner Ideen*, Göttingen 1976.

17 Auf eine sich anbahnende Bildungskrise, verursacht durch einen Mangel an qualifizierten Arbeitskräften in Wirtschaft und Technik, wurde bereits 1956 aufmerksam gemacht. 1957 löste der »Sputnik-Schock« Ängste aus, der Westen könne den technologischen Vorsprung der Sowjetunion nicht mehr einholen. Es wurde daher immer mehr eine Förderung der Naturwissenschaften verlangt, zugleich auch eine Anpassung der Geisteswissenschaften an die neuen Rationalitätsstandards. Alarmierend wirkte in der bundesdeutschen Öffentlichkeit das Buch von G. Picht, *Die deutsche Bildungskatastrophe*, Olten / Freiburg i. Br. 1964 (auch als Tb.-Ausg., München 1965).

18 Der hermeneutische Zirkel, der darin besteht, daß zum Verständnis des einzelnen die Kenntnis des Ganzen vorausgesetzt werden muß, das Ganze aber der Kenntnis des einzelnen bedarf, wird bereits von Schleiermacher (s. Anm. 12) erörtert, dann – im Anschluß an ihn – auch von Dilthey in seiner Entstehung der Hermeneutik (s. Anm. 13) und von Gadamer (s. Anm. 12, S. 250 ff., »Der hermeneutische Zirkel und das Problem der Vorurteile«). – Siehe auch J. C. Maraldo, *Der hermeneutische Zirkel. Untersuchungen zu Schleiermacher, Dilthey und Heidegger*, Freiburg i. Br. 1974. – W. V. Spanos, »Breaking the Circle. Hermeneutics as Dis-Closure«, in: *Boundary* 2 (1977) S. 421 ff.

19 Für Heidegger (*Sein und Zeit*, Tübingen [11]1967, S. 312 ff.) ist die Untersuchung der Zirkelstruktur des Verstehens primär von ontologischem Interesse. Vom Zirkel heißt es: »In ihm verbirgt sich eine positive Möglichkeit ursprünglichsten Erkennens, die freilich in echter Weise nur dann ergriffen ist, wenn die Auslegung verstanden hat, daß ihre erste, ständige und letzte Aufgabe bleibt, sich jeweils Vorhabe, Vorsicht und Vorgriff nicht durch Einfälle und Volksbegriffe vorgeben zu lassen, sondern in deren Ausarbeitung aus den Sachen selbst her das wissenschaftliche Thema zu sichern.« (zit. bei Gadamer, s. Anm. 12, S. 251)

20 Zum »Gespräch« vgl. Gadamer (s. Anm. 12), S. 445 u. ö.

21 Dieser berühmte Satz entstammt einem Fragment, das N. von Hellingrath in Verbindung mit dem Gedicht *Versöhnender, der du nimmergeglaubt* sah. Vgl. Hölderlin, *Sämtliche Werke*, hist.-krit. Ausg., unter Mitarbeit von F. Seebaß bes. durch N. von Hellingrath, Bd. 4: Gedichte 1800–1806, München/Leipzig 1916, S. 350 (Anhang zu S. 162–166). Es lautet vollständig:

Und andere sind noch bei ihm,
Und der Vater thront nimmer oben allein.
Viel hat erfahren der Mensch.
Der Himmlischen viele genannt,
Seit ein Gespräch wir sind
Und hören können voneinander,
Die Geseze aber,
Die unter den Liebenden gelten,
Die schönausgleichenden sie sind dann allgeltend
Von der Erde bis hoch in den Himmel.

Siehe dazu auch M. Heidegger, »Hölderlins Hymnen ›Germanien‹ und ›Der Rhein‹«, in: M. H., *Gesamtausgabe*, Abt. 2: *Vorlesungen 1923–1944*, Bd. 39, Frankfurt a. M. 1980, S. 68 ff. (»Das Sein des Menschen als Gespräch. Hörenkönnen und Sprechen«).

22 Vgl. J. L. Austin, *How to Do Things with Words (1962)*, hrsg. von J. O. Urmson und M. Sbisà, Cambridge (Mass.) [2]1973 (dt.: *Zur Theorie der Sprechakte*, bearb. von E. von Savigny, Stuttgart 1972). – S. Petrey, *Speech Act and Literary Theory*, New York / London 1990. – P. F. Strawson, »Austin and ›Locutiona-

ry Meaning‹«, in: *Essays on J. L. Austin*, hrsg. von G. J. Warnock, Oxford 1973, S. 46 ff.

23 Vgl. den 3. Teil von *Wahrheit und Methode* (s. Anm. 12), S. 361 ff. (»Ontologische Wendung der Hermeneutik am Leitfaden der Sprache«).

24 Zum französischen Strukturalismus vgl. R. Barthes, »Die strukturalistische Tätigkeit«, in: *Kursbuch* 5 (1966) S. 190 ff. – G. Schiwy, *Der französische Strukturalismus. Mode, Methode, Ideologie*, mit einem Textanh., Reinbek 1969. – U. Jaeggi, *Ordnung und Chaos. Strukturalismus als Methode und Mode*, Frankfurt a. M. 1970, bes. S. 35 ff. – H. Blumensath (Hrsg.), *Strukturalismus in der Literaturwissenschaft*, Köln 1972. – H. Gallas, *Strukturalismus als interpretatives Verfahren*, Darmstadt 1972. – J. Culler, *Structuralist Poetics*, London 1975.

25 Vgl. z. B. Gadamer (s. Anm. 12), S. 345 ff.

26 Vgl. Gadamer (s. Anm. 12), S. 415 ff. – W. v. Humboldt, *Über die Verschiedenheit des menschlichen Sprachbaues und ihren Einfluß auf die geistige Entwicklung des Menschengeschlechts*, Bonn 1968 (Reprogr. Nachdr. der Originalausg. von 1836).

27 Vgl. L. Weisgerber, *Vom Weltbild der deutschen Sprache*, Düsseldorf 1950. – H. Brinkmann, *Die deutsche Sprache. Gestalt und Leistung*, Düsseldorf 1962. – H. Gipper, *Theorie und Praxis inhaltsbezogener Sprachforschung. Aufsätze und Vorträge 1953–1990*«, Münster 1992.

28 Vgl. Gadamer (s. Anm. 12), S. 289 (»Es gibt so wenig einen Gegenwartshorizont für sich, wie es historische Horizonte gibt, die man zu gewinnen hätte. *Vielmehr ist Verstehen immer der Vorgang der Verschmelzung solcher vermeintlich für sich seiender Horizonte*«) und S. 356 f.

29 Zur Gadamer-Rezeption in der angloamerikanischen Literaturtheorie vgl. G. Warnke, *Gadamer: Hermeneutics. Tradition and Reason*, Stanford 1987. – F. R. Dallmayr, »Hermeneutics and Deconstruction. Gadamer and Derrida in Dialogue«, in: *Critical Encounters*, Notre Dame (Ind.) 1987. – J. E. Garrett, »Hans-Georg Gadamer on ›Fusion of Horizons‹«, in: *Man and World* 11 (1978) S. 392 ff. – R. Palmer, *Hermeneutics. Interpretation Theory in Schleiermacher, Dilthey, Heidegger, and Gadamer*, Evanston 1969. – J. C. Weinsheimer, *Gadamer's Hermeneutics. A Reading of »Truth and Method«*, New Haven 1985. – P. Con-

nerton, »Gadamer's Hermeneutics«, in: *Comparative Criticism* 5 (1983) S. 107 ff.

30 Einen ähnlichen Ansatz, jedoch stärker vom Marxismus und russischen Formalismus beeinflußt, vertritt Michail Bachtin mit seinem Prinzip der Dialogizität bzw. Heteroglossia. Vgl. *The Bakhtin Reader. Selected Writings of Bakhtin, Medvedev and Voloshinov*, hrsg. von P. Morris, London 1994 (mit Bibliographie). – V. N. Volosinov, *Marxismus und Sprachphilosophie*, hrsg. und eingel. von S. M. Weber, Frankfurt a. M. [u. a.] 1975.

31 Gadamer (s. Anm. 12), S. 373.

32 Vgl. H. R. Jauß, *Literaturgeschichte als Provokation*, Frankfurt a. M. 1970, bes. S. 144 ff. – H. R. J., *Ästhetische Erfahrung und literarische Hermeneutik*, Frankfurt a. M. 1985. – W. Iser: *Der implizite Leser. Kommunikationsformen des Romans von Bunyan bis Beckett*, München 1972. – W. I., »The Reading Process. A Phenomenological Approach«, in: *New Literary History* 3 (1971) S. 279 ff. – W. I., »Die Wirklichkeit der Fiktion. Elemente eines funktionsgeschichtlichen Textmodells der Literatur«, in: R. Warning (Hrsg.), *Rezeptionsästhetik. Theorie und Praxis*, München 1975, S. 277 ff. – Vgl. auch St. Fish, *Is There a Text in This Class? The Authority of Interpretive Communities*, Cambridge (Mass.) 1980. – Den aktiven Part des Lesers, der sich spielerisch in den »schreibbaren« Text einmischt, ihn assoziativ weiterspinnt, sich dem »Zauber des Signifikanten« überläßt, fordert Roland Barthes – ähnlich wie Jacques Derrida – in seiner Ende der 60er Jahre einsetzenden poststrukturalistischen Phase, so in: *S/Z* (Paris 1970, dt. Frankfurt a. M. 1987). Er wehrt sich gegen ein durch »Seriosität« gekennzeichnetes philologisches Modell, das den Leser zum Nichtstun verurteilt und ihm nur die »armselige Freiheit« einräumt, »den Text entweder anzunehmen oder ihn zu verwerfen«. (S. 8)

33 Zeitlich parallel verkündete auch Roland Barthes den »Tod des Autors«, so schon in seinem 1960 erstmals erschienenen Aufsatz »Literatur oder Geschichte« (in: R. B., *Literatur oder Geschichte*, übers. von H. Scheffel, Frankfurt a. M. 1969, S. 11 ff.), wo – im Anschluß an Lucien Febvre – die Untersuchung der »Affektivität der Epoche« (S. 17) sowie des »Milieus«, begriffen als »Ort der Denkgewohnheiten, der impliziten Tabus, der ›natürlichen‹ Werte, der materiellen Interessen einer Gruppe von Menschen, die real durch identische oder komplementäre Funktionen

vereinigt sind« (S. 15), für weitaus wichtiger erachtet wird als die Fixierung auf den Autor: »indem man den Blick ganz auf den Autor konzentriert, indem man das literarische ›Genie‹ zum zentralen Punkt der Betrachtung macht, verweist man die eigentlich historischen Gegenstände in ferne, nebulöse Zonen« (S. 18 f.).

34 Gadamer betont, daß »Verstehen stets ein Moment der Applikation einschließt« (s. Anm. 12, S. 381). – Vgl. auch M. Fuhrmann [u. a.] (Hrsg.), *Text und Applikation. Theologie, Jurisprudenz und Literaturwissenschaft im hermeneutischen Gespräch*, München 1981.

35 Gadamer (s. Anm. 12), S. 374. – Neuerlich wird Gadamers hermeneutischer Ansatz in der Geschichtswissenschaft aufgegriffen, so von Ute Daniel, »Quo vadis, Sozialgeschichte? Kleines Plädoyer für eine hermeneutische Wende«, in: W. Schulze (Hrsg.), *Sozialgeschichte, Alltagsgeschichte, Mikro-Historie. Eine Diskussion*, Göttingen 1994, S. 54 ff. Daniel erhofft sich davon eine Erweiterung der herkömmlichen, mehr objektivistischen Sozialgeschichte um die Sondierung der subjektiven Dimension, also etwa der individuellen und kollektiven Sinnstiftungen, die mit der für die Modernisierung konstitutiven Warenproduktion und -konsumtion verbunden sind. Daß dieser Aspekt tatsächlich bisher weitgehend vernachlässigt worden ist, dürfte unstrittig sein. Es fragt sich aber, ob Gadamers letztlich doch noch essentialistischer Ansatz für solche Analysen im Sinne einer »verstehenden Soziologie« methodische Hilfen bietet. Auf das Defizit einer Ausblendung von sozioökonomischen Faktoren und von Herrschaftsstrukturen bei Gadamer hatte Habermas bereits 1971 hingewiesen (s. Anm. 5).

36 Gadamer (s. Anm. 12), S. XV.

37 Vgl. hierzu J. Habermas, *Erkenntnis und Interesse. Mit einem neuen Vorwort*, Frankfurt a. M. 1973, S. 221 ff.

38 Nur am Rande kann hier auf Paul Ricœurs hermeneutische Theorie eingegangen werden, die sich in vielen Punkten von der Gadamers unterscheidet. Vom christlichen Existentialismus Gabriel Marcels herkommend, hat Ricœur Einflüsse der Phänomenologie (Husserl, Heidegger) verarbeitet und sich intensiv mit dem Interpretationskonzept der Psychoanalyse Freuds auseinandergesetzt (vgl. *De l'interpretation. Essai sur Freud*, Paris 1965, dt. Frankfurt a. M. 1969). Von Freud übernimmt er die These von der therapeutisch-heilenden Funktion des Gesprächs. An-

ders als für die deutschen Hermeneutiker war für ihn Marx' Ideologietheorie (wie sie in der *Deutschen Ideologie* entwickelt ist) von großer Bedeutung, bei der er freilich die Reduktion des Bewußtseins auf die materielle Praxis nicht akzeptiert. Insofern steht seine Position Althussers strukturalistischer Theorie einer relativen Autonomie der Ideologie als Praxis nahe, ohne daß er jedoch dessen »Anti-Humanismus« zu übernehmen bereit ist. Ausgehend von seiner (ursprünglich religiös motivierten) Beschäftigung mit dem Symbolismus des Bösen (vgl. seine *Phänomenologie der Schuld*, 2 Bde., Freiburg / München 1971), hat sich Ricœur später generell dem Problem der Konstituierung von Symbolen, also Semiose-Prozessen, zugewandt. In diesem Zusammenhang sind für ihn – unter Rückgriff auf die *Poetik* des Aristoteles – die rhetorischen Figuren der Metapher und der Metonymie besonders wichtig; die Metapher entsteht seiner Meinung nach im Spannungsgefüge von existentiellen und relationalen Funktionen des Verbums »sein«. Vgl. P. Ricœur, *Le métaphore vive*, Paris 1975 (dt.: *Die lebendige Metapher*, München 1986). In seiner Abhandlung *Le conflit des interpretations*, Paris 1969 (dt. in 2 Teilen: *Hermeneutik und Strukturalismus*, München 1973, und: *Hermeneutik und Psychoanalyse*, München 1974) betont er, daß Sinn aus der Intendierung eines Seienden hervorgehe, durch die sich ein Subjekt zu »transzendenten Gegebenheiten« hin überschreite; erst auf diese Weise entstünden Bedeutungen. – Daß Ricœurs Hermeneutik auf eine subjektphilosophische Theorie des Bewußtseins hinausläuft, wird auch aus seinem Postulat einer Analyse von Imaginationsvorgängen deutlich, die er – in Anlehnung an Augustins *Confessiones*, Buch 11, – eng mit dem Problem der Zeit verbunden sieht. Vgl. dazu D. Carr, *Time, Narrative, and History*, Bloomington (Ind.) 1986. – D. E. Klemm, *The Hermeneutical Theory of Paul Ricœur. A Constructive Analysis*, Lewisburg (Pa.) 1983. Ferner das speziell Ricœur gewidmete Heft des *University of Ottawa Quarterly* 55 (1985) H. 4 mit dem Titel: *A la recherche du sens / In search of meaning*.

Logischer Konstitutionalismus

1 R. Carnap, *Der logische Aufbau der Welt*, Berlin 1928, reprogr. Nachdr. der 4. Aufl. Frankfurt a. M. / Berlin / Wien 1979. Alle Zitate im folgenden nach dieser Ausgabe. – Vgl. dazu: A. Wedberg, »The Logical Construction of the World. A Critical Analysis of Rudolf Carnap's ›Der logische Aufbau der Welt‹«, in: *Theoria* 10 (1944) S. 216–246. – Teilweise kritisch N. Goodman, *The Structure of Appearance*, Cambridge (Mass.) 1951, 2. Aufl. Indianapolis / New York / Kansas City 1966.

2 Vgl. M. Schlick, *Allgemeine Erkenntnislehre*, Berlin 1918, [2]1925. – M. Sch., »Erleben, Erkennen, Metaphysik«, in: *Kantstudien* 31 (1926) S. 146–158. – Zum »Wiener Kreis« vgl. die Dokumentation von F. Stadler, *Studien zum Wiener Kreis. Ursprung, Entwicklung und Wirkung des logischen Empirismus im Kontext*, Frankfurt a. M. 1997 (vgl. dazu Rezension von M. Geier in: *Frankfurter Allgemeine Zeitung*, Nr. 191, 19. 8. 1997, S. 33).

3 F. Mauthner, *Beiträge zu einer Kritik der Sprache*, 3. Bde., Leipzig / Stuttgart 1901/02 (Bd. 1: *Zur Sprache und zur Psychologie*; Bd. 2: *Sprachwissenschaft*; Bd. 3: *Zur Grammatik und Logik*). – F. M., *Die Sprache*, Frankfurt a. M. 1906. – Vgl. dazu W. Eisen, *Fritz Mauthners »Kritik der Sprache«. Eine Darstellung und Beurteilung vom Standpunkt eines kritischen Positivismus*, Wien 1929. Ludwig Wittgenstein kritisierte Mauthners Sprachphilosophie in seinem 1918 abgeschlossenen, 1921 erstmals erschienenen *Tractatus logico-philosophicus. Logisch-philosophische Abhandlung* (vgl. die Ausgabe Frankfurt a. M. 1963, S. 33), Satz 4.0031: »Alle Philosophie ist ›Sprachkritik‹. (Allerdings nicht im Sinne Mauthners)«. Im *Tractatus* vertritt Wittgenstein noch eine radikale Abbildtheorie, wobei er unter »Bild« »logisches Bild« versteht und ihm »Sinn« bzw. »Wesen« prädiziert. Das Medium, in dem sich das Bild artikuliert, ist der »Satz« (3.1: »Im Satz drückt sich der Gedanke sinnlich wahrnehmbar aus«; 3.3: »Nur der Satz hat Sinn«, weil er »Ausdruck« ist).

4 R. Gätschenberger, *Symbola. Anfangsgründe der Erkenntnistheorie*, Karlsruhe 1920.

5 Vgl. M. Heidegger, *Sein und Zeit*, Tübingen [11]1967, S. 160 ff. (§ 34: »Da-sein und Rede. Die Sprache«).

6 Vgl. R. Carnap, »Die physikalische Sprache als Universalsprache

der Wissenschaft«, in: *Erkenntnis* 2 (1931) S. 432 ff. (Nachdr. Amsterdam 1967). R. C., »Überwindung der Metaphysik durch logische Analyse der Sprache«, in: ebd., S. 219 ff.

7 Vgl. W. Treue, *Wirtschaftsgeschichte der Neuzeit*, Bd. 2, Stuttgart 1973, S. 44.

8 M. Stirner, *Der Einzige und sein Eigentum*, Leipzig 1845. Vgl. dazu H. G. Helms, *Die Ideologie der anonymen Gesellschaft. Max Stirners »Einziger« und der Fortschritt des demokratischen Selbstbewußtseins*, Köln 1966. Kurz vor Carnaps Buch erschien: G. Lehmann, *Über Einzigkeit und Individualität*, Leipzig 1926.

9 Vgl. die zahlreichen Psychologie-Handbücher von Wundt, James, Höffding, Münsterberg, Jerusalem u. v. a.

10 G. F. W. Hegel, *Phänomenologie des Geistes*, in: G. F. W. H., *Werke in 20 Bänden*, Red. E. Moldenhauer und K. M. Michel, Bd. 3, Frankfurt a. M. 1970, S. 83. – Vgl. dazu auch M. Heidegger, *Hegels Phänomenologie des Geistes*, Frankfurt a. M. 1980, S. 63 ff.

11 Zum Schichtenmodell vgl. u. a. E. Spranger, Th. Litt u. v. a.

12 R. Avenarius, *Philosophie als Denken der Welt gemäss dem Princip des kleinsten Kraftmasses. Prolegomena zu einer Kritik der reinen Erfahrung*, Leipzig 1876, Vorwort.

13 Vgl. W. Köhler, »Gestaltprobleme und Anfänge einer Gestalttheorie. Übersichtsreferat«, in: *Jahresbericht über die gesamte Physiologie* 3 (1925) S. 512 ff. – M. Wertheimer, *Über Gestalttheorie*, Berlin 1925.

14 Zum »unrettbaren Ich« bei E. Mach vgl. u. a. M. Diersch, *Empiriokritizismus und Impressionismus. Über Beziehungen zwischen Philosophie, Ästhetik und Literatur um 1900 in Wien*, Berlin 1977, bes. S. 24 ff.

15 A. Meinong, *Über Gegenstandstheorie*, mit Einl., Bibliogr. und Reg. hrsg. von J. M. Werle, Hamburg 1988. – A. M., »Hume-Studien II. Zur Relationstheorie«, in: *Sitzungsberichte der philosophisch-historischen Klasse der Kaiserlichen Akademie der Wissenschaften in Wien* 101 (1882) S. 573–752; wiederabgedr. in: A. Meinong, *Abhandlungen zur Ethik und Gegenstandstheorie*, bearb. von R. Haller, Graz 1971, S. 1 ff.

16 Vgl. *Die deutsche Philosophie der Gegenwart in Selbstdarstellungen*, hrsg. von R. Schmidt, Bd. 1, Leipzig 1921, S. 102.

17 W. Schuppe, *Grundriss der Erkenntnistheorie und Logik*, Berlin 1910. – Zu Schuppe vgl. W. Fuchs, »W. Schuppe und die Einheit

der Wissenschaft (Zu seinem 100. Geburtstag am 5. Mai 1936)«, in: *Erkenntnis* 6 (1936) S. 81 ff.

18 Vgl. H. Cornelius, *Einleitung in die Philosophie*, Leipzig / Berlin 1911, [2]1919.

19 Th. Lipps, *Einheiten und Relationen. Eine Skizze zur Psychologie der Apperzeption*, Leipzig 1902, S. 4.

20 B. Russell, *The Principles of Mathematics*, Bd. 1, Cambridge 1903, § 27 ff. Vgl. auch den reprogr. Nachdr. der 2. Aufl. New York / London 1990, S. 23 ff. (»The Calculus of Relations«). – B. R., *Die Analyse des Geistes*, übers. von K. Grelling, Leipzig 1927, S. 342; zu Meinong S. 10 ff. – B. R., *Einführung in die mathematische Philosophie*, Darmstadt / Genf [o. J.], S. 54 ff. (»Die Beziehungen«), 65 ff. (»Ähnlichkeit von Beziehungen«).

21 Vgl. G. Simmel, *Grundfragen der Soziologie. Individuum und Gesellschaft*, Berlin 1917.

22 D. Hume, *A Treatise on Human Nature I*, Sect. 7 (dt.: *Ein Traktat über die menschliche Natur*, in 2 Bänden übers. von Th. Lipps, neu hrsg. von R. Brandt, Bd. 1, Hamburg 1989, S. 38).

23 Zur Ähnlichkeitsrelation als Apperzeptionserlebnis vgl. W. Wundt, *System der Philosophie*, Bd. 2, Leipzig [4]1919, S. 153 f. – W. W., *Allgemeine Logik und Erkenntnistheorie*, Stuttgart [3]1906, S. 51 ff. (zum apperzeptiven Vorstellungsverlauf).

24 Husserl zieht dem Begriff der »Gegebenheit« noch den der »Vorgegebenheit« vor. Vgl. E. Husserl, *Erfahrung und Urteil. Untersuchungen zu einer Genealogie der Logik*, red. und hrsg. von L. Landgrebe, Nachw. und Reg. von L. Eley, Hamburg [6]1985, S. 13 f. (zur »Evidenz der vorgegebenen Gegenstände selbst«), S. 24 (»Die Umgebung ist mit da als ein Bereich der Vorgegebenheit, […] die ohne jedes Zutun […] immer bereits da ist.«). – N. Hartmann, *Grundzüge einer Metaphysik der Erkenntnis*, Berlin 1921, [4]1949, S. 403 ff., spricht in seinem Kapitel über »Die sinnliche Gegebenheit« von einer »Äquivokation des Gegebenen« (S. 403) und unterscheidet zwischen »Gegebenem« und »Vorhandenem« (S. 404).

25 R. Carnap, »Die physikalische Sprache als Universalsprache der Wissenschaft«, in: *Erkenntnis* 2 (1931) S. 432 ff.

26 Ebd., S. 437.

27 Ebd., S. 437 f.

28 Ebd., S. 438. Eine Reduktion auf Basissätze nahm später auch Bertrand Russell vor, so in seinen Büchern *An Inquiry into Mea-*

ning and Truth (London 1940 [u. ö.]) und *Human Knowledge, Its Scope and Limits* (London 1948 [u. ö.]; dt.: *Das menschliche Wissen*, übers. von W. Bloch, Darmstadt 1952). Diese unterscheiden sich von Carnaps »Protokollsprache« weniger im Hinblick auf ihre empfindungsatomistischen Voraussetzungen (mental-perzeptives Äquivalent von realen Dingen sind z. B. optische Empfindungen; es wird also nicht ein Hund wahrgenommen, sondern lediglich ein »hundförmiger Farbfleck«, und entsprechend muß dies auch sprachlich formuliert werden) als im Hinblick auf die Konstatierung ihres Wahrheitsgehaltes. Während Carnap und die Vertreter des Wiener Kreises der Ansicht waren, man könne derlei Basissätze verifizieren und sie so als wahr oder falsch ausweisen, bestreitet Russell eine solche Möglichkeit. Die letzte Instanz ist für ihn der Glaube an die Existenz der wahrgenommenen Dinge und Sachverhalte, ihr unmittelbares Gewußtsein (*Human Knowledge*, s. o., S. 129). – Vgl. zu Russell auch E. Nagel, »Mr. Russell on Meaning and Truth«, in: E. N., *Sovereign Reason and Other Studies in the Philosophy of Science*, Chicago 1954, S. 190–210. – E. R. Eames, *Bertrand Russell's Theory of Knowledge*, London 1969.

29 Carnap (s. Anm. 1), S. 441.

30 R. Carnap, *Mein Weg in die Philosophie*, übers. und mit einem Nachw. sowie einem Interview hrsg. von W. Hochkeppel, Stuttgart 1993, S. 84.

31 A. Tarski, »Grundlegung der wissenschaftlichen Semantik«, in: *Actes du Congrès International de Philosophie Scientifique (Paris 1935)*, Bd. 3, Paris 1936, S. 1–8. – A. T., »The Semantic Conception of Truth and the Foundations of Semantics«, in: *Philosophy and Phenomenological Research* 4 (1944) S. 341–376. – Vgl. R. Carnap, *Meaning and Necessity in Semantics and Modal Logic*, Chicago [u. a.] 1967 (dt.: *Bedeutung und Notwendigkeit. Eine Studie zur Semantik und modalen Logik*, Wien 1972).

32 Siehe dazu das Kapitel zu Piagets »genetischer Epistemologie«, S. 172 ff. im vorliegenden Band.

33 H. Putnam, *Mind, Language, and Reality. Philosophical Papers*, Bd. 2, Cambridge (Mass.) 1975. – H. P., *Philosophy of Logic*, London 1972. – H. P., *The Many Faces of Realism*, La Salle (Ill.) 1987. – H. P., *Representation and Reality*, Cambridge (Mass.) 1989. – Vgl. auch W. Spohn, »Putnams philosophische Aufsät-

ze«, in: *Philosophische Rundschau* 25 (1978) S. 199–217. – W. Stegmüller, *Hauptströmungen der Gegenwartsphilosophie*, Bd. 2, Stuttgart [8]1987, S. 239 ff., 345 ff.

Transzendentaler Lingualismus und Theorie der Sprachspiele

1 Zur Entstehungsgeschichte des *Tractatus logico-philosophicus* (Frankfurt a. M. 1966 [u. ö.]; ferner L. Wittgenstein, *Werkausgabe in 8 Bänden*, Bd. 1, Frankfurt a. M. 1989) vgl. G. E. M. Anscombe, *An Introduction to Wittgenstein's »Tractatus«*, London 1959. – D. Pears, *Ludwig Wittgenstein*, München 1971, S. 43 ff. – I. M. Copi / R. W. Beard (Hrsg.), *Essays on Wittgenstein's »Tractatus«*, London / New York 1966. – J. Schulte, *Wittgenstein. Eine Einführung*, Stuttgart 1992, S. 57 ff. – M. Helme, »Ludwig Wittgenstein (1889–1951)«, in: *Klassiker der Philosophie*, Bd. 2: *Von Immanuel Kant bis Jean-Paul Sartre*, hrsg. von O. Höffe, München [3]1995, S. 340 ff., hier S. 346 ff. – F. Ricken, in: E. Coreth [u. a.], *Philosophie des 20. Jahrhunderts*, Stuttgart / Berlin / Köln [2]1993, S. 144 ff. – W. Stegmüller, *Hauptströmungen der Gegenwartsphilosophie. Eine kritische Einführung*, Stuttgart [4]1969, S. 524 ff. – E. Stenius, *Wittgensteins Traktat. Eine kritische Darlegung seiner Hauptgedanken*, Frankfurt a. M. 1967. – M. Derwort, *Die Bildtheorie der Sprache in Wittgensteins »Tractatus logico-philosophicus«*, Freiburg i. Br. 1972. – Zum biographischen Kontext dieser Schrift vgl. G. H. von Wright, »Ludwig Wittgenstein. Eine biographische Skizze«, in: N. Malcolm, *Erinnerungen an Wittgenstein*, übers. von C. Frank und J. Schulte, Frankfurt a. M. 1987, S. 11 ff.

2 Vgl. G. Frege, *Grundlagen der Arithmetik. Eine logisch mathematische Untersuchung über den Begriff der Zahl*, mit einem Nachw. hrsg. von J. Schulte, Stuttgart 1987, [2]1995. Diese Schrift erschien ursprünglich 1884 in Breslau (weitere Nachdrucke: Breslau 1934 sowie Darmstadt / Hildesheim 1961). – Vgl. M. Dummett, *Frege. Philosophy of Language*, London 1973, [2]1981. – G. Patzig, »Gottlob Frege und die logische Analyse der Sprache«, in: G. P., *Sprache und Logik*, Göttingen 1970, [2]1981, S. 77–100.

3 Vgl. zu M. Dummett (s. Anm. 2) auch Helme (s. Anm. 1), S. 352.

4 Vgl. B. Russell, »Sur la logique des relations avec des applications à la théorie des séries«, in: *Revue de mathématique* 7 (1900/1901) S. 115 ff., engl. Übers. in: B. Russell, *Logic and Knowledge. Essays 1901–1950*, hrsg. von R. C. Marsh, London 1956. – Wichtig in diesem Zusammenhang ist auch die Untersuchung von D. Pears, »The Relation between Wittgenstein's Picture Theory of Propositions and Russell's Theories of Jugdment«, in: *Philosophical Review* 86 (1977) S. 177–196. – Vgl. auch die Kapitel zu Alexius Meinong und Rudolf Carnap im vorliegenden Band.

5 Vgl. R. Avenarius, *Philosophie als Denken der Welt gemäss dem Princip des kleinsten Kraftmasses*, Leipzig 1876 (Habil.-Schrift), 2., unveränd. Aufl. 1903.

6 Zur Adäquationstheorie vgl. G. W. Leibniz, *Betrachtungen über die Erkenntnis, die Wahrheit und die Ideen*, in: G. W. L., *Fünf Schriften zur Logik und Metaphysik*, hrsg. von H. Herring, Stuttgart 1966, S. 9 ff.

7 Diese anti-ethische Position in der Erkenntnis- und Sprachtheorie vertrat Wittgenstein, mit anderen Begründungen, auch in seiner Spätphilosophie. Vgl. unten die Ausführungen zu den *Philosophischen Untersuchungen*.

8 Vgl. Parmenides, »Dasselbe aber ist Denken und des Gedankens Gegenstand« (fr. 8), in: W. Capelle (Hrsg.), *Die Vorsokratiker*, Stuttgart 1968, S. 163 ff., hier S. 167.

9 W. Wundt, *Grundriß der Psychologie*, Leipzig [7]1905, S. 357 ff. – Zur ontologischen Indikationsfunktion der Sprache sei zusätzlich zu Karl Kraus, Walter Benjamin und Martin Heidegger auch auf Walter F. Otto verwiesen, der noch, sogar besonders, in den 50er Jahren diese Position vertrat, und zwar im Zusammenhang mit seiner »polytheistischen« Mythostheorie (Mythos als eigentliche, über das Unzulängliche des rationalistischen Logos hinausgehende Sprache des Seins). Vgl. W. F. Otto, »Die Sprache des Mythos«, in: W. F. O., *Die Eröffnung des Zugangs zum Mythos. Ein Lesebuch*, hrsg. von K. Kerényi, Darmstadt 1967, S. 279–289, hier S. 279. – Heidegger hat seine Auffassung von der Sprache als »Haus des Seins« nach seinen berühmten Ausführungen in *Sein und Zeit* (1927) später noch vertreten in: *Über den Humanismus*, Frankfurt a. M. [8]1981, S. 21 f., sowie in: *Unterwegs zur Sprache*, Pfullingen [6]1979. – Wenngleich rationaler argumentierend, sucht auch noch Hans Blumenberg mit seiner

an Ernst Cassirer und Ernst Robert Curtius angelehnten »Metaphorologie« qua Sprache (besonders ihrer Bildlichkeit) an subrationale »Grundbestände« heranzukommen. Auch wenn er nicht expressis verbis zu ontologischen Erkenntnissen vordringen will, so ist doch aufgrund der Tatsache, daß er nicht die Absicht verfolgt, historisch Genesis und Struktur der Mythen zu rekonstruieren, bei ihm latent ein dogmatisches Interesse an der Erschließung elementarer Seinsgegebenheiten (z. B. dämonischer Gebanntheit im »Terror« als früher Form der Welterfahrung) bemerkbar. Vgl. H. Blumenberg, *Arbeit am Mythos*, Frankfurt a. M. 1979.

10 F. Mauthner, *Zur Sprache und zur Psychologie*, Stuttgart/Berlin 1901, ^{2}1906, S. 106.

11 Ebd., S. 150 ff.

12 Zur Theorie der Namen vgl. auch W. Benjamin, »Über Sprache überhaupt und über die Sprache des Menschen«, in: *Gesammelte Schriften*, Bd. 2.1, Frankfurt a. M. 1977, S. 140–157. – Vgl. ähnlich noch Blumenberg (s. Anm. 9), S. 41 (»Alles Weltvertrauen fängt an mit den Namen [...]«).

13 Vgl. B. Croce, *Aesthetik als Wissenschaft vom Ausdruck und allgemeine Sprachwissenschaft*, Tübingen 1930, S. 154.

14 Sie gerieten zweifellos in Schwierigkeiten angesichts der von Benjamin Lee Whorf an Indianersprachen gemachten Beobachtungen, deren Befund erheblich vom grammatischen und semantischen Muster der indogermanischen Sprachen abweicht. Vgl. B. L. Whorf, *Sprache, Denken, Wirklichkeit. Beiträge zur Metalinguistik und Sprachphilosophie*, Reinbek 1968, S. 133 ff. (zu den grammatischen Kategorien nichteuropäischer Sprachen).

15 Zum Ich als »Mikrokosmos« vgl. E. Cassirer, *Individuum und Kosmos in der Renaissance*, Berlin 1927, reprogr. Nachdr. Darmstadt 1963, z. B. S. 101 ff. (Bovillus). – Für Wittgenstein dürfte gewiß auch die Schrift von Rudolf Hermann Lotze, *Mikrokosmos. Ideen zur Naturgeschichte und Geschichte der Menschheit. Versuch einer Anthropologie*, 3 Bde., Leipzig 1856–58, 1864 (ferner: Auswahl hrsg. von O. Richter, Stuttgart 1909), wichtig gewesen sein.

16 Vgl. Stenius (s. Anm. 1); Stegmüller (s. Anm. 1), S. 558.

17 Wie Schulte (s. Anm. 1), S. 60 ff., hervorgehoben hat, wollte Wittgenstein mit seiner Philosophie nicht konkrete Ergebnisse

erzielen, die mit denen der (Natur-)Wissenschaften hätten konkurrieren können.

18 Das Epiphanie-Moment wird im *Tractatus*, Satz 6.522, angesprochen: »Es gibt allerdings Unaussprechliches. Dies *zeigt* sich, es ist das Mystische.«

19 Zu Wittgensteins Kritik am antimetaphysischen Ansatz des Wiener Kreises vgl. Helme (s. Anm. 1), S. 358. Dazu Wittgenstein, *Werkausgabe* (s. Anm. 1), Bd. 3, S. 18, ferner: R. Carnap, *Mein Weg in die Philosophie*, übers. und mit einem Nachw. hrsg. von W. Hochkeppel, Stuttgart 1993, S. 39 ff., bes. S. 42. – Interessant sind in diesem Zusammenhang Wittgensteins »Vorlesungen über den religiösen Glauben«, in: L. Wittgenstein, *Vorlesungen und Gespräche über Ästhetik, Psychologie und Religion*, hrsg. von C. Barrett, Göttingen 1968, S. 87 ff.

20 Vgl. E. von Savigny, *Wittgensteins »Philosophische Untersuchungen*, 2 Bde., Frankfurt a. M. 1988–89. – G. Pitcher (Hrsg.), *Wittgenstein. The Philosophical Investigations*, London 1968.

21 L. Wittgenstein, *Philosophische Untersuchungen*, Frankfurt a. M. 1971, S. 9.

22 Zu den »Sprachspielen« vgl. das ausführliche Kapitel IV in Schulte (s. Anm. 1), S. 130 ff. – Ferner H. Lenk, »Wittgensteins Theorie der Sprachspiele«, in: *Kantstudien* 58 (1967) S. 458–480. – M. Black, »Wittgenstein's language-games«, in: *Dialectica* 33 (1979) S. 337–353. – K. Wuchterl, *Struktur und Sprachspiel bei Wittgenstein*, Frankfurt a. M. 1969, bes. S. 110 ff. – D. Birnbacher / A. Burckhardt (Hrsg.), *Sprachspiel und Methode. Zum Stand der Wittgenstein-Diskussion*, Berlin / New York 1985.

23 Zum Schachfiguren-Vergleich siehe Wittgenstein, *Werkausgabe* (s. Anm. 1), Bd. 3, S. 103 ff. Dazu Ricken (s. Anm. 1), S. 152. Vgl. auch Wittgenstein, *Vorlesungen und Gespräche* (s. Anm. 19), S. 110.

24 Vgl. N. Chomsky, *Syntactic Structures*, s'Gravenhage 1957, S. 49 f. u. ö. – Dazu J. Lyons, *Noam Chomsky*, München [2]1972, S. 46 ff.

25 Lyons (s. Anm. 24), ebd.

26 Seit Descartes, mehr aber noch seit Kant ist es ein Hauptanliegen der Erkenntnistheorie gewesen, die apperzeptive Einheit des Ich (gleichviel, ob des empirischen oder, verallgemeinert, des transzendentalen) zu sichern. Nicht von ungefähr läuft auch die Phänomenologie Husserls auf diesen Aspekt hinaus (ähnlich vorher

schon Wundt). – Vgl. I. Kant, *Kritik der reinen Vernunft*, hrsg. von W. Weischedel, Bd. 1, Frankfurt a. M. ^{2}1996, S. 138 ff. (§ 17): »Der oberste Grundsatz eben derselben [gemeint ist: der formalen Bedingungen des Raumes und der Zeit, N. Sch.] ist: daß alles Mannigfaltige der Anschauung unter Bedingungen der ursprünglich-synthetischen Einheit der Apperzeption stehe« (S. 139). Kant fordert, »daß alle *meine* Vorstellungen in irgend einer gegebenen Anschauung unter der Bedingung stehen müssen, unter der ich sie allein als *meine* Vorstellungen zu dem identischen Selbst rechnen, und also, als in einer Apperzeption synthetisch verbunden, durch den allgemeinen Ausdruck *Ich denke* zusammenfassen kann« (S. 140). Die Ausbildung eines identitätssichernden Stabilitätsmusters ist *das* Thema der Philosophie der Jahrhundertwende. Negativ gelöst erscheint dieses Problem bei Mach, der auch den Substanzbegriff empfindungsatomistisch preisgibt. Das Ich ist für ihn »unrettbar«. Nicht das Ich sei das Primäre, sondern es seien dies vielmehr die »Elemente«. Vgl. E. Mach, *Die Analyse der Empfindungen und die Verbindung des Physischen zum Psychischen*, Jena 1900, 6., verm. Aufl. 1911. – Vgl. auch E. Mach, »Reflex, Instinkt, Wille, Ich«, in: E. M., *Erkenntnis und Irrtum. Skizzen zur Psychologie der Forschung*, Leipzig ^{5} 1926, reprogr. Nachdr. Darmstadt 1968, S. 50–69, hier S. 65 ff. Mach selbst argumentiert weitgehend auf der Basis der Theorie der Organempfindungen von Th. Ribot, *Les maladies de la personnalité*, Paris 1888. – Bei Wittgenstein läßt sich die Paradoxie feststellen, daß er in seiner Spätphilosophie zwar durch seine Reflexionen die Identität des Ego auflöst, ihre motivierende Basis jedoch unübersehbar das Verlangen nach Bewahrung dieser Identität ist.

27 Vgl. zu Wittgensteins Theorie der Privatsprache: O. R. Jones, *The Private Language Argument*, London 1971. – N. Garver, »Wittgenstein über die Privatsprache«, in: *Über Ludwig Wittgenstein. Mit Beiträgen von N. Malcolm [u. a.]*, Frankfurt a. M. 1968, S. 106 ff. (Wittgensteins Argumente werden auf S. 108 in vier Schritten klar dargestellt.) – S. Kripke, *Wittgenstein on Rules and Private Language*, Oxford 1982.

28 Daß hier letztlich wieder auf Machs Empfindungsatomismus (s. Anm. 26), also die Form der empiriokritizistischen Introspektion, rekurriert wird, sei nur am Rande vermerkt.

29 Die durch die Sprachspiel-Reflexionen gleichsam erzeugten In-

stabilitäten sind, ins Affirmative gewendet, von der postmodernen Theorie aufgegriffen worden, so besonders von J.-F. Lyotard, *Das postmoderne Wissen. Ein Bericht*, hrsg. von P. Engelmann, Graz / Wien 1986, S. 157 ff. Wittgenstein avanciert so zum Ahnherrn der Postmoderne. Genau entgegengesetzt argumentiert M. H. Abrams, *Doing Things with Texts. Essays in Criticism and Critical Theory*, hrsg. von M. Fisher, New York 1989, der in den Sprachspiel-Reflexionen gerade einen pragmatischen Ansatz zur Zurückweisung des Poststrukturalismus erkennt (S. 273–280: »The Science of Nescience. Jacques Derrida«).

Kritischer Rationalismus

1 Vgl. K. Popper: *Ausgangspunkte. Meine intellektuelle Entwicklung*, Hamburg 1979, S. 113 f. (engl.: *Unended Quest. An Intellectual Autobiography*, London 1976). – Dazu M. Geier, *Karl Popper*, Reinbek ^{2}1994, S. 60.

2 Eine maschinenschriftliche, einzeilig getippte Bibliographie der Schriften Karl Poppers, aufbewahrt im Karl-Popper-Archiv, umfaßt 92 Seiten (Geier, s. Anm. 1, S. 146; dort ebenfalls eine umfangreiche Bibliographie). – Wichtige Schriften Poppers: *Zur Methodenfrage der Denkpsychologie*, Diss. Wien 1928. – *Logik der Forschung. Zur Erkenntnistheorie der modernen Naturwissenschaft*, Wien 1935 (recte 1934), Tübingen ^{10}1994. – *The Poverty of Historicism*, London / Boston 1957 [u. ö.] (erstmals 1944/45 erschienen, dt.: *Das Elend des Historizismus*, Tübingen 1965 [u. ö.]. – *The Open Society and Its Enemies*, 2 Bde., London 1945, (dt.: *Die Offene Gesellschaft und ihre Feinde*, 2 Bde., München / Bern 1957/58). – *Conjectures and Refutations. The Growth of Scientific Knowledge*, London [u. a.] 1963 (dt.: *Vermutungen und Widerlegungen. Das Wachstum der wissenschaftlichen Erkenntnis*, 2 Bde., Tübingen 1994). – *Objective Knowledge. An Evolutionary Approach*, Oxford [u. a.] 1972 (dt.: *Objektive Erkenntnis. Ein evolutionärer Entwurf*, Hamburg ^{3}1995). – Zs. mit J. C. Eccles, *The Brain and Its Self. An Argument for Interactionism*, New York / Berlin 1977 (dt.: *Das Ich und sein Gehirn*, München / Zürich 1982, ^{11}1994). – *A World of Propensities*, Bristol 1990. – Zentrale Texte sind zusammengestellt in: *Karl Popper Lesebuch*, hrsg. von D. Miller, Tübingen

1995. – Ausgewählte Sekundärliteratur: P. A. Schilpp (Hrsg.), *The Philosophy of Karl Popper*, La Salle (Ill.) 1974. – E. Döring, *Karl R. Popper. Einführung in Leben und Werk*, Hamburg 1987 (bes. S. 51 ff., S. 171 ff.). – B. Magee: *Popper*, Glasgow 1973, [2]1982 (dt. Tübingen 1986). – A. Wellmer, *Methodologie als Erkenntnistheorie. Zur Wissenschaftslehre Karl R. Poppers*, Frankfurt a. M. 1967. – U. O. Sievering (Hrsg.), *Kritischer Rationalismus heute*, Frankfurt a. M. 1988 (darin u. a.: U. O. Sievering, »Kritischer Rationalismus. Erkenntnis ohne erkennendes Subjekt«, S. 1 ff.; J. A. Alt, »Die Evolutionstheorie im Werk K. R. Poppers«, S. 63 ff.). – G. Andersson, *Kritik und Wissenschaftsgeschichte. Kuhns, Lakatos' und Feyerabends Kritik des kritischen Rationalismus*, Tübingen 1988. – G. A., »Karl Popper, ›Logik der Forschung‹ (1934)«, in: *Interpretationen. Hauptwerke der Philosophie. 20. Jahrhundert*, Stuttgart 1992, S. 205 ff.

3 Die *Logik der Forschung* liegt gegenwärtig in 10. Auflage vor. Sie enthält einen aus 7 Kapiteln bestehenden Anhang (S. 229 ff.) und einen »Neuen Anhang« (S. 251 ff.), der 20 Kapitel umfaßt, das letzte wurde von Popper 1994 geschrieben (»Probalibilistische Unabhängigkeit in der relativen Wahrscheinlichkeitstheorie«, S. 453 ff.).

4 Vgl. Popper, *Logik der Forschung* (s. Anm. 2), S. 167 ff. In diesem Kapitel setzt sich Popper erstmals mit dem Problem des Indeterminismus auseinander, zu dem er später selbst neigte (vgl. K. P., »Über Wolken und Uhren«, in: K. P., *Objektive Erkenntnis*, s. Anm. 2, S. 214 ff.). – Vgl. auch V. N. Sadovsky, *Historical Sources of Popper's Logic of Science*, 7, hrsg. von R. Barcan Marcus, Amsterdam 1986, S. 667 ff.

5 R. von Mises, *Wahrscheinlichkeit, Statistik und Wahrheit. Einführung in die neue Wahrscheinlichkeitslehre und ihre Anwendung*, Wien 1928 ([2]1938; 4. Aufl. hrsg. von H. Geiringer, Wien 1972). – Vgl. auch F. Waismann, »Logische Analyse des Wahrscheinlichkeitsbegriffs«, in: *Erkenntnis* 1 (1930) S. 228 ff.

6 Poppers didaktischer Vermittlungsstil ist zweifellos von seiner frühen Berührung mit dem pädagogischen Konzept der Arbeitsschule geprägt worden. Vgl. seinen ersten Aufsatz »Über die Stellung des Lehrers zu Schule und Schüler. Gesellschaftliche oder individualistische Erziehung?«, in: *Schulreform* 4 (1925) S. 204–208.

7 D. Hume, *Treatise of Human Nature* (1739/40), Buch I, Tl. III,

Abschn. VI (dt.: *Ein Traktat über die menschliche Natur. Buch 1–3*, dt. von Th. Lipps, mit einer Einf. von R. Brandt, Hamburg 1973, S. 116 ff.); dazu: Popper, *Logik der Forschung* (s. Anm. 2), Neuer Anhang, Kap. *VII, S. 319, Anm. 4.

8 Popper, *Logik der Forschung* (s. Anm. 2), S. 200 f.

9 So auch noch später in seiner Theorie der Propensitäten. Vgl. Popper, »Propensitäten, Wahrscheinlichkeiten und die Quantentheorie (1957)«, in: *Karl Popper Lesebuch* (s. Anm. 2), S. 185 ff., hier S. 191 f. (»Metaphysische Überlegungen«). Unter »Propensitäten« (wörtl.: »Neigungen«) verstand Popper »objektive relationale Merkmale der physischen Welt«, die »dispositionalen« Charakter haben (ebd., S. 192). Mit dieser relationalen Theorie von Kraftfeldern (angelegt schon bei Newton) hoffte Popper eine neue metaphysische Interpretation der Physik, aber auch der Biologie und Psychologie, zu ermöglichen, die eine bloß subjektivistische Interpretation (etwa der Kopenhagener Schule um Niels Bohr) oder einen objektivistischen Ansatz, an dem Einstein und Schrödinger weiterhin festhielten, überwindet.

10 Popper, *Logik der Forschung* (s. Anm. 2), S. 12.

11 Ebd., S. 15, Anm. *2.

12 Ebd., S. 13.

13 Ebd., S. 15.

14 *Karl Popper Lesebuch* (s. Anm. 2), S. 121. Vgl. auch Popper, *Logik der Forschung* (s. Anm. 2), S. 22 ff.

15 Zur »Bewährung« vgl. Popper, *Objektive Erkenntnis* (s. Anm. 2), S. 17 ff. (in dem Kapitel »Vermutungswissen«, S. 1 ff.).

16 H. Reichenbach, »Über Induktion und Wahrscheinlichkeit. Bemerkungen zu Karl Poppers ›Logik der Forschung‹«, in: *Erkenntnis* 5 (1935) S. 267 ff., hier S. 271.

17 Ebd., S. 283.

18 Ebd.

19 Vgl. O. Neurath, »Pseudorationalismus der Falsifikation«, in: *Erkenntnis* 5 (1935) S. 353 ff.

20 R. Carnap [Rezension], in: *Erkenntnis* 5 (1935) S. 290 ff., hier S. 294.

21 Ebd.

22 Vgl. H. Albert, »Der Kritische Rationalismus Karl Poppers«, in: *Archiv für Rechts- und Sozialphilosophie* 46 (1960) S. 391 ff. – H. A., *Plädoyer für kritischen Rationalismus*, München 1971. –

Siehe auch D. Miller, *Critical Rationalism. A Restatement and Defense*, Chicago 1994.

23 Zum »common sense« vgl. Popper, *Objektive Erkenntnis* (s. Anm. 2), S. 32 ff.

24 Vgl. K. Popper, »Der Realismus (1970)«, in: *Karl Popper Lesebuch* (s. Anm. 2), S. 205 ff., hier S. 208.

25 K. Popper, »Die Logik der Sozialwissenschaften«, in: Th. W. Adorno [u. a.], *Der Positivismusstreit in der deutschen Soziologie*, Neuwied / Berlin 1969, S. 103 ff.

26 Ebd., S. 105.

27 Ebd., S. 105 f.

28 Auf dieser Feststellung Poppers fußt nicht zuletzt Thomas S. Kuhns berühmte Paradigmentheorie. Vgl. Th. S. Kuhn, *Die Entstehung des Neuen. Studien zur Struktur der Wissenschaftsgeschichte*, hrsg. von L. Krüger, übers. von H. Vetter, Frankfurt a. M. 1978. – Th. S. K., *Die kopernikanische Revolution*, Braunschweig [u. a.] 1981 (nach der 9. Aufl. von *The Copernican Revolution*, Cambridge, Mass., [1]1957).

29 K. Popper, »Das Problem der Induktion (1953/1974)«, in: *Karl Popper Lesebuch* (s. Anm. 2), S. 85 ff., hier S. 90 (Zeichnung).

30 Vgl. K. Bühler, *Die Krise der Psychologie*, mit einem Geleitw. von H. Rohracher [Wien [2]1929], Frankfurt a. M. / Berlin / Wien 1978.

31 Vgl. ebd., S. 117.

32 Vgl. ebd., S. 67.

33 Popper geht in seinem evolutionären Entwurf von den Begriffen der Instruktion und der Auslese aus. Seinem Emergenzsystem zufolge vollzieht sich bei der Evolution in den Mechanismen der Selektion und der Anpassung etwas, was sich der Methode von Versuch und Irrtum bzw. der Irrtumsbeseitigung vergleichen läßt: »Auf allen drei [...] Ebenen, der genetischen, der Verhaltensebene und der wissenschaftlichen Ebene, operieren wir mit vererbten Strukturen, die durch Instruktion weitergegeben werden; entweder durch den genetischen Code oder durch die Tradition. Auf allen drei Ebenen ergeben sich neue Strukturen und neue Instruktionen durch versuchsweise Veränderungen aus dem *Inneren der Struktur*: durch vorläufige Versuche, die der natürlichen Auslese oder der Irrtumsbeseitigung unterworfen werden« (K. P., »Evolutionäre Erkenntnistheorie, 1973«, in: *Karl Popper Lesebuch*, s. Anm. 2, S. 60 ff., hier S. 63). – Zur evolutionären

Erkenntnistheorie von Campbell und Vollmer im vorliegenden Band, S. 181.

34 Popper, *Objektive Erkenntnis* (s. Anm. 2), S. 165, Anm. 8. Deutlich wird hier Poppers Rekurs auf Gottlob Freges und Edmund Husserls Antipsychologismus in der Logik und Erkenntnistheorie.

35 Zu Meinong siehe das Kapitel über die Gegenstandstheorie im vorliegenden Band, S. 51.

36 Popper vertritt also die Korrespondenztheorie der Wahrheit.

Analytische Philosophie des Geistes

1 Vgl. A. Kemmerling, »G. Ryle, Können und Wissen«, in: J. Speck (Hrsg.), *Grundprobleme der großen Philosophen. Philosophie der Gegenwart III. Moore, Goodman, Quine, Ryle, Strawson, Austin*, Göttingen [2]1984, S. 127 ff. – Weitere Literatur: O. P. Wood / G. Pitcher (Hrsg.), *Ryle*, London 1970. – W. Lyons, *Ryle. An Introduction to his Philosophy*, Hassocks 1980. – E. v. Savigny, *Analytische Philosophie des Geistes*, Freiburg i. Br. / München 1970, S. 77 ff. – E. v. S., *Die Philosophie der normalen Sprache*, Frankfurt a. M. 1969, S. 91 ff. – I. Craemer-Ruegenberg, »Einige Überlegungen zu G. Ryles Kritik an der traditionellen Lehre vom Geist«, in: *Zeitschrift für philosophische Forschung* 32, (1978) S. 370 ff. – A. Newen / E. v. Savigny, *Analytische Philosophie. Eine Einführung*, München 1996, S. 161 ff. – Zum Motiv des Armhochhebens bei Wittgenstein vgl. E. von Savigny, *Der Mensch als Mitmensch. Wittgensteins »Philosophische Untersuchungen«*, München 1996, S. 156 f.

2 G. Ryle, *Der Begriff des Geistes*, übers. von K. Baier, Stuttgart 1992 ([1]1969), S. 79 (engl.: *The Concept of Mind*, London 1949). Neben diesem Hauptwerk sind folgende Schriften Ryles zu nennen: »Systematically misleading expressions«, in: *Proceedings of the Aristotelian Society* 22 (1931/32) S. 139 ff. – »Categories«, in: ebd. 38 (1937/38) S. 189 ff. – »Knowing how and knowing that«, in: ebd. 46 (1945/46) S. 1 ff. (Hier wird die These vertreten, daß die Orientierung der klassischen Epistemologie auf das »Knowing that« unzulänglich sei, ja zu einem infiniten Regreß führe; aufgrund seiner Positivierung des Alltagsdenkens rehabilitiert Ryle das »Knowing how«). – *Dilemmas*, Cambridge 1954. – *On*

Thinking, hrsg. von K. Kolenda, Oxford 1979. – »Ordinary Language«, in: *Philosophical Review* 62 (1963) S. 167 ff. – *Plato's Progress*, Cambridge 1966. – *Phänomenologie und Sprachanalyse*, Göttingen 1971 (Neue Hefte für Philosophie, 1).

3 Ryle, *Der Begriff des Geistes* (s. Anm. 2), S. 7 ff.

4 Vgl. R. Descartes: *Meditationes de Prima Philosophia / Meditationen über die Erste Philosophie*, lat. / dt., übers. und hrsg. von G. Schmidt, Stuttgart 1996, 6. Meditation, S. 176 ff., hier S. 188: »Et quamvis fortasse (vel potiùs, ut postmodum dicam, pro certo) habeam corpus, quod mihi valde arcte conjunctum est, quia tamen ex unâ parte claram & distinctam habeo ideam mei ipsius, quatenus sum tantùm res cogitans, non extensa, & ex aliâ parte distinctam ideam corporis, quatenus est tantùm res extensa, non cogitans, certum est me a corpore meo revera esse distictum, & absque illo posse existere.« – Vgl. in diesem Zusammenhang auch W. Röd, »Descartes' Mythus oder Ryles Mythus? Überlegungen zu Ryles Descartes-Kritik«, in: *Archiv für Geschichte der Philosophie* 55 (1973) S. 310 ff.

5 Zum Okkasionalismus vgl. R. Specht, *Commercium mentis et corporis. Über Kausalvorstellungen im Cartesianismus*, Stuttgart 1966. – R. Falckenberg, *Geschichte der neueren Philosophie von Nikolaus von Kues bis zur Gegenwart*, Leipzig ^{6}1908, S. 98 ff. und 132 ff. (speziell zu Malebranche). – H. U. Asemissen: »Okkasionalismus«, in: *Die Religion in Geschichte und Gegenwart*, Tübingen ^{3}1960, Bd. 4, Sp. 1614. Er zitiert dort Nicolas Malebranche: *De la recherche de la vérité*, Paris 1674, VI, 2,3: »La force de chaque chose n'est que la volonté de Dieu. [...] les causes naturelles ne sont point de véritables causes mais seulement des causes occasionelles.«

6 Vgl. Plotin, *Enneaden* VI, 5,7; VI, 5,12. Siehe dazu C. Tresmontant, »Unsterblichkeit I: Philosophisch«, in: *Handbuch theologischer Grundbegriffe*, unter Mitarb. zahlreicher Fachgelehrter hrsg. von H. Fries, Bd. 4, München 1970, S. 292 ff. – Zur Trennung der Seele vom Leib vgl. schon Platon, *Phaidros* 64 c 4f. – Aristoteles hatte in *De anima* (II, 1, 412 a 27 f.) den platonischen Dualismus von Körper und Seele bereits überwunden, da er »Seele« mit der ἐνέργεια eines natürlichen Körpers gleichsetzt, welcher die Möglichkeit nach Leben hat (vgl. auch die von O. Gigon besorgte Übersetzung: Aristoteles, *Von der Seele*, München 1996, S. 40 ff.). Descartes schwankt zwischen mehre-

ren Zuordnungen von »l'âme« zu lateinischen Termini (wie »animus«, »anima«, »mens« usw.). Letztlich wird die Seele mit dem Geist als »actus primus« identifiziert, der »praecipua hominis forma« sei. Vgl. H. Holzhey, »Seele (IV: Neuzeit)«, in: *Historisches Wörterbuch der Philosophie*, hrsg. von J. Ritter und K. Gründer, Bd. 9, Basel 1995, Sp. 25–51, hier Sp. 30.

7 Zum Manufakturkapitalismus vgl. J. Kulischer, *Allgemeine Wirtschaftsgeschichte des Mittelalters und der Neuzeit*, Bd. 2, München / Wien [3]1965, S. 147 ff. Ferner R. van Dülmen, *Entstehung des frühneuzeitlichen Europa 1550–1648*, Frankfurt a. M. 1982, S. 62 ff.

8 Vgl. die zahlreichen Flugblätter des 16. und 17. Jahrhunderts, in denen die sieben Todsünden gebrandmarkt wurden, zu denen auch die »Acedia« gezählt wurde. Vgl. den Kupferstich der Personifikation der »Acedia« (die schlafend dargestellt wird) von Philips Galle (1537–1612); Abbildung in Ch. Brown, *Holländische Genremalerei im 17. Jahrhundert*, München 1984, S. 47.

9 Ryle, *Der Begriff des Geistes* (s. Anm. 2), S. 8.

10 Vgl. G. W. F. Hegel, *Phänomenologie des Geistes*, Nachw. von L. B. Puntel, Stuttgart 1987, S. 230 f. Hier findet sich schon das in der späteren Psychologie mit ihrer Unterscheidung von Extra- und Introvertiertheit nachwirkende Klischee vom Gegensatz der als »unwesentlich« (weil nicht geistig) bewerteten »Äußerlichkeit« und der als »wesentlich« gerühmten »Innerlichkeit«: »die Innerlichkeit, die die wahre sein soll, ist die Eigenheit der Absicht und die Einzelnheit des Für-sich-seins; beides der *gemeinte* Geist« (S. 231).

11 Ryle, *Der Begriff des Geistes* (s. Anm. 2), S. 9.

12 Ebd., S. 24.

13 Siehe das Kapitel über die evolutionäre Epistemologie (bes. zu dem u. a. gehirnphysiologisch argumentierenden Ansatz von G. Vollmer) im vorliegenden Band.

14 Ryle hat schon früh Vorlesungen über Bolzano, Brentano, Meinong und Husserl gehalten. Vgl. Kemmerling (s. Anm. 1), S. 127.

15 Ryle, *Der Begriff des Geistes* (s. Anm. 2), S. 10.

16 So die berühmte Formulierung von W. James, *Principles of Psychology*, Bd. 1, New York 1890, S. 224 ff. und 243. – Dazu A. Gurwitsch, »William James's Theory of the ›Transitive Parts‹ of the Stream of Consciousness«, in: A. G., *Studies in Phenomeno-*

logy and Psychology, Evanston 1966, S. 301 ff. – Zu James (und zwar seiner Gefühlstheorie) siehe auch Ryle, *Der Begriff des Geistes* (s. Anm. 2), S. 108. – Die Theorie vom »Bewußtseinsstrom« wurde bekanntlich wichtig für den poetologischen Ansatz und das kompositorische Erzählprinzip von James Joyce *(Ulysses)*; sie manifestiert sich auch partiell im narrativen Duktus von Marcel Prousts *A la recherche du temps perdu*. Vgl. E. R. Steinberg, *The Stream of Consciousness and Beyond in »Ulysses«*, London 1973.

17 Ryle, *Der Begriff des Geistes* (s. Anm. 2), S. 23.

18 Ebd.

19 Ebd., S. 107. – Die These, daß Psychisches nichts okkult Verborgenes, somit »Privates«, sei, sondern sich von Außenstehenden beobachten und nachvollziehen lasse, liegt auch Ryles Theorie der »Dispositionen« bzw. »Dispositionsbegriffe« zugrunde. Dispositionen sind ihm zufolge erworbene Verhaltensmuster, die z. B. in Verben wie »wissen«, »besitzen«, »anstreben« usw. ausgedrückt werden. Sie müssen unterschieden werden von Ereignissen oder Episoden (vgl. Verben wie »laufen«, »aufwachen«, »prickeln«). Vgl. ebd., S. 153 ff. Psychische Vorgänge sind nicht, wie es nach Ryle die »intellektualistische Legende« will, Ergebnisse einer inneren Planung bzw. vorausgegangenen intellektuellen Handlung. Eine solche kausalgenetische Erklärung lehnt Ryle ab (S. 35 f.). Ryles Hauptthese hat sehr bündig Bertrand Russell in seiner brillanten Rezension von *The Concept of Mind* herausgearbeitet: »Das Eigenschaftswort ›psychisch-geistig‹ *(mental)* charakterisiert nicht irgendeine besondere Art von ›Stoff‹, sondern vielmehr gewisse Organisationsweisen und Verhaltensdispositionen, Konfigurationen aus Elementen, die man ihrerseits nicht sinnvollerweise ›psychisch-geistig‹ nennen könnte« (B. Russell, *Philosophie. Die Entwicklung meines Denkens*, übers. von E. Bubser, München 1973, S. 254 ff., hier S. 255). In der Sekundärliteratur wird Ryles Versuch, die cartesianische Dichotomie von Körper und Geist als sprachphilosophisch erklärbare Verwirrung hinzustellen, die man durch die Einführung von Dispositionsbegriffen auflösen könne, als plausibel akzeptiert. Dabei ist Ryles Lösungsvorschlag keineswegs unmittelbar einleuchtend. Seine im Einleitungskapitel entfaltete These, der Mythos vom Gespenst in der Maschine lasse sich analog auf die irrige Vorstellung zurückführen, bestimmte als Dach-

begriffe fungierende Abstrakta seien etwas qualitativ anderes als unter sie zu subsumierende Konkreta (z. B. die Universität im Gegensatz zu ihren Einrichtungen und Gebäuden), ist nicht zwingend.

20 Ebd., S. 3.

21 Ebd., S. 207 ff.

22 Ebd., S. 209.

23 Hier zeigt sich eine Affinität des Ansatzes von Ryle zu dem des Behaviorismus, zu dem er sich auch geäußert hat (Ryle, *Der Begriff des Geistes*, s. Anm. 2, S. 449–454). Ryle betont aber, daß es nicht das Ziel seines Buches war, eine Methodendiskussion zu führen (S. 452); insofern spielt für ihn der Aspekt der Übereinstimmung mit dem Behaviorismus (bzw. die Abgrenzung von ihm) nur eine untergeordnete Rolle.

24 Wie er besonders von der Gegenstandstheorie Meinongs und der Phänomenologie Husserls vertreten wurde.

25 Ryle, *Der Begriff des Geistes* (s. Anm. 2), S. 209.

26 Ebd., S. 251 ff.

27 Ebd., S. 264.

28 Ebd., S. 264 ff. (»Die systematische Flüchtigkeit von ›Ich‹«).

29 Ebd., S. 268.

30 Zu Ryles Kritik an der wissenschaftlichen Psychologie und der Rehabilitierung anderer Disziplinen und Berufe, die es durchaus sachkundig ebenfalls mit Psychischem zu tun haben, vgl. Ryle, *Der Begriff des Geistes* (s. Anm. 2), S. 438 ff. – Russell (*Philosophie*, s. Anm. 19, S. 265) moniert dagegen an Ryle sehr scharf, daß sein philosophischer Ansatz unfruchtbar bleiben müsse, da er »dem Kontakt mit den empirischen Wissenschaften geflissentlich aus dem Wege geht.« »[...] die ganze Denkweise und das Vorstellungsvermögen des Philosophen« müsse vielmehr durchgängig »von der wissenschaftlichen Einstellung« geprägt sein im Bewußtsein, »daß uns durch die Wissenschaft eine neue Welt, neue Begriffe und neue Methoden erschlossen worden sind, Dinge, die früheren Zeitaltern unbekannt waren«.

Naturalisierte Erkenntnistheorie

1 Quine wurde 1930 in Oberlin graduiert, seine Dissertation schrieb er unter Alfred North Whitehead in Harvard. Er hatte schon früh Kontakte zum Wiener Kreis und studierte mathematische Logik in Warschau. Rudolf Carnap, dessen Konzept ihn stark geprägt hat, traf er – damals noch als »Sheldon Travelling Fellow« – bereits vor dessen Exil in Prag (1932–34). Von 1936–41 war Quine in Harvard Instructor und Tutor für Philosophie, danach, bis 1948, dort Associate Professor. 1942 war er Gastprofessor in São Paulo, Brasilien. 1948 wurde er Full Professor an der Harvard University (seit 1956 Edgar Pierce Professor of Philosophy), 1978 wurde er emeritiert. Quine nahm zahlreiche Gastprofessuren wahr, u. a. auch am Collège de France. 1953–55 war er Präsident der American Philosophical Association, Eastern Division. Vgl. W. V. O. Quine, *The Time of My Life. An Autobiography*, Cambridge (Mass.) 1985 (mit zahlreichen Abbildungen; im Anhang Bibliographie). – Eine (bis 1979) vollständige Bibliographie seiner Schriften enthält der zu seinen Ehren verfaßte Band, *Essays on the Philosophy of Willard Van Orman Quine*, hrsg. von R. W. Shahan und Ch. Swoyer, Oklahoma 1979, S. 171 ff. – Vgl. auch D. Davidson (Hrsg.), *Words and Objections. Essays on the Work of W. V. Quine*, Dordrecht 1969. – H. Lauener, *Willard Van Orman Quine*, München 1982. – L. E. Hahn / P. A. Schilpp (Hrsg.), *The Philosophy of W. V. Quine*, La Salle (Ill.) 1988. – C. Ortner, »W. V. O. Quine«, in: *Philosophie der Gegenwart in Einzeldarstellungen. Von Adorno bis von Wright*, hrsg. von J. Nida-Rümelin, Stuttgart 1991, S. 473 ff. – R. B. Barrett (Hrsg.), *Perspectives on Quine*, Oxford [u. a.] 1993. – Aus feministischer Sicht: L. H. Nelson, *Who Knows. From Quine to a Feminist Criticism*, Philadelphia 1990. – Hinzuweisen ist auch auf Quines Buch, *Unterwegs zur Wahrheit. Konzise Einleitung in die theoretische Philosophie*, übers. von M. Gebauer, Paderborn [u. a.] 1995.

2 Mit Austin hat sich Quine auch explizit auseinandergesetzt. Vgl. Quine, »Zu Austins Methode«, in: W. V. O. Q., *Theorie und Dinge*, übers. von J. Schulte. Frankfurt a. M. 1985, S. 111 ff. – Vgl. Austins Schriften *Sense and Sensibilia*, Oxford 1962, und *How to Do Things With Words*, Oxford 1962. Dazu E. von Savigny, *Philosophie und normale Sprache*, Freiburg i. Br. / Mün-

chen 1969, S. 38 ff. – E. von S., *Die Philosophie der normalen Sprache*, Frankfurt a. M. [2]1974, Kap. 2.

3 Vgl. hierzu bes. W. K. Essler, »W. V. O. Quine. Empirismus auf pragmatischer Grundlage«, in: J. Speck (Hrsg.), *Grundprobleme der großen Philosophen. Philosophie der Gegenwart III*, Göttingen [2]1984, S. 86 ff., bes. S. 91 ff.

4 W. V. O. Quine, *Word and Object*, Cambridge (Mass.) 1960 [u. ö.] (dt.: *Wort und Gegenstand*, übers. von J. Schulte in Zsarb. mit D. Birnbacher, Stuttgart 1980, [2]1993, S. 148 ff.), Zitate im folgenden nach der deutschen Ausgabe.

5 Vgl. B. F. Skinner, *Science and Human Behavior*, New York 1953. – B. F. S., *Verbal Behavior*, New York 1957 (dazu ausführlich N. Chomsky, »Review of ›Verbal Behavior‹«, in: *Language* 35, 1959, S. 26 ff.). – B. F. S., *About Behaviorism*, New York 1974. – Vgl. auch G. E. Zuriff, *Behaviorism. A Conceptual Reconstruction*, New York 1985. – D. Greimann, *Quines behavioristische Theorie der Sprache*, Diss. München 1990.

6 Quine (dt., s. Anm. 4), S. 279.

7 Zum Problem der Synonymizität vgl. auch Quine, »Two Dogmas of Empiricism«, in: *Philosophical Review* 60 (1951) S. 20 ff. – In diesem Zusammenhang erörtert Quine auch die Frage der »Analyzität«, die er negativ entscheidet: es gebe keine eindeutig ziehbare Trennungslinie zwischen analytischen und synthetischen Urteilen (wovon Kant bekanntlich ausging). Wenn man den Begriff der Analyzität, wie üblich, durch Definitionen bestimmen wolle, drehe man sich unentwegt im Kreise, denn dann setze man wieder den der Synonymität voraus usw. Vgl. auch Quine (dt., s. Anm. 4), S. 129 ff., und Quine, »Naturalisierte Erkenntnistheorie«, in: W. V. O. Q., *Ontologische Relativität und andere Schriften*, übers. von W. Spohn, Stuttgart 1975, S. 97 ff., hier S. 119 f. Mit der Kritik des Begriffs der Analyzität geht bei Quine auch eine Ablehnung jeglichen Apriorismus einher, der sich ohnehin nicht mit seinem empiristischen bzw. externalistischen Ansatz verträgt.

8 Quine (dt., s. Anm. 4), S. 69 ff. – Zum Problem von Bedeutung und Wahrheit bei Quine vgl. L. Bergström, »Quine's Truth«, in: *Inquiry* 37 (1994) S. 421 ff. – D. Davidson, »What is Quine's View of Truth«, in: ebd., S. 437 ff.

9 Vgl. W. V. O. Quine, *A System of Logistic*, Cambridge (Mass.) 1934. – W. V. O. Q., *Mathematical Logic*, New York 1940. –

W. V. O. Q., *Set Theory and Its Logic*, Cambridge (Mass.) 1963 (dt.: *Mengenlehre und ihre Logik*, Frankfurt a. M. [u. a.] 1978). – Vgl. dazu auch M. Steiner, »Quine and Mathematical Reduction«, in: *Essays* (s. Anm. 1), S. 133 ff.

10 Vgl. Essler (s. Anm. 3), S. 100 f.

11 Quine (dt., s. Anm. 4), bes. S. 135 ff. – Vgl. D. Markis, *Quine und das Problem der Übersetzung*, Freiburg i. Br. 1979.

12 W. V. O. Quine, *Ontological Relativity and Other Essays*, New York 1969 (dt., s. Anm. 7; darin u. a.: »Das Sprechen über Gegenstände«, S. 7 ff.; »Ontologische Relativität«, S. 41 ff., »Naturalisierte Erkenntnistheorie«, S. 97 ff.).

13 Quine (dt., s. Anm. 12), S. 46 f.

14 Ebd., S. 46.

15 Vgl. hierzu W. Stegmüller, *Hauptströmungen der Gegenwartsphilosophie*, Bd. 2, Stuttgart [8]1987, S. 274.

16 Mit der Ventilierung des Entitätenproblems rekurriert Quine auf den mittelalterlichen Universalienstreit, auf die Frage, ob den Begriffen (substantielle) Existenz zukomme. Vgl. hierzu: F. C. Coplestone, *A History of Medieval Philosophy*, London 1975, S. 68 ff., 246 ff. (zu Ockham) u. ö. – R. Heinzmann, *Philosophie des Mittelalters*, Stuttgart [u. a.] 1992, S. 98 ff. – M. M. Adams, »Universals in the early fourtheenth century«, in: *The Cambridge History of Later Medieval Philosophy*, hrsg. von N. Kretzmann [u. a.], Cambridge [u. a.] 1982, S. 411 ff. – J. Marenbon, *Later Medieval Philosophy (1150–1350). An Introduction*, London / New York 1987, S. 118 ff. (zur auch von Quine diskutierten »Quidditas«; vgl. W. V. O. Quine, *Quiddities. An Intermittently Philosophical Dictionary*, Cambridge, Mass., 1987), S. 171 f. (zum platonischen Begriffsrealismus). – Vgl. auch W. Stegmüller, *Glauben, Wissen und Erkennen. Das Universalienproblem einst und jetzt*, Darmstadt 1974. – R. Naumann, *Das Realismusproblem in der analytischen Philosophie. Studien zu Carnap und Quine*, Freiburg i. Br. 1993.

17 Vgl. W. V. O. Quine, »Über die Individuation von Eigenschaften«, in: Quine (s. Anm. 2), S. 128 ff. Ferner sein Aufsatz »Prädikate, Termini und Klassen«, in: ebd., S. 199 ff. Vgl. auch St. Leeds, »Quine on Properties and Meanings«, in: *Essays* (s. Anm. 1), S. 97 ff.

18 Vgl. hierzu seine Schrift *Pursuit of Truth*, Cambridge (Mass.) 1990, bes. Kapitel 1.

19 So in Quine, »Naturalisierte Erkenntnistheorie« (s. Anm. 12), S. 112. Ferner Quine, *Wort und Gegenstand* (s. Anm. 4), S. 128.

20 Vgl. P. Duhem, *La théorie physique. Son objet et sa structure*, Paris 1906, Frankfurt a. M. 1985 (dt.: *Ziel und Struktur der physikalischen Theorien*, Vorw. und übers. von F. Adler, Einl. und hrsg. von L. Schäfer, Hamburg 1978). – In diesem Zusammenhang wichtig: S. G. Harding (Hrsg.), *Can Theories be Refuted? Essays on the Duhem-Quine Thesis*, Dordrecht 1976. Bereits Ernst Mach schätzte Duhems Werk sehr. Im Vorwort zur 2. Auflage von *Erkenntnis und Irrtum. Skizzen zur Psychologie der Forschung* (Wien [1]1905; reprogr. Nachdr. der 5. Aufl.: Darmstadt 1980, S. IX f.) schreibt er: »So weit gehende Übereinstimmung hoffte ich bei Physikern noch nicht zu finden. Duhem weist jede metaphysische Auffassung physikalischer Fragen ab; er sieht in der begrifflich-ökonomischen Fixierung des tatsächlichen das Ziel der Physik; er hält die historisch-genetische Darstellung der Theorien für die einzig richtige und didaktisch zweckmäßige. Das sind Ansichten, die ich in bezug auf Physik seit reichlich drei Dezennien vertrete.« Duhem beleuchte »besonders die Unterschiede des vulgären und des kritisch-physikalischen Beobachtens und Denkens«.

21 Vgl. im vorliegenden Band das Kapitel zum Empiriokritizismus (S. 31 ff.).

22 Vgl. auch M. J. Cresswell, »Can Epistemology Be Naturalized?«, in: *Essays* (s. Anm. 1), S. 109 ff. – R. F. Gibson, »Quine and Davidson. Two Naturalized Epistemologists«, in: *Inquiry* 37 (1994) S. 449 ff.

23 Vgl. Quine, »Naturalisierte Erkenntnistheorie« (s. Anm. 12), S. 125. Er bezieht sich dort auf D. T. Campbells Aufsatz »Methodological Suggestions from a Comparative Psychology of Knowledge Processes«, in: *Inquiry* 2 (1959) S. 152 ff. – Vgl. hierzu im vorliegenden Band das Kapitel zur »Evolutionären Erkenntnistheorie« (S. 181 ff.).

24 Quine, »Naturalisierte Erkenntnistheorie« (s. Anm. 12), S. 117.

Neopragmatismus in der postanalytischen Philosophie

1 R. Rorty, *Philosophy and the Mirror of Nature*, Princeton 1979 (dt.: *Der Spiegel der Natur. Eine Kritik der Philosophie*, übers. von M. Gebauer, Frankfurt a. M. 1981). – Vgl. die Monographie von D. Horster, *Richard Rorty zur Einführung*, Hamburg 1991 (mit Auswahlbibliographie von R. Görtzen, S. 142 ff.).
2 Rorty (dt., s. Anm. 1), S. 13 ff.
3 Ebd., S. 15.
4 Ebd., S. 16.
5 Ebd., S. 17.
6 In den Humanwissenschaften ist in letzter Zeit häufig das Hinscheiden etablierter Institutionen, Instanzen und Denkmodelle verkündet worden. Zu erinnern ist hier nur an Roland Barthes' Proklamation des »Todes des Autors« in der Literatur. Vgl. R. Barthes, *Critique et verité*, Paris 1966. – R. B., »The Death of the Author«, in: R. B., *Image – Music – Text*, übers. von St. Heath, New York 1977.
7 M. Williams, *Groundless Belief*, Oxford 1977. – M. W., *Unnatural Doubts*, Oxford 1992.
8 Vgl. hierzu das Kapitel zu Quines »Naturalisierter Epistemologie« im vorliegenden Band S. 147.
9 Vgl. F. Ricken, in: E. Coreth [u. a.], Philosophie des 20. Jahrhunderts, Stuttgart [u. a.] [2]1993, S. 211. Zu Putnams früheren Studien vgl. W. Spohn, »Putnams philosophische Aufsätze«, in: *Philosophische Rundschau* 25 (1978) S. 199 ff. – W. Stegmüller, *Hauptströmungen der Gegenwartsphilosophie*, Bd. 2, Stuttgart [8]1987, S. 345 ff. (»Interner Realismus: Hilary Putnam«).
10 Mit dem dialektischen Materialismus hatte Putnam – im Zusammenhang mit seinem politischen Engagement gegen den Vietnamkrieg – sympathisiert; er mußte aber erkennen, daß sein von der analytischen Philosophie geprägter Ansatz sich mit dieser Anschauung kaum vertrug. Seit etwa 1972 ging Putnam, der sich heute nach wie vor als »Sozialist« bezeichnet, zu ihr auf Distanz. Vgl. das Interview, das Alex Burri mit Putnam führte, in: A. Burri, *Hilary Putnam*, Frankfurt a. M. / New York 1994, S. 170 ff. Burri stellt Putnams Theorie des internen Realismus sehr luzid dar (vgl. S. 119 ff.).
11 Vgl. H. Putnam, *Reason, Truth and History*, Cambridge (Mass.)

1981 (dt.: *Vernunft, Wahrheit und Geschichte*, übers. von J. Schulte, Frankfurt a. M. 1982, S. 85).

12 Vgl. ebd. (dt.), S. 75 ff., 166 ff.

13 Vgl. Th. S. Kuhn, *The Copernican Revolution*, Cambridge (Mass.) 1957. – Th. S. K., *The Structure of Scientific Revolutions*, Chicago 1962 [u. ö.]. – Dazu P. Hoyningen-Huene, *Die Wissenschaftsphilosophie Thomas S. Kuhns*, Braunschweig 1989. – Zu Kuhn vgl. Putnam (dt., s. Anm. 11), S. 154 ff., 160 ff.

14 Zu Feyerabend vgl. Putnam (dt., s. Anm. 11), S. 155 ff. – Vgl. Feyerabends Selbstdarstellung »Erkenntnistheorie, anarchische«, in: H. Seiffert / G. Radnitzky, *Handlexikon zur Wissenschaftstheorie*, München 1992, S. 58 ff. (mit Auswahlbibliographie).

15 Putnam (dt., s. Anm. 11), S. 155 ff.

16 Ebd., S. 209 ff.

17 Ebd., S. 212 ff.

18 Ebd., S. 88 ff.

19 Rorty (dt., s. Anm. 1), S. 18.

20 Ebd., S. 412.

21 J. Habermas, *Erkenntnis und Interesse*, Frankfurt a. M. [2]1973, S. 410 (Nachwort).

22 Vgl. B. Malinowski, »Anthropology as the Basis of Social Science«, in: R. B. Cattell [u. a.] (Hrsg.), *Human Affairs*, London 1938, S. 199 ff. – B. Malinowski, *A Scientific Theory of Culture and Other Essays*, Chapel Hill 1944. – Vgl. auch K.-H. Kohl, »Bronislaw Kaspar Malinowski«, in: *Klassiker der Kulturanthropologie. Von Montaigne bis Margaret Mead*, hrsg. von W. Marschall, München 1990, S. 227 ff. – Rorty tendiert offensichtlich mehr zum Kulturkonzept von Clifford Geertz (vgl. Rorty, dt., s. Anm. 1, S. 294). Geertz' Hauptwerk ist: *The Interpretation of Cultures*, New York 1973. Vgl. zu Geertz die Darstellungen von K. A. Rice, *Geertz and Culture*, Ann Arbor 1980, und J. Peacock, »The Third Stream. Weber, Parsons, and Geertz«, in: *Journal of the Anthropological Society of Oxford* 12 (1981) S. 122 ff. – Die Bedeutung von Geertz für die literaturtheoretische Richtung des New Historicism mit Stephen Greenblatt als ihrem Hauptexponenten hat Vincent P. Pecora herausgestellt (»The Limits of Local Knowledge«, in: *The New Historicism*, hrsg. von H. A. Veeser, New York 1989, S. 243 ff.).

23 Vgl. K.-O. Apel, Transformation der Philosophie, Bd. 1: *Sprachanalytik, Semiotik, Hermeneutik*, Bd. 2: *Das Apriori der Kommunikationsgemeinschaft*, Frankfurt a. M. 1973. – Vgl. hierzu Rorty (dt., s. Anm. 1), S. 373 ff.

24 Rorty (dt., s. Anm. 1), S. 416.

25 Vgl. J. Derrida, *Marges de la Philosophie*, Paris 1972. Dazu Rorty (dt., s. Anm. 1) S. 399 u. ö.

26 Vgl. O. Marquard, »Der angeklagte und der entlastete Mensch in der Philosophie des 18. Jahrhunderts«, in: O. M., *Abschied vom Prinzipiellen*, Stuttgart 1981, S. 39 ff. – O. M., »Entlastungen. Theodizeemotive in der neuzeitlichen Philosophie«, in: O. M., *Apologie des Zufälligen*, Stuttgart 1986, S. 11 ff., bes. S. 13.

27 Vgl. Rorty (dt., s. Anm. 1), S. 423.

28 Ebd., S. 396 ff.

29 H.-G. Gadamer, *Wahrheit und Methode*, Tübingen 1960, S. XXIX. Dazu Rorty (dt., s. Anm. 1), S. 388.

30 Zum Holismus vgl. W. V. O. Quine, *Wort und Gegenstand (Word and Object)*, übers. von J. Schulte in Zsarb. mit D. Birnbacher, Stuttgart ^{2}1993, S. 36.

31 Rorty (dt., s. Anm. 1), S. 389.

32 Rorty, *Contingency, Irony and Solidarity*, Cambridge [u. a.] 1989 (dt.: *Kontingenz, Ironie und Solidarität*, übers. von Ch. Krüger, Frankfurt a. M. 1989.

33 Vgl. Rorty, *Consequences of Pragmatism*, Minneapolis 1982.

34 Vgl. H. Putnam, »Die bleibende Aktualität von William James«, in: *Deutsche Zeitschrift für Philosophie* 41 (1993) S. 189 ff. (»Wir brauchen Ideale und wir brauchen eine Weltsicht und wir wollen, daß unsere Ideale und unsere Weltsicht sich gegenseitig stützen. Philosophie, die gänzlich Argument ist, stillt keinen wirklichen Hunger. Während Philosophie, die ganz Vision ist, zwar einen realen Hunger stillt, aber mit breiiger Kost. Wenn es einen alles überragenden Grund gibt, sich mit dem Denken von William James zu befassen, so ist es der, daß er ein Genie war, das sich mit dem wirklichen Hunger befaßte, und dessen Philosophie – was immer ihre Schwachstellen sein mögen – substantielle Nahrung für das Denken liefert, aber nicht nur für das Denken, auch für das Leben.« S. 199).

35 Vgl. dazu Horster (s. Anm. 1), S. 96 ff. – Die Nähe Rortys zum

Postmodernismus zeigt sich in seiner Auffassung von der Azentrizität. Vgl. Rorty, *Eine Kultur ohne Zentrum. Vier philosophische Essays und ein Vorwort*, übers. von J. Schulte, Stuttgart 1993 (dort auch S. 104 ff. eine Auseinandersetzung mit dem Dekonstruktivismus Derridas).

Externalismus und intuitionistische Wahrheitstheorie

1 H. Putnam, »The Meaning of ›Meaning‹«, in: H. P., *Philosophical Papers*, Bd. 2: *Mind, Language, and Reality*, Cambridge 1975, S. 227, zit. in: D. Davidson, *Der Mythos des Subjektiven*, Stuttgart 1993, S. 93 (in dem gleichnamigen Aufsatz aus dem Jahre 1988). Vgl. auch Putnams Science-Fiction-Beispiel eines in einen Tank transplantierten, vom Körper getrennten Gehirns, das neuronal an einen Computer angeschlossen wird und nun sich einbildet, es erlebe die Welt im unversehrten körperlichen Zustand. Vgl. Putnam, »Gehirne im Tank«, in: H. P., *Vernunft, Wahrheit und Geschichte*, übers. von J. Schulte, Frankfurt a. M. 1982, S. 15 ff.
2 Vgl. Putnam, »The Meaning of ›Meaning‹« (s. Anm. 1). – Siehe dazu auch W. Spohn, »Putnams philosophische Aufsätze«, in: *Philosophische Rundschau* 25 (1978) S. 199 ff., hier S. 203 f. – W. Franzen, »›Vernunft nach Menschenmaß‹ – Hilary Putnams Philosophie als mittlerer Weg zwischen Absolutheitsdenken und Relativismus«, in: ebd. 32 (1985) S. 161 ff.
3 D. Davidson, »Was ist dem Bewußtsein gegenwärtig?«, in: Davidson (s. Anm. 1), S. 16 ff., hier S. 30.
4 D. Davidson, »Externalisierte Erkenntnistheorie«, in: ebd., S. 65 ff., hier S. 73.
5 Ebd., S. 68.
6 Ebd., S. 65.
7 Siehe das Kapitel zu Nicolai Hartmann im vorliegenden Band S. 75.
8 Davidson (s. Anm. 4), S. 65.
9 Ebd., S. 67. – Vgl. hierzu auch R. F. Gibson, »Quine and Davidson. Two Naturalized Epistemologists«, in: *Inquiry* 37 (1994) S. 449 ff.
10 Davidson (s. Anm. 4), S. 70 f.
11 Ebd., S. 71.

12 Vgl. D. Davidson, »Mentale Ereignisse«, in: P. Bieri (Hrsg.), *Analytische Philosophie des Geistes*, Bodenheim 1993, S. 73 ff.

13 Dazu Davidson (s. Anm. 1), S. 74 (zu T. Burge, »Individuum and the Mental«, in: P. A. French [u. a.], Hrsg., *Midwest Studies in Philosophy*, Bd. 4, Minneapolis 1979).

14 Ebd., S. 79.

15 Ebd., S. 81.

16 Ebd.

17 Ebd., S. 82.

18 Ebd., S. 83.

19 Das Problem des im Handlungsaustausch erfolgenden Aufbaus der Persönlichkeit ist im Strukturfunktionalismus der amerikanischen Soziologie bekanntlich viel diskutiert worden, so von Talcott Parsons (*Social Structure and Personality*, New York / London 1964), ferner von George Herbert Mead (*Mind, Self, and Society*, Chicago 1934). Ansätze davon, so etwa Parsons' idealtypische Konstruktion von Ego und Alter, finden sich auch bei Davidson.

20 So Davidson im Gespräch mit Kathrin Glüer (K. Glüer, *Donald Davidson zur Einführung*, Hamburg 1993, S. 171 f.).

21 Vgl. D. Davidson, »Bedeutung, Wahrheit und Beleg«, in: Davidson (s. Anm. 1), S. 40 ff., hier S. 53.

22 Vgl. M. Dummett, *Wahrheit. Fünf philosophische Aufsätze*, übers. und hrsg. von J. Schulte, Stuttgart 1982, mit dem gleichnamigen Aufsatz aus dem Jahre 1959 und einem Postskriptum von 1972. Vgl. den englischen Originaltext in: M. D., *Truth and Other Enigmas*, London 1978, S. 1–24). Darin auch der Aufsatz »Was ist eine Bedeutungstheorie?« (S. 94 ff.), in der sich Dummett weitgehend mit Davidsons Position auseinandersetzt, die er zunächst als »bescheiden« (»modest«) bezeichnet hatte, weil sie zwar den Sprechern eine Kenntnis ihres Sinnbezugs zuspreche, aber nicht erkläre, was dieser Sinn eigentlich ist (S. 137 f.). (Später hat er diese Charakterisierung etwas modifiziert.) Davidsons »holistischer« Auffassung wird vorgehalten, sie lasse den Begriff der Sprache auf den des Idiolekts zusammenschrumpfen: »in dieser Auffassung hat jeder Sprecher seine persönliche Wahrheitstheorie der Sprache, so wie er sie spricht, also eine Theorie, deren grundlegende Gesamtheit W alle von ihm selbst abgegebenen Urteile enthält, aber keine Urteile anderer Sprecher, denn die haben mit seinem Idiolekt nichts zu tun. Eine derartige Konzep-

tion stellt die wahre Beziehung zwischen dem Begriff eines Idiolekts und dem Begriff einer Sprache im landläufigen Sinne dieses Wortes auf den Kopf.« (S. 149 f.) Ob damit Davidsons Ansichten adäquat wiedergegeben sind, sei dahingestellt. – In seinem Nachwort arbeitet Joachim Schulte als zentrale Erkenntnis heraus, daß bei Dummett – im Gegensatz zu Frege – der Wahrheitsbegriff in der Bedeutungstheorie seine zentrale Stellung verliere. Für Dummett sei fundamentaler als die Angabe von Wahrheitsbedingungen die Rolle des Behauptungsakts (S. 228).

23 M. Dummett, *The Logical Basis of Metaphysics*, London 1991. Dazu die ausführliche, manche neuere Positionen Dummetts kritisch beleuchtende Rezension von Beate Rössler in: *Philosophische Rundschau* 41 (1994) S. 18–28. – Vgl. auch J. E. Llewelyn, »Dummett's Prolegomena to any Future Metaphysics«, in: *Inquiry* 24 (1981) S. 374 ff.

24 Rössler (s. Anm. 23), S. 25. Sie verweist in diesem Zusammenhang auch auf die Kritik von A. J. Ayer an Dummett (A. J. Ayer, »Reply to Michael Dummett«, in: *The Philosophy of A. J. Ayer*, hrsg. von L. E. Hahn, La Salle, Ill., 1992, S. 155 f.).

25 Rössler (s. Anm. 23), S. 19.

26 G. Frege, »Über Sinn und Bedeutung«, in: *Zeitschrift für Philosophie und philosophische Kritik* 100 (1892) S. 25–50. – Vgl. M. Dummett, *Frege. Philosophy of Language*, London 1973, S. 81 ff. u. ö. – M. D., *The Interpretation of Frege's Philosophy*, London 1981. – M. D., »Frege's Philosophy«, in: M. D., *Truth and Other Enigmas*, London 1978. – M. D., *Frege and Other Philosophers*, Oxford 1991, S. 203 u. ö. – H. D. Sluga, *Gottlob Frege*, London 1980, S. 129 ff. (»The Analysis of Meaning«). – F. von Kutschera, *Gottlob Frege*, Berlin / New York 1989, S. 63 ff. – R. Born, »Frege«, in: *Routledge History of Philosophy*, Bd. 9: *Philosophy of Science; Logic and Mathematics in the Twentieth Century*, hrsg. von St. G. Shanker, London / New York 1996, S. 124 ff.

27 Vgl. G. Patzig, »Gottlob Frege (1848–1925)«, in: O. Höffe (Hrsg.), *Klassiker der Philosophie*, Bd. 2, München [3]1995, S. 251 ff., hier S. 261.

28 Verglichen mit Freges Modell von Sinn und Bedeutung sind die neueren, sich u. a. an Ch. S. Peirce und C. W. Morris (*Foundations of the Theory of Signs*, Chicago 1938) anschließenden Semiotiken terminologisch sehr viel differenzierter. Was er unter »Be-

deutung« versteht, fällt nach den heute üblichen Klassifizierungen eher in den Bereich der Sigmatik, der Lehre des Verhältnisses von Zeichen und Bezeichnetem (Denotation), und nicht in den der Semantik, der Lehre des Verhältnisses von Zeichen und mitassoziierter Bedeutung (oder Konnotation). Letzteres käme eher seiner Vorstellung von »Sinn« nahe. Vgl. hierzu G. Klaus, *Die Macht des Wortes. Ein erkenntnistheoretisch-pragmatisches* [sic!] *Traktat*, Berlin [6]1972, S. 11 ff. (»Einige Grundbegriffe der Semiotik«: syntaktischer, semantischer, sigmatischer und pragmatischer Aspekt). – G. K., *Semiotik und Erkenntnistheorie*, Berlin [3]1972, bes. S. 57 ff. (mit Diagramm). – H. E. Brekle, *Semantik. Eine Einführung in die sprachwissenschaftliche Bedeutungslehre*, München 1972, S. 63 (zu Frege).

29 M. Dummett, »Wahrheit und Bedeutung«, in: M. D., *Ursprünge der analytischen Philosophie*, übers. von J. Schulte, Frankfurt a. M. 1988, S. 24 ff., hier S. 25.

30 Ebd., S. 28.

31 Ebd.

32 M. Dummett, »Gedanke und Sprache«, in: Dummett (s. Anm. 29), S. 111 ff., hier S. 148.

33 Vgl. dazu das von Joachim Schulte mit Dummett geführte Interview im Anhang von Dummett (s. Anm. 29), S. 190.

34 Zit. nach R. Carnap, *Mein Weg in die Philosophie*, übers. und mit einem Nachw. sowie einem Interview hrsg. von W. Hochkeppel, Stuttgart 1993, S. 94.

Genetische Epistemologie

1 J. Piaget, *Einführung in die genetische Erkenntnistheorie*, Frankfurt a. M. 1973, S. 7. – Vgl. auch R. F. Kitchener, *Piaget's Theory of Knowledge. Genetic Epistemology and Scientific Reason*, New Haven 1986. – T. Mischel (Hrsg.), *Cognitive Development and Epistemology*, New York 1971. – B. Rotman, *Jean Piaget. Psychologist of the Real*, Ithaca (N.Y.) 1977. – R. F. Kitchener, »Bibliography of Philosophical Work on Piaget«, in: *Synthese* 65 (1985) S. 139–152. – Ein Vorläufer der genetischen Epistemologie war James Mark Baldwin (1861–1934), von dem folgende Schriften hier genannt seien: *Handbook of Psychology*, New York 1890. – *Social and Ethical Interpretations in Mental Deve-*

lopment, New York 1898 (dt.: *Das soziale und sittliche Leben erklärt durch die seelische Entwicklung*, nach der 2. engl. Aufl. übers. von R. Rüdemann, Leipzig 1900). – *Mental Development in the Child and in the Race*, New York 1896 (dt.: *Die Entwicklung des Geistes beim Kinde und bei der Rasse*, Berlin 1898). – *Genetic Logic*, New York / London 1906–08 (dt.: *Das Denken und die Dinge oder Genetische Logik*, 3. Bde., Leipzig 1906–08). Zu Baldwin vgl. J. M. Broughton / D. J. Freeman-Moir (Hrsg.), *The Cognitive-Developmental Psychology of James Mark Baldwin*, Norwood 1981.

2 E. Husserl, *Logische Untersuchungen*, Bd. 1: *Prolegomena zur reinen Logik*, Tübingen [5]1968, S. 50 ff., u. ö.

3 G. Frege, *Die Grundlagen der Arithmetik. Eine logisch mathematische Untersuchung über den Begriff der Zahl*, mit einem Nachwort hrsg. von J. Schulte, Stuttgart 1995 (1. Aufl. Breslau 1884), S. 20.

4 Zur Bourbaki-Gruppe vgl. Piaget (s. Anm. 1), S. 31 ff.

5 Zu Piagets Phasenmodell vgl. J. Piaget / B. Inhelder, *Die Psychologie des Kindes*, München [6]1996. – M. A. Pulaski, *Piaget. Eine Einführung in seine Theorien und sein Werk*, übers. von W. Schmidbauer. Frankfurt a. M. 1978, S. 30 ff. und S. 177 ff. – J. Piaget, *Das Erwachen der Intelligenz beim Kinde*, mit einer Einf. von H. Aebli, Stuttgart 1969. – J. P., *Psychologie der Intelligenz*, mit einer Einf. von H. Aebli, Olten [5]1972. – Zur Kritik an der altersmäßigen Fixierung der Entwicklungsstufen des Denkens bei Piaget vgl. R. Oerter, *Psychologie des Denkens*, Donauwörth [4]1974, S. 66 f.

6 Piaget (s. Anm. 1), S. 18.

7 Ebd., S. 20 f.

8 Zur Äquilibration vgl. J. Piaget, *Biologie und Erkenntnis. Über die Beziehungen zwischen organischen Regulationen und kognitiven Prozessen*, übers. von A. Geyer, Frankfurt a. M. 1992, S. 11 ff., 205 ff.

9 Ebd., S. 70.

10 Zur Systemtheorie von Maturana und Luhmann vgl. im vorliegenden Band S. 197 ff.

11 Vgl. Piaget (s. Anm. 8), S. 65 ff. (»Die Epistemologie der Biologie«).

12 Ebd., S. 252 ff.

13 Piaget/Inhelder (s. Anm. 5), S. 101 ff.

14 Ebd., S. 23.
15 J. Piaget, »Sprache und Denkoperationen«, in: J. Piaget, *Probleme der Entwicklungspsychologie*, übers. von G. d'Inlau-Merkens, Frankfurt a. M. 1976, S. 93 ff., hier S. 95.
16 Ebd., S. 96.
17 Ebd., S. 97.
18 Ebd., S. 99.
19 Piaget (s. Anm. 8), S. 47. – Piaget (s. Anm. 15), S. 93 f.
20 Piaget / Inhelder (s. Anm. 5), S. 93 f.
21 Vgl. L. S. Wygotski, *Sprache und Denken*, Frankfurt a. M. [7]1977, S. 52 ff. Wygotski bezieht sich hier auf die russische Ausgabe von Piagets Abhandlung *Sprache und Denken des Kindes* (Gossidat 1932) sowie auf dessen Studien *La causalité physique chez l'enfant* (Paris 1927) und *La représentation du monde chez l'enfant* (Paris 1926). – Unerachtet mancher von den sowjetischen Psychologen in der Nachfolge Wygotskis herausgestellter Unterschiede zur Konzeption Piagets lassen sich doch auch große Übereinstimmungen feststellen, besonders was das Modell der Interiorisierung von Handlungen betrifft. Hinzuweisen ist hier zunächst auf das einflußreiche Werk von S. L. Rubinstein, *Grundlagen der allgemeinen Psychologie*, Berlin [8]1971, bes. S. 485 ff., zur Handlungstheorie S. 673 ff.; ferner: S. L. R., *Sein und Bewußtsein. Die Stellung des Psychischen im allgemeinen Zusammenhang der Erscheinungen in der materiellen Welt*, Berlin [8]1977, S. 102 (zu Piagets genetischer Erkenntnistheorie) und S. 267 (zum Zusammenhang von Handlung und sinnlicher Erkenntnis). Der Einfluß Piagets läßt sich weiterhin in der Lerntheorie Leontjews und Galperins nachweisen. Vgl. A. N. Leontjew, *Probleme der Entwicklung des Psychischen*, Berlin [4]1973, S. 266 ff., 294, 380. – A. N. L., *Tätigkeit – Bewußtsein – Persönlichkeit*, Berlin 1979, S. 95 ff. u. ö. – P. J. Galperin / A. N. Leontjew [u. a.], *Probleme der Lerntheorie*, Berlin 1972. – Zur marxistischen Rezeption Piagets vgl. auch L. Goldmann, »Jean Piaget und die Philosophie (II)«, in: *Jean Piaget – Werk und Wirkung. Mit autobiographischen Aufzeichnungen von Jean Piaget*, München 1976, S. 67–92. Goldmann grenzt die Position Piagets u. a. deutlich gegen die Russells und des Wiener Kreises ab (S. 74 ff.) und betont, daß sich zwischen seinem strukturalistischen Ansatz und dem Louis Althussers keine Verbindung herstellen lasse, da Althusser (wie Goldmann meint, gegen Marx) den Be-

griff des Subjekts aufheben wolle, Piaget daran jedoch entschieden festhalte (S. 90 ff.).

22 Vgl. M. Jaroschewski, *Psychologie im 20. Jahrhundert*, Berlin 1975, S. 331 und 336.

23 Wygotski (s. Anm. 21), S. 53.

24 Piaget, »Notwendigkeit und Bedeutung der vergleichenden Forschung in der Entwicklungspsychologie«, in: Piaget (s. Anm. 15), S. 120 ff.

25 Ebd., S. 125.

26 Vgl. C. Lévi-Strauss, *Anthropologie structurale*, Paris 1958 (dt.: Strukturale Anthropologie, übers. von H. Naumann, Frankfurt a. M. 1971, S. 299 ff.: Zum Strukturbegriff in der Ethnologie). – C. L.-S., *La pensée sauvage*, Paris 1962 (dt.: Das wilde Denken, übers. von H. Naumann, Frankfurt a. M. 1968, S. 49 ff., 188 ff., 223 ff.: Zum »logischen Denken«). – Vgl. auch E. Leach, *Claude Lévi-Strauss*, München 1971, S. 59 ff. (zur Struktur der Mythen in der Konzeption universaler Denkstrukturen bei Lévi-Strauss). – R. A. Champagne, *Claude Lévi-Strauss*, Boston 1987. – E. Hayes / T. Hayes (Hrsg.), *Claude Lévi-Strauss. The Anthropologist as Hero*, Cambridge (Mass.) 1970. – Wichtig in diesem Zusammenhang auch das Buch von J. Piaget, *Le structuralisme*, Paris 1968, in dem (S. 114 ff.) die Position des »statischen Strukturalismus« kritisiert und demgegenüber darauf beharrt wird, daß zwischen Genesis und Struktur eine notwendige gegenseitige Verbindung vorhanden sei. Genesis sei kein bloßer Übergang von einer Struktur zu einer anderen, sondern ein Prozeß von Transformationen, ein System, dessen Wurzeln sich in Bewegung und Aktion befinden. – Vgl. auch G. Schiwy, *Der französische Strukturalismus. Mode – Methode – Ideologie*, Reinbek 1969, S. 45 ff.

Evolutionäre Erkenntnistheorie

1 Vgl. B. Irrgang, *Lehrbuch der Evolutionären Erkenntnistheorie*, München 1993. – W. Callebaut / R. Pinxter (Hrsg.), *Evolutionary Epistemology. A Multiparadigm Program*, Dordrecht 1987 (mit umfangreicher Bibliographie).

2 Vgl. im vorliegenden Band das Kapitel zu W. V. O. Quine (dort weitere Literatur).

3 Vgl. N. Luhmann, *Soziale Systeme*, Frankfurt a. M. 1984.

4 Vgl. K. Popper, *Logik der Forschung*, Tübingen ^{1}1934, ^{6}1976. – K. P., »Die erkenntnistheoretische Position der Evolutionären Erkenntnistheorie«, in: R. Riedl / F. M. Wuketits (Hrsg.), *Die Evolutionäre Erkenntnistheorie. Bedingungen, Lösungen, Kontroversen*, Berlin 1987, S. 29–37. – K. P., »Evolutionäre Erkenntnistheorie (1973)«, in: D. Miller (Hrsg.), *Karl Popper Lesebuch. Ausgewählte Texte zu Erkenntnistheorie, Philosophie der Naturwissenschaften, Metaphysik, Sozialphilosophie*, Tübingen 1995, S. 60 ff.

5 D. T. Campbell, »Methodological Suggestions from a Comparative Psychology of Knowledge Processes«, in: *Inquiry* 2 (1959) S. 152–182. – D. T. C., »Evolutionary epistemology«, in: *The Philosophy of Karl Popper*, Bd. 1, hrsg. von P. A. Schilpp, La Salle (Ill.) 1974, S. 413–463. D. T. C., »Unjustified Variation and Selection in Scientific Discovery«, in: *Studies in Philosophy of Biology*, hrsg. von F. J. Ayala und T. Dobzhansky, Berkeley 1974, S. 139–161.

6 Vgl. D. T. Campbell, »Evolutionäre Erkenntnistheorie«, in: H. Seiffert / G. Radnitzky (Hrsg.), *Handlexikon zur Wissenschaftstheorie*, München 1992, S. 61 ff.

7 Vgl. E. Haeckel, *Die Welträtsel. Gemeinverständliche Studien über Monistische Philosophie*, Leipzig [o. J.] (^{1}1899), S. 54 ff. – Siehe auch W. Bölsche, *Ernst Haeckel. Ein Lebensbild*, Berlin / Leipzig [o. J.] (^{1}1900), S. 69 ff. (zur Rezeption Darwins durch Haeckel). – Hinzuweisen ist auch auf die von Wilhelm Ostwald herausgegebene Zeitschrift *Das Monistische Jahrhundert. Zeitschrift für wissenschaftliche Weltanschauung und Weltgestaltung* (1912 ff.).

8 L. Stein, *An der Wende des Jahrhunderts. Versuch einer Kulturphilosophie*, Tübingen 1899, S. 24.

9 K. Lange, *Das Wesen der Kunst*, Berlin ^{2}1907. – W. Jerusalem, *Einleitung in die Philosophie*, Wien ^{4}1909.

10 E. Mach, *Die Analyse der Empfindungen und das Verhältnis des Physischen zum Psychischen*, Jena ^{5}1906, S. 26. (1. Aufl. u. d. T. *Beiträge zur Analyse der Empfindungen*, 1886).

11 Th. Ribot, *Les Maladies de la Personnalité*, Paris 1885, ^{3}1889.

12 H. Spencer, *Principles of Psychology*, London ^{2}1870–72 (dt.: *Die Prinzipien der Psychologie*, nach der 3. engl. Ausg. übers. von B. Vetter, Stuttgart 1882).

13 Vgl. Ch. Darwin, *Die Entstehung der Arten durch natürliche Zuchtwahl*, übers. von C. W. Neumann, Stuttgart [2]1980, S. 120 ff. – Siehe auch: J. Howard, *Darwin. Eine Einführung*, übers. von E. Schöller, Stuttgart 1996, S. 42 ff.

14 Campbell (s. Anm. 6), S. 62.

15 Vgl. R. Descartes, *Die Prinzipien der Philosophie*, übers. und erl. von A. Buchenau, Tl. 1, Hamburg [7]1965. – Vgl. dazu N. Joley, *The Light of the Soul. Theories of Ideas in Leibniz, Malebranche, and Descartes*, Oxford 1990. – R. MacRae, »›Idea‹ as a Philosophical Term in the Seventeenth Century«, in: *Journal of the History of Ideas* 26 (1965) S. 175–190. – N. Chomsky, *Cartesian Linguistics*, New York 1966. – S. P. Stich (Hrsg.), *Innate Ideas*, Berkeley 1975.

16 Campbell, »Methodological Suggestions« (s. Anm. 5), S. 160.

17 Vgl. Riedl / Wuketits (s. Anm. 4). – H. von Ditfurth, *Im Anfang war der Wasserstoff*, Hamburg 1972. – H. Mohr, *Wissenschaft und menschliche Existenz*, Freiburg i. Br. 1967.

18 Vgl. G. Vollmer, *Evolutionäre Erkenntnistheorie. Erkenntnisstrukturen im Kontext von Biologie, Psychologie, Linguistik, Philosophie und Wissenschaftstheorie*, Stuttgart [4]1987, S. 86 ff.

19 Ebd., S. 88.

20 Ebd.

21 Ebd., S. 90.

22 Ebd., S. 45 ff., 106.

23 Vgl. Ribot (s. Anm. 11).

24 Vollmer (s. Anm. 18), S. 92.

25 K. Lorenz, »Kants Lehre vom Apriorischen im Lichte gegenwärtiger Biologie«, in: *Blätter für Deutsche Philosophie* 15 (1941/42) S. 94 ff. – K. L., *Über tierisches und menschliches Verhalten*, Bd. 2, München 1965.

26 Vollmer (s. Anm. 18), S. 102 (im Original kursiv). – Zur Weiterentwicklung von Vollmers Ansatz sei auf seine Aufsatzsammlung *Wissenschaftstheorie im Einsatz. Beiträge zu einer selbstkritischen Wissenschaftsphilosophie*, Stuttgart 1993, verwiesen (bes. Kap. 5, S. 95 ff.: »Von den Grenzen unseres Wissens«). – G. V., *Gelöste, ungelöste und unlösbare Probleme. Zu den Bedingungen des wissenschaftlichen Fortschritts*, Göttingen 1992. – Zum Vergleich zwischen Piagets »genetischer Epistemologie« und der Evolutionären Erkenntnistheorie vgl. den Aufsatz von Th. Kesselring, »A Comparison between Evolutionary and Genetic Epi-

stemology or Jean Piaget's Contribution to a Post-Darwinian Epistemology«, in: *Journal for General Philosophy of Science / Zeitschrift für allgemeine Wissenschaftstheorie* 25 (1994) S. 293 ff. (Zusammenfassung S. 319).

Die Bewußtseinstheorie des dialektischen Materialismus

1 Zur Geschichte der sowjetischen Psychologie vgl. M. Jaroschewski, *Psychologie im 20. Jahrhundert. Theoretische Entwicklungsprobleme der psychologischen Wissenschaft*, Berlin 1975, S. 381 ff. – A. P. Petrowski (Hrsg.), *Allgemeine Psychologie*, Köln 1974, S. 85 ff.

2 Lenin, »Materialismus und Empiriokritizismus«, in: Lenin, *Werke*, Bd. 14, Berlin 1962.

3 Vgl. N. Lobkowicz, »Widerspiegelung«, in: *Ideologie und Philosophie*, Red.: N. Lobkowicz, Bd. 3: *Marxismus im Systemvergleich*, hrsg. von C. D. Kernig, Frankfurt a. M. / New York 1973, S. 228–238. – G. A. Wetter, *Der dialektische Materialismus*, Freiburg i. Br. [5]1960. – N. Lobkowicz, »Materialism and Matter in Marxism-Leninism«, in: *The Concept of Matter*, hrsg. von E. McMullin, Notre Dame 1963, S. 430–464.

4 Vgl. Lenin (s. Anm. 2), S. 270.

5 Vgl. F. Engels, »Herrn Eugen Dührings Umwälzung der Wissenschaft (Anti-Dühring)«, in: K. Marx / F. Engels, *Werke*, Bd. 20, Berlin 1962, S. 55. – Vgl. zum Verhältnis von Materie und Bewegung auch die Darstellung von T. Pawlow, *Die Widerspiegelungstheorie. Grundlagen der dialektisch-materialistischen Erkenntnistheorie*, mit einem Nachw. von M. Buhr und P. Gindew, Berlin 1973, S. 57 ff.

6 Ebd.

7 Zur Problematik des Verhältnisses von Sein und Bewußtsein, Basis und Überbau vgl. den Ansatz eines strukturalistischen Marxismus von L. Althusser, *Marxismus und Ideologie. Probleme der Marx-Interpretation*, Berlin 1973, der an die Stelle des Dualismus einen universellen Praxis-Begriff setzt und die Ideologie als Form der Praxis begreift (»Nur durch und in einer Ideologie existiert Praxis«, S. 156). – Siehe auch L. Althusser / E. Balibar, *Das »Kapital« lesen*, 2 Bde., Reinbek 1972. – L. Althusser, *Für Marx*, Frankfurt a. M. 1968. – Vgl. auch A. Callinicos, *Althus-*

ser's Marxism, London 1976. – G. Elliott, *Althusser. The Detour of Theory*, London 1987. – T. Eagleton, *Ideology. An Introduction*, London 1991. – Ch. Norris, *Spinoza and the Origins of Modern Critical Theory*, Oxford 1991. – Althusser lehnt aus seiner praxistischen Position heraus weitgehend die Widerspiegelungstheorie von Lukács und die aus ihr abgeleitete Homologiethese (wonach der Überbau bzw. die Ideologie in homologer Struktur Erscheinungen der Basis reflektiert) von Lucien Goldmann ab.

8 Vgl. I. P. Pawlow, *Ausgewählte Werke*, Berlin 1953. – I. P. P., *Sämtliche Werke*, 6 Bde., Berlin 1954. – Dazu W. Hofmann: »Verhalten – Psychisches – Bewußtsein. Bemerkungen zum Verhaltensmodell Pawlows und Anochins und zur Kennzeichnung einiger philosophischer Grundkategorien«, in: *Deutsche Zeitschrift für Philosophie* 10 (1969) S. 1210–1224.

9 Vgl. Jaroschewski (s. Anm. 1), S. 414.

10 Vgl. L. Wygotski, *Denken und Sprechen*, mit einer Einl. von Th. Luckmann, hrsg. von J. Helm, Frankfurt a. M. 1977, S. 74 ff. u. ö. – Vgl. auch die in den Vereinigten Staaten erscheinende Werkausgabe: *The Collected Works of L. S. Vygotsky*, hrsg. von R. W. Rieber, New York [u. a.] 1987 ff.

11 Vgl. Jaroschewski (s. Anm. 1), S. 416.

12 S. L. Rubinstein, *Grundlagen der allgemeinen Psychologie*, Berlin [8]1973, S. 121 ff. – Vgl. auch S. L. R., *Das Denken und die Wege seiner Erforschung*, Berlin 1977.

13 Ebd., S. 159 ff.

14 Ebd., S. 174.

15 F. Engels, »Dialektik der Natur«, in: Marx / Engels (s. Anm. 5), S. 305–455, S. 445 (Kapitel »Anteil der Arbeit an der Menschwerdung des Affen«).

16 Rubinstein, *Grundlagen* (s. Anm. 12), S. 174.

17 Ebd.

18 Ebd., S. 175.

19 S. L. Rubinstein, *Sein und Bewußtsein. Die Stellung des Psychischen im allgemeinen Zusammenhang der Erscheinungen in der materiellen Welt*, hrsg. von H. Hiebsch, Berlin 1977, S. 296 f. – Rubinstein grenzt hier seine Auffassung zum Verhältnis von Sprache und Bewußtsein von der Husserls ab, ferner setzt er sich auseinander mit John Dewey, *Experience and Nature*, London 1925, sowie G. H. Mead, »A Behavioristic Account of the Signi-

ficant Symbol«, in: *Journal of Philosophy* 19 (1922) H. 6, S. 157–163; G. H. Mead, *Mind, Self, and Society. From the Standpoint of a Social Behaviorist*, Bd. 2, Chicago 1945, S. 117–125.

20 Rubinstein (s. Anm. 19), S. 343.

21 Ebd., S. 344.

22 Ebd., S. 345.

23 Ebd., S. 118. – Schon Lenin hatte betont: »Die Widerspiegelung der Natur im menschlichen Denken ist nicht ›tot‹, nicht ›abstrakt‹, nicht ohne Bewegung, nicht ohne Widersprüche, sondern im ewigen Prozeß der Bewegung, des Entstehens der Widersprüche und ihrer Lösung aufzufassen« (W. I. Lenin, »Philosophische Hefte«, in: *Werke*, Bd. 38, Berlin 1964, S. 185).

24 Rubinstein (s. Anm. 19), S. 119.

25 Vgl. J. Lompscher (Hrsg.), *Sowjetische Beiträge zur Lerntheorie. Die Schule P. J. Galperins*, Köln 1973, S. 5 ff. (Vorwort: zur Handlungstheorie S. 8 ff.). – Siehe auch P. J. Galperin / A. N. Leontjew, *Probleme der Lerntheorie*, Berlin [4]1974.

26 A. Leontjew, *Tätigkeit – Bewußtsein – Persönlichkeit*, Berlin 1979, S. 136 ff. – A. L., *Probleme der Entwicklung des Psychischen*, mit einer Einf. von K. Holzkamp und V. Schurig, Frankfurt a. M. 1973, S. 214 ff.

27 Leontjew, *Probleme* (s. Anm. 26), S. 219.

28 Leontjew, *Tätigkeit* (s. Anm. 26), S. 147.

29 Ebd., S. 148.

30 K. Marx, »Ökonomisch-philosophische Manuskripte aus dem Jahre 1844«, in: K. Marx / F. Engels, *Werke*, Erg.bd., Tl. 1, Berlin 1968, S. 465–588, hier S. 538.

Radikaler Konstruktivismus und systemtheoretische Epistemologie

1 Vgl. N. Wiener, *Cybernetics or Control and Communication in the Animal and the Machine*, New York / Paris 1948 (dt.: *Kybernetik, Regelung und Nachrichtenübertragung im Lebewesen und in der Maschine*, Düsseldorf / Wien 1963). – N. W., *Mensch und Menschmaschine*, Frankfurt a. M. / Berlin 1952. – N. W., *The Human Use of Human Beings. Cybernetics and Society*, Boston 1950. – Vgl. auch V. Belevitch, *Langage des machines et langage*

humain, Brüssel 1956. – C. Cherry, *Kommunikationsforschung – eine neue Wissenschaft*, [o. O.] 1963. – G. C. Lepschy, *Die strukturale Sprachwissenschaft. Eine Einführung*, München [2]1969, S. 146 ff. und S. 231.

2 Vgl. S. J. Schmidt (Hrsg.), *Der Diskurs des Radikalen Konstruktivismus*, Frankfurt a. M. [1]1987, [6]1994.

3 H. R. Maturana, »Kognition«, in: Schmidt (s. Anm. 2), S. 89–118. – H. R. M., »Neurophysiology of Cognition«, in: P. Garvin (Hrsg.), *Cognition. A Multiple View*, New York / Washington 1970, S. 3–23. – H. R. M. / F. Varela, »Autopoietic Systems«, in: *Biological Computer Laboratory*, Urbana (Ill.) 1975 (University of Illinois, Rep. Nr. 9.4). – F. J. Varela, »Autonomie und Autopoiese«, in: Schmidt (s. Anm. 2), S. 119–132. – Vgl. auch die Maturanas Konzeption nahestehende Theorie von G. Bateson, *Ökologie des Geistes*, Frankfurt a. M. 1981. – G. B., *Geist und Natur*, Frankfurt a. M. 1987.

4 Semiotische Aspekte stehen noch ganz im Zentrum von Husserls erkenntnistheoretischem Interesse. Vgl. E. Husserl, *Die Konstitution der geistigen Welt*, hrsg. und eingel. von M. Sommer, Hamburg 1984, S. 59 ff., 101 ff. – E. Husserl, *Logische Untersuchungen*, Bd. 2: *Untersuchungen zur Phänomenologie und Theorie der Erkenntnis*, Tübingen [5]1968, Abschnitt IV, S. 294 ff.

5 Vgl. W. James, »Der Wahrheitsbegriff des Pragmatismus«, in: *Texte der Philosophie des Pragmatismus*, hrsg. von E. Martens, Stuttgart 1975, S. 161–187.

6 Maturana, »Kognition« (s. Anm. 3), S. 91.

7 Ebd.

8 Vgl. W. R. Ashby, *An Introduction to Cybernetics*, London 1958. – »Kybernetik«, in: *Wörterbuch der Kybernetik*, hrsg. von G. Klaus und H. Liebscher, Frankfurt a. M. 1969, Bd. 1, S. 326 ff.

9 Vgl. J. O. La Mettrie, *L'homme plus que machine*, Leiden 1748, auch in: J. O. L. M., *Œuvres philosophiques*, Bd. 3 [mit Lobrede Friedrichs II.], Berlin / Paris 1796. – Vgl. A. Vartanian, »Trembley's Polyp, La Mettrie, and Eighteenth-Century French Materialism«, in: *Journal of the History of Ideas* 11 (1950) S. 259–286.

10 Maturana, »Kognition« (s. Anm. 3), S. 92.

11 Ebd.

12 Ebd., S. 92 f.

13 Zum Problem der Individualität in der Scholastik vgl. den in-

struktiven Artikel »Individuum, Individualität (II)« von L. Oeing-Hanhoff, in: *Historisches Wörterbuch der Philosophie*, hrsg. von J. Ritter und K. Gründer, Bd. 4, Darmstadt 1976, Sp. 304 ff.

14 Vgl. J. Moltmann, *Gott in der Schöpfung. Ökologische Schöpfungslehre*, München 1985. – Dazu: D. J. Krieger, *Einführung in die allgemeine Systemtheorie*, München 1996, S. 34 f.

15 Zum »actus purus« vgl. Thomas von Aquin, *Summa theologiae*, I,3, 2c: »Deus est actus purus, non habens aliquid de potentialitate« (im Anschluß an die ἐνέργεια- und δύναμις-Vorstellungen bei Aristoteles, *Metaphysik* 11,7, 1072b ff., 12,6 ff.). Vgl. auch G. W. Leibniz: *Monadologie*, eingel. und erl. von H. Glockner, Stuttgart 1954 [u. ö.], Abschnitt 72, S. 30.

16 Maturana, »Kognition« (s. Anm. 3), S. 93.

17 Vgl. ebd., S. 99.

18 Ebd., S. 101.

19 Vgl. ebd., S. 108.

20 Vgl. S. J. Schmidt, »Der Radikale Konstruktivismus. Ein neues Paradigma im interdisziplinären Diskurs«, in: Schmidt (s. Anm. 2), S. 11-88.

21 Vgl. G. Rusch, »Autopoiesis, Literatur, Wissenschaft. Was die Kognitionstheorie für die Literaturwissenschaft besagt«, in: Schmidt (s. Anm. 2), S. 374–400. – Siehe auch S. J. Schmidt (s. Anm. 20), S. 63 ff. – Zur Kritik am Radikalen Konstruktivismus vgl. neuerlich auch H. J. Wendel, »Das Dilemma des Radikalen Konstruktivismus«, in: *Information Philosophie* (1996), H. 1, S. 96–100.

22 Auf G. Berkeley als Ahnen des Radikalen Konstruktivismus weist S. J. Schmidt explizit hin. Vgl. S. J. Schmidt, *Kognitive Autonomie und soziale Orientierung, Konstruktivistische Bemerkungen zum Zusammenhang von Kognition, Kommunikation, Medien und Kultur*, Frankfurt a. M. 1994, S. 13. – Berkeley vertritt einen immaterialistischen Sensualismus. Er bestreitet die Existenz einer äußeren Realität bzw. Materie, also das, was Lokke die »primären Qualitäten« genannt hatte (wie Solidität, Ausdehnung, Gestalt usw.). Er läßt nur die »sekundären Qualitäten« gelten, d. h. die reine Wahrnehmung. Da dieser jedoch kein externes Korrelat entspricht, muß sie zwangsläufig als subjektive Hervorbringung oder »Konstruktion« aufgefaßt werden. Die Konsequenz von Berkeleys immaterialistischem Sensualismus ist

also ein extremer Subjektivismus mit agnostizistischer Tendenz. Vgl. G. Berkeley, *An Essay Towards a New Theory of Vision*, Dublin 1709. – G. B., *A Treatise Concerning the Principles of Human Knowledge*, Dublin 1710 (dt.: *Eine Abhandlung über die Prinzipien der menschlichen Erkenntnis*, hrsg. von A. Klemmt, Hamburg 1957 [u. ö.]). – G. B., *Three Dialogues between Hylas and Philonous*, London 1713 (dt.: *Drei Dialoge zwischen Hylas und Philonous*, hrsg. von W. Breidert, Hamburg [3]1980). – Dazu R. Falckenberg, *Geschichte der neueren Philosophie von Nikolaus von Kues bis zur Gegenwart*, Leipzig [7]1913, S. 197 ff. – A. Luce, *Berkeley's Immaterialism. A Commentary on »A Treatise Concerning the Principles of Human Knowledge«*, London 1946. – J. Wild, *G. Berkeley. A Study of His Life and Philosophy*, New York 1962. – G. D. Hicks, *Berkeley*, New York [2]1968. – A. C. Grayling, *Berkeley. The Central Arguments*, London 1986. – K. P. Winkler, *Berkeley. An Interpretation*, Oxford 1989. – Zur zustimmenden Rezeption der Erkenntnistheorie Berkeleys durch den amerikanischen Pragmatismus vgl. W. James (s. Anm. 5), S. 184.

23 N. Luhmann, *Soziale Systeme. Grundriß einer allgemeinen Theorie*, Frankfurt a. M. 1984, S. 357. – Zu Luhmanns Theorie der Gesellschaft vgl. H. Haverkamp / M. Schmid (Hrsg.), *Sinn, Kommunikation und soziale Differenzierung*, Frankfurt a. M. 1987. – O.-P. Obermeier, *Zweck – Funktion – System*, Freiburg i. Br. [u. a.] 1987. – W. Reese-Schäfer, *Luhmann zur Einführung*, Hamburg 1992. – G. Schulte, *Der blinde Fleck in Luhmanns Systemtheorie*, Frankfurt a. M. 1993. – L. Wiesenthal, *Niklas Luhmann*, Frankfurt a. M. 1993.

24 Zum Strukturfunktionalismus von T. Parsons vgl. D. Rüschemeyer, »Einleitung«, in: T. Parsons, *Beiträge zur soziologischen Theorie*, hrsg. von D. R. Neuwied / Berlin [2]1968, S. 9–29. – E. Hahn, *Soziale Wirklichkeit und soziologische Erkenntnis*, Berlin 1965, S. 41 ff. – Siehe auch: T. Parsons, *The Social System*, Glencoe (Ill.) 1952. – T. P., *Das System moderner Gesellschaften*, München 1972.

25 Vgl. Luhmann (s. Anm. 23), S. 201.

26 Vgl. das Kapitel zu Husserls Phänomenologie im vorliegenden Band.

27 Luhmann (s. Anm. 23), S. 92.

28 Ebd., S. 141.

29 Ebd.
30 Ebd., S. 142.
31 Schon bei H. Spencer, an dessen Konzeption Luhmanns Theorie manchmal erinnert, spielen die Kategorien der Integration und Differenzierung eine zentrale Rolle. Vgl. H. Spencer, *First Principles*, London 1862 (dt. 1875).
32 Vgl. W. V. O. Quine, »Epistemology Naturalized«, in: W. V. O. Q., *Ontological Relativity and Other Essays*, New York 1969, S. 69–90. – Dazu Luhmann (s. Anm. 23), S. 648.
33 Luhmann, ebd., S. 651.
34 Ebd., S. 650.
35 Vgl. ebd., S. 655.
36 Ebd., S. 654 f.
37 Ebd., S. 656.
38 Vgl. T. Parsons / E. Shils, *Toward a General Theory of Action*, Cambridge (Mass.) 1951, S. 5 ff. Dazu Luhmann (s. Anm. 23), S. 148 ff.
39 Luhmann, ebd., S. 658.
40 Vgl. N. Schneider, *Geschichte der Ästhetik von der Aufklärung bis zur Postmoderne. Eine paradigmatische Einführung*, Stuttgart 1996, S. 251 ff. – J. Culler, *On Deconstruction. Theory and Criticism after Structuralism*, Ithaca (N.Y.) 1982. – Ch. Norris, *Deconstruction. Theory and Practice*, London 1982. – R. Rorty, »Philosophy as a Kind of Writing. An Essay on Derrida«, in: R. R., *Consequences of Pragmatism*, Brighton 1982.

Erkenntniskritik als Gesellschaftskritik

1 Vgl. die nach Sachgebieten gegliederte Sekundärliteratur in der Bibliographie von R. Görtzen, in: D. Horster, *Jürgen Habermas*, Stuttgart 1991, S. 130–162. Eine umfangreiche Bibliographie von R. Görtzen lag in Buchform bereits früher vor (*J. Habermas. Eine Bibliographie seiner Schriften und der Sekundärliteratur 1952–1981*, Frankfurt a. M. 1982). – Weitere wichtige Monographien: Th. McCarthy, *Kritik der Verständigungsverhältnisse. Zur Theorie von Jürgen Habermas*, übers. von M. Looser, Frankfurt a. M. 1980 (zu *Erkenntnis und Interesse* S. 69 ff., erweiterte Ausg. Frankfurt a. M. 1989). – J. B. Thompson / D. Held (Hrsg.), *Habermas. Critical Debates*, London 1982. –

H. Gripp, *Jürgen Habermas. Und es gibt sie doch – Zur kommunikationstheoretischen Begründung der Vernunft bei Jürgen Habermas*, Paderborn [u. a.] 1986. – W. Reese-Schäfer, *Jürgen Habermas*, Frankfurt a. M. / New York 1991. – Vgl. auch A. Honneth / Th. McCarthy / C. Offe / A. Wellmer (Hrsg.), *Zwischenbetrachtungen. Im Prozeß der Aufklärung. Jürgen Habermas zum 60. Geburtstag*, Frankfurt a. M. 1989. – R. Bambach, »Jürgen Habermas«, in: J. Nida-Rümelin (Hrsg.), *Philosophie der Gegenwart in Einzeldarstellungen. Von Adorno bis von Wright*, Stuttgart 1991, S. 210 ff. – W. Ch. Zimmerli, »J. Habermas. Auf der Suche nach Identität von Theorie und Praxis«, in: J. Speck (Hrsg.), *Grundprobleme der großen Philosophen. Philosophie der Gegenwart IV*, Göttingen [2]1991, S. 223 ff.

2 K. R. Popper, »Die Logik der Sozialwissenschaften«, in: Th. W. Adorno [u. a.], *Der Positivismusstreit in der deutschen Soziologie*, Neuwied / Berlin 1969, S. 103 ff., hier S. 120.

3 Th. W. Adorno, »Zur Logik der Sozialwissenschaften«, in: ebd., S. 125 ff., hier S. 137 f.

4 Adorno, ebd., S. 138 f. – Eine Kritik an der Verdinglichungstendenz der Logik als »Selbstentfremdung des Denkens« hatte Adorno schon in seiner Oxforder Emigration formuliert. Vgl. Th. W. Adorno, *Zur Metakritik der Erkenntnistheorie. Studien über Husserl und die phänomenologischen Antinomien*, Frankfurt a. M. 1972, S. 76: »Solche Abstraktion bleibt die sinngemäße Voraussetzung aller Logik. Sie weist zurück auf die Warenform, deren Identität in der ›Äquivalenz‹ des Tauschwerts besteht.« Diese Auffassung ähnelt stark derjenigen von Alfred Sohn-Rethel, der eine Theorie der »Realabstraktion« vertrat, der zufolge sich die Denkform aus der Warenform entwickelt hat. Vgl. A. Sohn-Rethel, *Geistige und körperliche Arbeit. Zur Theorie der gesellschaftlichen Synthesis*, Frankfurt a. M. 1970, bes. S. 30 ff. – A. S.-R., *Warenform und Denkform. Aufsätze*, Frankfurt a. M. [u. a.] 1971. – Siehe auch: St. Kratz, *Sohn-Rethel zur Einführung*, Hannover 1980, bes. Kap. 2 und 3. – Nicht unerheblich dürfte der Einfluß Georg Simmels auf diese Theorie der Realabstraktion gewesen sein, der ja schon um 1900 die formative Einwirkung des Geldes auf das Wertbewußtsein betonte. Vgl. G. Simmel, *Philosophie des Geldes*, hrsg. von D. P. Frisby und K. Ch. Köhnke, Frankfurt a. M. 1989, z. B. S. 23 ff.

5 J. Habermas, »Analytische Wissenschaftstheorie und Dialektik«, in: Adorno [u. a.] (s. Anm. 2), S. 155 ff.
6 H. Albert, »Der Mythos der totalen Vernunft«, in: ebd., S. 193 ff.
7 J. Habermas, »Gegen einen positivistisch halbierten Rationalismus«, in: ebd., S. 235 ff.
8 H. Albert, »Im Rücken des Positivismus?«, in: ebd., S. 267 ff.
9 J. Habermas, *Erkenntnis und Interesse*, Frankfurt a. M. 1968. – Vgl. hierzu auch W. Dallmayr (Hrsg.), *Materialien zu Habermas' »Erkenntnis und Interesse«*, Frankfurt a. M. 1974.
10 Vgl. H. Albert, »Kleines verwundertes Nachwort zu einer großen Einleitung«, in: Adorno [u. a.] (s. Anm. 2), S. 335 ff., hier S. 336. – Vgl. auch die sich an den »Positivismusstreit« anschließende Vortragsreihe des Bayerischen Rundfunks: W. Hochkeppel (Hrsg.), *Soziologie zwischen Theorie und Empirie. Soziologische Grundprobleme*, München 1970 (darin Th. W. Adorno, »Gesellschaftstheorie und empirische Forschung«, S. 75 ff., und H. Albert, »Aspekte eines modernen Kritizismus«, S. 83 ff.). – Hinzuweisen ist ferner auf H. Albert, *Traktat über kritische Vernunft*, Tübingen 1968, [4]1980; H. A., *Kritische Vernunft und menschliche Praxis*, Stuttgart 1977 (darin eine »Autobiographische Einleitung«, S. 5 ff., in der Albert die theoretischen Anregungen, die er seit seiner Jugend aufgegriffen hat, vorstellt und die Quintessenz seiner größeren Abhandlungen charakterisiert; lesenswert auch die Auseinandersetzung mit der Position H.-G. Gadamers in dem Aufsatz »Hermeneutik und Realwissenschaft«, S. 127 ff. Albert weist hier auf die theologische Vorgeschichte der Hermeneutik hin, in der ihr Anti-Naturalismus, d. h. die Abneigung gegen die naturwissenschaftliche Denkweise, wurzele).
11 J. Habermas, »Dogmatismus, Vernunft und Entscheidung – Zur Theorie und Praxis in der verwissenschaftlichen Zivilisation«, in: J. H., *Theorie und Praxis. Sozialphilosophische Studien*, Neuwied / Berlin 1963, S. 231 ff., hier S. 240.
12 Habermas (s. Anm. 9), S. 85. Vgl. auch J. Habermas, »Zur philosophischen Diskussion um Marx und den Marxismus«, in: Habermas (s. Anm. 11), S. 261 ff.
13 Habermas (s. Anm. 9), S. 86.
14 Vgl. Habermas, »Zur philosophischen Diskussion« (s. Anm. 12), S. 263 ff.

15 Vgl. Habermas (s. Anm. 5), S. 162 ff.

16 Vgl. W. Benjamin, »Über den Begriff der Geschichte«, in: W. B., *Sprache und Geschichte. Philosophische Essays*, Stuttgart 1992, S. 141 ff.

17 J. Habermas, »Erkenntnis und Interesse«, in: J. H., *Technik und Wissenschaft als ›Ideologie‹*, Frankfurt a. M. 1968, S. 146 ff., hier S. 164. (Es handelt sich bei diesem Text um Habermas' Frankfurter Antrittsvorlesung vom 28.6.1965.)

18 Habermas (s. Anm. 9), S. 9 (Vorwort). Zum »herrschaftsfreien Dialog« vgl. Habermas (s. Anm. 17), S. 164.

19 Habermas (s. Anm. 9), S. 329.

20 Ebd., S. 336.

21 Ebd., S. 348.

22 J. Habermas, *Theorie des kommunikativen Handelns*, Bd. 1: *Handlungsrationalität und gesellschaftliche Rationalisierung*, Bd. 2: *Zur Kritik der funktionalistischen Vernunft*, Frankfurt a. M. 1981 (hier Bd. 1, S. 1). – Vgl. zu diesem Werk die monographische Analyse von E. Gröbl-Steinbach, in: *Interpretationen. Hauptwerke der Philosophie. 20. Jahrhundert*, Stuttgart 1992, S. 362 ff. – A. Honneth / H. Joas (Hrsg.), *Kommunikatives Handeln. Beiträge zu Jürgen Habermas' »Theorie des kommunikativen Handelns«*, Frankfurt a. M. 1986. – Zur Kritik an Habermas' universalistischer Theorie des »verständigungsorientierten Sprachgebrauchs« und seiner Trennung von Arbeit und Kommunikation (zugunsten letzterer), ferner zur Kritik seiner Überbetonung des Konsensmodells, das Konflikte und Antagonismen weitgehend ausblendet, vgl. G. Hauck, *Geschichte der soziologischen Theorie. Eine ideologiekritische Einführung*, Reinbek 1988, S. 200 ff. – Ähnlich auch H. Holzer, *Kommunikation oder gesellschaftliche Arbeit? Zur Theorie des kommunikativen Handelns von Jürgen Habermas*, Berlin 1987.

23 Vgl. J. L. Austin, *How to do Things with Words*, Oxford 1962 (dt. Stuttgart 1972). – J. R. Searle, *Speech Acts*, London 1969. – Vgl. Abb. S. 319.

24 Siehe dazu Habermas (s. Anm. 22), Bd. 1, S. 427 ff.

25 Ebd., S. 436.

26 Vgl. K. O. Apel, *Transformation der Philosophie*, Bd. 2: *Das Apriori der Kommunikationsgemeinschaft*, Frankfurt a. M. 1973. – Dazu J. Habermas, »Ein Baumeister mit hermeneutischem Gespür – Der Weg des Philosophen K. O. Apel«, in: W.

John L. Austins Sprechakttheorie

1. lokutionärer Akt (Äußerung eines Satzes)	a) phonetischer Akt	(akustische Dimension der Äußerung)
	b) phatischer Akt	(Verwendung von Vokabular und Anwendung grammatikalischer Regeln)
	c) rhetischer Akt	(sinnbezogene Wortverwendung)
2. illokutionärer Akt	(Festlegung einer Handlung; in einer lokutionären Äußerung implizit enthaltener, unausgesprochener, aber intendierter und vom Hörer konnotierter Akt – z. B. Befehl, Versprechen, Warnung, Lob, Dank usw.)	
3. perlokutionärer Akt	(Wirkung der Äußerung auf den Hörer; Akt der Performation)	

(zu Anm.23)

Reese-Schäfer, *Karl Otto Apel zur Einführung*, Hamburg 1990, S. 137ff., hier S. 145. – Scharf kritisiert wurde Apels Theorie von H. Albert, *Transzendentale Träumereien. Karl-Otto Apels Sprachspiele und sein hermeneutischer Gott*, Hamburg 1975. – H. A., »Die angebliche Paradoxie des konsequenten Fallibilismus und die Ansprüche der Transzendentalpragmatik«, in: *Zeitschrift für philosophische Forschung* 41 (1987) S. 421 ff.

27 Habermas (s. Anm. 22), Bd. 1, S. 82 (»Die sprachliche Kommunikation und die in sie einfließende kulturelle Überlieferung heben sich erst in dem Maße als eine Realität eigenen Rechts von der Realität der Natur und der Gesellschaft ab, wie sich formale Weltkonzepte und nicht-empirische Geltungsansprüche ausdifferenzieren.«)

28 Vgl. Horster (s. Anm. 1), S. 98.

29 Vgl. J. Habermas, *Der philosophische Diskurs der Moderne. Zwölf Vorlesungen*, Frankfurt a. M. 1985. – Gegen Habermas' Verortung der z. B. von Bataille, Derrida, Castoriadis oder Foucault vorgetragenen Vernunftkritik als Gegendiskurs der Moderne wendet sich G. Gamm, *Eindimensionale Kommunikation. Vernunft und Rhetorik in Jürgen Habermas' Deutung der Moderne*, Würzburg 1987. Die (poststrukturalistische) Vernunftkritik argumentiere keineswegs – wie ihr von Habermas unterstellt – irrationalistisch, sie wehre sich aber »durchaus anarchistisch gegen die Wahrheitsanmaßungen identifizierenden Denkens« (S. 8).

Praxeologie als Epistemologie des Sozialen

1 Vgl. P. Bourdieu, *Entwurf einer Theorie der Praxis. Auf der ethnologischen Grundlage der kabylischen Gesellschaft*, übers. von C. Pialoux und B. Schwibs, Frankfurt a. M. 1976 (frz.: *Esquisse d'une Théorie de la Pratique, précédé de trois études d'ethnologie kabyle*, Genf 1972). – P. B., *Le sens pratique*, Paris 1980 (dt.: *Sozialer Sinn. Kritik der theoretischen Vernunft*, Frankfurt a. M. 1987). – P. B., *Sozialer Raum und »Klassen«. Zwei Vorlesungen*, übers. von B. Schwibs, Frankfurt a. M. 1985, [3]1995 (enthält eine von Y. Delsaut zusammengestellte Bibliographie der Schriften Bourdieus bis 1984, S. 82–106). – P. B., *Zur Soziologie der symbolischen Formen*, übers. von W. Fietkau, Frankfurt a. M. 1974. – Einführende Literatur: C. J. Calhoun, »Putting the Sociologist in the Sociology of Culture. The Self-Reflexive Scholarship of Pierre Bourdieu and Raymond Williams«, in: *Contemporary Sociology*, 19 (1990) S. 500 ff. – T. Eagleton, *The Ideology of the Aesthetic*, Oxford 1990. – R. K. Harker [u. a.] (Hrsg.), *An Introduction to the Work of Pierre Bourdieu. The Practice of Theory*, London 1990. – F. Jameson, *Postmodernism and The Cultural Logic of Late Capitalism*, Durham 1990. – D. Robbins, *The Work of Pierre Bourdieu. Recognizing Society*, Boulder / San Francisco 1991. – C. J. Calhoun / E. LiPuma / M. Postone (Hrsg.), *Bourdieu. Critical Perspectives*, Cambridge 1993. – M. Schwingel, *Bourdieu zur Einführung*, Hamburg 1995. – A. Treibel, *Einführung in soziologische Theorien der Gegenwart*, Opladen [3]1995, S. 203 ff.

2 Vgl. P. Bourdieu, *Die feinen Unterschiede. Kritik der gesellschaftlichen Urteilskraft*, übers. von B. Schwibs und A. Russer, Frankfurt a. M. 1982 (frz.: *La distinction. Critique sociale du jugement*, Paris 1979). In diesem Zusammenhang ist auch auf Bourdieus Theorie der Interdependenz von ökonomischem, kulturellem und sozialem Kapital hinzuweisen. Für ihn reicht ökonomisches Kapital zur Erlangung einer Machtposition keineswegs aus, notwendig sei zusätzlich der Erwerb von Bildungskapital (bzw. kulturellem Kapital) sowie von symbolischem oder sozialem Kapital, bei dem es u. a. um den Aufbau eines Netzes von sozialen Beziehungen gehe. Vgl. P. Bourdieu, »Ökonomisches Kapital, kulturelles Kapital, soziales Kapital«, in: *Soziale Welt. Sonderh. »Soziale Ungleichheiten«*, hrsg. von R. Kreckel, Göttingen 1983, S. 183 ff.

3 Vgl. Bourdieu, *Entwurf einer Theorie der Praxis* (s. Anm. 1), S. 161 (zu C. Lévi-Strauss, *Les structures élémentaires de la parenté*, Paris 1967, S. XIX).

4 Meisterhaft hat Bourdieu die strukturalistische Methode im empirischen Teil seines *Entwurfs einer Theorie der Praxis* angewandt, die der ethnologischen Analyse der kabylischen Gesellschaft gewidmet ist. Diese Interpretation befaßt sich mit Problemen der Ehre und des Ehrgefühls, mit der Symbolik und Raumstruktur des kabylischen Hauses sowie mit Heirats- und Verwandtschaftsstrukturen. (Vgl. »Verwandtschaft als Vorstellung und Wille«, S. 66 ff.).

5 Vgl. P. Bourdieu, »Elemente zu einer soziologischen Theorie der Kunstwahrnehmung«, in: P. B., *Soziologie der symbolischen Formen* (s. Anm. 1), S. 159 ff., hier bes. S. 178 f.

6 Obwohl Bourdieu immer wieder Kritik an theoretischen und institutionellen Fehlentwicklungen des Marxismus geübt hat (die er aus strukturellen Mechanismen heraus historisch erklärt), steht er in vielen seiner Grundannahmen marxistischen Positionen nahe. Das gilt auch für sein Praxis-Konzept, das manche Ideen aus den Frühschriften von Marx (Feuerbach-Thesen, *Deutsche Ideologie* usw.) aufgreift und sie mit aus der ethnologischen Forschung (Marcel Mauss u. a.) gewonnenen Einsichten verbindet. Bourdieu hat gegen Marx eingewandt, daß er sich vom »substantialistischen Denken« nicht ganz hat freimachen können. Richtig sei aber nach wie vor (gegenüber der neueren soziologischen Theorie von den »intersubjektiven Beziehungen«

bzw. »Interaktionen«) Marx' These von den »objektiven Beziehungen«, die unabhängig vom Willen und Bewußtsein des einzelnen existieren. Bourdieu plädiert für ein »relationales Denken«, das den Glauben an den Augenschein der Objekte, dem der »common sense« folgt, überwindet. In dieser Hinsicht hat – neben dem Strukturalismus – Cassirers *Philosophie der symbolischen Formen* (s. Anm. 21) ihm entscheidende Anregungen vermittelt. Vgl. P. Bourdieu, *Satz und Gegensatz. Über die Verantwortung des Intellektuellen*, Frankfurt a. M. 1993, S. 91. In epistemologischer Hinsicht hat Bourdieu, zumindest in seinen früheren Texten, auch Impulse von Gaston Bachelard und George Canguilhem rezipiert. Bachelard hat (so in: *Le nouvel esprit scientifique*, Paris 1932; dt.: *Der neue wissenschaftliche Geist*, übers. von M. Bischoff, Frankfurt a. M. 1988), indem er auf die fortgesetzt innovativen Entwicklungen wissenschaftlicher Erkenntnisse hinwies, zugleich die Relativität und Historizität epistemologischer Letztbegründungsversuche, so schon bei Descartes, bewußt gemacht (»ein Diskurs über die wissenschaftliche Methode kann immer nur zeitbezogen sein, niemals beschreibt er den endgültigen Charakter des wissenschaftlichen Geistes. Diese Veränderlichkeit der richtigen Methoden muß die Basis jeder Psychologie des wissenschaftlichen Geistes bilden, denn der wissenschaftliche Geist ist im strengen Sinne Zeitgenosse der Methoden«; S. 135). Siehe auch G. Bachelard, *Epistemologie. Ausgewählte Texte*, übers. von H. Beese, Frankfurt a. M. / Berlin / Wien 1974, S. 216 ff. (»Die Aktualität der Geschichte der Naturwissenschaften«). Vgl. ferner G. Canguilhem, »Sur une épistémologie concordataire«, in: *Hommage à Bachelard. Etudes de philosophie et d'histoire des sciences*, Paris 1957, S. 3 ff. – *Wissenschaftsgeschichte und Epistemologie. Gesammelte Aufsätze*, übers. von M. Bischoff und W. Seitter, hrsg. von W. Lepenies, Frankfurt a. M. 1979. – *Das Normale und das Pathologische*, übers. von M. Noll und R. Schubert, Frankfurt a. M. / Berlin / Wien 1977.

7 So deutlich erkennbar noch in: »Künstlerische Konzeption und intellektuelles Kräftefeld«, in: Bourdieu, *Zur Soziologie der symbolischen Formen* (s. Anm. 1), S. 75 ff., hier S. 90 und 120.

8 Vgl. L. Althusser / E. Balibar, *Lire le capital*, 2 Bde., Paris 1965 (dt.: *Das Kapital lesen*, 2 Bde., Reinbek 1972). – L. Althusser, *Pour Marx*, Paris 1965 (dt.: *Für Marx*, übers. von K. Brachmann

und G. Sprigath, Frankfurt a. M. 1968). – Vgl. H. J. Sandkühler (Hrsg.), *Betr.: Althusser. Kontroversen über den »Klassenkampf in der Theorie«*, Köln 1977 (darin F. Tomberg, »L. Althussers antihumanistische ›Kapital‹-Lektüre«, S. 135 ff.; R. Schweicher, »Epistemologie bei Althusser«, S. 143 ff.). – T. Benton, *The Rise and Fall of Structural Marxism*, London 1984. – G. Elliott, *Althusser. The Detour of Theory*, London 1987. – Ch. Norris, *Spinoza and the Origins of Modern Critical Theory*, Oxford 1991.

9 So Althusser in *Pour Marx* (s. Anm. 8).

10 Vgl. K. Marx / F. Engels, *Die heilige Familie oder Kritik der kritischen Kritik (1845)*, in: K. Marx / F. Engels, *Werke*, Bd. 2, Berlin 1974, S. 126.

11 Vgl. L. Althusser, *Marxismus und Ideologie*, Berlin 1973, S. 111 ff. (zur Theorie der »ideologischen Staatsapparate«).

12 »Anti-Humanismus« bedeutet nicht, daß Althusser in der politischen Praxis eine humanistische Perspektive ablehnt; wohl aber postuliert sein »strukturaler Marxismus« eine größtmögliche Abstraktion von den Subjekten.

13 P. Bourdieu, Künstlerische Konzeption (s. Anm. 7), S. 117: »Wenn die ›Philosophie ohne Subjekt‹, die heute wieder mit großem Spektakel in der Gestalt eines linguistischen oder anthropologischen Strukturalismus ins Rampenlicht der intellektuellen Bühne tritt, eine ungemeine Faszination auf diejenigen ausübt, die gestern noch die extreme Gegenfront des ideologischen Horizonts bezogen und sie im Namen der unveräußerlichen Rechte des Bewußtseins und der Subjektivität bekämpften, so vor allem darum, weil diese Philosophie im Unterschied zum ›Durkheimismus‹, den sie in neuer Gestalt wiedererstehen läßt, weniger methodisch und brutal alle anthropologischen Konsequenzen ihrer Entdeckungen freilegt, so daß man darüber vergessen kann, daß, was im Denken der Wilden wahr ist, zugleich auch für jedes entwickelte Denken wahr sein muß« (geschrieben 1966, der Aufsatz »Champ intellectuel et projet créateur« erschien in *Les Temps Modernes* Nr. 246, Nov. 1966, S. 865–906).

14 Vgl. P. Bourdieu, »Der Habitus als Vermittlung zwischen Struktur und Praxis«, in: Bourdieu, *Zur Soziologie der symbolischen Formen* (s. Anm. 1), S. 125 ff.

15 Ebd., S. 142.

16 Ebd., S. 143.

17 Ebd.
18 Ebd. S. 155 f.
19 Bourdieu, *Entwurf einer Theorie der Praxis* (s. Anm. 1), S. 169.
20 Ebd., S. 170 f.
21 Vgl. E. Cassirer, *Philosophie der symbolischen Formen*, 3 Bde., Berlin 1923–29, Darmstadt 1956–58. – E. Panofsky, *Die Perspektive als symbolische Form. Vorträge der Bibliothek Warburg*, Leipzig / Berlin 1924/25, S. 258 ff. (wiederabgedr. in: E. P., *Aufsätze zu Grundfragen der Kunstwissenschaft*, hrsg. von H. Oberer und E. Verheyen, Berlin 1964, S. 99 ff.).
22 Bourdieu, *Entwurf einer Theorie der Praxis* (s. Anm. 1), S. 164.
23 Ebd., S. 148 f. – Bourdieus Skizze der »drei Modi theoretischer Erkenntnis« der sozialen Welt folgt dem dialektischen Progreß von Thesis, Antithesis und Synthesis (1. phänomenologische, 2. objektivistische, 3. praxeologische Erkenntnisweise). Es besteht eine partielle Affinität dieser Stufung, die zunächst mit einer Beschreibung und Analyse vorfindlicher Ansätze beginnt, dann aber in die Formulierung der eigenen Konzeption übergeht, zu dem – freilich auf einer ganz anderen Ebene angesiedelten – triadischen Modell der Interpretation von Kunstwerken, das Erwin Panofsky vorschlug (Phänomensinn, Bedeutungssinn, Dokumentsinn). Mit »Phänomensinn« bezeichnet Panofsky eine auf Alltagserfahrungen aufbauende subjektive Deutung, während es beim »Bedeutungssinn« um die Rekonstruktion der historisch-objektiven Semantik der Kunstwerke geht. Der »Dokumentsinn« (ein von Karl Mannheim übernommener Begriff) synthetisiert beide Sinnschichten zugunsten einer epochalen Interpretation. Vgl. E. Panofsky, »Iconography and Iconology. An Introduction to the Study of Renaissance Art«, in: E. P., *Meaning in the Visual Arts*, New York 1955, S. 26 ff.
24 Bourdieu, *Entwurf* (s. Anm. 1), S. 173.
25 Vgl. G. H. Mead, *Geist, Identität und Gesellschaft aus der Sicht des Sozialbehaviorismus*, Frankfurt a. M. 1973. Eine Vorform des symbolischen Interaktionismus findet sich bei dem amerikanischen Sozialpsychologen William Isaac Thomas (1863–1947), vgl. W. I. T., *Person und Sozialverhalten*, hrsg. von E. H. Volkart, Neuwied / Berlin 1965.
26 Vgl. A. Schütz, Der sinnhafte Aufbau der sozialen Welt. Eine Einleitung in die verstehende Soziologie, Frankfurt a. M. 1981 ([1]1932).

27 H. Garfinkel, *Studies in Ethnomethodology*, Englewood Cliffs (N.Y.) 1967. – Vgl. auch: Arbeitsgruppe Bielefelder Soziologen (Hrsg.), *Alltagswissen, Interaktion und gesellschaftliche Wirklichkeit*, 2 Bde., Reinbek 1973 (zu Garfinkel Bd. 1, S. 189 ff.). – R. Girtler, *Kulturanthropologie*, München 1979, S. 200 ff.
28 Bourdieu, *Entwurf einer Theorie der Praxis* (s. Anm. 1), S. 147.
29 Siehe das Kapitel zu Jürgen Habermas im vorliegenden Band, S. 209 ff.
30 P. Bourdieu, *Sozialer Raum und »Klassen«* (s. Anm. 1), S. 47 ff., hier S. 80. – Siehe auch Calhoun / LiPuma / Postone (s. Anm. 1).

Feministische Epistemologie in den USA

1 S. de Beauvoir, *Le deuxième sexe*, Paris 1949 (amerik.: *The Second Sex*, übers. von H. M. Parshley, New York 1952; dt.: *Das andere Geschlecht. Sitte und Sexus der Frau*, übers. von E. Rechel-Mertens und F. Montfort, Hamburg 1951, Reinbek 1968 [u. ö.]). Vgl. dazu D. L. Harcher, *Understanding »The Second Sex«*, New York 1984. – C. Wagner, *Simone de Beauvoirs Weg zum Feminismus*, Rheinfelden 1984.
2 B. Friedan, *The Feminine Mystique*, New York 1963 (dt.: *Der Weiblichkeitswahn oder Die Mystifizierung der Frau*, übers. von M. Carroux, Reinbek 1966 [u. ö.]). Dazu: M. French, »The Emancipation of Betty Friedan«, in: *Esquire* 100 (1983) S. 510 ff. – J. Mitchell, *Psychoanalysis and Feminism*, New York 1974. – K. Millett, *Sexual Politics*, Garden City (N.Y.) 1970.
3 Vgl. den von E. Messer-Davidow, B. Kime Scott, D. Elam, D. Landry und G. MacLean verfaßten Artikel »Feminist Theory and Criticism«, in: *The Johns Hopkins Guide to Literary Theory and Criticism*, hrsg. von M. Groden und M. Kreiswirth, Baltimore / London 1994, S. 231 ff., der in folgende Abschnitte untergliedert ist: 1. 1963–1972; 2. Anglo-American Feminisms; 3. Poststructuralist Feminisms; 4. Materialist Feminisms.
4 Die Begriffe »Phallozentrismus« und »Logozentrismus« stammen von Lacan. Jacques Derrida hat sie zu der Formel »Phallogozentrismus« synthetisiert. Vgl. J. Derrida, »Le Facteur de la vérité«, in: *Poétique* 21 (1975) (amerik. in: *Yale French Studies* 52, 1975, S. 31 ff.). – J. Hawthorn, *Grundbegriffe moderner Literaturtheorie. Ein Handbuch*, übers. von W. Kolb, Tübingen / Ba-

sel 1994, S. 243 f. – Siehe auch J. Gallop, *The Daughter's Seduction. Feminism and Psychoanalysis*, Ithaca (N.Y.) 1982.

5 Vgl. H. Cixous [u. a.], *La Venue à l'écriture*, Paris 1977. – H. C., *Entre l'écriture*, Paris 1986. – H. C., »Le rire de la Méduse«, in: *L'Arc* 61 (1975) S. 39 ff. – H. C., *Die unendliche Zirkulation des Begehrens. Weiblichkeit in der Schrift*, übers. von E. Meyer und J. Kranz, Berlin 1977.

6 L. Irigaray, *Ce sexe qui n'en est pas un*, Paris 1977 (dt.: *Das Geschlecht, das nicht eins ist*, Berlin 1979). – L. I., *Ethik der sexuellen Differenz*, übers. von X. Rajewsky, Frankfurt a. M. 1991. – L. I., *Genealogie der Geschlechter*, übers. von X. Rajewsky, Freiburg i. Br. 1989 (zu Lacan z. B. S. 167 f.). – L. I., *Speculum de l'autre femme*, Paris 1974 (dt.: *Speculum, Spiegel des anderen Geschlechts*, Frankfurt a. M. 1980). – *The Irigaray Reader*, hrsg. von M. Whitford, Oxford 1991.

7 J. Kristeva, *Die Revolutionierung der poetischen Sprache*, übers. und mit einem Vorw. von R. Werner, Frankfurt a. M. 1978. J. K., *Sémeiotiké. Recherches pour une sémanalyse*, Paris 1969. – J. K., *Desire in Language. A Semiotic Approach to Literature and Art*, Oxford 1980. – J. K., *Le langage, cet inconnu*, Paris 1981.

8 Vgl. hierzu auch T. Moi, *Sexual / Textual Politics. Feminist Literary Theory*, London / New York 1985. – R. Selden, *A Reader's Guide to Contemporary Literary Theory*, Brighton [2]1986, S. 128 ff. – M. H. Abrams, *A Glossary of Literary Terms*, Fort Worth [u. a.] [6]1993, S. 233 ff. (»Feminist Criticism«).

9 Vgl. W. Welsch, *Grenzgänge der Ästhetik*, Stuttgart 1996, S. 45 ff.

10 »Im *feministischen* Sprachgebrauch steht *gender* für die soziokulturellen Merkmale, die den beiden natürlichen Geschlechtern zugeordnet werden« (Hawthorn, s. Anm. 4, S. 112). – Vgl. auch C. Cadulf / S. Weigel (Hrsg.), *Das Geschlecht der Künste*, Köln 1996. – *Was sind Frauen? Was sind Männer?*, hrsg. vom Projekt für historische Geschlechterforschung, Frankfurt a. M. 1990. – E. Fox Keller, *Reflections on Gender and Science*, New Haven / London 1985, S. 75 ff. – R. Con Davis / R. Schleifer (Hrsg.), *Contemporary Criticism. Literary and Cultural Studies*, New York / London [3]1994, S. 513 ff. – M. Jehlen, »Gender«, in: F. Lentricchia / Th. McLaughlin (Hrsg.), *Critical Terms for Literary Study*, Chicago / London [2]1995, S. 263 ff.

11 L. H. Nelson, *Who knows? From Quine to a Feminist Empiricism*, Philadelphia 1990.
12 Ebd., S. 3.
13 Ebd., S. 14.
14 Zu Sandra Bartky vgl. ebd., S. 6.
15 N. C. M. Hartsock, »The Feminist Standpoint. Developing the Ground for a Specifically Feminist Historical Materialism«, in: S. Harding (Hrsg.), *Feminism and Methodology. Social Science Issues*, Bloomington / Indianapolis [u. a.] 1987, S. 157 ff.
16 Ebd., S. 165.
17 Ebd.
18 Ebd., S. 168.
19 Ebd., S. 169. – Weitere Schriften von N. Hartsock, *Money, Sex, and Power*, Boston 1986. – »Foucault on Power. A Theory for Women?«, in: L. Nicholson (Hrsg.), *Feminism / Postmodernism*, New York 1990.
20 S. Harding, *The Science Question in Feminism*, Ithaca (N.Y.) / London 1986. S. H., »Conclusion. Epistemological Questions«, in: Harding (s. Anm. 15), S. 181 ff.
21 Harding, *The Science Question* (s. Anm. 20), S. 26.
22 Ebd. – Weitere Schriften von S. Harding: »Why Has the Sex / Gender System Become Visible Only Now?«, in: S. H. / M. Hintikka (Hrsg.), *Discovering Reality. Feminist Perspectives on Epistemology, Methodology, and the Philosophy of Science*, Dordrecht 1983. – Vgl. auch den Artikel über S. Harding von U. Faubel in: U. L. Meyer / H. Bennent-Vahle (Hrsg.), *Philosophinnen-Lexikon*, Aachen 1994, S. 159 ff.
23 L. Code, *What Can She Know? Feminist Theory and the Construction of Knowledge*, Ithaca (N.Y.) / London 1991, S. 314 ff. (»A Feminist Epistemology?«).
24 Ebd., S. 324.
25 Vgl. ebd., S. 323.
26 G. Stenstad, »Anarchic Thinking«, in: *Hypatia. A Journal of Feminist Philosophy* 3 (1988) S. 87 ff.
27 Der Ambiguitätsbegriff entstammt eigentlich der Literaturtheorie des New Criticism (William Empson, Cleanth Brooks), wurde dann aber vom Dekonstruktivismus für ein vermeintlich subversives Spiel mit den kulturellen Signifikanten aufgegriffen. Vgl. W. Empson, *Seven Types of Ambiguity* [1930], London [3]1984. – C. Brooks, *The Well Wrought Urn*, New York 1947.

28 Code (s. Anm. 23), S. 319. – Weitere Schriften von L. Code, »Is the Sex of the Knower Epistemologically Significant?«, in: *Metaphilosophy* 12 (1981) S. 267 ff. – »Tokenism«, in: P. Tancred-Sheriff (Hrsg.), *Feminist Research. Prospect and Retrospect*, Montreal 1988. – »Persons and Others«, in: J. Genova (Hrsg.), *Power, Gender, Values*, Edmonton 1987. – *Epistemic Responsibility*, Hanover 1987.

29 Vgl. hierzu auch den Sammelband *Feministische Philosophie*, hrsg. von H. Nagl-Docekal, mit einer Bibliographie von C. Klinger, Wien / München 1990. Darin u. a.: H. Nagl-Docekal, »Was ist feministische Philosophie?« (S. 7 ff.); E. List, »Theorieproduktion und Geschlechterpolitik. Prolegomena zu einer feministischen Theorie der Wissenschaften« (S. 158 ff.).

Literaturhinweise

Adorno, Th. W.: Vorlesung zur Einleitung in die Erkenntnistheorie. Frankfurt a. M. 1973.

Andersson, G. (Hrsg.): Wissenschaftstheorie und Wissenschaften. Festschrift für G. Radnitzky aus Anlaß seines 70. Geburtstages. Berlin 1991. (Kongreß »Der Kritische Rationalismus und die Wissenschaften«. Trier 1989.)

Aster, E. von: Geschichte der neueren Erkenntnistheorie. Von Descartes bis Hegel. Berlin [u. a.] 1921.

Austin, J. L.: Sinn und Sinneserfahrung (Sense and Sensibilia). Nach den Vorlesungsmanuskripten zsgest. und hrsg. von G. J. Warnock. Aus dem Engl. übers. von E. Cassirer. Stuttgart 1986.

Bachelard, G.: Les mentalités. Paris ^{5}1971. (Que sais-je? 545.)

– Epistemologie. Ausgewählte Texte. Frankfurt a. M. [u. a.] 1974.

– Der neue wissenschaftliche Geist. Übers. von M. Bischoff. Frankfurt a. M. 1988.

Bayertz, K.: Wissenschaft als historischer Prozeß. Die antipositivistische Wende in der Wissenschaftstheorie. München 1980.

Bocheński, I. M.: Die zeitgenössischen Denkmethoden. Bern ^{3}1965.

Bourdieu, P.: Zur Soziologie der symbolischen Formen. Übers. von Wolfgang Fietkau. Frankfurt a. M. 1974.

– Entwurf einer Theorie der Praxis. Auf der ethnologischen Grundlage der kabylischen Gesellschaft. Übers. von C. Pialoux und B. Schwibs. Frankfurt a. M. 1976.

Butterfield, H.: The Origins of Modern Science. 1300–1800. London 1950. New York 1951.

Canguilhem, G.: Wissenschaftsgeschichte und Epistemologie. Gesammelte Aufsätze. Übers. von M. Bischoff. Hrsg. von W. Lepenies. Frankfurt a. M. 1979.

Cassirer, E.: Das Erkenntnisproblem in der Philosophie und Wissenschaft der neueren Zeit. 4 Bde. Berlin ^{3}1922. Darmstadt 1994.

– Erkenntnis, Begriff, Kultur. Einl. und hrsg. von R. A. Bast. Hamburg 1993.

– Philosophie der symbolischen Formen. Sonderausg. in 5 Bdn. Darmstadt 1994. [1. Aufl. Berlin 1923–29.]

Chisholm, R. M.: Theory of Knowledge. New York 1966. Englewood Cliffs 1989.

Code, L.: What Can She Know? Feminist Theory and the Construction of Knowledge. Ithaca (N.Y.) 1991.
– Epistemic Responsibility. Hanover 1987.
Cohen, M. R. / Nagel, E.: An Introduction to logic and scientific method. London 1978.
Coreth, E. [u. a.]: Philosophie des 20. Jahrhunderts. Stuttgart [u. a.] ^{2}1993.
Dancy, J. / Sosa, E. (Hrsg.): A Companion to Epistemology. Oxford [u. a.] 1992.
Danto, A. C.: Wege zur Welt. Grundlagen der Erkenntnistheorie. München 1995.
Davidson, D.: Der Mythos des Subjektiven. Philosophische Essays. Übers. und mit einem Nachw. hrsg. von J. Schulte. Stuttgart 1993.
Diemer, A.: Was heißt Wissenschaft? Meisenheim a. G. 1964.
Domin, G. (Hrsg.): Wissenschaftskonzeptionen. Eine Auswahl von Beiträgen sowjetischer Wissenschaftler zur Geschichte der Ideen über die Wissenschaft. Berlin 1978.
Duerr, H. P.: Ni Dieu – ni mètre. Anarchische Bemerkungen zur Bewußtseins- und Erkenntnistheorie. Frankfurt a. M. 1985.
Dummett, M.: Wahrheit. Fünf philosophische Aufsätze. Stuttgart 1982.
Duran, J.: Toward a Feminist Epistemology. Savage (Md.) 1990.
Durkheim, E.: Schriften zur Soziologie der Erkenntnis. Hrsg. von H. Joas. Übers. von M. Bischoff. Frankfurt a. M. 1993.
Eberhard, K.: Einführung in die Erkenntnis- und Wissenschaftstheorie. Geschichte und Praxis der konkurrierenden Erkenntniswege. Stuttgart [u. a.] 1987.
Eisler, R.: Einführung in die Erkenntnistheorie. Leipzig 1907.
Enriques, F.: Probleme der Wissenschaft. 2 Bde. Übers. von K. Grelling. Leipzig [u. a.] 1910.
Essler, W. K.: Analytische Philosophie. Bd. 1: Methodenlehre, Sprachphilosophie, Ontologie, Erkenntnistheorie. Stuttgart 1972.
Feyerabend, P.: Wider den Methodenzwang. Skizze einer anarchistischen Erkenntnistheorie. Frankfurt a. M. 1976.
Gabriel, G.: Grundprobleme der Erkenntnistheorie. Von Descartes zu Wittgenstein. Paderborn [usw.] 1993.
Habermas, J.: Erkenntnis und Interesse. Frankfurt a. M. 1975.
Hall, A. R.: The Scientific Revolution 1500–1800. London 1954. Boston 1956.

Harding, S.: The Science Question in Feminism. Ithaca (N.Y.) 1986.
Hill, T. E.: Contemporary Theories of Knowledge. New York 1961.
Hönigswald, R.: Geschichte der Erkenntnistheorie. Berlin 1933. Darmstadt 1966.
Holton, G.: Introduction to Concepts and Theories in Physical Science. Reading (Mass.) ²1973.
– The Scientific Imagination. Case studies. Cambridge 1979.
Interpretationen. Hauptwerke der Philosophie. 20. Jahrhundert. Stuttgart 1992.
Kallscheuer, O.: Marxismus und Erkenntnistheorie in Westeuropa. Eine politische Philosophiegeschichte. Frankfurt a. M. 1986.
Keller, A.: Allgemeine Erkenntnistheorie. Stuttgart [u. a.] ²1990.
Klaus, G.: Semiotik und Erkenntnistheorie. München ⁴1973.
Körner, St.: Erfahrung und Theorie. Ein wissenschaftstheoretischer Versuch. Übers. von E. Bubser. Frankfurt a. M. 1977.
Koyré, A.: Von der geschlossenen Welt zum unendlichen Universum. Frankfurt a. M. 1980.
Kriz, J. / Lück, H. E. / Heidbrink, H.: Wissenschafts- und Erkenntnistheorie. Eine Einführung für Psychologen und Humanwissenschaftler, Opladen 1987.
Kropp, G.: Erkenntnistheorie. Tl. 1: Allgemeine Grundlegung. Berlin 1950. (Sammlung Göschen. 807.)
Krüger, L. (Hrsg.): Erkenntnisprobleme der Naturwissenschaften. Köln 1970.
Krüll, M. (Hrsg.): Wege aus der männlichen Wissenschaft. Perspektiven feministischer Erkenntnistheorie. Pfaffenweiler 1990.
Kuhn, Th. S.: Die Struktur wissenschaftlicher Revolutionen. Übers. von Kurt Simon. Frankfurt a. M. 1973.
– Die Entstehung des Neuen. Studien zur Struktur der Wissenschaftsgeschichte. Hrsg. von L. Krüger. Frankfurt a. M. 1977.
Lehmann, G.: Die Philosophie des 19. Jahrhunderts. Tl. 2. Berlin 1953. (Sammlung Göschen. 709.)
– Die Philosophie im ersten Drittel des 20. Jahrhunderts. Tl. 1. Berlin 1957. (Sammlung Göschen. 845.)
– Die Philosophie im ersten Drittel des 20. Jahrhunderts. Tl. 2. Berlin 1960. (Sammlung Göschen. 850.)
Leinfellner, W.: Einführung in die Erkenntnis- und Wissenschaftstheorie. Mannheim ³1980.

Menne, E. / Türk, H. J.: Erkenntnistheorie. Düsseldorf 1981.
Messer, A.: Einführung in die Erkenntnistheorie. Leipzig 1909. [2]1927.
– Die Philosophie der Gegenwart. Leipzig 1920.
Musgrave, A.: Alltagswissen, Wissenschaft und Skeptizismus. Eine historische Einführung in die Erkenntnistheorie. Übers. von H. und G. Albert. Tübingen 1993.
Nagel, E.: The structure of science. London 1982.
Nelson, L. H.: Who Knows? From Quine to a Feminist Empiricism. Philadelphia 1990.
Nida-Rümelin, J. (Hrsg.): Philosophie der Gegenwart in Einzeldarstellungen von Adorno bis von Wright. Stuttgart 1991.
Pap, A.: Analytische Erkenntnistheorie. Kritische Übersicht über die neueste Entwicklung in USA und England. Wien 1955.
Pollock, J.: Contemporary Theories of Knowledge. Totowa 1986.
Prauss, G.: Einführung in die Erkenntnistheorie. Darmstadt [2]1988.
Quine, W. V. O.: Wort und Gegenstand (Word and Object). Aus dem Engl. übers. von J. Schulte in Zsarb. mit D. Birnbacher. Stuttgart 1993.
Raphael, M.: Die Erkenntnistheorie der konkreten Dialektik. Frankfurt a. M. 1972.
Ricken, F. (Hrsg.): Lexikon der Erkenntnistheorie und Metaphysik. München 1984.
Riedl, R. / Wuketits, F. M.: Die Evolutionäre Erkenntnistheorie. Bedingungen, Lösungen, Kontroversen. Mit Beiträgen von W. W. Bartley u. a. Berlin 1987.
Röd, W.: Erkenntnistheorie. In: H. Seiffert / G. Radnitzky (Hrsg.): Handlexikon zur Wissenschaftstheorie. München 1992. S. 52–58.
Rorty, R.: Der Spiegel der Natur. Eine Kritik der Philosophie. Übers. von Michael Gebauer, Frankfurt a. M. 1981.
– Objectivity, Relativism, and Truth. Cambridge 1991.
Rüdel, M.: Erkenntnistheorie und Pragmatik. Untersuchungen zu Richard Rorty und Hilary Putnam. Diss. Hamburg 1987.
Sandkühler, H. J. (Hrsg.): Marxistische Erkenntnistheorie. Texte zu ihrem Forschungsstand in den sozialistischen Ländern. Stuttgart 1973.
– Die Wissenschaft der Erkenntnis und die Erkenntnis der Wissenschaft. Studien zur Wissenschafts- und Erkenntnistheorie. Verhandlungen des Ersten Bremer Symposiums Wissenschaftstheorie 27.–29.6.1976. Stuttgart 1978.

Schaff, A.: Einführung in die Erkenntnistheorie. Wien [u. a.] 1984.
Schmidt, A. (Hrsg.): Beiträge zur marxistischen Erkenntnistheorie. Frankfurt a. M. [4]1972.
Schmitz, H.: Neue Grundlagen der Erkenntnistheorie. Bonn 1994.
Schnelle, J.: Das »Selbstbewußtseinsproblem« im historischen Kontext der Erkenntnistheorie. Diss. Frankfurt a. M. 1984.
Seiffert, H.: Einführung in die Wissenschaftstheorie. 3 Bde. München 1969–1985.
Seiffert, H. / Radnitzky, G. (Hrsg.): Handlexikon zur Wissenschaftstheorie. München 1992.
Stegmüller, W.: Hauptströmungen der Gegenwartsphilosophie. Eine kritische Einführung. 4 Bde. Stuttgart 1952 ff.
– Metaphysik, Skepsis, Wissenschaft. Berlin [u. a.] [2]1969.
– Wissenschaftstheorie. In: A. Diemer / I. Frenzel (Hrsg.): Philosophie. Frankfurt a. M. 1971. (Das Fischer Lexikon. 11.) S. 334–360.
Ströker, E.: Einführung in die Wissenschaftstheorie. München 1973.
Thorndike, L.: A History of Magic and Experimental Science. 8 Bde. New York 1923–58.
Vollmer, G.: Evolutionäre Erkenntnistheorie. Angeborene Erkenntnisstrukturen im Kontext von Biologie, Psychologie, Linguistik, Philosophie und Wissenschaftstheorie. Stuttgart [6]1994.
Weingart, P.: Wissensproduktion und soziale Struktur. Frankfurt a. M. 1976.
Weingartner, P. / Schurz, G. (Hrsg.): Logik, Wissenschaftstheorie und Erkenntnistheorie. Wien 1987.
White, M.: Was ist und was getan werden sollte. Ein Essay über Ethik und Erkenntnistheorie. Hrsg. und eingel. von H. Stachowiak. Übers. von Th. Czempin. Freiburg i. Br. 1987.

Zeitschriften

Allgemeine Zeitschrift für Philosophie. Stuttgart-Bad Canstatt.
American Philosophical Quarterly. Pittsburgh.
Analysis. Oxford.
Archiv für Geschichte der Philosophie. Berlin / New York.
Archives Internationales d'Histoire des Sciences. Wiesbaden.
The British Journal for the Philosophy of Science. Aberdeen.

Canadian Journal of Philosophy. Edmonton.
conceptus. Zeitschrift für Philosophie. Innsbruck.
Deutsche Zeitschrift für Philosophie. Berlin.
dialectica. International Review of Philosophy of Knowledge. Lausanne / Bern.
Dialektik. Enzyklopädische Zeitschrift für Philosophie und Wissenschaften. Hamburg.
Erkenntnis. An International Journal of Analytic Philosophy. Dordrecht / Hamburg.
Inquiry. An Interdisciplinary Journal of Philosophy and the Social Sciences. Oslo.
Isis. An International Review Devoted to the History of Science and Its Cultural Influence. Ithaca (N.Y.).
Journal for General Philosophy of Science / Zeitschrift für allgemeine Wissenschaftstheorie. Dordrecht / Boston / London.
Kant-Studien. Berlin / New York.
Logique et analyse. Gent.
Logos. Zeitschrift für systematische Philosophie. Tübingen.
Metaphilosophy. Oxford / Cambridge.
Mind. A Quarterly Review of Philosophy. Oxford.
Mind and Language. Oxford.
Nous. Bloomington (Ind.).
Philosophische Rundschau. Eine Zeitschrift für philosophische Kritik. Tübingen.
Philosophy. The Journal of the Royal Institute of Philosophy. Cambridge / London.
Philosophy and Science. Official Journal of the Philosophy of Science Association. London.
The Philosophical Quarterly. Oxford.
Proceedings of the Aristotelian Society. London.
Studia Leibnitiana. Zeitschrift für Geschichte der Philosophie und der Wissenschaften. Wiesbaden.
Synthese. An International Journal of Epistemology, Methodology, and Philosophy of Science. Dordrecht [u. a.].
Theoria. A Swedish Journal of Philosophy. Lund.

Geschichte der Philosophie in Text und Darstellung

Band 1: *Antike.* Hrsg. von W. Wieland. 407 S. UB 9911

Band 2: *Mittelalter.* Hrsg. von K. Flasch. 543 S. UB 9912

Band 3: *Renaissance und frühe Neuzeit.* Hrsg. von St. Otto. 469 S. UB 9913

Band 4: *Empirismus.* Hrsg. von G. Gawlick. 448 S. UB 9914

Band 5: *Rationalismus.* Hrsg. von R. Specht. 440 S. UB 9915

Band 6: *Deutscher Idealismus.* Hrsg. von R. Bubner. 443 S. UB 9916

Band 7: *19. Jahrhundert.* Positivismus, Historismus, Hermeneutik. Hrsg. von M. Riedel. 463 S. UB 9917

Band 8: *20. Jahrhundert.* Hrsg. von R. Wiehl. 546 S. UB 9918

»Diese Unternehmung besticht durch einen gescheiten Ausweg aus dem Dilemma, in das uns die Einsicht führt, daß es einen unparteiischen Standpunkt vielleicht nur für den lieben Gott gibt. Sie verfügt über eine Konzeption, die die je verschiedene Eigenart der geistigen Standpunkte und Perspektiven schon durch die Kombination der literarischen Gattungen herausstellt. Die Brauchbarkeit für das philosophische Bildungswesen wird dadurch sehr gefördert. Besonders für die neu gestaltete Oberstufe des Gymnasiums, in der dem Fach Philosophie eine besondere Bedeutung zukommt, scheint die Mischung von Text und Darstellung geeignet.
Der Philosophieunterricht, der sich dieses Angebot zunutze macht, stellt die geistespolitischen Kategorien bereit, die für das Verständnis der westlichen Staatstheorien im Fach Gemeinschaftskunde erforderlich sind.« *Eckhard Nordhofen, F.A.Z.*

Philipp Reclam jun. Stuttgart